城市轨道交通专业培训系列教材

城市轨道交通车辆技术

（第二版）

上海申通地铁集团有限公司
轨道交通培训中心
编著

中国铁道出版社有限公司

2024年·北京

内 容 简 介

本书为城市轨道交通专业培训系列教材之一，内容主要包括机械系统、牵引系统、辅助系统、网络控制系统、综合线路图、新技术和新工艺的应用。

本书可作为城市轨道交通职工培训教材，也可作为职业院校相关专业教学参考书。

图书在版编目(CIP)数据

城市轨道交通车辆技术 / 上海申通地铁集团有限公司轨道交通培训中心编著. -- 2 版. -- 北京 ：中国铁道出版社有限公司，2024. 12. --（城市轨道交通专业培训系列教材）. -- ISBN 978-7-113-31878-9

Ⅰ. U239.5

中国国家版本馆 CIP 数据核字第 2024ZQ5334 号

书　　名：城市轨道交通车辆技术

作　　者：上海申通地铁集团有限公司轨道交通培训中心

责任编辑：黎　琳　王熙文　　**编辑部电话：**(010)51873674　　**电子邮箱：**jiliang@tdpress.com

封面设计：崔丽芳

责任校对：安海燕

责任印制：高春晓

出版发行：中国铁道出版社有限公司(100054，北京市西城区右安门西街 8 号)

网　　址：https://www.tdpress.com

印　　刷：河北宝昌佳彩印刷有限公司

版　　次：2011 年 6 月第 1 版　2024 年 12 月第 2 版　2024 年 12 月第 1 次印刷

开　　本：710 mm×1 000 mm 1/16　**印张：**23.75　**字数：**444 千

书　　号：ISBN 978-7-113-31878-9

定　　价：98.00 元

城市轨道交通专业培训系列教材

编写委员会

编写组

《城市轨道交通车辆技术》

编审人员

主　　编：丁亚琦　孙沪澄

主　　审：印祯民　奚笑冬

编　　著：第 1 章　孙沪澄　刘梦燕

第 2 章　张枝森　吕　晟　朱家奇　宗志祥

汪　佳　朱皓青　顾　潇　黄玉超

第 3 章　李晓靖　朱家奇　刘俊艳

第 4 章　吴正晨　周　健

第 5 章　余佑民　陆铭诚

第 6 章　沈帅金　沈　磊　曹荣祯　潘俊毅

第 7 章　张　锋　沈秋菊　李书越　王一帆

王惠婷　王金阳

序

随着城市化进程的加快，城市“出行难”的问题越来越突出，在“以人为本、公交优先”的方针指引下，城市轨道交通因运能大、速度快、安全准点、节约资源、保护环境等优点，日益成为广大市民出行的首选，深受市民欢迎。当前我国的城市轨道交通正处在大发展、大建设时期，尤其是北京、上海、广州、深圳等先期发展的大城市未来即将步入超大规模网络发展阶段，工作重心也由以建设为主、建管并重到现在的运营经营高质量发展。便捷的城市轨道交通运营网络在为市民带来出行便利的同时，也为轨道交通运营部门带来了新的管理课题。

城市轨道交通的自身特点决定了：一旦开通运营，就必须持续保持高度的安全性、可靠性和服务的人性化。网络化运营带来的客流迅猛增长，对客运组织和客运服务提出了高要求。城市轨道交通的发展需要有一大批专业人才，急需一套能满足城市轨道交通网络化运营要求的人才培训教材。

“城市轨道交通专业培训系列教材”是以上海城市轨道交通三十余年运营实践为基础并结合全国轨道交通发展状况，推出的面向国内、面向未来的教材。城市轨道交通多专业“联动”的要求决定了专业技术人才的“一专多能”要求，因此本“系列教材”既是城市轨道交通各专业人员的入门和提升培训教材，也能满足非本专业人员对其他专业的业务进修。

多位具有运营实践的专业技术人员提炼总结多年积累的地铁各专业运营管理与维护方面的经验及解决实际问题的思路和方法，汇编成此套丛书，期望能给轨道交通运营管理与维护人员以启迪和帮助。

“源于实践、高于实践”“符合国情”是本套丛书的两大特点，不但可以满足当前运营管理培训的需要，也为今后的城市轨道交通网络化发展的管理提出了新的思考和知识点。随着城市轨道交通不断引进新技术，运营管理的要求越来越高，虽然书中阐述的技术和管理的基本原理是相同的，但是“城市轨道交通专业培训系列教材”必然还要在实践中不断补充实例、不断完善，希望本系列教材能真正成为技术和管理人员的“良师益友”。

编写委员会

2024年10月

前　　言

城市轨道交通是集线路、车辆、供电、通信、信号、自动售检票、运营管理等专业工种于一体的综合系统；新工艺、新技术在城市轨道交通各个专业得到充分运用。城市轨道交通相关岗位是新的职业工种，所以对从业职工的岗前培训、岗位培训以及技能考核，成为城市轨道交通职业教育的重要任务。

《城市轨道交通车辆技术》由工作在第一线的专业培训师及相关专业技术人员撰写，结合上海地铁三十余年来运营维护工作的经验，对机械系统、牵引系统、辅助系统、网络控制系统、综合线路图、新技术和新工艺的应用等进行了阐述和概括。本版内容对第一版内容进行了优化修正，删减了第一版部分已淘汰的直流牵引技术内容，新增了网络控制、列车全自动驾驶、车辆智能运维等新技术内容。作为一本面向城市轨道交通一线职工的教材，理论联系实际是本教材的特色。

本书结合当前城市轨道交通最新的发展形势，在第一版基础上更新了相关数据、补充了最新技术。本书在编写过程中得到了上海申通地铁集团有限公司技术中心、运营管理中心、各运营公司、维保公司、各专业公司领导和技术人员的指导和帮助，也得到了相关企业的大力支持，在此由衷地表示感谢！

由于编者水平有限，书中难免有遗漏和不妥之处，诚请读者批评指正。

编著者
2024 年 10 月

目　　录

第1章 概 述

城市轨道交通是采用轨道进行承重和导向的车辆运输系统，依据城市交通总体规划的要求，设置全封闭或部分封闭的专用轨道线路，具有线路、信号、车站、供电、控制中心和服务设施等，以列车或单车形式，运送相当规模客流量的城市公共交通方式。城市轨道交通车辆是运载乘客的工具，在城市轨道交通系统中有着重要的地位。

1.1 车辆编组及运行

城市轨道交通车辆作为运载乘客的运输工具，其不仅要保证车辆运行的安全、准点、快速，具有良好的牵引、制动性能，同时又要有良好的乘客服务设施，使乘客感到舒适、方便。

1.1.1 车辆的编组

城市轨道交通车辆按有、无动力可分为两大类：动车(M)，带有动力牵引装置，可分为带受电弓的动车(Mp)和不带受电弓的动车(M)；拖车(T)，本身无动力牵引装置，分为带驾驶室的拖车(Tc)和不带驾驶室的拖车(T)。

城市轨道交通车辆不同于铁路系统机车牵引，一般采用电动车组编列运行。

1. 全动车编组运行

这种编组的优点是摘编方便、编组灵活，可以充分利用黏着，以发挥再生制动或电阻制动的作用，减少基础制动带来的粉尘污染，同时比较容易实现大的加减速度，有利于缩短停站时间。

2. 动、拖混编："四动加两拖"或"六动加两拖"

这种编组形式虽然动车数量减少，但起动和制动的加减速度同样可以满足客运量及行车间隔的要求，而由于动车数量的减少可以显著节省投资和维修费用。

编列运行时，多采用8节编组、6节编组和4节编组。带驾驶室的Tc车始终编在列车的两端，其他车型在列车中的位置可以互换。如6节编组的形式可以是Tc-Mp-M-Mp-M-Tc，也可以是Tc-Mp-M-M-Mp-Tc，8节编组的形式可以是Tc-Mp-M-Mp-M-Mp-M-Tc，也可以是Tc-Mp-M-M-Mp-Mp-M-Tc。

1.1.2 多车连挂运行

当一列城市轨道交通车辆在运营中突然发生故障而无法自行运行时，一般就需要用另一列完好的列车对其进行救援，以尽快将故障列车牵引出正线，以保证正线运营畅通。因此，多车连挂运行功能十分重要。

在一条运营线路上运行多种车型情况下，为了保证连挂运行功能的正常，要求全自动车钩的机械车钩形式和尺寸相同，电气车钩的一些电气触头设置应相匹配。

为了保证连挂功能的正常及运营安全性，要求连挂后的运行控制只能在救援列车的任一司机室内进行操作且此时其余各司机室的控制功能被锁闭。在控制司机室可以对两列车的停放制动进行施加和缓解，同时也可以向两列车进行客室广播和司机室间的通信。特别应注意：被救援列车的故障（包括紧急制动故障）不能影响救援列车的正常运行。

在连挂运行时，要求一列空载的救援列车牵引一列超载的故障列车，能在线路最大坡道上，最小供电电压下能够向上起动。多车连挂的速度一般不应大于5 km/h。

1.2 车辆的类型和特点

城市轨道交通作为城市公共交通的重要组成部分，具有快速、安全、准时、大运量、无污染等特点，已被广泛地认为是城市公共交通的主要发展方向。国内外均已明确城市交通应发展公共交通，而轨道交通应是城市公共交通发展的重点。然而城市轨道交通由于均为专用通道，而且大部分设置在地下（特别是城市中心区）或高架，因而投资造价高。城市轨道交通的系统费用由建设费、车辆购置费、运营费等组成，其中车辆购置费和运营费占比较大。因此，在考虑满足客流需求、适应城市发展的城市轨道交通网络，应正确选用车辆的类型。

1.2.1 车辆类型选用的主要因素

1. 客流特点

城市轨道交通运送的主要对象是市内常住人口的上下班客流、车站和机场的集中到达客流、节假日及大型活动的集中客流、流动人口集中进出城市的客流等。建设城市轨道交通的最终目的是缓解城市公共交通，改善人们的出行条件，促进城市的经济发展。

2. 客流量

根据单向高峰小时最大断面客流量确定交通方式。通常单向高峰最大断面客流量在0.6万～1万人次/h宜采用地面公共交通；1万～3万人次/h可采用轻轨交通；3万～7万人次/h应选择地铁交通。

3. 旅行速度

市区采用地面公共交通旅行速度为10～25 km/h；市区交通采用轻轨、地铁交通的旅行速度为30～40 km/h；城郊间采用快速轨道交通旅行速度为50～60 km/h；城际区域间则要采用更高旅行速度的轨道交通。

4. 线路条件

若由于地形限制，线路小半径或大坡度特别多，要考虑采用单轨车辆、直线电机车辆或低速磁浮车辆。

1.2.2 车辆的主要标准及特征

1. 地铁系统

地铁系统是大客运量的城市轨道交通系统，是城市轨道交通的主要形式。地铁车辆主要在大城市地下隧道中运行，也可以在地面或高架上运行。根据线路和客运规模的不同，可分为高运量地铁和大运量地铁，其主要技术标准及特征见表1-1。

表1-1 地铁车辆主要技术标准及特征

分　类	车辆和线路条件	客运能力 N(人次/h) 运营速度 v(km/h)	备注(典型线路)
A型车辆	车长：24.4 m/22.8 m； 车宽：3.0 m； 定员：310人； 线路半径：≥300 m； 线路坡度：≤35‰	N：4.0万～7.5万 v：≥35	高运量； 适用于地下、地面或高架(上海地铁)
B型车辆	车长：19.52 m； 车宽：2.8 m； 定员：230～245人； 线路半径：≥250 m； 线路坡度：≤35‰	N：3.0万～5.0万 v：≥35	大运量； 适用于地下、地面或高架(杭州地铁)
直线电机B型车辆	车长：(17.2 m)16.8 m； 车宽：2.8 m； 定员：215～240人； 线路半径：≥100 m； 线路坡度：≤60‰	N：2.5万～4.0万 v：≥35	大运量； 适用于地面、高架或地下(广州地铁)

2. 轻轨交通系统

轻轨交通系统是一种中运量的轨道交通系统，主要在城市地面空间环境中运行，线路采用地面专用轨道或高架桥轨道，在城市中心街区也可进入地下运行或与地铁接轨。其主要技术标准及特征见表1-2。

表 1-2 轻轨车辆主要技术标准及特征

分 类	车辆和线路条件	客运能力 N(人次/h) 运营速度 v(km/h)	备注(典型线路)
C型车辆	车长：18.9～30.4 m； 车宽：2.6 m； 定员：200～315 人； 线路半径：≥50 m； 线路坡度：≤60‰	N：1.0 万～3.0 万 v：25～35	中运量； 适用于地下、地面或高架
直线电机 C 型车辆	车长：16.5 m； 车宽：2.5 m； 定员：150 人； 线路半径：≥60 m； 线路坡度：≤60‰	N：1.0 万～3.0 万 v：25～35	中运量； 适用于地面、高架或地下

3. 单轨交通系统

单轨交通系统是一种车辆在特制轨道梁上运行的中等运量轨道交通系统，车辆与专用轨道组合成一体的交通工具。根据车辆与轨道之间的关系可以将单轨交通分为跨座式和悬挂式两种。其主要技术标准及特征见表 1-3。

表 1-3 单轨车辆主要技术标准及特征

分 类	车辆和线路条件	客运能力 N(人次/h) 运营速度 v(km/h)	备注(典型线路)
跨座式单轨车辆	车长：15 m； 车宽：3 m； 定员：150～170 人； 线路半径：≥60 m； 线路坡度：≤60‰	N：1.0 万～3.0 万 v：≥35	中运量； 主要适用于高架(重庆轻轨)
悬挂式单轨车辆	车长：14 m； 车宽：2.6 m； 定员：80～100 人； 线路半径：≥60 m； 线路坡度：≤60‰	N：0.8 万～1.5 万 v：≥20	中运量； 主要适用于高架(日本千叶轻轨)

4. 磁浮交通系统

磁浮交通系统适用于城市人口超过 200 万人的特大城市之间或区域城市群之间的客运交通。磁浮车辆运行时无轮轨接触摩擦阻力、无机械振动，因此有爬坡能力强、运行速度高、舒适性强等优点。其主要技术标准及特征见表1-4。

表1-4　磁浮车辆主要技术标准及特征

分　类	车辆和线路条件	客运能力 N(人次/h) 最高运行速度 v_{max}(km/h)	备注(典型线路)
中低速磁浮车辆	车长:12～15.5 m; 车宽:2.6～3.0 m; 定员:150人; 线路半径:≥70 m; 线路坡度:≤70‰	N:1.5万～3.0万 v_{max}:100	中运量; 主要适用于高架(长沙磁浮交通)
高速磁浮车辆	车长:24～27 m; 车宽:3.7 m; 定员:100人; 线路半径:≥300 m; 线路坡度:≤100‰	N:1.0万～2.5万 v_{max}:430	中运量; 主要适用于郊区高架(上海磁浮交通)

5. 有轨电车系统

有轨电车是一种低运量的城市轨道交通，电车轨道主要铺设在城市道路路面上，车辆与其他地面交通混合运行。其主要技术标准及特征见表1-5。

表1-5　有轨电车车辆主要技术标准及特征

分　类	车辆和线路条件	客运能力 N(人次/h) 最高运行速度 v_{max}(km/h)	备注(典型线路)
单车或铰接式有轨电车	车长:12.5 m/28 m; 车宽:≤2.6 m; 定员:110/260人; 线路半径:≥30 m; 线路坡度:≤60‰	N:0.6万～1.0万 v_{max}:70	低运量; 适用于地面道路混行
导轨式胶轮电车	车长:7.5 m/25 m 车宽:≤2.6 m; 定员:167/235人; 线路半径:≥12.5 m; 线路坡度:≤50‰	N:0.6万～1.0万 v_{max}:70	低运量; 适用于地面道路混行

6. 自动导向轨道系统

自动导向轨道系统是一种车辆采用橡胶轮胎在专用轨道上运行的中运量旅客运输系统，其列车沿着特制的导向装置行驶，可实现全自动化和无人驾驶技术。适用于城市机场专用线或城市中客流相对集中的点对点运营线路。其主要技术标准及特征见表 1-6。

表 1-6 自动导向轨道车辆主要技术标准及特征

分 类	车辆和线路条件	客运能力 N(人次/h) 最高运行速度 v_{max}(km/h)	备注(典型线路)
胶轮特制车辆	车长:7.6～8.6 m; 车宽:2.6～3.0 m; 定员:70～90 人; 线路半径:≥30 m; 线路坡度:≤60‰	N:1.0 万～3.0 万 v_{max}:80	中运量; 主要适用于高架或地下(上海浦江线)

7. 市域快速轨道系统

市域快速轨道系统是一种大运量的轨道运输系统,适用于城市区域内重大经济区之间中长距离的客运交通。市域快速轨道列车,主要在地面或高架桥上运行,必要时也可采用隧道。由于线路较长,站间距相应较大,因而可选用最高运行速度在 120 km/h 以上的快速专用车辆。其主要技术标准及特征见表 1-7。

表 1-7 市域快速轨道列车主要技术标准及特征

分 类	车辆和线路条件	客运量 运行速度 v_{max}(km/h)	备注(典型线路)
地铁车辆或专用车辆	线路半径:≥500 m; 线路坡度:≤30‰	客运量:20.0 万～45.0 万人次/日 v_{max}:120～160	大运量; 主要适用于市域内中、长距离客运交通

1.3 车辆的组成

城市轨道交通车辆尽管形式不同,均可由机械系统、牵引系统、辅助系统三大部分组成。其中机械系统包括车体、客室车门、车钩缓冲装置、转向架、机械制动系统和空调系统。牵引系统包括车辆受电弓、牵引电机等电器以及电气传动控制系统。辅助系统由辅助逆变器、蓄电池、中压总线和低压总线等组成。

1.3.1 车体

车体是城市轨道交通车辆最重要的组成部件之一,位于转向架上。除了载客之外,几乎所有的机械、电气、电子等设备都安装在车体的上部、下部及内部,驾驶室也设置在车体中(图 1-1)。

图 1-1 地铁车辆车体

车体一般由底架、侧墙、车顶和端墙等组成。车体最初由普通碳素钢制造。为了减少腐蚀，提高使用寿命，耐候钢制造的车体得到广泛应用。为实现车体的轻量化，现代城市轨道交通车辆多由不锈钢、铝合金制造，车体的个别部位也可采用有机合成材料制造。车体要有隔音、减振、隔热、防火功能，以及尽可能保证乘客安全的措施。

1.3.2 客室车门

为满足城市轨道交通的特殊性，城市轨道交通车辆客室车门要有足够的数量、要有足够的有效宽度，以及车门附近要有足够的空间保证乘客上下车时间满足运行密度的要求。

客室车门尽管类型多种多样，基本上都是由驱动系统、机械传动系统、门页和电气控制系统四部分组成(图 1-2)。根据客室车门驱动系统的动力来源可分为电动式车门和气动式车门；按照车门的运动轨迹以及与车体的安装方式的不同可分为内藏门、外挂门和塞拉门。

图 1-2 客室车门(外挂门)

1.3.3 车钩缓冲装置

车钩缓冲装置是车辆基本的也是主要的部件之一。它是用来连接列车中各车辆,使之彼此保持一定距离的部件,并且能传递缓和列车在运行中或在调车时所产生的纵向力或冲击力。

城市轨道交通车辆车钩缓冲装置一般由钩头、缓冲装置、对中装置和钩尾冲击座 4 部分组成(图 1-3)。

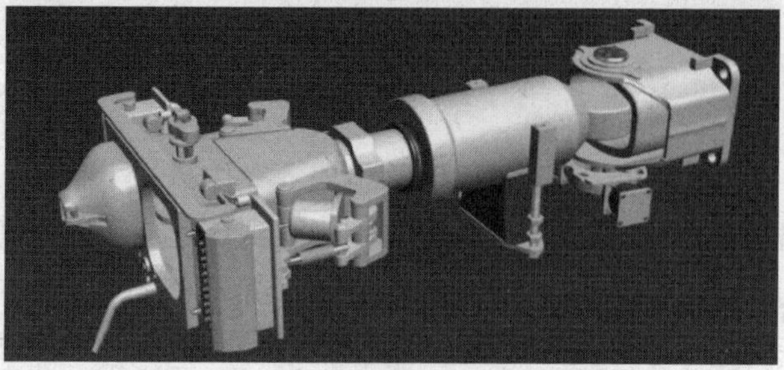

图 1-3 全自动车钩缓冲装置

1.3.4 转向架

转向架是城市轨道交通车辆重要的组成部件之一,是支撑车体并担负车辆沿轨道走行的支撑走行装置(图 1-4)。

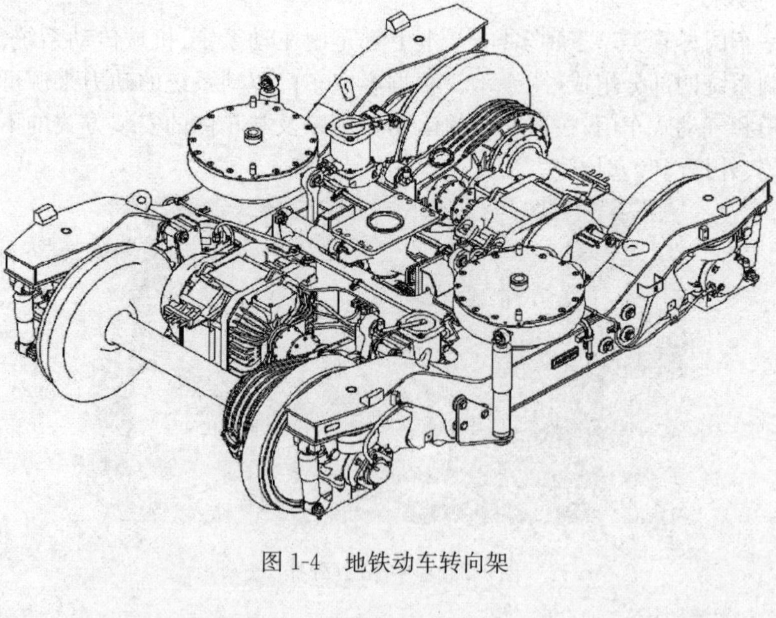

图 1-4 地铁动车转向架

转向架一般由构架、轮对、悬挂系统、减振装置、基础制动装置和传动装置等组成。动车的牵引电机、变速机构等装在转向架上。转向架的结构及各部参数是否合理,直接影响车辆的运行品质、动力性能和行车安全。

1.3.5 制动系统

城市轨道交通车辆必须安装制动系统,其作用是根据需要使车辆按规定减速、停车。

制动系统由制动控制系统和制动执行系统组成。制动控制系统是产生制动原动力并进行操作和控制的部分。制动执行系统是传送制动原动力并产生制动力的部分。

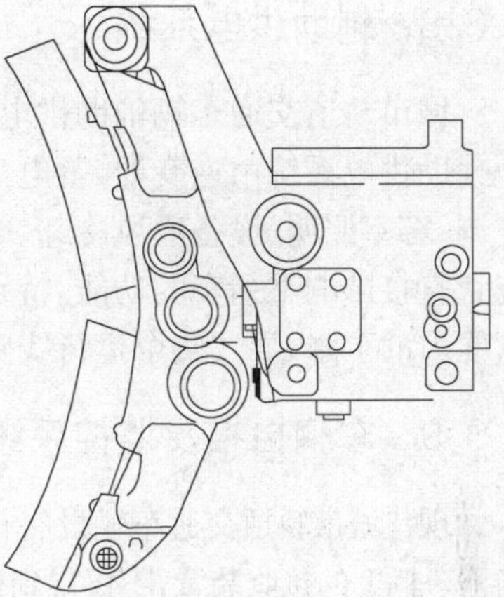

图 1-5 摩擦制动采用的单元制动机

城市轨道交通一般站间距离较短、调速及制动频繁,故列车在正常运营时,为了提高旅行速度,列车必须起动快、制动距离短。上海地铁车辆制动控制方式为电空控制,应用制动电子控制单元(BECU)对各种数据进行处理后发出电信号,控制制动力。制动方式为再生制动、电阻制动和摩擦制动(图 1-5)相结合。

1.3.6 空调系统

城市轨道交通的运输任务是运送短途乘客,这就要求客室内要有卫生清洁而且是舒适的环境条件。城市轨道交通车辆因乘客拥挤,空气污浊,必须设有通风装置,一般采用机械通风。在较冷地区运行在地面高架上的车辆设有电热器。

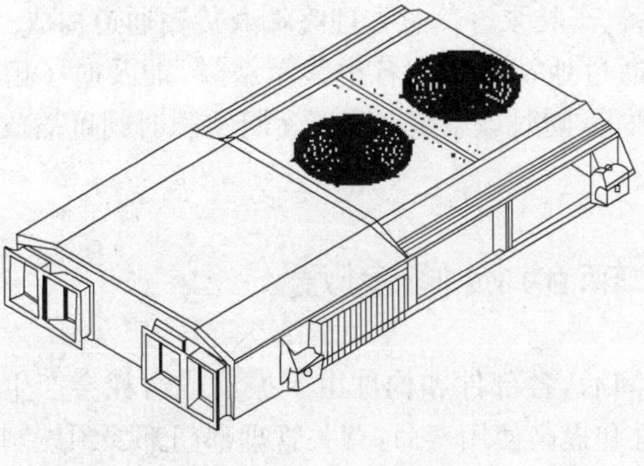

图 1-6 单元式空调机组

随着空气调节技术的普遍应用和乘客对乘车环境舒适性要求的不断提高,近几十年来,在轨道交通的列车上安装空气调节设备得到了广泛重视,我国新建的城市轨道交通列车都设置了空调系统(图 1-6)。

1.3.7 牵引系统

牵引系统包括车辆上的各种电气牵引设备及其控制电路,它是车辆上高电压、大电流、大功率的动力电路。牵引系统的作用是在牵引工况时，将变电所传递的电能转变为车辆牵引所需的牵引力；在电气制动工况时，将车辆的动能转化为电制动力，实现功率的转换和传递。

1.3.8 辅助供电系统

城市轨道交通车辆辅助供电系统为除牵引系统以外的所有用电系统供电，整个辅助供电系统由逆变器、蓄电池及相应的部件组成。其供电的主要负载有列车空调、客室照明、设备通风冷却、电器电子装置和蓄电池充电等，它的工作状态正常与否直接影响整列车的功能，特别是当数辆车发生辅助系统故障时将引起列车运营能力的下降，导致整个运行线路的中断。

1.3.9 车辆自控及监控系统

现代城市轨道交通车辆设有自控及监控系统。自控系统将城市行车指挥信息传输至车辆上的接收装置，不仅得到行车信号的显示功能，更主要的是起到限速、加速、保持行车间隔的安全作用，可实现无人驾驶。监控系统将列车及车辆的运行状态、主要机电设备的工作状态进行显示及存储，主要用途是保证行车安全及故障分析。

1.3.10 乘客信息系统

乘客信息系统(PIS)是依靠成熟可靠的网络技术和多媒体传输、显示技术，以车站和车载显示终端为媒介，向乘客提供以运营信息为主的多媒体综合信息显示系统。PIS 主要由控制中心前端设备、车站乘客信息处理终端及传输通道构成。

PIS具有媒体传播功能。乘客通过地铁站点的各类显示终端，能及时了解列车的运行信息、公共信息及安全事项等，同时该系统在列车运行空隙时间可播放天气预报、时事新闻和娱乐节目等内容。

1.4 车辆的检修制度

城市轨道交通车辆运行一段时间后，各部件和构件由于振动或磨耗会产生松动、变形或损坏。为了保证运行安全和提高使用寿命，有关管理部门都要预先制定车辆的日常检查、维护规范和车辆检修的各种技术规程。

轨道交通车辆的检修通常分为日检、月检、定修、架修和大修。

车辆的修程实施取决于运营时间和走行里程数这两个参数，当二者之中有一个参数达到要求，就应实施相应的修程。城轨电动列车检修工从事的工作就是根据车辆的修程对电动列车进行维护和检修。

1.4.1　日检(每日)

日检是对容易出现危及行车安全的各主要部件(如轮对、空气弹簧、转向架、受电弓、控制装置、空气制动装置、车钩及缓冲装置、车门、车体和车灯等)进行外观检查,对危及行车安全的故障及时进行重点修理。

1.4.2　月检(每月)

月检是对车辆外观和一般功能进行检查,即对车辆主要部件的技术状态进行外观检查和必要试验,对危及行车安全的故障进行全面修理。月检根据检修周期又可细分为月检 A(每月)、月检 B(双月检)、三月检(每三个月),通常未特意指出周期的月检指月检 A。

1.4.3　定修(1 年或 10 万 km)

定修主要是预防性的修理,对各大部件的技术状态和作用做较仔细检查,对车上的仪器和仪表进行校验,对主蓄电池进行活化处理,对检查发现的故障进行针对性修理。检修工作结束前需对列车进行静、动态调试,调试正常的列车方能投入运营。

1.4.4　架修(5 年或 60 万 km)

架修主要目标是检测和修理大型部件(如走行部、牵引电机、传动装置等)。同时经架车对车辆各部件进行解体和全面检查、修理和试验,对计量的仪器、仪表进行校验,车体要重新油漆标记。同样列车组装后需对列车进行静、动态调试,调试正常的列车方能投入运营。

1.4.5　大修(10 年或 120 万 km)

大修是指全面恢复性修理。要求对车辆实施全面解体,通过检查、整形、修理、试验、重新油漆、组装及静、动态调试,完全恢复车辆性能,基本上达到新车出厂水平。

1.4.6　均衡修

均衡修是通过对多年车辆运营、检修统计和积累的大量数据进行分析研究。对检修项目周期进行分类处理,修程的项目和内容覆盖原有月检 A、月检 B(双月检)、三月检、半年检、定修(年检)等前提下,对原有的修程进行重新组合,调整为 12 个修程,并将 12 个修程的工作分摊到 12 个月中完成的检修方式,以减少扣车时间，保证投入正线运营的车辆数，而分摊到每月的修程耗时约一天或两天，可利用当天列车运行的窗口时间。

1.4.7 全寿命维修

车辆全寿命运维模式是一种以车辆设备功能结构展开并覆盖其全寿命的规程为基础，结合列车状态、生产资源状态、外部指标要求等形成全面动态均衡的最优维护计划，根据规程及计划不折不扣执行维护维修工作后，交付运营的车辆设备运维模式。

列车全寿命周期管理，贯穿车辆设计、制造、选型、购置、调试、验收、使用、维护、检查、维修、技术改造和报废等相关内容，充分利用资源优势统筹规划和管理列车全寿命管理的各个阶段，优化备件库存和技术人员配置，合理控制车队综合维修成本。

从传统的整车“日常＋架修＋大修”三段式时间周期的规程，转变为列车子系统或者最小可更换单元设备全寿命周期模块化的维修规程，将架修、大修转变成部件修将最大程度提高列车可用率，消除架修、大修扣车造成的列车长期无法上线投运给运营带来的经济损失和影响。

第2章 机 械 系 统

城市轨道交通车辆机械系统包括车体、客室车门、车钩缓冲装置、转向架、机械制动系统和空调系统。

2.1 车 体

车体是指除去转向架后的地铁车辆的上部结构，它是城市轨道交通车辆的主体。车体的主要功能是运载旅客，承受和传递载荷，安装传动机构、电气设备和内部设施。城市轨道交通车辆车体结构设计的疲劳寿命一般均大于30年。

2.1.1 车体的基本类型和特征

1. 车体的基本类型

从功能上而言，车体有3种类型：

(1)Tc车车体：为无动力车，带司机室，空车自重32 t。

(2)Mp车车体：为有动力车，无司机室，车顶有装受电弓的位置，空车自重38 t。

(3)M车车体：与Mp车基本相同，但车顶无装受电弓的位置，空车自重38 t。

2. 车体特征

城市轨道交通车辆是大城市公共交通或近郊客运所选择的特殊运输工具，因而其车体有独有的特征：

(1)一般为4节、6节或8节车编组的电动车组，有头车(即带有司机室的车辆)和中间车或动车与拖车之分。

(2)由于服务于市内公共交通，在车内的平面布置上座位较少、车门较多且开度大，客室内服务于乘客的设备较简单。

(3)严格限制重量、轴重轻，以降低高架线路的工程投资。

(4)由于地铁车辆在地下隧道运行，一旦发生火灾后果不堪设想，因此对车体有严格的防火要求。车体内装饰、设备等使用的各种非金属材料都最大限度地采用了防火阻燃、低烟和低毒的材料。

(5)对车体的减噪和隔音有严格要求，须最大限度地降低车辆噪声对乘客和沿线居民的影响。

(6)车体采用轻量化概念设计，故车体承载结构一般采用大型中空截面铝合金挤压型材、高强度复合材料或不锈钢。车体其他辅助设施尽量采用轻型高科技新材料。车体轻量化对降低高架线路的工程投资、降低车辆噪声有重要影响。

(7)由于服务于市内公共交通,车体的外观造型和色彩须美观并与城市景观相协调。

2.1.2 车体的基本结构

车体按结构和功能的不同,基本上可分为车辆壳体、贯通道、紧急疏散门、车门、车窗和司机室等部分。

1. 车辆壳体

车辆壳体主要由底架、侧墙、端墙和车顶四大部件组成。它是从强度上保证乘客安全的主要部件,也是减轻车辆自重的关键部件。一般车体承载结构的重量占车辆自重的20%~25%。自重的减轻不仅可以节约制造材料,而且在相同客流的条件下可以降低牵引动力的消耗,同时也可以减小车辆走行部和线路的磨耗,延长轮对的使用寿命,从而带来巨大的经济效益。因此研究车体承载结构的轻量化具有很大的现实意义。

(1)钢结构车体

国内较早生产的地铁车辆的车体基本都是采用普通碳素钢型材构成骨架和外侧包薄钢板,构成一个全焊接的筒形薄壳结构,自重10~13 t,如图2-1所示。

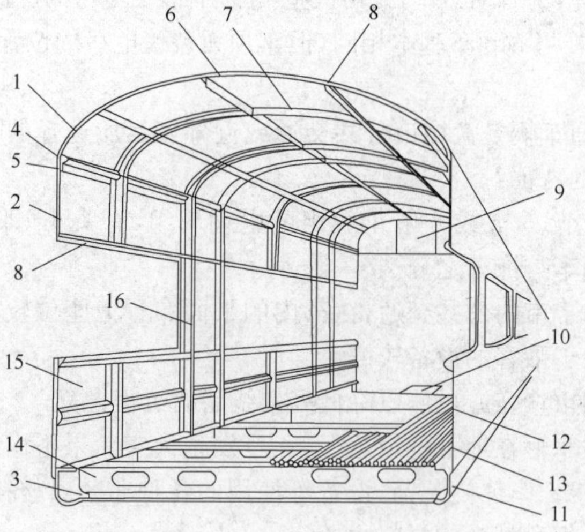

1—车顶;2—侧墙;3—底架;4—车顶边梁;5—侧墙上边梁;6—顶板;7—弯梁;8—纵向梁;9—车顶端部;10—牵引梁;11—边梁;12—枕梁;13—波纹地板;14—横梁;15—墙板;16—立柱。

图2-1 钢制车体承载结构

① 结构

底架采用无中梁焊接结构，由边梁、横梁、波纹地板、枕梁、牵引梁和缓冲梁组成。侧墙由边梁、立柱、窗立柱、横梁、和墙板等零部件组成。在门口周围设有门边立柱和横梁进行补强。车顶由边梁、弯梁、纵向梁、顶板和车顶端部组成。如果在车顶上装有受电弓或空调机组等设备时必须根据需要适当加强，确保满足强度要求。司机室的侧墙和顶部的基本结构与客室的侧墙和顶部基本相似，前端一般设有前窗和为满足功能需要而加装的必要结构。

② 特点

普通碳素钢车体腐蚀十分严重，在使用中不仅强度随腐蚀而降低，而且增加了维修的工作量和成本。为了提高车体的耐腐蚀性，延长车体的使用寿命，从20世纪80年代开始，采用如09CuPbCrNi这种含铜或含镍铬等合金元素的耐腐蚀的低合金钢（或称耐候钢）系列，可使车体结构自重减轻1～1.5 t（10%～15%），在工艺上又采取了一些防腐措施后，使车体的使用寿命有所延长，但仍不能彻底满足减轻自重和防腐蚀的需要。

(2)不锈钢车体

不锈钢车体如图2-2所示。不锈钢耐腐蚀性能较好、强度高。用这种材料制造车体，免除了车体内壁涂覆防腐蚀涂料和表面油漆。在保证强度和刚度的前提下，板厚也可减薄。车体的结构形式基本与钢结构车体相似，从而实现车体的薄壁化和轻量化，不锈钢车体自重比普通碳素钢可减轻1～2 t（10%～20%）。另外为了克服薄板平整难于保证的缺点以及满足增加刚度的需要，一般车顶板、侧墙板和底架都采用成型的波纹板制成。为了克服在焊接高温条件下不锈钢内部组织易发生变化，进而产生晶间腐蚀而破裂的缺点，在焊缝集中的地方多采用点焊。

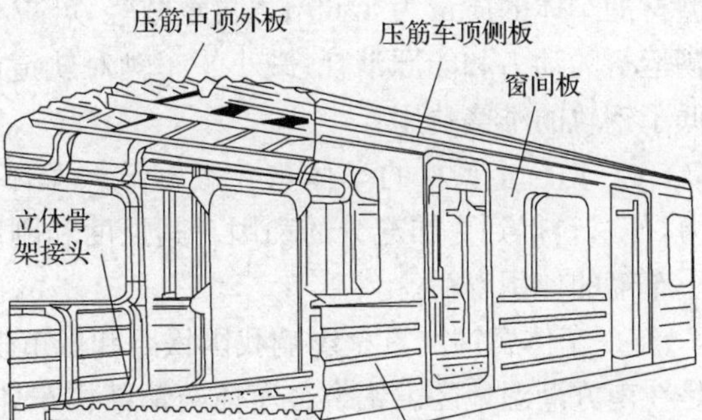

图2-2　不锈钢车体

(3)大型中空截面的挤压铝合金型材焊接车体

为了进一步实现车体轻量化，在高速列车、地铁车辆和轻轨车上采用铝合金车体，这是由于铝合金的比重仅为钢的1/3，有耐腐蚀和容易挤压成型的优点。可是铝合金弹性模量也是钢的1/3，弹性模量是与材料强度和刚度有关的一个物理量；弹性模量小，材料的强度和刚度则小。另外铝合金材料的可焊性较差，对焊接工艺和焊接工人的技术要求很高，焊接以后产生的变形很难控制。因此在铝制车体结构设计中采用大型中空截面的挤压铝合金型材，以增大受力构件的弹性模量，弥补铝合金板材弹性模量小的缺陷，满足城市轨道车辆的设计规范的要求，即车体的静挠度不大于两转向架中心距的1‰，保证车体具有足够的强度和刚度。与钢结构车体相比，大型中空截面的挤压铝合金型材在制造时大大减少了焊缝数量，焊接工作量减少40%～60%；铝合金型材比铝合金板材焊接变形易于控制。因此大型中空截面的挤压铝合金型材的车体制造工艺简单、标准规范，并克服了铝合金材质本身的先天不足。

在制造过程中，铝合金车体的表面进行了喷丸处理，进一步提高了车体表面的强度。

使用大型铝合金挤压型材拼焊而成的车体存在的明显优势。

① 采用铝合金车体结构与钢制车体结构相比，制造工艺大大简化，焊接工作量减少40%～60%，可以减少制造工时和降低生产成本。

② 铝合金材料的比重比钢材要轻1/3，每个铝合金型材的车体的质量可减轻3～5 t(30%～40%)。例如我国22型钢制车体的质量为12.3 t，德国ICE铝合金型材的车体的质量为8.65 t。自重减轻，可减小运行的牵引力和制动力，减小了车辆运行的动力和能源消耗；减小了车辆对轨道的负荷，延长了钢轨的使用寿命，降低了钢轨的维修费用。

③ 铝合金型材的车体与一般钢结构车体相比较，充分发挥了材料的承载能力，使材料得到更加充分的利用。其强度和刚度更加强大，使车辆经久耐用，增加了车辆的使用寿命。

④ 车体腐蚀严重是影响我国铁路和城市轨道车辆使用寿命的主要原因，尤其是在南方潮湿地区。铝合金车体与钢结构车体相比大大提高了抗腐蚀能力，检修工作量减少，而且保证车体承载结构在使用寿命期内(30年)不需结构性维修和加固。

上海地铁列车均采用了大型中空截面的铝合金挤压型材车体。使用铝合金型材的车体在制造时遇到的问题是油漆附着力较钢结构车体小。解决这一问题的方法是可以使用附着力较强、漆性较好的油漆，并缩短油漆维修的周期。铝合金还有一个缺点，就是在积水状态下耐腐蚀性能降低，因此在生产和维修时须注意采取排水措施。

(4)模块化结构的车体

近几十年以来，车体的制造工艺一般都采用全焊接结构，即底架、侧墙、车顶和端墙均为焊接，然后这四大部件组装时也采用焊接工艺。随着技术的发展，研制出了一种称为模块化的车体结构。

模块化车体结构与整体焊接结构车体相比，最显著的特点就在于将模块化概念引入到车体设计、制造与生产管理的各个环节之中。模块化车体设计是将整个车体分为若干个模块，如底架模块、侧墙模块、车顶模块和端墙模块，每个模块的制造内容不仅包括外壳的制造，而且包括内装饰、布管和布线，并解决每个模块相互之间的接口问题。各模块制造完成后再进行整车组装。每个模块的铝合金型材结构本身采用焊接，而各个模块之间的总成采用铆接或其他机械连接。图 2-3 为车体模块组成，图 2-4 为典型的车顶模块。

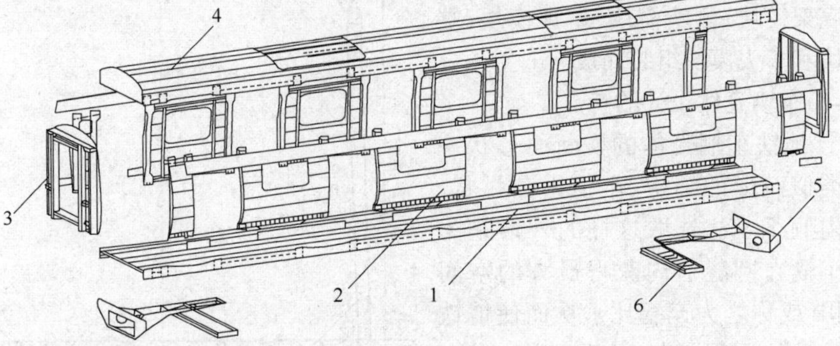

1—底架模块；2—侧墙模块；3—端墙模块；4—车顶模块；5—牵引梁模块；6—枕梁模块。

图 2-3　车体模块组成

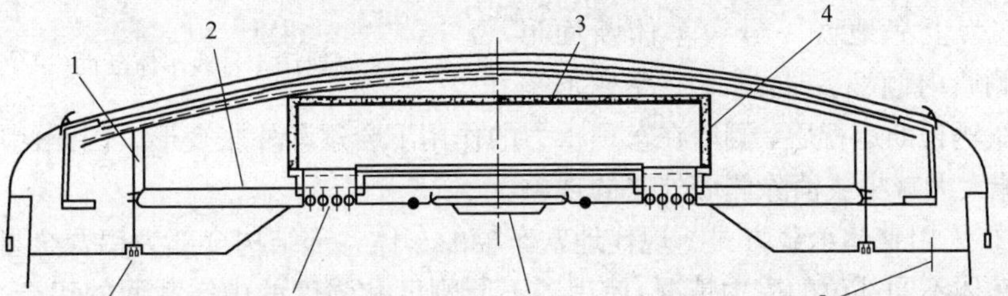

1—顶板吊梁；2—顶板横梁；3—空调风道；4—隔声、隔热材料；
5—内部装饰；6—灯带；7—出风口；8—顶板悬挂。

图 2-4　典型车顶模块

由于车体是容纳乘客的场所，其强度是保证乘客安全的关键特性，因此模块化设计是模块化车体生产比较重要的、复杂的环节。而一旦设计成功则可为制造和组装带来极大便利。采用模块化结构的优点：

① 在每个模块的制造过程中均注意质量的检查、检验和把关，从而保证整车组装后试验比较简单，整车质量也容易保证。

② 由于每个模块的制造可以独立进行，并解决了模块相互之间的接口问题，因此复杂的、技术难度大的模块和部件可以从外部引进，生产和制造的方式更加灵活。

③ 对总装生产线要求不高，这均有利于国产化的逐步实施。

④ 在车辆检修中，可以采用更换模块的方式进行，方便维修。

模块化生产的缺点：模块化结构的个别部件采用了钢材制造，各部件之间由于采用了钢制螺栓连接，所以车体自重比全焊结构稍重。

上海地铁多数车型是采用了模块化技术的大型铝合金挤压型材车体。它由底架模块、侧墙模块、车顶模块、端墙模块和车头模块组装而成。

(5)车辆壳体设计的特点

① 地铁车辆壳体的横断面形状一般为类似鼓形的结构，车顶为圆弧状，侧墙内倾 2.3°。选取这样的外形是为了使车辆在圆隧道内获得最大的空间截面积(或称之为充塞比)，从而使地铁工程的整体取得最好的经济性。另一方面也提高了车辆在圆隧道内的活塞效应，加强了隧道的自然通风能力。图 2-5 为上海地铁一号线车体断面形状。侧墙内倾 2.3°也是一个反变形措施。车辆长期运行后，侧墙在车顶重力的作用下会逐渐外胀变形。因此侧墙内倾 2.3°能大大减少或消除侧墙外胀的现象。

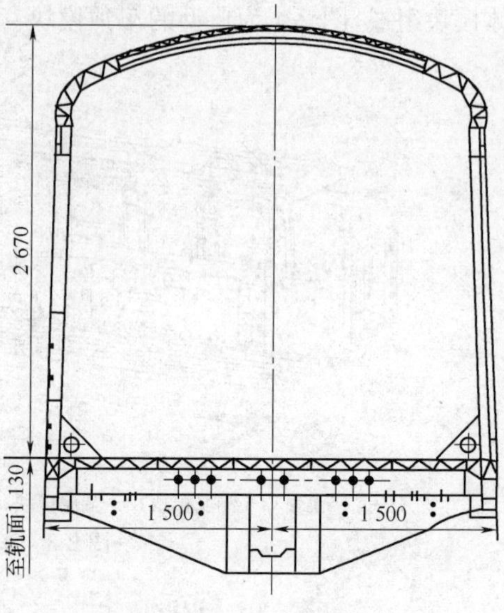

图 2-5 上海地铁 1 号线车体断面(单位:mm)

② 采用整体承载方式。现代地铁车辆的车体各部结构全部为铝合金型材，并针对车体不同部位的受力情况，使用了不同刚度和强度的中空截面的铝合金挤压型材。因此车体各部构件的受力状况基本均衡，形成一个类似于方管的承载整体。当车体任一部位受力后，其都能有效地将力传递和均摊到车体的各个部位。当方管整体承载时，强度远大于其独立的一块薄板承载，因此整体承载结构与传统的底架承载结构相比达到了最大限度地减轻车体自重、最大限度地提高车体的刚度和强度、更加充分地发挥材料承载能力的目的。

③ 底架设计呈上拱形。在车辆空载时，车体中央位置最大挠度为 10 mm，在满载时底架面保持水平。

④ 车体的防撞设计。Tc 车底架的前端设有撞击能量吸收区，其上开有 3 排椭圆形孔，当车辆受到迎面意外撞击时，它能产生较大的塑性变形，从而吸收纵向

冲击能量，起到保护司机、乘客和车体的作用。图 2-6 为 Tc 车底架防撞设计。

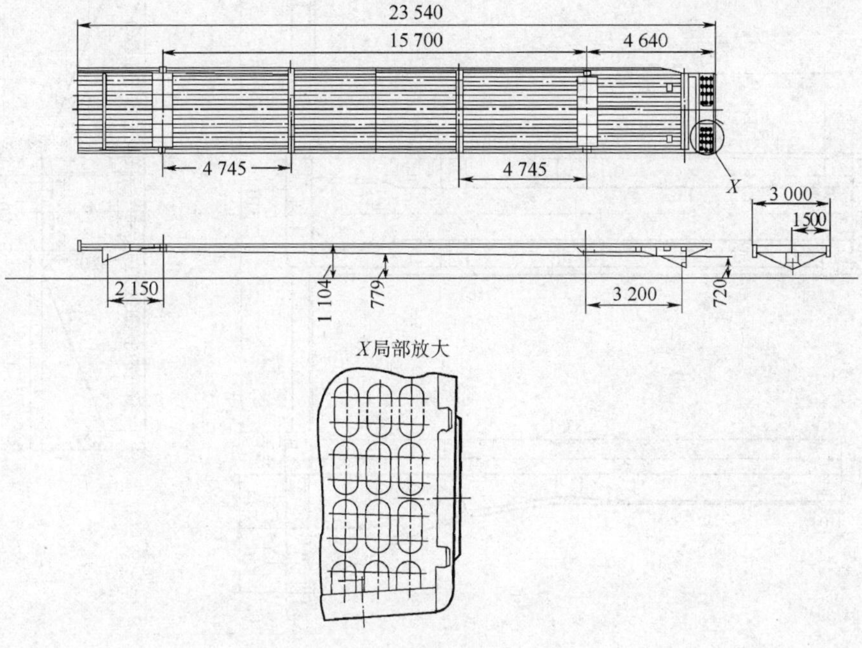

图 2-6　Tc 车底架防撞设计(单位:mm)

⑤ Tc 车车头位于挤压区前部，设有防爬装置。它是低合金高强度钢制成的三筋式可折弯型结构，可承受 3.34×10^5 N 的垂直力和 5.6×10^5 N 的纵向力。防爬装置不仅可以起到车辆之间防爬的作用，而且具有吸收能量的双重功能，通过对防爬器内部剪切部件的破坏实现能量的吸收，起到保护司机、乘客和车体的作用。两车相撞时，若车钩过载装置被破坏，由于防爬器突出于车体头部，因此先于车体头部相互接触撞击，并破坏挤压区；此处的先行破坏和互相挤压阻止了车体的互爬。

(6)车辆壳体结构

车辆壳体主要由底架、侧墙、端墙和车顶四大部件组成。

① 底架

底架由地板、边梁、牵引梁和缓冲梁组成，是车体最重要的承载部位。底架采用无中梁结构，作用于底架的垂直载荷和由缓冲梁、牵引梁传来的纵向力均由地板和边梁承担。

缓冲梁和牵引梁位于底架两端头和两个心盘以外的部分。它是焊在地板型材上的中梁和横梁，用来安装车钩缓冲装置，承受车钩的拉力和制动力、因各种原因而引起的横向力和走行部传来的各种振动和冲击，并将所受载荷传递给整个车体。图 2-7 为缓冲梁和牵引梁组成。

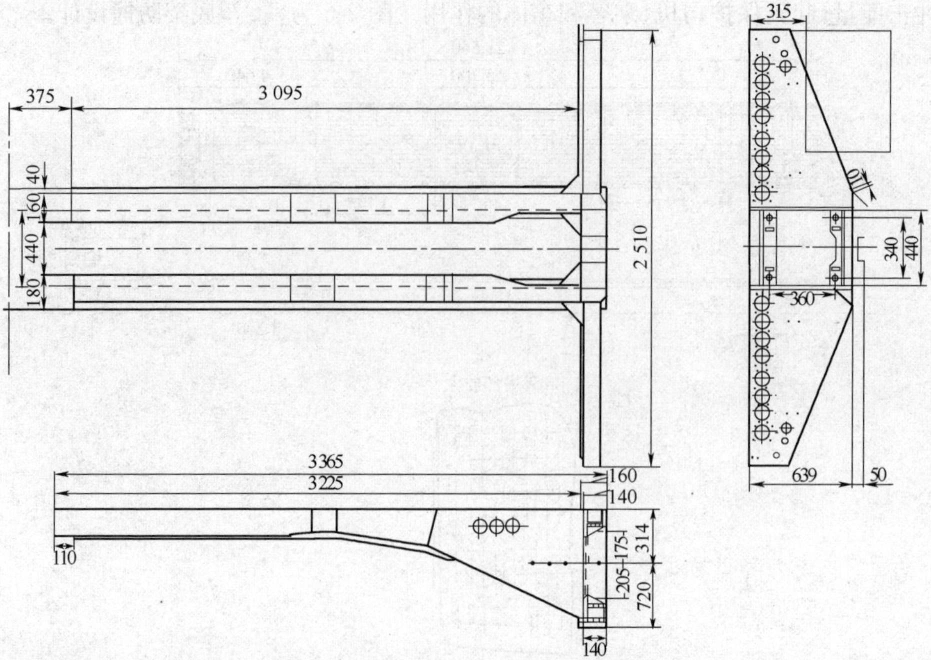

图 2-7 缓冲梁和牵引梁组成(单位:mm)

边梁是宽度约为 200 mm、高度约为 324 mm 和与车体等长的薄壁中空截面挤压铝合金型材壁厚 4～6 mm。边梁拼焊在地板型材的两侧,直接承受侧墙和车顶的重量,对地板有较大的加强作用。图 2-8 为底架边梁横断面图。

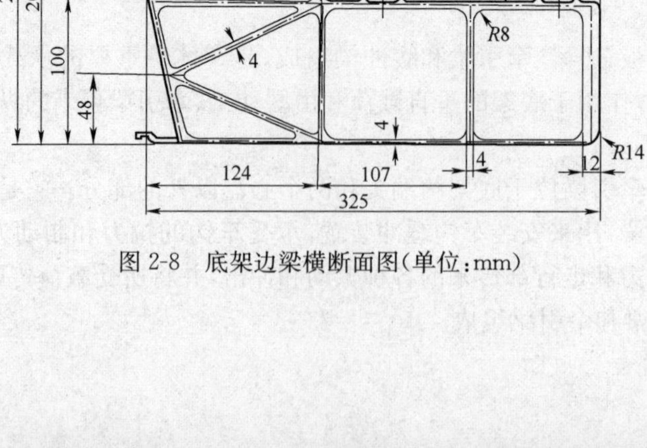

图 2-8 底架边梁横断面图(单位:mm)

地板是由沿车长方向多块宽度约为 520 mm、高度约为 70 mm 和与车体等长的铝合金中空型材拼焊而成；每块地板由上下翼板、腹板和六块筋板组成中空截面的挤压铝合金型材；各板厚度约为 2.5 mm。每块地板下部结构上还有 2 对安装车下设备的槽形吊挂座。铝合金型材地板与侧墙相交的客室一侧焊有三角加强筋板。图 2-9 为地板横断面图。

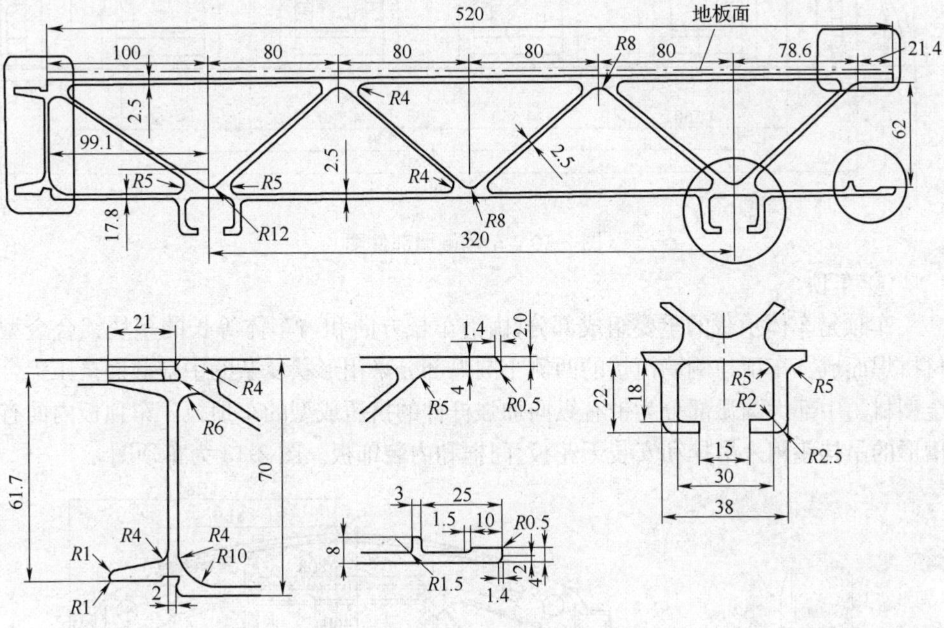

图 2-9 地板横断面图(单位:mm)

底架背面先喷底漆防锈，再喷涂泡沫塑料，厚度>4 mm，能抵抗任何清洗剂的侵蚀并起隔音和隔热的作用。

由于上海地铁部分电动列车的客室车门为外侧移门，因此其底架宽度大于车体横断面的宽度，以便为车门的移动提供下导轨。

②侧墙、端墙

车体的两侧各有 5 个车门和 4 个窗户，而侧墙上部又与车顶部件组合在一起，因此从组装工艺上，侧墙不能作为独立的整体部件，而是将一个车窗的窗框、窗下侧墙及其左右窗间壁或门间壁做成一个部件。每侧共 4 块加上 2 块车端部的侧壁，全车共 12 块均为整体的挤压铝合金型材。在组装时各自直接与底架和车顶拼焊。各个侧壁结构上均有 L 形、U 形或口形之立柱予以加强。

Mp、M 车车体两端的端墙由弯梁、贯通道立柱和墙板组成。

侧墙、端墙能承受和传递一定载荷。

侧墙、端墙的铝合金型材的内侧先喷底漆防锈，再喷涂厚>3 mm 泡沫塑料，所以侧墙、端墙内壁能抵抗任何清洗剂的侵蚀并具有良好的隔音和隔热效果。图 2-10 为车体侧墙部件图；图 2-11 为侧墙横断面图；图 2-12 为端墙图。

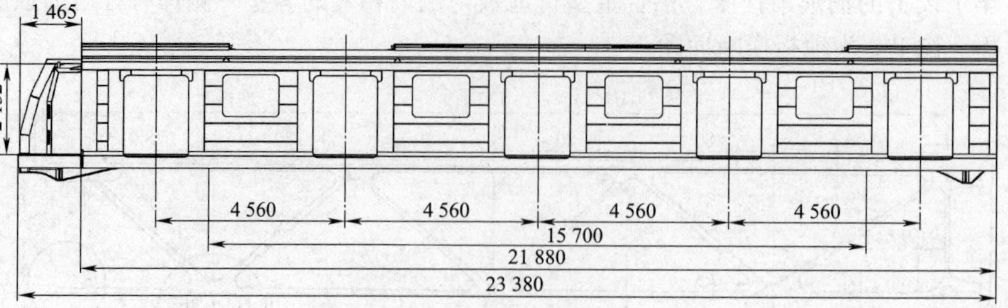

图 2-10　车体侧墙部件图

③ 车顶

车顶是车体承载的重要组成部分，由沿车长方向和与车体等长的多块铝合金型材拼焊而成。车顶与侧墙衔接的两侧小圆弧部分采用形状复杂的中空截面挤压铝合金型材。中部大圆弧部分为带有纵向加强杆件的挤压成型的车顶板。车顶板内面有槽形的吊挂座用来吊挂和安装天花板、门框和内装饰板。图 2-13 为车顶图。

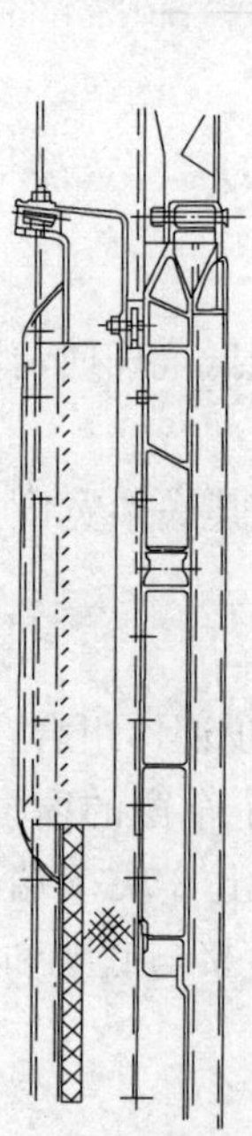

图 2-11　侧墙横断面图

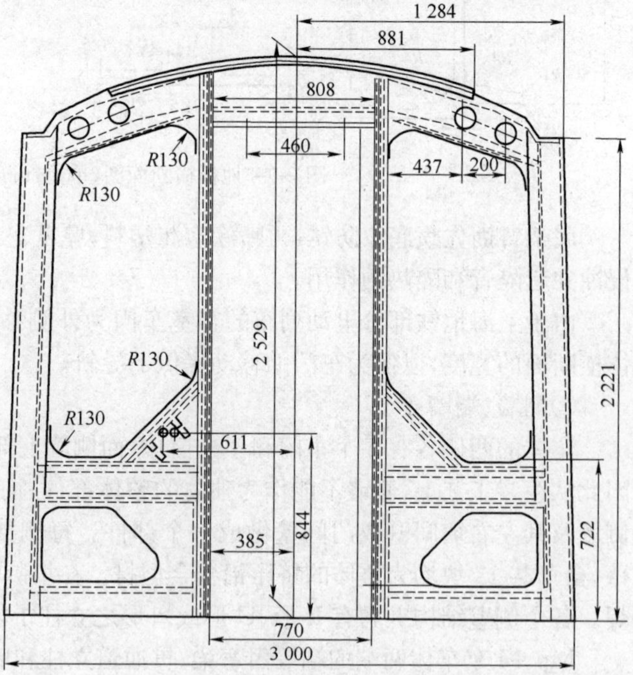

图 2-12　端墙图(单位:mm)

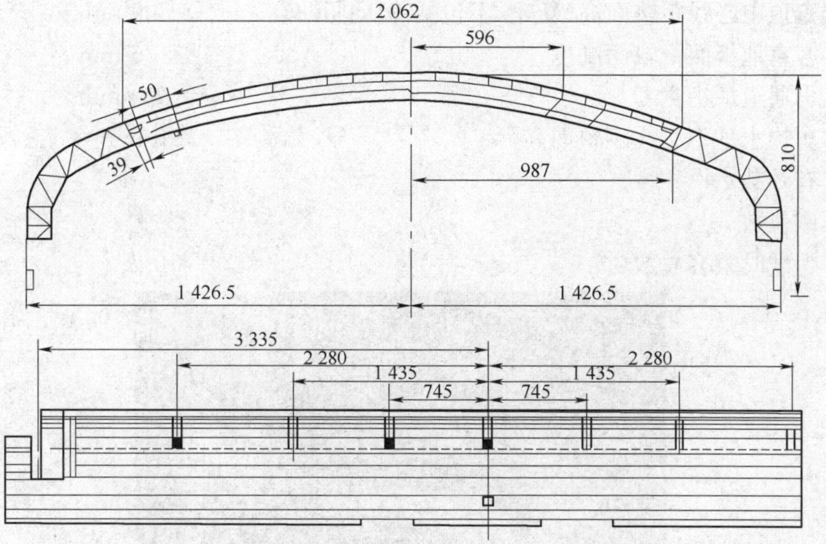

图 2-13　车顶(单位:mm)

车顶的内侧先喷底漆防锈,再喷涂厚>3 mm 泡沫塑料,车顶的内壁焊有钉子,将用铝箔包裹、密封的阻燃玻璃丝棉穿进钉子,铺在车顶内壁上后再将薄铁片也穿进钉子、紧紧地压在玻璃丝棉上,将玻璃丝棉牢固地固定。所以侧墙、端墙内壁能抵抗任何清洗剂的侵蚀并具有良好的隔音和隔热效果。

车顶的中部有 4 个自然通风装置。

Tc 车、Mp 车、M 车 3 种车的车顶都不一样:Tc 车的司机室车顶有独立的空调机组;Mp 车的车顶有受电弓安装座和空调机组安装的位置;M 车有空调机组安装的位置。

附:上海地铁电动列车车体及其技术参数

以下是目前上海地铁拥有的其中 4 种类型的车体及其技术参数。

(1)上海地铁 01A01 型电动列车

上海地铁 1 号线的 01A01 型电动列车是由德国西门子公司设计制造,车体结构如图 2-14 所示。主要技术参数如下:

车体长	
有司机室	23 540 mm
无司机室	22 100 mm
车体最大外宽	3 000 mm
车体内部宽度	≥2 720 mm

车顶中心线距轨面高(新轮,不包括静压排风扇)	3 800 mm
客室地板面距轨面高度	1 130 mm
贯通道最小宽度	1 500 mm
车钩水平中心线距轨面高	720 mm
有效载重	24.6 t
座位数	52 个
超载时乘客总数(按 9 人/m^2)	410 人

图 2-14　上海地铁 01A01 型电动列车的车体

(2)上海地铁 03A01 型电动列车

上海地铁 3 号线的 03A01 型电动列车是由法国阿尔斯通公司设计,由中车南京浦镇车辆有限公司制造,其车体结构如图 2-15 所示,其基本技术参数如下:

车体长	
有司机室 Tc	23 680 mm
无司机室 M、Mp	21 880 mm
车体最大外宽	3 000 mm
车体内部宽度	2 790 mm
车顶中心线距轨面高(新轮、不包括静压排风扇)	3 800 mm
客室地板面距轨面高度	1 130 mm
贯通道最小宽度	1 500 mm
座位数	56 个
超载时乘客总数(按 9 人/m^2)	410 人

(3)上海地铁 09A01 型电动列车

上海地铁 9 号线的 09A01 型电动列车是由德国庞巴迪公司设计,当时由长春长客—庞巴迪轨道车辆有限公司(CBRC)制造,其车体结构如图 2-16 所示,其基本技术参数如下:

图 2-15　上海地铁 03A01 型电动列车的车体

车体长	
设有司机室的 A 车	23 690 mm
无司机室的 B、C 车	22 100 mm
车体最大外部宽度	3 076 mm
车体在站台高度处的宽度	3 000 mm
车体内部宽度	≥ 2 720 mm
车顶中心线距轨面高(新轮、不包括静压排风扇)	3 800 mm
客室地板面距轨面高度	1 130 mm
贯通道最小宽度	1 500 mm
座位数	48 个
超载时乘客总数(按 9 人/m^2)	410 人
客室门与司机室门中心线的最小距离	2 335 mm

图 2-16　上海地铁 09A01 型电动列车的车体

(4)上海地铁 15A01 型电动列车

上海地铁 15 号线的 15A01 型电动列车是由中车长春轨道客车股份有限公司、上海阿尔斯通交通设备有限公司制造，为全自动驾驶列车，其车体结构如图 2-17 所示，其基本技术参数如下：

车体长	
有司机室 Tc	24 400 mm
无司机室 M、Mp	22 800 mm
车体最大外宽	3 000 mm
车体内部宽度	2 790 mm
车顶中心线距轨面高(新轮、不包括静压排风扇)	3 780 mm
客室地板面距轨面高度	1 130 mm
贯通道最小宽度	1 550 mm
座位数	54 个
超载时乘客总数(按 9 人/m^2)	410 人

图 2-17 上海地铁 15A01 型电动列车的车体

2. 贯通道

在两节车辆的连接处设有贯通道。贯通道的功能主要是将两车体的客室内部贯通为一体，不承受纵向拉力。纵向拉力主要由车钩承担。

(1)贯通道的作用

① 乘客流动：自动调节车厢内的客流密度。

② 空气流通：当某节车的空调出故障时，则在列车起动和制动时，车厢间的空气通过贯通道可达到流动调和的作用。

③ 安全乘车：遇到突发情况时，可有效组织乘客安全疏散。

(2)贯通道的组成

贯通道主要由折篷、护墙板、过渡板和车顶板组成。

① 折篷(图 2-18)

折篷沿车端为四周闭合的结构。折篷是用一种带有纤维底基的特殊橡胶制成的材料和钢制框架铆接而成，结构类似手风琴的风箱，可伸缩，实现了两车体的柔性连接。折篷在手风琴风箱结构的两端均有金属框架，一端为固定金属框架，用来实现折篷与车端的连接；另一端为对接金属框架，用来实现折篷与另一车体折篷的对接。金属框架一般为铝合金或不锈钢材质。

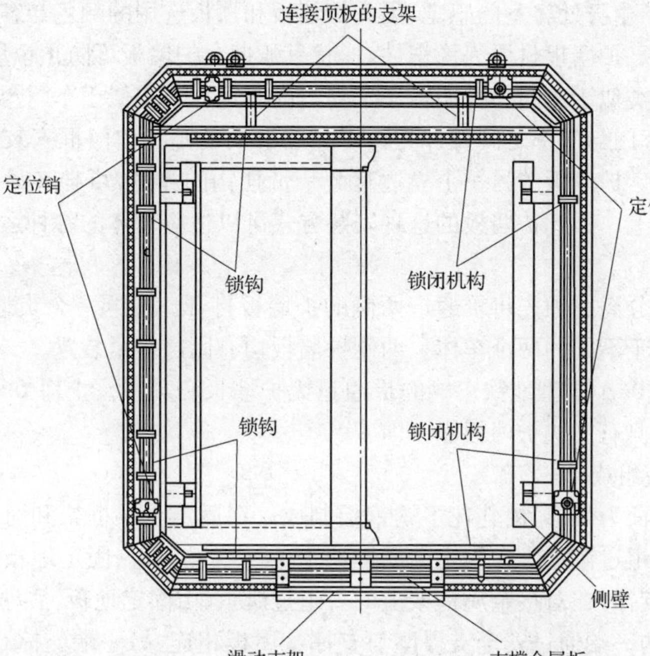

图 2-18　折篷

对接金属框架上设有定位销和定位孔，当连挂时一个金属框架上的定位销插入另一金属框架上的定位孔中，从而实现两个不同车体上金属框架的准确对接。对接金属框架上还设有通过人工扳动手柄，使锁钩和锁板相挂的锁紧机构，以实现两个不同车体上贯通道的刚性连接。

固定金属框架是通过螺钉固定在车端。固定金属框架上安装有使折篷在运动变形后复原的弹性复原装置；在两车体分离时，有可将折篷折起并固定住的挂钩；折篷护墙板和顶板的安装固定也依靠这个固定金属框架。

两折篷对接后，在重力作用下不可避免地会下沉，有一部分重力作用在车钩上。因此在对接金属框架上安装有支撑板，支撑板的下部座在车钩磨耗板上并与车钩磨耗板之间会产生摩擦。

上海 01A01 型地铁车辆的支撑板形状为 U 形，扣在对接金属框架上、下部坐在车钩磨耗板上，上部起到支撑过渡板翻板的作用。

上海 09A01 型地铁车辆的支撑板与车钩磨耗板之间有导向机构，以防止折篷过度转动。

② 护墙板和顶板

护墙板和顶板即为贯通道的侧墙和顶板。它的作用是使贯通道更有安全感和更美观，使人产生身处客室的感觉，因此护墙板和顶板选用的颜色与客室内装饰的颜色是一致的。护墙板材质为橡塑件，形状呈弧形。护墙板可防止垃圾掉入折篷，护墙板的安装类似于车门。护墙板一个立边的固定方式类似于车门与门框之间的固定方式，但车门与门框之间设计为可以相互滑动的结构。门框安装在折篷的固定金属框架上。护墙板的另一个立边有 2 个带挂钩的弹簧，可挂在另一个车体的固定金属框架上。因此护墙板的这种安装方式可以适应车体的各种运动状态而不会被折损。

在两车体分离前须先将贯通道两侧的护墙板打开。在同一个贯通道里，两侧护墙板分别属于不同的两个车体。两侧护墙板均有固定锁紧装置。

上海地铁 03A01 型地铁车辆的贯通道无护墙板和顶板。上海 09A01 型地铁车辆贯通道每侧有 3 块护墙板。

③ 过渡板组成(图 2-19)

过渡板表面为弧形，由轧花不锈钢板制成。在固定金属框架和对接金属框架上各固定有一组过渡板。在固定金属框架上的一组过渡板(固定地板和活动翻板组成)靠托架支撑，在对接金属框架上的一组过渡板(由固定地板、活动翻板和塑料磨耗条组成)的一端通过安全支撑座与支撑金属板相连，另一端支撑在过渡板上。两个过渡板的相互搭接处均为活动翻板，盖在折篷地板上面，且搭接平整、无高低差。由于相互搭接的接触面之间存在摩擦，因此在对接金属框架上的活动渡板的背面安装有塑料磨耗条。

分别属于两个不同车体的过渡板之间背靠背地、平整地对接。

固定金属框架上的过渡板在客室地板与对接金属框架上的过渡板之间起到平滑过渡的作用。

过渡板能在列车起动和制动时自由地伸缩，在列车通过曲线时也能自由旋转搭接。因此过渡板的安装形式既能适应车体的各种运动变化，又能将两车体的地板平整地连接在一起。

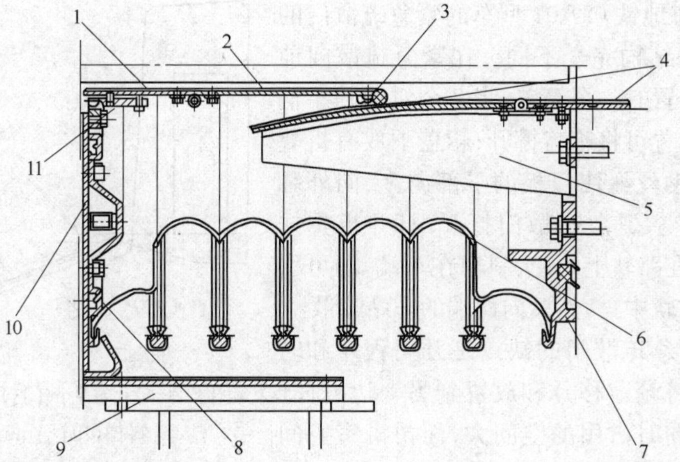

1—固定地板；2—活动翻板；3—塑料磨耗条；4—过渡板；5—托架；6—衬有毡的纤维织物；
7—旋紧架；8—连接架；9—活动支架；10—支撑金属板；11—安全支撑座。

图 2-19　过渡板组成

上海地铁 01A01 型车仅在固定金属框架上设有一组过渡板。每组过渡板有一个窄板和一个较宽的翻板。窄板固定在客室地板上，在客室地板与翻板之间起到平滑过渡的作用。翻板盖在折篷地板上面，由固定在对接金属框架上的金属支撑板支承。分别属于两个不同车体的 2 个翻板相互搭接并在列车运行时会产生相互摩擦，因此翻板背面有塑料磨耗板。

上海地铁 03A01 型车过渡板为防滑的非金属材料，过渡板的结构为一个长方形板，不能翻转，其一边用螺钉固定在固定金属框架上，另一边不固定，以适应折篷的伸缩和车体的运动变化。

3. 紧急疏散门

列车在隧道内运行一旦发生火灾或其他险性事故时，必须紧急疏散车上的乘客。这时司机可打开设在 2 个 Tc 车端头正中间的紧急疏散门，引导乘客通过紧急疏散门走向路轨中央，然后向两端的车站疏散。

(1)紧急疏散门的结构

① 打开紧急疏散门时须拉下手柄或使用摇柄进行解锁，一旦门锁开启车门能自动倒向路基，门板成为连接车体地板与地面的斜梯。门的两侧各有一组由数个铝合金杆和气弹簧相互铰接在一起，一头与车端相连、一头与门板相连的拉杆组成；由于气弹簧的缓冲作用，紧急疏散门倒下的速度不会过大，可防止车门装置的损坏。门两侧的拉杆组成也是斜桥的栏杆和扶手。门板由铝合金板型材制成，表面涂有防滑漆，防止乘客滑倒(图 2-20)。

② 上海地铁09A01型车的紧急疏散门的设计与上述结构完全不同。在紧急疏散门前的地板上放置有一个箱盖，将2个对称的手柄扳到垂直位置可将箱盖挪开；箱盖下放有折叠扶梯；拉出钢丝绳使门板的下部向上、向外翻转，门板悬空，紧急疏散门打开；打开折叠扶梯，一头放在路轨上，一头斜靠在车端，即可引导乘客向路轨中央，然后向两端的车站疏散。

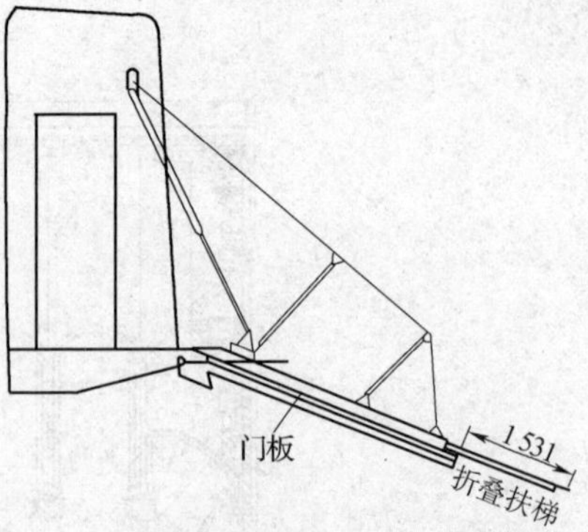

图2-20 紧急疏散门打开后成为斜梯(单位:mm)

这种紧急疏散门的缺点是开门程序和时间较长、须将箱盖移开和放置到另一边、打开折叠扶梯；同时占用的空间大，而司机室空间小，在紧急情况下容易使人手忙脚乱、施展不开；并且在情况紧急和拥挤慌乱中乘客脚下容易踩空，摔下扶梯，不能使乘客快速疏散。

(2)紧急疏散门的监控

紧急疏散门有1个检查钢丝绳安放位置正确与否的行程开关和2个检查紧急疏散门是否关闭良好的行程开关，如行程开关未被触发，则列车无法起动。

上海地铁部分全高架线路列车和三轨受流列车没有设置紧急疏散门。

4. 车窗

一般在2个客室车门之间设有1扇车窗，因此列车两侧各均匀布置4扇车窗。车窗有以下几种形式：

(1)密闭式车窗

车窗完全密封无法打开。窗玻璃为双层中空玻璃，具有良好的隔热、隔音性能。玻璃周边镶有环形氯丁橡胶条，直接嵌入和装配在侧墙上，车窗无窗框。

(2)应急通风窗

如图2-21所示为应急通风窗。采用楣窗结构，客室车窗分为上、下部。下部车窗为固定不动；上部车窗为可开启的应急通风窗，向内旋转45°，以备通风设备发生故障时开启，进行紧急自然通风。在窗框的上方装有应急通风窗的锁紧机构，须由乘务员使用方孔钥匙开启，乘客不得随意操作。

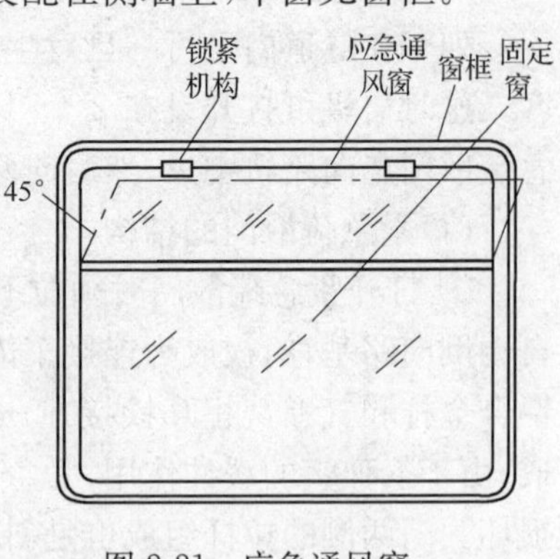

图2-21 应急通风窗

上海地铁最早引进的列车上设有应急通风窗。

(3)连续式车窗

从车外看,在2个客室车门之间的整个侧墙的上半部均为玻璃,起到装饰车体外部的作用。但除车窗玻璃的部位之外,其他部位的玻璃为黑色;黑色玻璃的内面为铝质窗间板,因此乘客在车内看到的是通常的内饰板,不能通过此处看到车外,称为盲窗。只有车窗玻璃处为双层的透明玻璃,能够看到车外。整个玻璃的周边由强力胶牢固地粘结在侧墙内部的型材上,与车辆壳体的外露缝隙用黑色硅胶密封和涂平。连续式车窗仅适合于在结构上侧墙与车顶有自然缝隙的车型,如模块化设计的车型。

5. 司机室

司机室(图2-22)内设备布置各有差异,但一般都遵循一定的规律。

图2-22　司机室

(1)主驾驶台位于司机室前方的右侧,副驾驶台位于司机室前方的左侧。主驾驶台上设有牵引和制动手柄、相关仪表、指示灯、各种按钮和显示屏等。

(2)主、副驾驶台之间安装有紧急疏散门;司机室与客室之间隔墙的正当中设有通道门;因此在通道门至紧急疏散门之间无任何路障,以备紧急情况时,作为乘客疏散的通道。

(3)通道门的两侧安装有电器柜。

(4)司机室的左右两侧墙设有侧门,一般为滑动内藏门或平开门。

(5)主、副驾驶台的正前方各安装有1块约12 mm厚的挡风玻璃,在玻璃内预设电加热丝,在冬季可加热除霜;在挡风玻璃外侧装有刮雨器。挡风玻璃的安装与一般客室车窗相同,借助环形氯丁橡胶条直接装配在侧墙上。

(6)司机室座椅是按人体工程学原理进行设计的。高缓冲仿形靠背、坐垫采用聚氨酯高回弹材料，座椅的纺织物蒙面具有阻燃性。座椅设有中心弹簧和液压减震器，形状及硬度符合人体工程学中规定，满足司机乘坐的舒适性；座椅靠背的倾斜角度是可调的，调整范围<20°，分为6挡；坐垫可通过操纵旋转钮倾斜±4°。座椅可前后移动，调整范围<80 mm；座椅可由操纵杆控制转动360°；座椅可进行高度调整，分为三挡，调整范围<80 mm。

2.1.3 车体内装饰及车内设备

1. 车体内装饰

车体内装饰一般是指车辆壳体以内到内墙板、内顶板及地板布的各件。它不仅要求具有良好的隔音、隔热性能，而且要求内装饰表面美观、色彩协调，为乘客创造舒适、温馨的乘车环境。另外内装饰材料均选用阻燃、少烟和环保材料，以保证乘客安全。内装饰设计要考虑与车辆壳体的连接关系和车内设备的安装方式并进行总体优化。

近代地铁车辆车体内装饰的特点是颜色素雅、装修简洁、宽敞明亮。由于内饰板均被嵌入固定框架内，因此车内基本无明钉(图2-23)。

图2-23 车体内装饰

(1)地板

客室内的地板布直接粘接在铝合金型材地板上。地板布为2.5 mm厚的PVC塑料地板，具有耐磨、阻燃和防滑的性能。

在较早的地铁列车上，客室内的地板是在铝合金型材地板上面铺16 mm厚层压板。层压板是防火处理过的木板。层压板为搭接，并用螺钉固定。宽度方向有2块层压板。层压板下是支撑梁。支撑梁与铝合金型材地板之间设有外形尺寸约4 mm×40 mm×100 mm的许多橡胶垫制成的减振元件。小橡胶垫用胶粘固定。层压板上再铺 2.5 mm 厚的 PVC 橡塑地板布，这是一种理想的具有耐磨、阻燃和防滑功能的地板面材料。层压板与地板布之间用强力胶粘接固定。客室内的座椅直接安装在木地板上。地板整体结构具有防水、防火、隔音、隔热、耐磨和无毒性能。由于层压板一旦受潮容易变形翘起，木地板与地板布之间脱胶，地板布鼓起，因此后来生产的车辆取消了木地板层。图 2-24 为带层压板的地板结构。

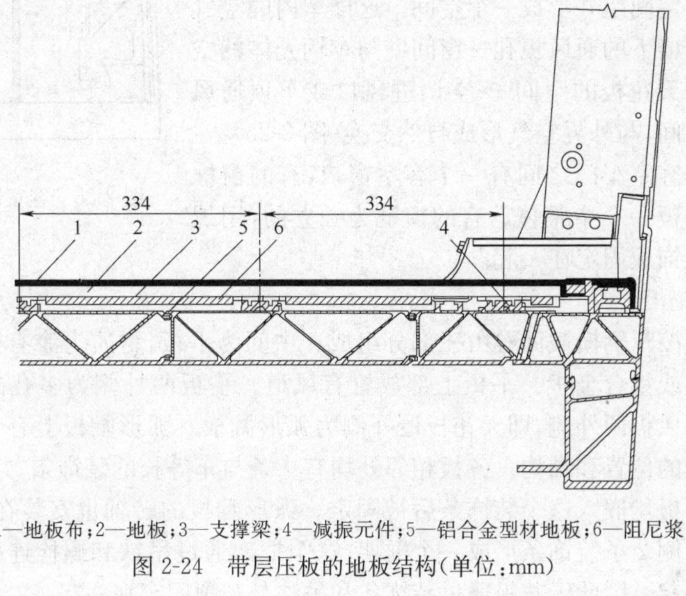

1—地板布；2—地板；3—支撑梁；4—减振元件；5—铝合金型材地板；6—阻尼浆。

图 2-24 带层压板的地板结构(单位：mm)

上海地铁部分车型的地板布是在车体上直接加工制作的，将 PVC 橡塑颗粒和胶黏剂搅拌均匀后，平铺在铝合金型材地板上，胶黏剂和 PVC 橡塑颗粒逐渐融为一体并牢固地覆盖在铝合金型材地板上，使用专用打磨设备将地板磨平。

(2)侧墙内饰板

客室侧墙内饰板采用涂有密胺树脂的层压板或铝合金板。每两个客室车门之间的侧墙内饰板为一个整体，因此全车共 12 块侧墙内饰板。侧墙内饰板的两侧嵌入客室门框内，与客室门框成为一个整体后，其上部和门框通过角形吊铁和螺栓连接方式与车顶固定在一起。客室门框的底部固定在地板上。由于每块侧墙内饰板处放置有一个长客室座椅，客室座椅的靠背高度与窗台等高，即侧墙内饰板的窗下部分全部被客室座椅遮住，因此在设计上侧墙内饰板无窗下部分。车辆壳体在窗下侧墙部分的内壁结构上有用来固定侧墙内饰板下边的 1 个水平角铁，这样侧墙内饰板的四周全部被固定牢固。

被客室座椅遮住的窗下侧墙内壁铺有用铝箔包裹、密封的阻燃玻璃丝棉。由于窗下侧墙内壁焊有钉子，将玻璃丝棉穿在钉子上后，再将薄铁片穿在钉子上，薄铁片就将玻璃丝棉紧紧压住和固定牢固。玻璃丝棉起到隔热、隔音的作用。窗下侧墙的内壁结构上有用来放置玻璃丝棉的 2 个水平角铁。

侧墙内饰板在窗间壁处没有铺玻璃丝棉，与车辆壳体存在一定间距并形成一个空间。这样车内的空气通过客室座椅下的通风板孔→窗间壁与车辆壳体的空间→车顶与天花板的空间 →空调进风口或车顶通风器→外界空间，与外界空气形成自然交换(图 2-25)。

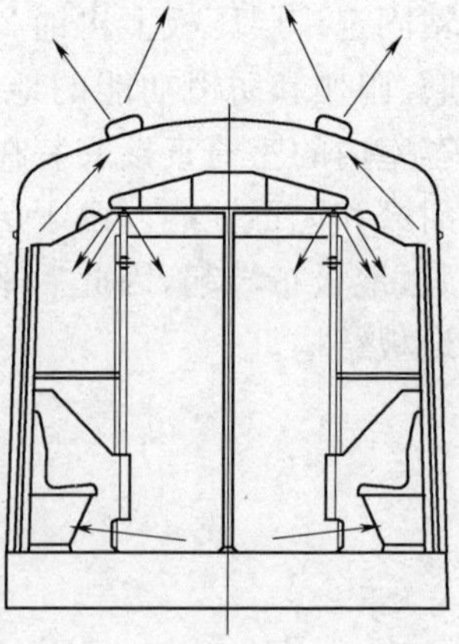

图 2-25　客室通风示意

每两个客室车门之间有一个客室窗户，有的窗框与侧墙内饰板为一个整体。有的窗框为独立的，用螺钉与侧墙内饰板固定在一起。

(3)天花板

天花板按车辆横截面看由三部分组成。中间为平板，材质为涂有密胺树脂的装饰层压板或铝合金板。平板上部放置有风道。平板两外侧为多孔的空调通风板。空调通风板两外侧，即天花板最外侧为弧形翻板。弧形翻板上有安装照明灯及其灯格栅的位置和结构。各板相邻处均有 1 条与车等长的装饰条，共计有 4 条。天花板上各板均嵌入这个装饰条后被固定。弧形翻板的转轴也安装在装饰条上。天花板上每侧 2 条装饰条形成一个框架，这个框架通过吊铁和螺栓连接方式与车顶固定在一起。因此天花板通过装饰条和吊铁与车顶固定在一起。

空调通风板和弧形翻板均为铝合金材质。

弧形翻板的开闭用方孔钥匙控制，便于客室车门等零部件的检修和安装。

车顶与天花板之间的空间被 2 个隔板等分为 3 个部分：车体前后的 2 个空间为回风的空间和通道，中间部分为通过车顶通风器与外界空气形成自然交换的空间和通道。

2. 车内设备

(1)客室座椅

为了适应城市轨道交通车辆短途、大运量的特点，客室座椅采用靠侧墙纵向布置的方式，在相邻两车门之间设置一长条座椅，车厢的两端为短座椅。

座椅框架采用铝合金、不锈钢等耐腐蚀材料制造，固定在地板上，靠背固定在侧墙上。座椅采用整体的高阻燃性的玻璃钢材料制成，由橡胶垫减振，固定在框架上。

客室座椅的颜色一般为绿色，座椅外形按人体工程学设计，长条座椅两端设安全挡板。每个座椅应能承受 100 kg 的载荷。

客室的座椅下面安装有空气弹簧附加气室(储气缸),受电弓升弓脚踏泵(仅 Mp 车配备)及灭火器等。

上海地铁部分车型因冬天空调供暖需要,在客室座椅的下面安装有电加热器。

(2)立柱及纵向扶手

为了方便站立乘客,在客室内设有立柱及纵向扶手。在每节车厢的纵向中心线处,均匀设置了约 13 根立柱。立柱上端穿过天花板并与天花板吊架支座套接,下端与地板支座用螺纹法兰盘固定。在座椅的安全挡板处也设有立柱以方便站立在车门区的乘客。同时在这些立柱上还装有纵向水平扶手。立柱与纵向扶手都是铝合金圆管型材,外表面进行阳极氧化处理。立柱和扶手的直径一般为 40 mm。

3. 车体内部设施的防火要求

地铁车辆由于大部分时间在地下隧道内运行,且每列车载客数千人,一旦失火救助的难度很大,后果不堪设想。因此须防患于未然,对地铁车辆制造所使用的材料应有严格的防火规定。

车体内部所有设施均须符合地铁防火的要求,比如内饰板、座椅和司机室座椅和地板等非金属材料。这些非金属材料须有阻燃、少烟和环保等特性,并符合国家标准及制造商所属国家的标准,如须满足 *Preventive fire protection in railway vehicles*(DIN 5510)标准等。

2.2 客室车门

轨道交通车辆的车门结构和类型多种多样,但无论结构形式如何变化,地铁车辆的客室车门都应满足城市轨道交通的特殊性。

2.2.1 客室车门的特点

1. 要有足够的有效宽度。

2. 车门要均匀分布,以方便乘客上、下车。

3. 要有足够数量的车门,以使乘客上、下车时间满足运行密度的要求;一般列车每节车辆两侧各设置了 5 扇客室车门。

4. 车门附近要有足够的空间,方便乘客上、下车时周转。

5. 要确保乘客的安全。

6. 要具有较高的可靠性。

2.2.2 客室车门的类型

地铁和轻轨车辆的客室车门驱动系统根据动力来源分类：如果动力来源是直流或交流电机，称为电动式车门；如果动力来源是驱动气缸，则称为气动式车门。按照车门的运动轨迹以及与车体安装方式的不同，客室车门又可分为内藏门、外挂门和塞拉门。

1. 内藏门

内藏门在车门开、关时，车门门页在车辆侧墙的外墙板与内饰板之间的夹层内移动。传动系统设于车厢内侧车门的顶部，装有导轮的车门可在导轨上移动，传动机构的钢丝绳、皮带或丝杠与车门相连接，气缸或电机驱动传动机构，从而实现车门门页的往复开、关动作。

2. 外挂门

外挂门传动机构工作原理与内藏门基本一致，主要区别在于车门门页和悬挂机构始终位于侧墙的外侧。

3. 塞拉门

塞拉门主要特点是车门在开启状态时，车门门页贴靠在侧墙的外侧，车门在关闭状态时车门外表面与车体外墙成一平面。这不仅使车辆外观美观，而且也有利于在高速行驶时减小空气阻力，车门不会因空气涡流产生噪声，也便于自动洗车装置对车体的清洗。塞拉门的开、关动作的实现是由电机驱动机械传动机构使门页沿着导轨方向移动，同时门页上方安装的悬挂机构主要负责承受门页自身大部分的重量。

2.2.3 车门的性能比较(表 2-1)

表 2-1 车门的性能比较

车门类型	塞拉门	外挂门	内藏门
乘客舒适度			
隔音	很好	很差	差
隔热	好	差	差
隔空气动压差	很好	差	差
乘客候车区无障碍	差	一般	一般
气流噪声的影响	很低	高	高
开门速度(开/关门时间)	好	很好	很好
抖动的可能性	低	高	高

续上表

车门类型	塞拉门	外挂门	内藏门
乘客舒适度			
客室死角	一般	一般	差
乘客可用车厢空间	很好	差	很差
乘客安全性			
防夹手	车门和侧墙之间以及门框和下边框之间装有护指橡胶	车门和侧墙之间装有护指橡胶	车门和侧墙之间以及门框和下边框之间装有护指橡胶
在事故中掉落车门的风险系数	低	高	低
门系统特征			
门系统和门框的首次费用	高	一般	很高
门系统的 LCC	高	一般	一般
门系统的有效性	一般	高	很高
运动曲线	复杂	简单	简单
门系统和门框的重量	高	一般	很高
车体内侧的有效宽度	一般	差	很差
可维修性	一般	差	很差
车辆的弯曲刚度	高	一般	一般
车辆的扭曲刚度	低	高	高
设计	流线型	凸出车体	凹进车体

2.2.4 上海地铁车辆的客室车门

1. 上海地铁列车的气动内藏门

上海地铁部分早期车型的客室车门采用奥地利 IFE 车门公司提供的气动内藏门，如图 2-26 所示。每扇车门由驱动气缸、门控电磁阀、机械传动系统、行程开关和门页等组成。

客室车门的主要技术参数如下：

车门开度	(1 400±4)mm
开、关门时间	(2±0.5)s
电源电压	DC 110×(1±30%)V
工作温度	−12～+40 ℃
压缩空气工作压力	400～500 kPa(4～5 bar)
关门夹紧力	150～200 N

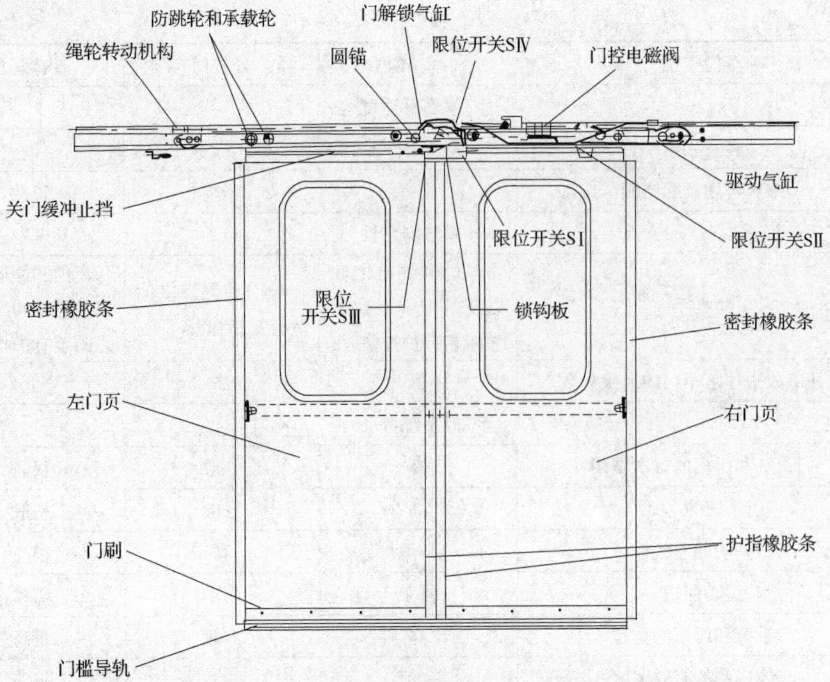

图 2-26　气动内藏门

2. 上海地铁列车的电动内藏门

上海地铁目前大部分车型(例如 01A06、01A07、02A05 等车型)的客室车门采用电动的内藏门,如图 2-27 所示。每扇车门由门控电子单元、机械传动机构、紧急解锁装置、切除装置和门页等组成。

客室车门的主要技术参数如下:

车门开度	(1 400±4)mm
开、关门时间	(3±0.5)s
电源电压	DC 110 V(77～137.5 V)
工作温度	−25～+40 ℃
关门夹紧力	150～300 N

3. 上海地铁列车的电动式塞拉门

上海地铁部分车型(如 03A01、04A01、05C01 等车型)的客室车门采用电动式塞拉门,如图 2-28 所示。每节车辆两侧各设置了 5 组客室车门,每组车门由直流电机驱动,通过丝杠螺母传动机构传动,采用先进的电子门控单元(EDCU)控制,对车门零部件的安装尺寸有非常高的要求。任何零部件的安装尺寸稍有偏差,将直接影响到程序控制的计算机处理能力的失效,导致开、关车门出现故障。

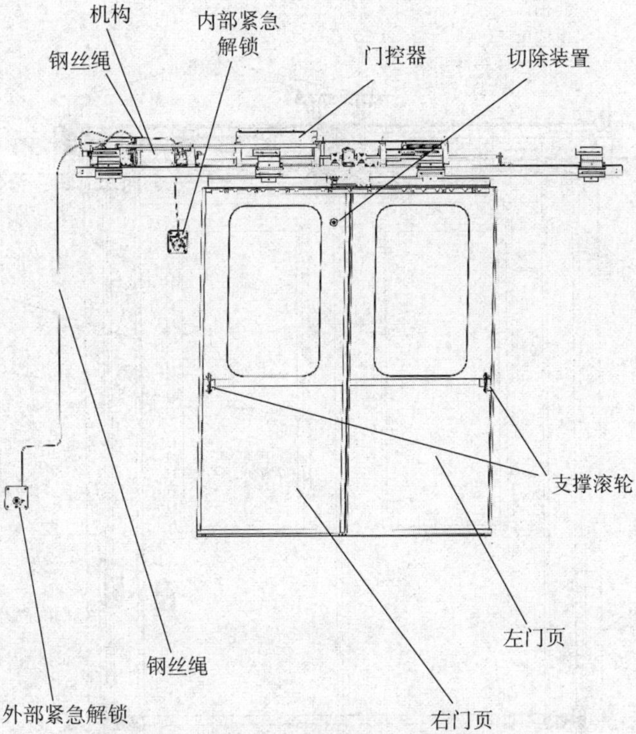

图 2-27 电动内藏门

客室车门的主要技术参数如下：

车门开度	(1 400±4)mm
开、关门时间	(3+0.5)s
电源电压	DC 110 V(77～137.5 V)
工作温度	−25～+70 ℃
关门夹紧力	150～300 N

4. 上海地铁列车的电动外挂门

上海地铁部分车型(如 01A05、02A04、09A01 等车型)的客室车门采用电动外挂门,如图 2-29 所示。每节车辆两侧各设置了五扇客室车门,每扇车门由直流驱动电机、车门悬挂机构、传动机构(由齿式皮带、丝杆、螺母等组成)、电子门控单元和车门等组成。车门系统采用模块化设计和安装，车门门页、车门悬挂机构以及传动机构的部分部件安装于车体侧墙外侧,电子门控单元和驱动电机装于车体侧墙的内侧。车门的开、关功能不会因车辆挠度和乘客载荷的变化而受影响。

客室车门的主要技术参数如下：

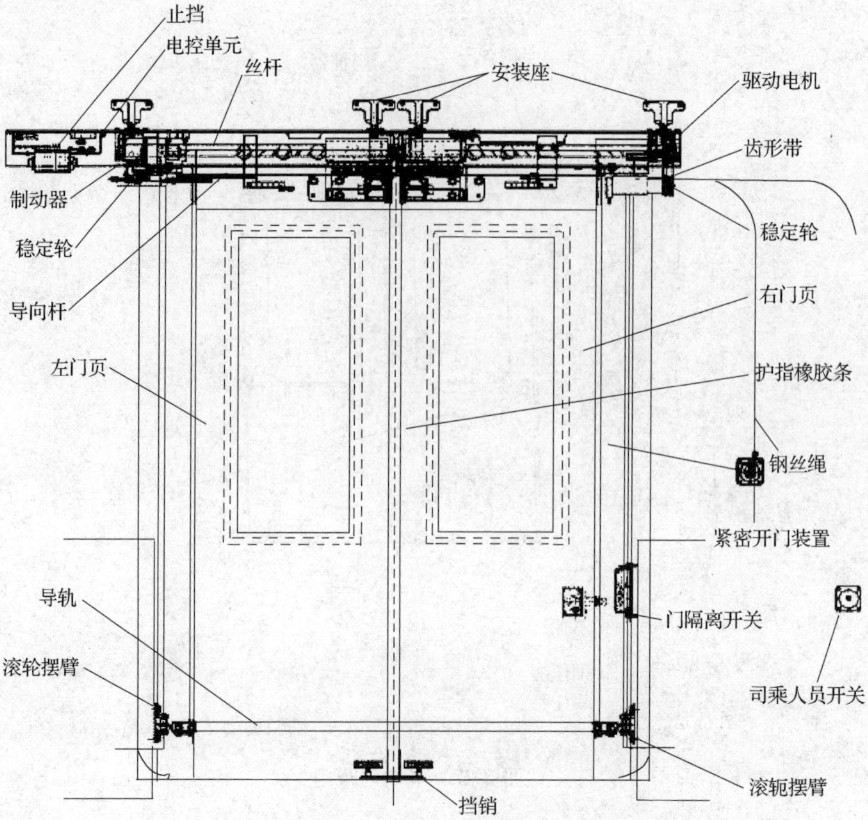

图 2-28 电动式塞拉门

图 2-29 电动外挂式移门

车门开度	(1 400±10)mm
开、关门时间	(3.1±0.4)s
关门夹紧力	≤150 N
较小障碍物的监测	30 mm×60 mm(宽×高)
车门隔音量	≥21 dB(A)
隔热性能	<5.7 W/(m^2·K)
供电电压	DC 110 V(允差根据 EN 50150 标准)
环境温度	−12～+40 ℃

5. 气动内藏门的基本结构

气动内藏门是以压缩空气为动力的气动门，具有结构简单、故障率低、容易控制和安全可靠等优点，可由司机操纵全列车所有车门同步动作。压缩空气经过门控电磁阀的控制作用于驱动气缸，再由驱动气缸通过机械传动系统使两车门同步反向移动，完成车门的开、关动作。

(1)车门的机械传动系统

机械传动系统如图 2-30 所示。它的作用是将驱动气缸活塞杆的运动传递至两扇车门，使车门动作，由左门驱动架、右门钢丝绳架、驱动气缸、绳轮、钢丝绳和上下导轨等组成。

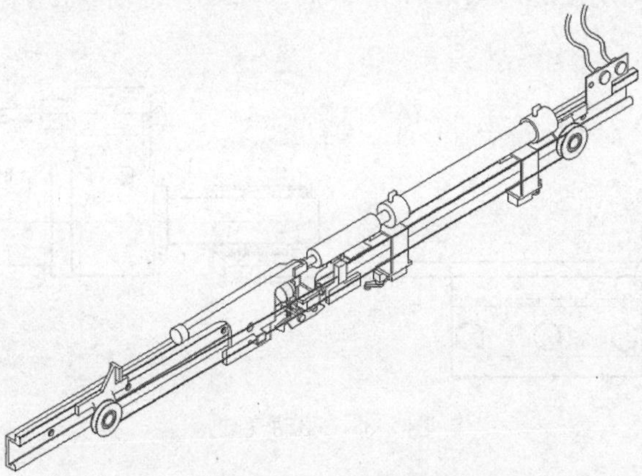

图 2-30 机械传动系统

左门驱动架如图 2-31 所示，安装在左车门上，它的作用主要是将驱动气缸的活塞杆固定在左车门上，使左车门在活塞杆的带动下，随着活塞杆的伸缩而进行车门的开、关动作，因此左车门为主动门。左门驱动架与活塞杆的连接方式为球铰连接。左门驱动架在结构上设有开门止挡头，用以调整门开度。

右门钢丝绳架如图 2-32 所示，安装在右车门上，它的作用主要是将右车门与钢丝绳相连，使右车门与钢丝绳联动。

驱动气缸如图 2-33 所示，是车门系统的主要部件，是车门开、关门动作的执行元件，由压缩空气推动其活塞杆运动，并带动左车门开、关，再通过钢丝绳将动力传递至右车门，因此右车门为从动门。驱动气缸的性能好坏直接影响到车门的开、关动作是否可靠。

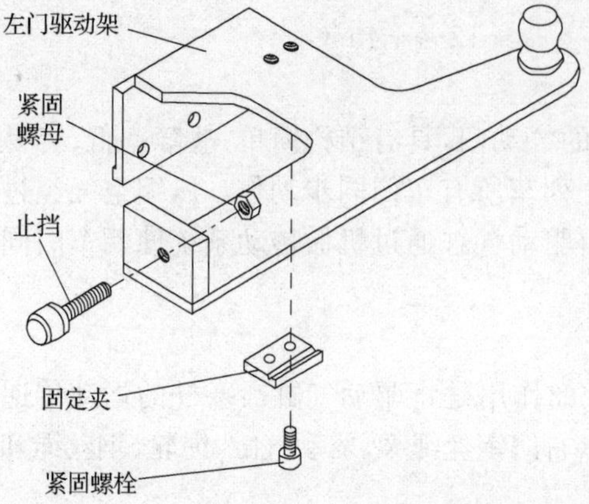

图 2-31 左门驱动架

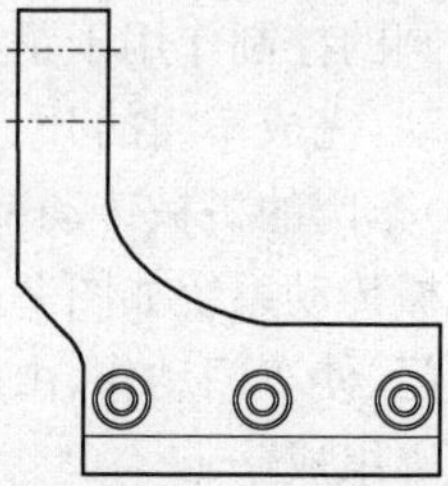

图 2-32 右门钢丝绳架

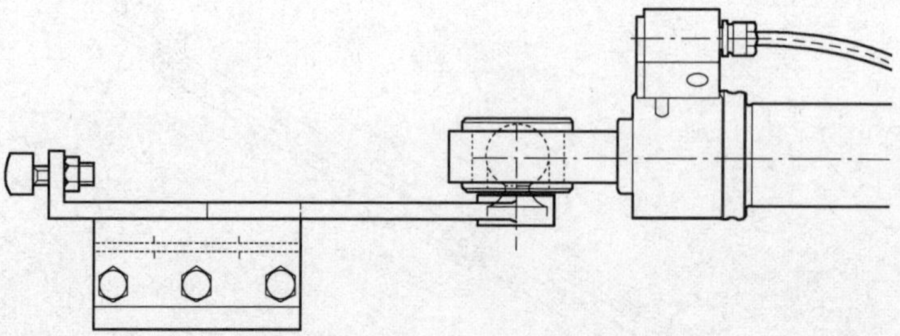

图 2-33 驱动气缸

驱动气缸为双重活塞双作用式结构，其活塞可以等效简化为如下所述的模型：对称的带有台阶的非等直径的活塞，即活塞两侧直径为 20 mm，中部为 40 mm；其气缸的内径也是非等直径的，两端头的公称内径为 20 mm，中间为 40 mm。这样的结构可使活塞变速运动，在车门打开和关闭的瞬间速度降低而形成缓冲，可以起防止夹伤乘客以及降低冲击噪声的作用。

气缸的尾座与车体相连，连接方式允许气缸在车体纵向转动；气缸的另一端是活塞杆，与左车门上的驱动架相连，是球铰连接，因此气缸安装是处于浮动状态，不会因车体变形而产生活塞杆在气缸内卡死现象。

绳轮分为左绳轮和右绳轮，安装在门导轨的两端。它们由钢丝绳拉力的驱动而转动。

钢丝绳在绕过2个绳轮并通过左门驱动架，被左门驱动架上的钢丝绳夹板夹紧后，钢丝绳的2个端头在右门钢丝绳架上汇合。这样钢丝绳将左、右车门联系起来，实现了左、右车门的同步反向联动。钢丝绳的安装须松紧适当，检测的方法是将两门移至全开位，在距门钩中心向左165 mm处，在上方钢丝绳悬挂一只2 kg秤砣，测量秤砣悬挂处上下钢丝绳内侧之间尺寸应为(15±3)mm。

图2-34和图2-35为钢丝绳的安装情况。

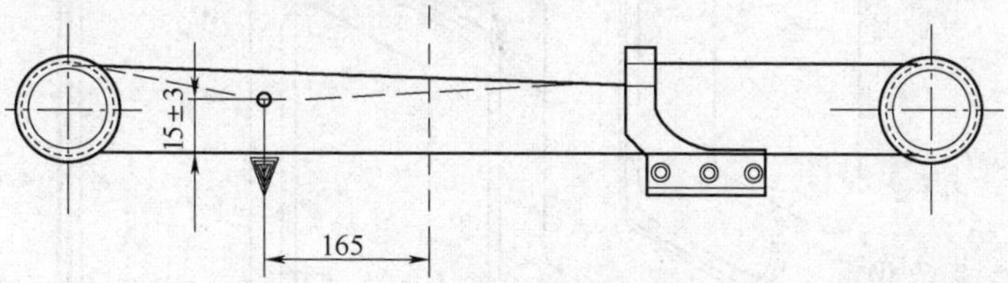

图2-34　钢丝绳的安装(单位：mm)

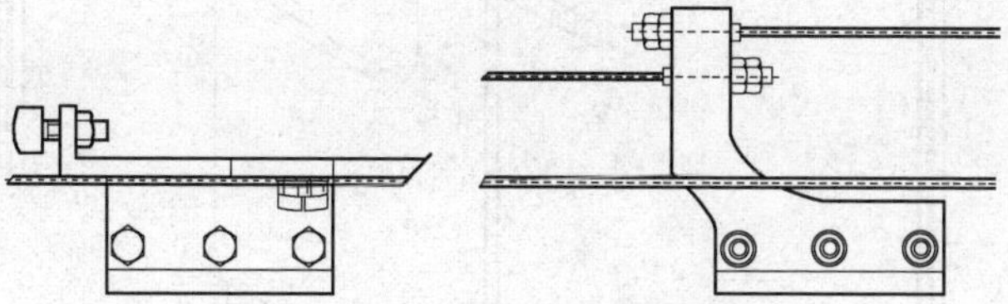

图2-35　钢丝绳夹板及钢丝绳的安装

门上导轨如图2-36所示，是经过硬质阳极化处理的铝合金挤压型材，长约2 800 mm，是门系统最宽的配件。左、右车门通过滚轮吊挂在C字形导轨上，只要合适地调整好防跳轮与门上导轨的间隙，车门就可平稳而灵活地在导轨上滑动。

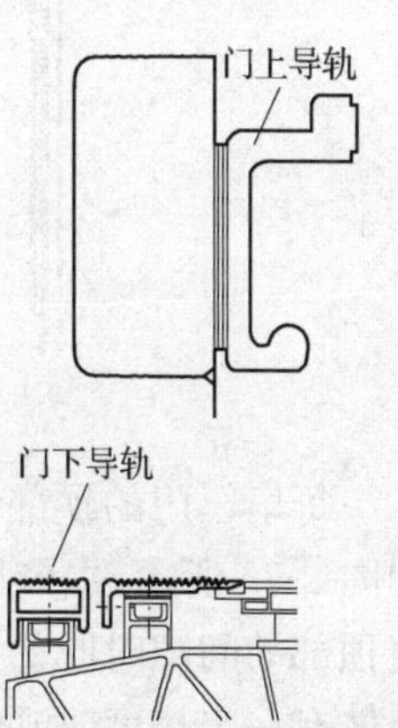

图2-36　门上和门下导轨

门下导轨为一导槽，使门的下边在导槽内滑动。门下导轨须与门上导轨平行且偏差不超过2 mm。

(2)门页

客室车门门页如图2-37所示，车门上部装有由钢化玻璃及氯丁橡胶密封条组成的玻璃窗；门页的中心处可承受90 kg的横向载荷，而挠度不允许大于6.2 mm。门页的两侧立边装有氯丁橡胶密封条；橡胶密封条在两门页的结合处呈凸凹状，保证车门关闭时有良好的密封效果，并可在车门关闭的瞬间起保护乘客免于被夹伤的作用，因此它又被称为护指橡胶条。在门另一立边的橡胶密封条主要起防尘、防风的作用。门页框架为铝合金型材焊接而成；内、外门板为 1 mm 厚的铝合金板；内部为铝箔构成的蜂窝结构，如图 2-38 所示，以提高车门的抗弯刚度和减轻重量；面板与蜂窝结构采用加温、加压粘接成一体。

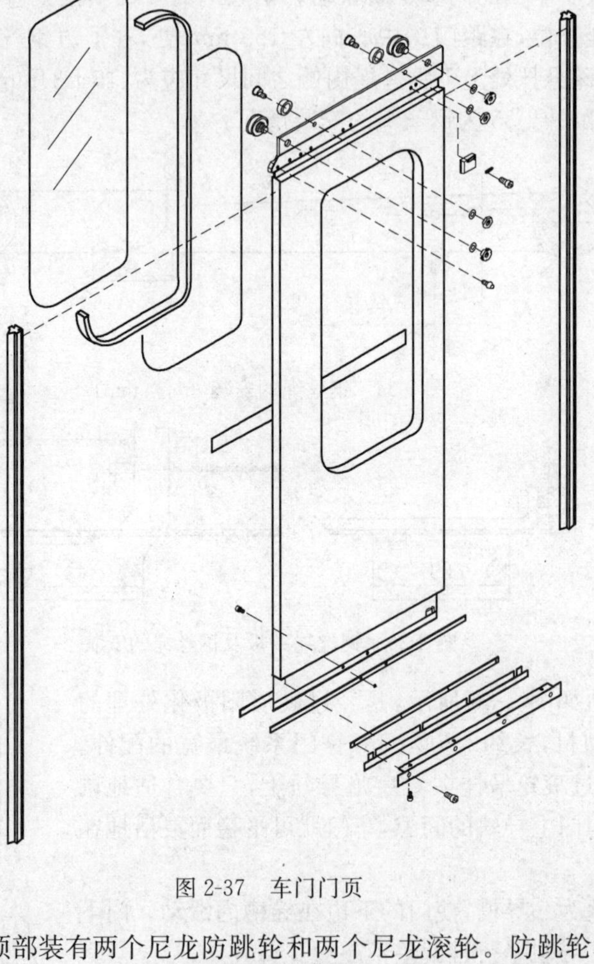

图 2-37　车门门页

每扇车门的顶部装有两个尼龙防跳轮和两个尼龙滚轮。防跳轮均为偏心轮，如图 2-39 所示，主要用于控制车门在滑动时的跳动现象。在调整防跳轮与门上导轨顶部的间隙时既要控制车门滑动时的跳动，又要保证车体在承受最大载荷时(即车体有一定挠度时)防跳轮与门上导轨顶部不能挤死，车门能正常地开关。防跳轮与门上导轨顶部的间隙一般控制在 0.1～0.3 mm。

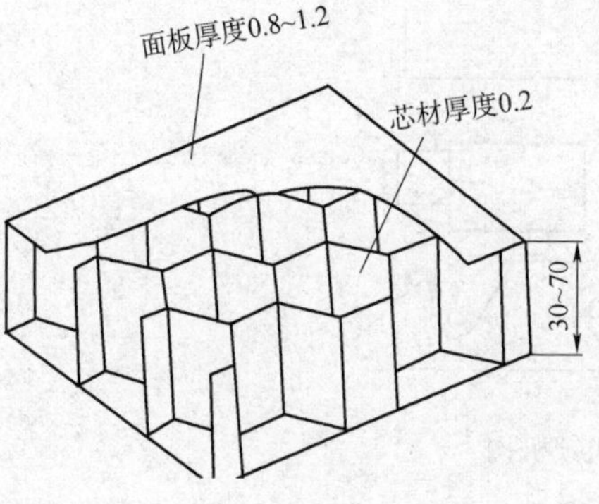

图 2-38 门页内部结构(单位:mm)

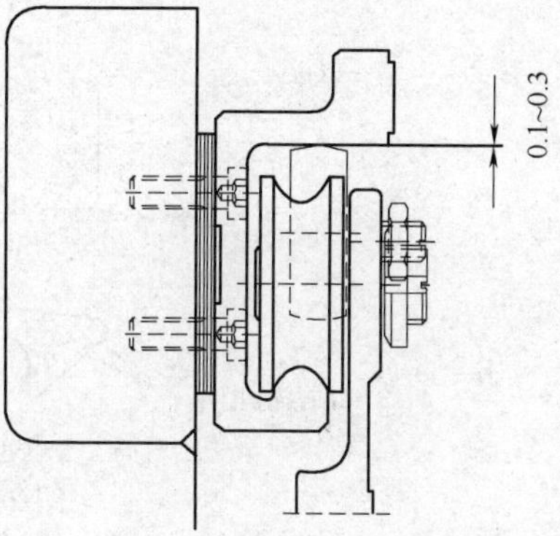

图 2-39 防跳轮间隙(单位:mm)

滚轮沿门上导轨滑动并承受门重载荷。门边滚轮为偏心轮,可用以调整两车门的悬挂状况;由于车门所受的驱动力位于车门的上部,因此在关门时一般车门的上部先接触,下部则有缝隙,因此在安装时要求两车门呈 V 形,护指橡胶外侧边上下间距差为 2 mm,这样在车门上部关闭严密后车门下部也关闭严密。

在客室车门中下部的外面镶有一条金属挤压板。在客室车门的 2 个竖门框上相应地有 2 个挤压轮,如图 2-40 所示。当车门被乘客从车内向外挤压时,挤压轮从车体外部将门顶住,并顶在车门的金属挤压板上,以减小车门变形、防止损坏车门。

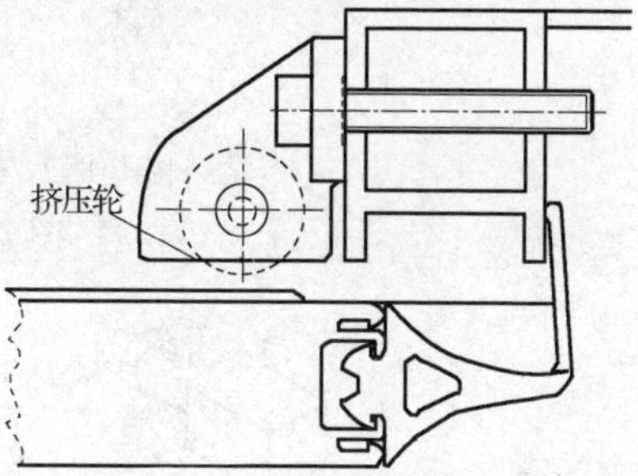

图 2-40 挤压轮

(3)机械锁闭机构

机械闭锁机构如图 2-41 所示,安装在车门系统中心位置的上方,由车门锁钩组件、门上锁销和解锁气缸等组成。车门锁钩组件如图 2-42 所示,主要由锁钩座、锁钩板、扇形板、复原弹簧等组成。机械闭锁机构的作用是在车门一旦关闭后即刻将车门锁闭;车门打开时须先解锁。

解锁气缸是执行门钩解锁动作的元件。锁钩板呈反 S 形,将车门上的圆销锁住后车门无法开启。扇形板在锁钩板打开时可将 S1 行程开关触发。复原弹簧的作用是使锁钩板复位。

(4)紧急解锁装置

红色紧急拉手如图 2-43 所示,安装在车门上方的正中;其上安装有 3 个行程开关,并附有紧急机构解锁和切除机构,便于遇到紧急情况时乘客使用或车门发生故障时乘务人员操作。

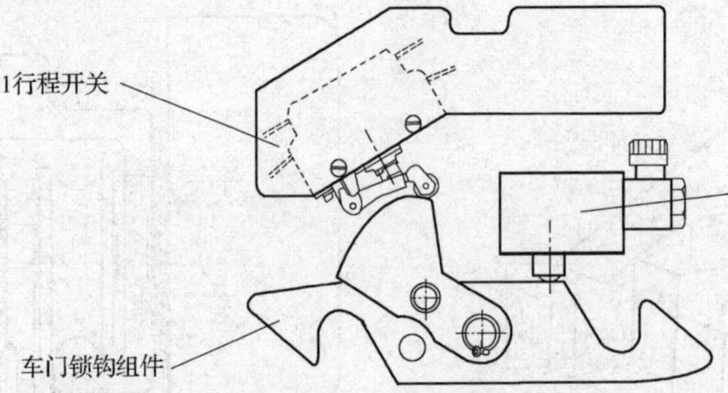

图 2-41 机械闭锁机构

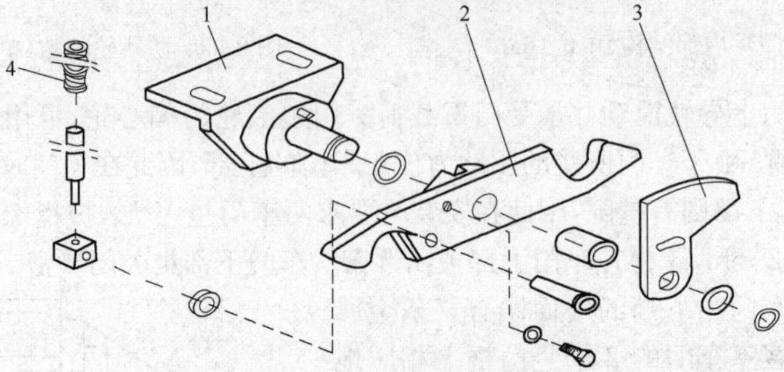

1—锁钩座；2—锁钩板；3—扇形板；4—复原弹簧。

图 2-42 车门锁钩组件

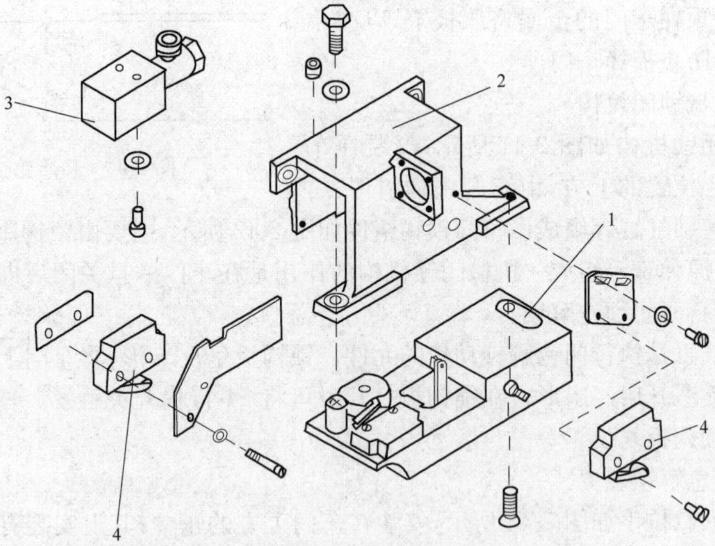

1—紧急拉手总成；2—支架；3—解锁气缸；4—行程开关。

图 2-43 红色紧急拉手

(5)关门止挡

关门止挡如图 2-44 所示，安装在车门左上方。两车门关闭时的中心位置须与门框的中心重合，且两车门上的圆销进入锁钩板圆孔后与圆孔的间隙两边须均匀，因此可通过关门止挡来调整车门关停的位置。

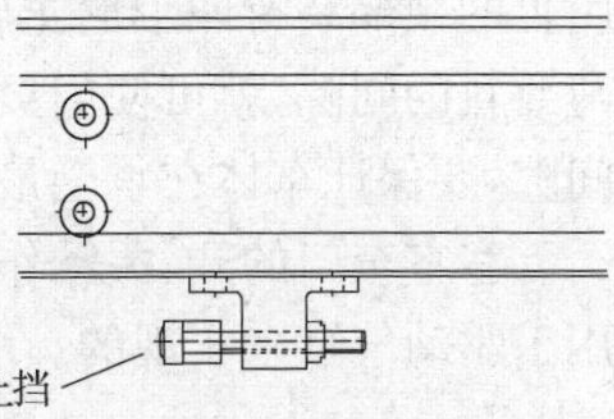

图 2-44　关门止挡

(6)门控电磁阀

门控电磁阀是负责控制进入车门驱动气缸的压缩空气压力的大小，从而达到调节开门速度、关门速度、开门缓冲和关门缓冲的目的。它是由 3 个二位三通电磁阀(MV1、MV2、MV3)、5 个节流阀和 2 个快速排气阀组成。

MV1、MV2 和 MV3 电磁阀分别为开门、关门和解锁电磁阀。

5 个节流阀的功能分别为调节开门速度、关门速度、开门缓冲、关门缓冲和解锁速度。

2 个快速排气阀的功能是主气缸两端排气管通过快速排气阀排向大气。它相当于一个双向选择阀，它的排气口是常开的，当驱动气缸通过它充气时，其阀芯将排气口关闭。

(7)行程开关

行程开关是反映车门开、关动作的限位开关，它把车门的机械动作变成电信号反映到车门的监控回路，使司机随时了解车门的开、关状态。S1、S2、S3、S4 四个行程开关分别对门钩位置、关门行程、门控切除及紧急手柄位置进行监控和显示。

① S1 为门钩位置行程开关，表示出门钩锁定与否的信息，为常闭的行程开关，装在红色紧急拉手上，其随着门钩动作而动作。

② S2 为关门行程开关，表示出车门关闭与否的信息，为常开行程开关，固定在门导轨上部的一个安装架上，其在车门关闭到达指定位置后动作。S1 行程开关与 S2 行程开关为连锁作用(即同一侧 5 个车门的所有 S1 与 S2 行程开关均为串联)，若其中任意一个不闭合，司机室会显示故障，列车则无法起动。

③ S3 是车门紧急切除行程开关，为常闭的行程开关，装在红色紧急拉手上，其在使用方孔钥匙启动紧急拉手上的切除装置后动作。动作后将该扇门的监控回路短接，排除在列车门控系统之外，使列车不因这扇门的故障而影响正常运营。

④ S4 为紧急开门行程开关，为常闭的行程开关，装在红色紧急拉手上。其在列车紧急拉手被触发时动作。动作后将紧急拉手情况告知列车网络信号，从而控制列车运行状态，同时提示司机。

(8)客室车门的气路控制

车门开、关门动作的动力为压缩空气，它是由压缩空气推动气缸活塞，再由活塞杆带动钢丝绳、滑轮等机构使两门页同步反向移动完成车门的开、关动作。每扇门页的顶部装有四个尼龙轮，吊嵌在C字形的导轨内，只要准确地调整好尼龙轮与导轨的间隙，就可使门页平稳地灵活滑动。尼龙轮（上轮）与导轨间存在一定的间隙，要保证车体在承受最大载荷时（即车体有一定挠度时）车门也能正常地开关。

客室车门的开、关动作是通过门控电磁阀控制压缩空气，然后再由压缩空气作用于驱动气缸来实现的。图2-45为车门气路控制原理图。

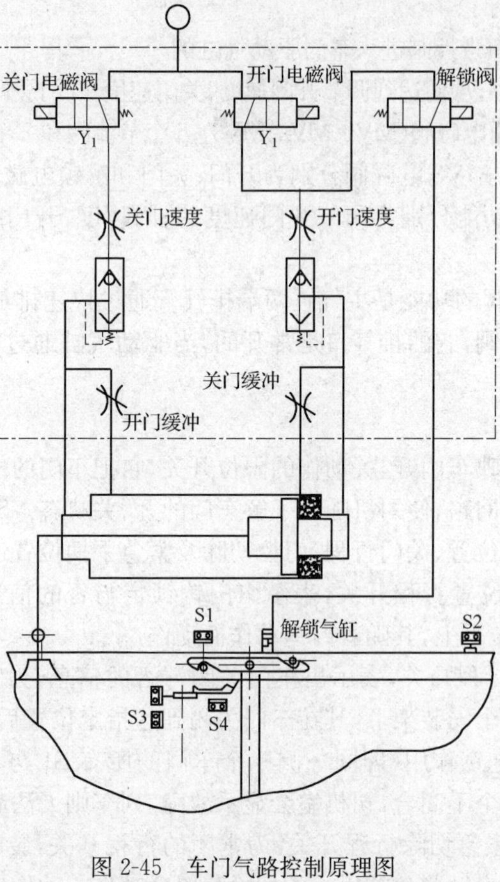

图2-45 车门气路控制原理图

由于活塞杆的端头与一扇门页及钢丝绳的一边相连接，而另一扇门页与钢丝绳的另一边相连接，则使门页在活塞杆运动时，能同步反向移动。而运动的速度则由快速至突然缓慢，最后使门页完全关闭或打开。

气动内藏门技术比较老旧，已基本淘汰，现列车客室车门以电动式车门为主，以下就介绍几种常见的电动车门。

6. 电动内藏门的基本结构

电动内藏门采用车门电机作为主要的动力来源，其由门控电子单元进行控制，主要性能与气动内藏门相似，但是可靠性更高，功能更加地完善。其实现原理主要是通过门控电子单元接收到开关门的指令后进行逻辑判断，随后输出指令控制车门电机通过机械传动系统使两车门同步反向移动，完成车门的开、关动作。

(1)车门的机械传动系统

机械传动系统由悬挂装置和门机构组成。

悬挂装置是一个球状轴承滑动型悬挂装置，包含一个U形钢轨，在轨道中有一个钢制滑块(每个门页一个)，在两排坚硬的钢珠之间滑动，钢珠由1个球盒3隔开，如图2-46所示。

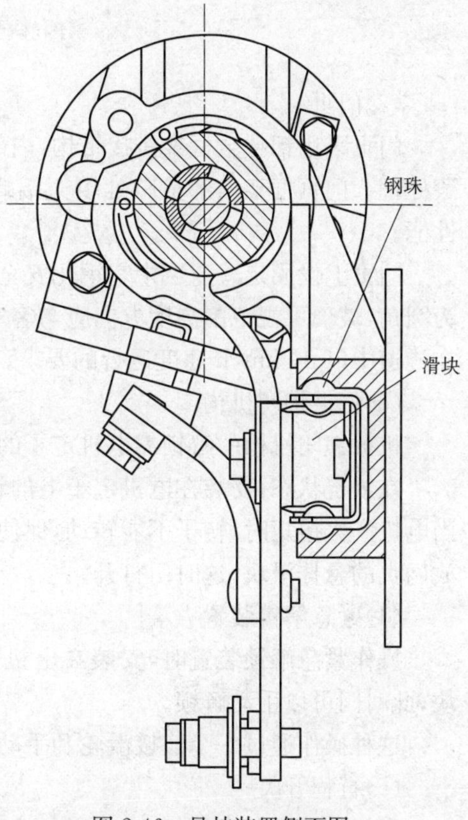

图2-46 悬挂装置侧面图

门页直接固定在滑块上。它由一个简单的丝杆和螺母装置固定，可以根据车体的缝隙调节门页的平行度和位置。

门悬挂装置的钢轨用一些螺栓固定在车体上。对这种情况，考虑到这种机构与车体要保持直立，有必要在每个安装点下面使用垫片，来减少车体平面度的误差。

门机构安装在门悬挂装置上。这个门控装置包含：一个电机、一个连接电机和传动组件的联轴器、一个传动组件、一个装在电机上的锁定装置，如图2-47所示。

电机是动力来源，采用的是一个直流永磁电机。电机已经预先同EDCU连接在一起。

电机和传动装置之间的联轴器，传动螺栓通过弹性连接器连接在电机上。弹性连接器可以消除门移动时产生的微小扭矩变化。

传动组件是一个丝杆和球形螺母系统。丝杆由三个安装在支撑垫片上的球形轴承支撑着。丝杆的一半是右螺纹，另一半是左螺纹，每一半都配有一个与相应门页相连的螺母，并通过一个与门页传动臂铰接一起的叉形件完成连接。

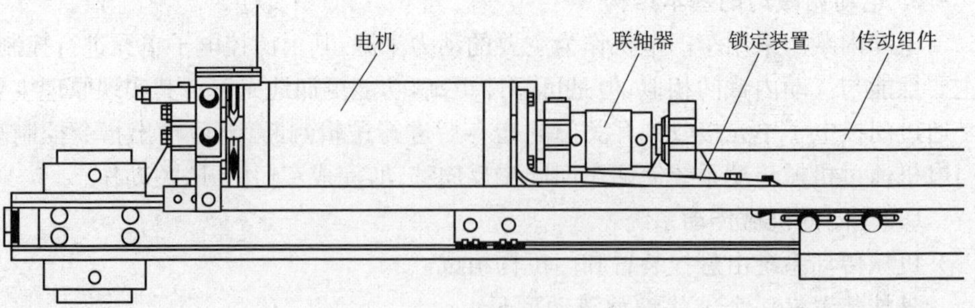

图 2-47 门机构

(2)门页

门页采用铝合金框架拼接结构,内部为铝型材框架,内外表面粘接铝板并作喷漆处理。门页框架内部空隙处填充铝蜂窝。门页总成具有高刚度和良好的隔音性能。

门页上设固定式双层中空钢化安全玻璃,采用粘接结构,牢固可靠,玻璃四角为圆角,玻璃可视范围高度方向应与客室车窗平齐。其承受的压力能够满足车辆在隧道中以 80 km/h 速度运行的要求。

(3)机械锁闭机构

机械锁闭机构的解锁靠电机定子的旋转来完成。

在锁定状态,安装在电机定子上的锁定滚筒防止悬挂滑块移动,这时门锁闭。当电机产生扭矩时,转子不能转动,促使定子旋转,定子的旋转又促使锁定滚筒释放门页的悬挂滑块,这时门打开。

(4)紧急解锁装置

操作紧急解锁装置时,安装在电机定子上的解锁滑轮转动,从而释放悬挂滑块,此时门可以手动解锁。

这种操作通过一个连接滑轮和手动解锁装置的机械钢缆传递力。

(5)行程开关

车门锁闭行程开关(DLS 开关),它可以检测电机是否在已锁定状态。它由一个安装在电机定子前部的凸轮来实现。

车门关闭行程开关(DCS 开关),它可以检测门页是否在关闭状态,它安装在机构中间。当门页进入关门位置时,此开关将被激活。

车门隔离行程开关(LOS 开关),它安装在隔离装置的正上方,通过隔离装置中的切除销激活,发出门已隔离信号。

紧急解锁行程开关(EDS 开关),它安装在紧急解锁装置手柄的背面,可以检测紧急解锁装置手柄的位置，从而告知列车网络紧急解锁装置手柄被激活。

(6)蜂鸣器

蜂鸣器安装在门页机构下方，在开、关门之前发出蜂鸣警示音。

(7)门控电子单元(EDCU)

EDCU 安装在机构上，通过机构上的接线端子连接电机；同时它能够与列车网络及车门控制回路相连接，从而实现对客室车门的控制及状态上报。

7. 塞拉门的基本结构

塞拉门开、关门动作的动力来自驱动电机。车门动作原理简述为门的运动由电机驱动。电机带动丝杆转动，通过丝套在丝杆上的横向移动来带动安装在光杆上的门页在导轨上滑动，其最大的特点是门页在将要完全关闭时有一个明显的向内拉紧的动作。

基本结构和功能介绍如下。

(1)支承杆：支承杆通过一个基本座架与车体连接。支承杆承受了门的重量并保持门页在开与关的过程中保持水平。

(2)托架组件：基本座架上的滚轮在导轨内滑动。上导轨的端部有一定的弯曲以保证门页最后的关闭(塞闭)。下导轨安装在门页下部，与安装在车体上的滚轮啮合。所有导轨仅受侧向力。

(3)传动组件：门页由一个有齿轮的电机驱动。电机驱动一根丝杆(一半右旋，一半左旋)。丝杆的丝套通过平行连杆机构与光杆连接。通过光杆和托架带动门页移动。

(4)制动组件：一个制动装置安装在丝杆上，在门关闭时它的机械结构能防止门打开。开门时它由电磁控制松开。在紧急状态下，可以手动松开。

(5)紧急出口：车厢内侧墙上有一个手柄，在紧急状态下使用能打开门页。当手柄被扳动后，相应的限位开关(S3)被触发，给出“紧急操作”信号；通过钢丝绳，机械锁紧被释放，当列车静止时，门可以手动打开；如果列车的速度超过 3 km/h，电机将施加关门力矩，直到列车静止。将手柄复位后，门恢复到正常状态。

(6)切除开关：在门的上方有一个开关(S4)，可以对门进行电气切除。当此开关动作后，门的动作可以通过手动操作来控制。在右侧门页的下方有一个方孔锁，转动后，触发限位开关(S2)用于机械方式的切除。一旦转动此锁，门将保持关闭，无论是通过司机室控制还是以手动方式都不能将此扇门打开。

(7)门控电子单元包括以下组件：

① 输入、输出、电机转向、安全及电器、电源和出错指示发光二极管。

② 维修按钮，可以在列车静止时开、关门。

③ RS-232 接口，用于与便携式计算机的连接。

④ RS-485 接口，门控系统与列车控制系统之间的数据交换。

8. 外挂门的基本结构

外挂门开、关门动作的动力来自驱动电机，车门动作原理简述为门的运动由电机驱动。电机带动丝杆转动，通过丝套在丝杆上的横向移动来带动安装在光杆上的门页在导轨上滑动，其与塞拉门的最大区别是外挂门始终在一个平面内移动。

外挂门的主要部件包括：门控器、自动解锁机构和门控电子单元。

(1)门控器：包括门吊挂机构及门驱动装置；

①门吊挂机构(图 2-48)：该机构是一种滚珠轴承滑动型吊挂的门页悬挂装置，其包括 U 形钢横轨，钢横轨镶嵌在铝合金型材中，在 U 形钢横轨内有 2 个钢滑块(每个门页一个)，钢滑块在两排用滚珠定位圈和限位的淬硬滚珠之间滑行。

②门驱动装置(图 2-49、图 2-50)：该装配安装在门吊挂机构上，包括以下部件。

驱动装置是一根丝杆和球形螺母系统。螺钉被安装在球形轴承上，两个球形轴承安装在支撑梁上。丝杆一半是右旋螺纹一半是左旋螺纹。每半各安装有一个螺母连接到门页。其连接主要是靠拨叉连接到球形轴承的驱动螺母上，通过驱动臂将滑行运动传给门页。

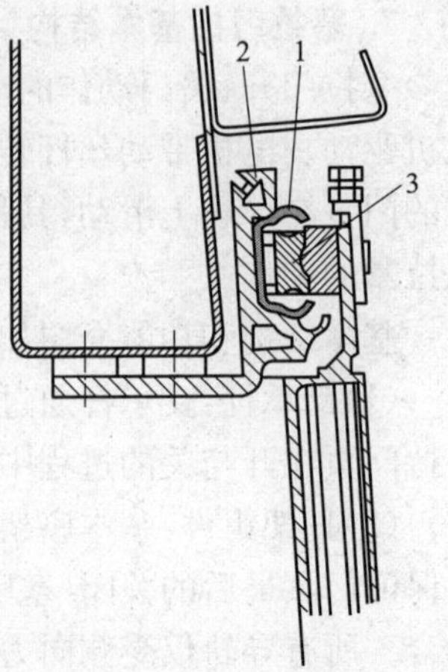

1—钢横轨；2—铝合金型材；3—滑块。

图 2-48 门吊挂机构

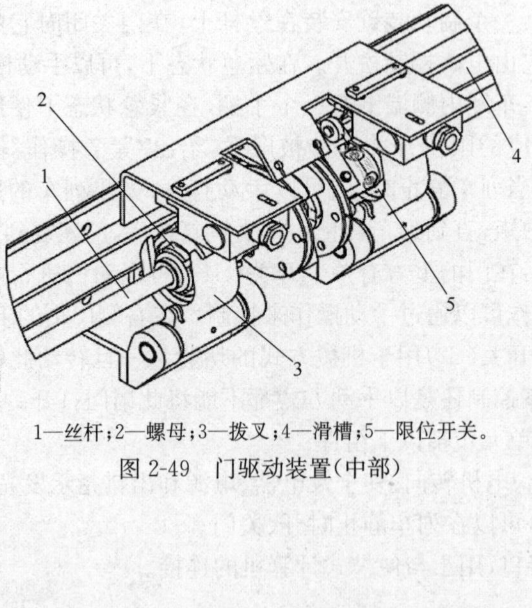

1—丝杆；2—螺母；3—拨叉；4—滑槽；5—限位开关。

图 2-49 门驱动装置(中部)

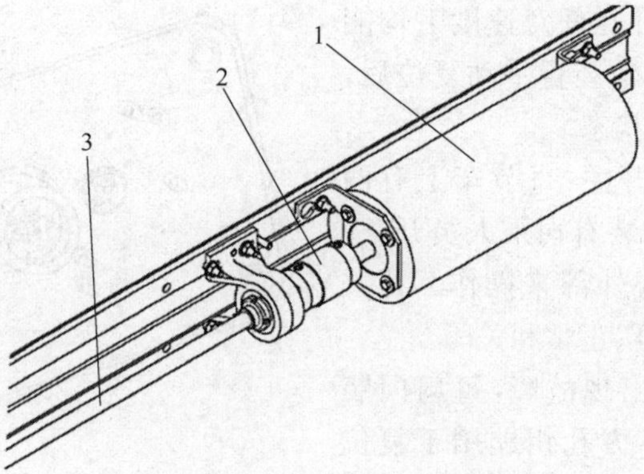

1—电机；2—弹性联轴器；3—驱动丝杆。

图 2-50 门驱动装置(端部)

根据连接部分的安装安排顺序，门头机构不需要微调。每个螺母配有一个沿着主梁上的滑槽运动的滚珠。滚珠能防止螺母在运动过程中旋转。

电机由一个安装在驱动装置末端的模块单元构成，其安装在车门上部的支撑横梁上。电机和驱动装置间有一个弹性联轴器，驱动丝杆通过弹性联轴器连接到电机。

(2)自动解锁机构：通过电动机定子的旋转来实现的，由于门页的平移由锁闭的滚子阻挡，转矩由电机施加导致定子旋转。

(3)EDCU：不仅控制车门系统和列车的通信，而且根据 EDCU 接收到的内部和外部信息来操纵车门系统。EDCU(图 2-51)包括：一个为内部和外部供电的电源单元、一个微处理器、一批输入/输出接口、一个斩波器、一个车门电机馈电的调节单元以及用于连接 RS-485 的设备。该 RS-485 接口与 FIP 网连接(用于故障编码，记录时间，诊断等)，也与 RS-232 连接(用于 PTU 的使用)。5 个 ECDU 串联到同一个 RS-485 上(HPTS 协议)，一个 LED 表示电流状态。

图 2-51 EDCU 实物

紧急逃生装置(图 2-52)：每个门控器均装有一个紧急逃生装置。如果紧急手柄启动，门被解锁并在任意速度下均能自由打开。紧急逃生装置手动复位后，门状态恢复至正常状态。

(4)司乘人员开关：每节车上有两扇门(一侧一扇)安装有司乘人员开关，可用钥匙从内部或外部来操作。开关具有 3 个位置：打开、正常和关闭。

切除：如果门出现故障，每扇门装置均有切除功能。方孔钥匙用于复位紧急手柄，在完全逆时针方向旋转时也具有切除功能。

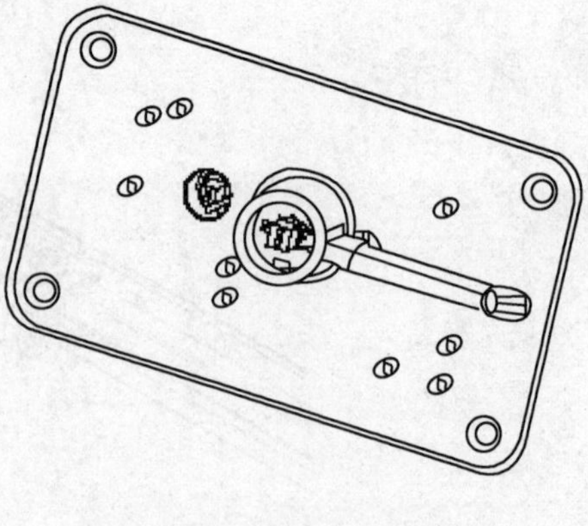

图 2-52 紧急逃生装置

9. 电动门的基本控制功能

无论何种结构的电动车门，均具备电控开门功能、电控关门功能、列车行驶自动锁闭功能(零速信号及门允许信号保护功能)、障碍物探测功能、紧急解锁功能、隔离功能、开关门指示灯控制功能、蜂鸣器功能、安全回路控制功能和列车通信功能等。

(1)电控开门功能

只有在车辆处于静止状态下(车速＜5 km/h 时)，有门允许信号，隔离锁未锁闭，无紧急解锁时才可以进行电控开门操作。

开门操作可通过集控开门方式来打开相应的门，开门信号为电平信号。门控器收到开门信号后延时 0～5 s 门开始动作，开关门指示灯闪烁，门没关好指示灯常亮；车门开好后开关门指示灯熄灭。开门是否到位是基于门控器对位置的计算以及对电机电流的实时监控来判断的。

开门信号生效后，超时(如超过 10 s)门没有完全打开且没有收到开门到位信号，则该门的门控器报警，这时仍可对该门再进行开关操作。被隔离锁锁闭的门，门控器不响应开门信号。

(2)电控关门功能

只有在车辆处于静止状态下(车速＜5 km/h 时)，隔离锁未锁闭，无紧急解锁时才可以进行电控关门操作。

关门操作可通过集控关门方式来关闭相应的门，关门信号为电平信号。门控器收到关门信号蜂鸣器开始鸣叫(频率为 0.5 Hz)，门控器收到关门信号后延时 0～5 s 门开始动作，车门关闭。同时，门控器接收到关门指令后，开关门指示灯开始闪烁，直至门完全关闭灯灭，蜂鸣器停止鸣叫。

(3)列车行驶自动锁闭功能(零速信号及门允许信号保护功能)

当列车运行没有零速信号时，没有完全关闭的车门将自动关闭，而关好的车门保持关闭状态。车门完全关好并锁闭后，门控器不再响应对车门的开门操作。

列车静止，门允许信号为低电平时，门控器不再响应对车门的开门操作，正在打开的车门将处于自由状态。

(4)障碍物探测功能

如果关门时碰到障碍物(门防挤压功能最小障碍物检测尺寸为 30 mm×60 mm)，车门须打开(200±25)mm，再重新关闭。如果障碍物仍然存在，则这一循环将再循环一次，如此可循环 5 次，5 次后车门应保持打开，若想关闭车门司机须再次操作关门开关。门循环开关时应伴有蜂鸣器提示。

(5)紧急解锁功能

只要隔离锁未锁上，操作紧急解锁可实现机械手动开门操作。当有零速信号(车速≤5 km/h 时)，电机断电，门可自由开启，此时手动开门力为车门的机械阻力；当没有零速信号(车速>5 km/h 时)，电机应保持一定的维持电流，此时需要克服电机的阻力，才能实现手动开门，此时开门力=电机闭锁力+断电时的开门力。

(6)隔离功能

当该车门不投入运行或车门出现故障而不能及时修理时可锁闭隔离锁。当隔离锁锁闭后，隔离锁将车门机械锁闭，同时隔离开关触发将隔离信号传至门控器，门控器自动切断该车门的控制回路，同时点亮隔离指示灯，并向车辆控制系统报告该车门退出服务，保证车辆的正常运行工作。

(7)开关门指示灯控制功能

当门在运动的时候，开关门指示灯就会闪烁，直到开门到位或者关门到位才会停止，频率 0.5 Hz。

当门故障、隔离或者紧急解锁时，开关门指示灯会保持常亮。

(8)蜂鸣器功能

门控器收到关门信号蜂鸣器开始鸣叫，直至门完全关闭并锁上时停止(频率为 0.5 Hz)。

门控器处于故障状态时，蜂鸣器保持鸣叫，直至故障消失后停止(频率为 0.5 Hz)。

(9)安全回路控制功能

单门闭锁安全回路是把车门闭锁开关的常开触点和隔离开关的常开触点并联在一起形成的。只要有一个门没锁住，单门闭锁安全回路就不会接通。

门关闭安全回路是把车门关闭开关和隔离开关常的开触点并联在一起形成的。只要有一个门没关上，门关闭安全回路就不会接通。

如果有一个门不能正常工作，这时可以通过隔离锁来把单门安全回路接通。

(10)列车通信功能

在每节车厢内的每扇车门配备有一个独立门控器，实现对每扇车门的单独控制；在整个车厢内，有 2 个带 MVB 通信接口的门控器，其中 1 个为 MVB 主门控器，另 1 个为冗余的 MVB 从门控器。MVB 门控器通过 RS-485 总线和本车厢的所有门控器通信，并通过 MVB 总线与该车厢的中央控制系统和监控系统相连接，实现整列车门的集中控制和车门状态及故障的监控显示。

2.3 车钩缓冲装置

作为车辆基本的也是重要的部件之一，车钩缓冲装置用来连接列车中各车辆使之彼此保持一定的距离，并且传递和缓和列车在运行中或在调车时所产生的纵向力或冲击力。

2.3.1 车钩缓冲装置的分类

按照牵引连挂装置的连接方法，可以分为非自动车钩和自动车钩。非自动车钩要由人工来完成车辆的连接，而自动车钩则不需要人参与就能实现连接。

自动车钩可分为两种基本类型：非刚性车钩和刚性车钩。

(1)非刚性车钩[图 2-53(a)]允许两个相连接的车钩钩体在垂直方向上有相对位移，简化了两车钩纵向中心线高度偏差较大的车辆相互连挂条件(例如，不同类型的车辆，车轮及其他部件磨耗程度不同的车辆，以及空车和重车)。

(2)刚性车钩[图 2-53(b)]不允许两连挂车钩存在相对位移，极大简化了制动空气主管、电气线路等自动连挂的条件，这对于列车实现编组完全自动化具有重大意义，并且也改善了作业人员的劳动条件从而减轻工作量。

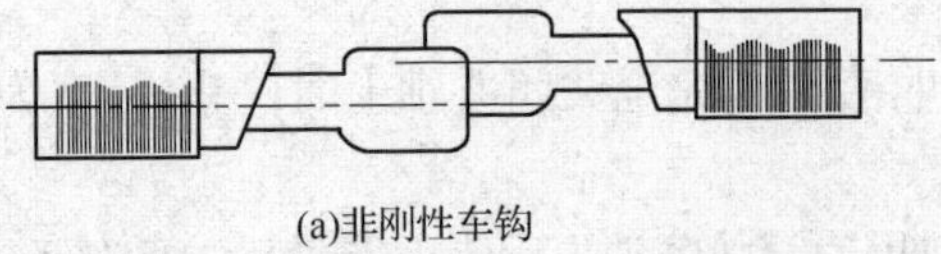

(a)非刚性车钩

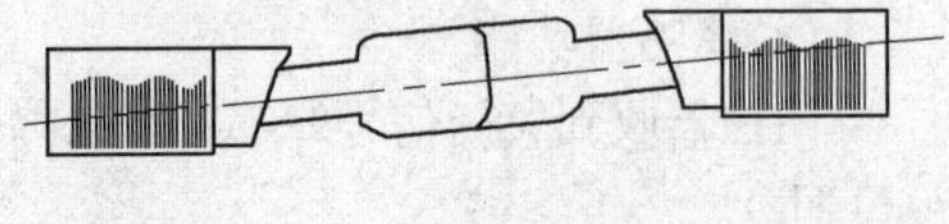

(b)刚性车钩

图 2-53 自动车钩的两种类型

2.3.2 地铁车辆的车钩类型和基本特点

上海地铁车辆的车钩缓冲装置共分 3 种：全自动车钩、半自动车钩和半永久车钩，一般都采用密接式车钩，依靠两相邻车辆钩头上的凸锥和凹锥口互相插入，起到紧密连接作用。密接式车钩使电、风同时连接，既节省人力，又可保证安全方便，但由于其构造较复杂，强度也较低，仅在地铁和轻轨车辆及客车上得到广泛应用。

密接式车钩主要有以下一些特点：

(1)在连挂上采用了锥状及漏斗状的车钩头因而具有较大的连挂范围;在弯道,并且在车辆之间有高度差的情况下都可完成自动连挂。在低速行驶中,最低速度为 0.6 km/h 也可完成自动连挂。自动连挂只需很小的力量。

(2)在连挂状态时车钩头与钩舌板总成在横向和纵向部形成了一种刚性连接。车钩钩舌板总成的排列为平行四边形,可平均负担牵引力。其部件的磨损不影响车钩的安全性。

(3)在解钩时,车钩钩舌板总成的形状可以保证机车即使在受力情况下也可以进行自动解钩。解钩过程是不可逆的,密接式车钩的安全性原理只允许车辆完全分离后再重新连挂。

1. 全自动车钩

全自动车钩可以实现机械、气路、电路的自动连接。全自动车钩可以分成机械车钩和电气车钩两大部分。

机械车钩由下列部件组成:带钩锁的机械钩头、解钩风缸、连接主风管和解钩风管的气路接头、电气接头的机械动作机构、带双作用环簧和牵引杆的缓冲器、带有垂向支承和对中装置的支撑座、盖板、带有过载保护装置的钩尾冲击座、车钩连接环。

① 全自动车钩结构如图 2-54 所示。

② 全自动车钩的技术参数(图 2-55):

抗压允许荷载(屈服荷载)		1 200 kN
抗拉允许荷载(屈服荷载)		850 kN
压缩行程		55 mm
拉伸行程		5 mm
压缩时环簧阻力		590 kN
拉伸时环簧阻力		590 kN
压缩时吸收能量		18 700 J
拉伸时吸收能量		18 700 J
能量吸收率		66%
主风管空气压力	最大	1 000 kPa(10 bar)
	最小	600 kPa(6 bar)
水平范围内最大摆动角		±40°
垂直范围内最小摆动角		±5°
垂向复位角度		±6°
自动对中装置的复位角度		±40°
连挂时最低速度		>0.6 km/h

质量(包括 E 型车钩和电缆)		450 kg
连挂范围	垂直方向	±90 mm
	水平方向	±170 mm

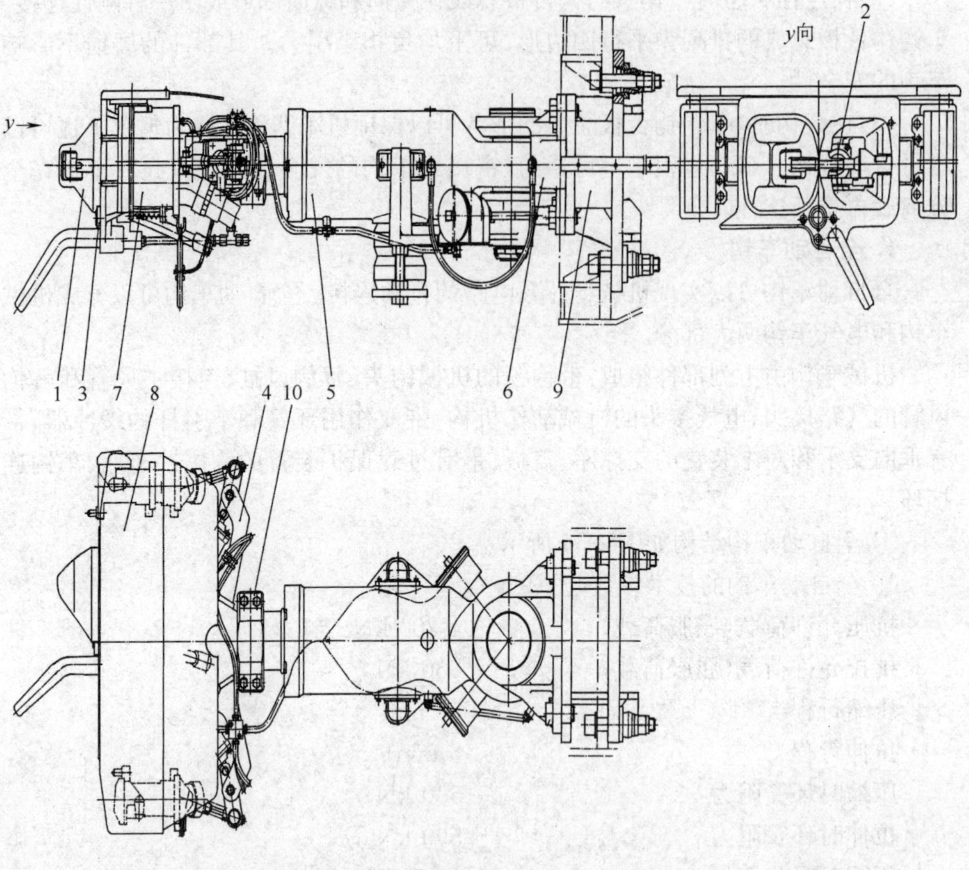

1—钩头；2—解钩气缸；3—主风管连接器；4—电气车钩机械运行装置；5—缓冲器；6—带有垂向支承的对中装置；7—电气车钩；8—盖；9—钩尾冲击座；10—车钩连接环。

图 2-54 全自动车钩结构

以上的车钩性能参数并不是一成不变的，制造厂在设计生产时会做调整，比如车钩的水平和垂直范围内的摆角等，但一般情况下车钩的基本主参数不会变化，比如抗压允许荷载和抗拉允许荷载。但由于车钩的种类不同其参数会不尽相同。

2. 半自动车钩

半自动车钩的机械连接、气路连接结构及作用基本与全自动车钩相同，但是电路则需要人工手动连接。半自动车钩可以分成机械车钩和电气车钩两大部分。

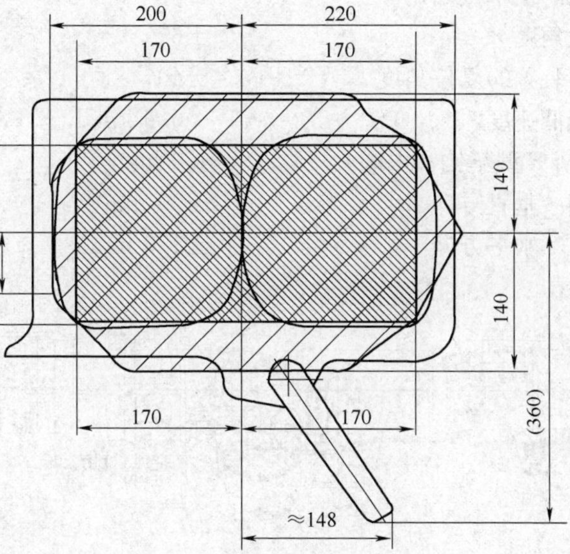

图 2-55　全自动车钩的技术参数(单位:mm)

机械车钩由下列部件组成:带钩锁的机械钩头、解钩风缸、连接主风管和解钩风管的气路接头、电气接头的机械动作机构、带双作用环簧和牵引杆的缓冲器、带有垂向支承和对中装置的支撑座、机械、电气连接的控制元件、带有过载保护装置的钩尾冲击座、车钩连接环。

① 半自动车钩结构如图 2-56 所示。

② 半自动车钩的技术参数:

抗压允许荷载(屈服荷载)		1 200 kN
抗拉允许荷载(屈服荷载)		850 kN
压缩行程		55 mm
拉伸行程		55 mm
压缩时环簧阻力		590 kN
拉伸时环簧阻力		590 kN
压缩时吸收能量		18 700 J
拉伸时吸收能量		18 700 J
能量吸收率		66%
主风管空气压力	最大	1 000 kPa(10 bar)
	最小	600 kPa(6 bar)
水平范围内最大摆动角		±40°

垂直范围内最小摆动角	±5°
垂向复位角度	±6°
自动对中装置的复位角度	±40°
连挂时最低速度	>0.6 km/h
质量(包括 E 型车钩和电缆)	450 kg
连挂范围　垂直方向	±90 mm
水平方向	±170 mm

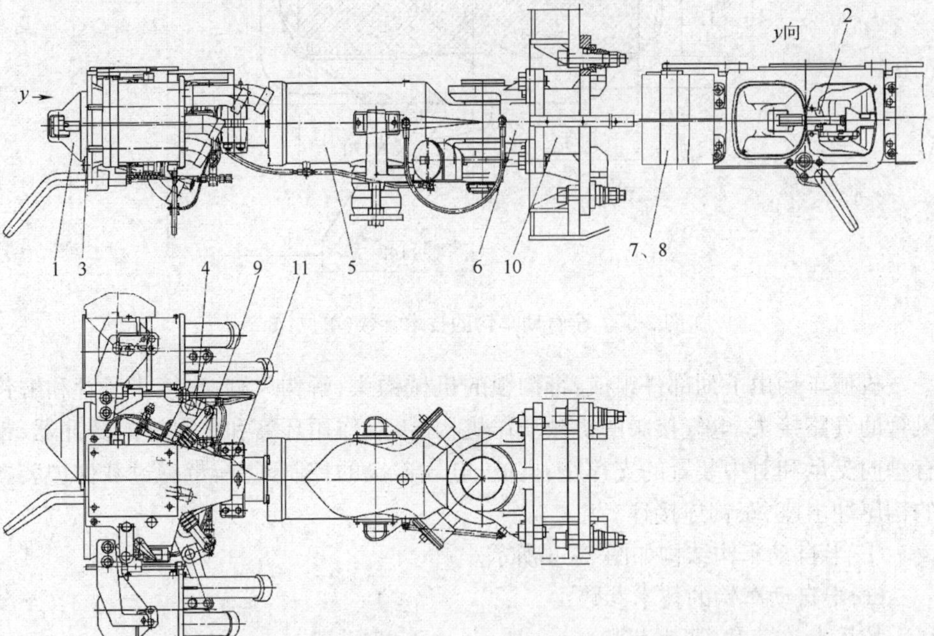

1—钩头；2— 钩头；3—主风管连接器；4—电气车钩机械运行装置；5—缓冲器；
6—带有垂向支承的对中装置；7、8—电气车钩；9—电气车钩的机械控制部件；
10—钩尾冲击座；11—车钩连接环。

图 2-56　半自动车钩结构

3. 半永久车钩

半永久车钩的机械、气路、电路的连接都需要人工手动操作，一般都在架修以上检修作业时才进行解钩。

半永久车钩用于地铁车辆之间的永久连接，一套车钩由两个车钩组成，分别安装在 Mp 车和 M 车上。在安装 M 车上的车钩设有缓冲器，另一个车钩安装在 Mp 车上，是一个刚性的连接杆。它带有可以方便、快速拆卸的连接环，使两节车辆刚性地、完好地连接起来。在连接中的销轴允许车辆之间相对移动，并可在竖曲线和水平曲线上运行。半永久车钩还可用人工操作，实现气路和电路的连接。

半永久车钩的两个车钩由下列部件组成：气路接头、带双作用环簧和牵引杆的缓冲器、支撑座、连接杆、安装座、连接环。

（1）半永久车钩结构如图 2-57 所示。

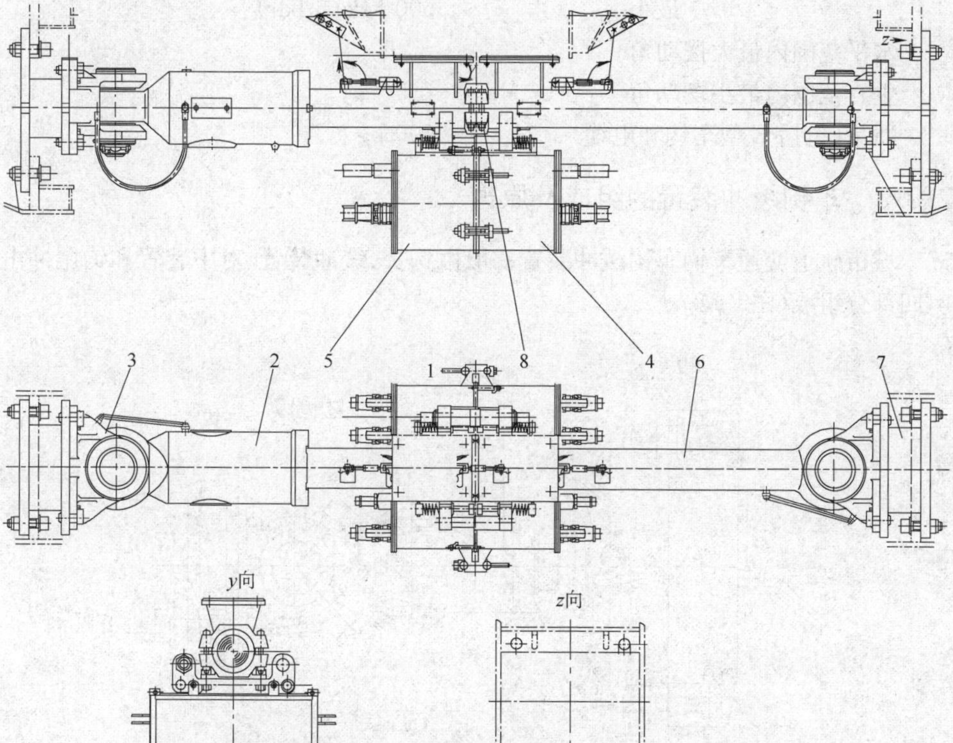

1—主风管连接器；2—缓冲器；3—支撑座；4、5—电气车钩；6—牵引杆；7—钩尾冲击座；8—车钩连接环。

图 2-57　半永久车钩结构

（2）半永久车钩的技术参数：

抗压允许荷载（屈服荷载）	600 kN
抗拉允许荷载（屈服荷载）	600 kN
压缩行程	55 mm
拉伸行程	55 mm

压缩时环簧阻力	590 kN
拉伸时环簧阻力	590 kN
压缩时吸收能量	18 700 J
拉伸时吸收能量	18 700 J
能量吸收率	66%
主风管空气压力　最大	1 000 kPa(10 bar)
最小	600 kPa(6 bar)
水平范围内最大摆动角	±40°
垂直范围内最小摆动角	±5°
质量(包括 E 型车钩和电缆)	690 kg

2.3.3　车钩缓冲装置的组成及原理

城市轨道交通车辆车钩缓冲装置一般由钩头、缓冲装置、对中装置和钩尾冲击座四部分组成(图 2-58)。

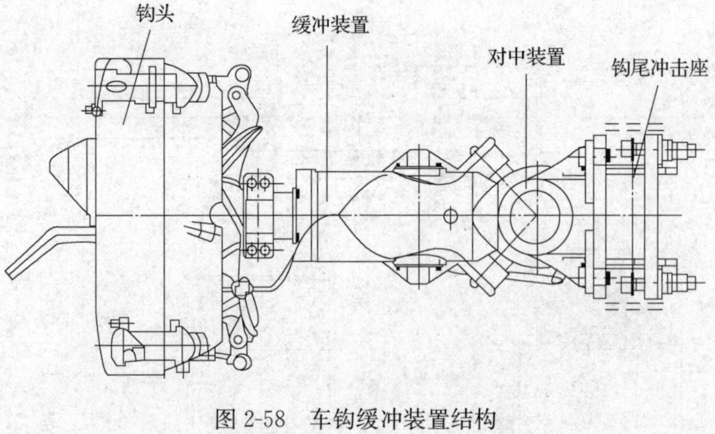

图 2-58　车钩缓冲装置结构

1. 钩头

钩头由机械钩头、电气连接箱和气路连接器三部分组成(图 2-59)。

(1)机械钩头

机构钩头由壳体、心轴、钩舌板、钩舌板连杆、钩舌弹簧、钩舌定位杆(或称棘爪)及弹簧、撞块及弹簧和解钩气缸组成。

①结构特点

壳体的前部一半为四锥体的钩头,另一半为钩头坑(或称凹坑)。连接时相邻两个车钩的四锥体的钩头和钩头坑相互插入,固定在心轴上的钩舌板在钩舌板弹

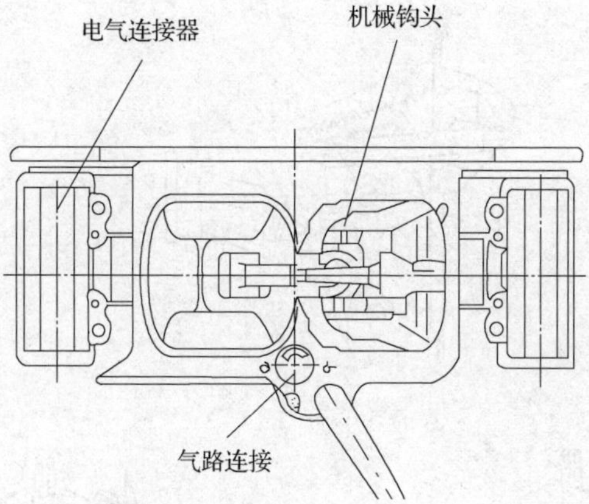

图 2-59　钩头

簧的作用下,可绕心轴转动并带动钩舌板连杆动作实现连挂。解钩有气动解钩和人工解钩两种方式。

②车钩的"三态"定义(图 2-60)

a. 待挂状态

为车钩连接前的准备状态,此时钩舌定位杆被固定在待挂位置,钩锁弹簧处于最大拉力状态,钩锁连接杆推至凸锥体内,钩舌上的钩嘴对着钩头正前方。

b. 连挂状态

为相邻车钩的凸锥体伸入本钩的凹锥孔并推动定位杆顶块,定位杆顶块推动钩舌定位杆离开待挂位置。由于钩锁弹簧的恢复力使钩舌作逆时针转动,带动钩锁连接杆伸进相邻车钩钩舌的钩嘴,完成两钩的连接锁闭。这时连挂两钩的钩锁连接杆和钩舌形成平行四边形,车钩受牵拉时,拉力由两钩锁连接杆均匀分担,使钩舌始终处于锁紧位置。当车钩受冲击时,压力通过两车钩壳体连接法兰传递。

c. 解钩状态

司机操纵按钮控制电磁阀,使解钩风缸充气,风缸活塞杆推动钩舌顺时针转动,使相邻车钩的钩锁连接杆脱开钩舌,同时使自身的钩锁连接杆克服钩锁弹簧拉力缩入钩头凸锥体内,脱离相邻车钩的钩舌,这时定位杆顶块控制钩舌定位杆使钩舌处于解钩状态。当两钩分离后,定位杆顶块由于弹簧作用复位,钩舌定位杆回至待挂位,车钩又恢复到待挂状态。

③车钩连挂和解钩的工作原理

a. 连挂准备位(图 2-61)

这时钩头中的钩锁杆轴线平行于车钩的轴线,钩锁杆的连接销中心与钩舌中心销连接线垂直于车钩的轴线。弹簧处于松弛状态,该位置为车钩连挂准备位。

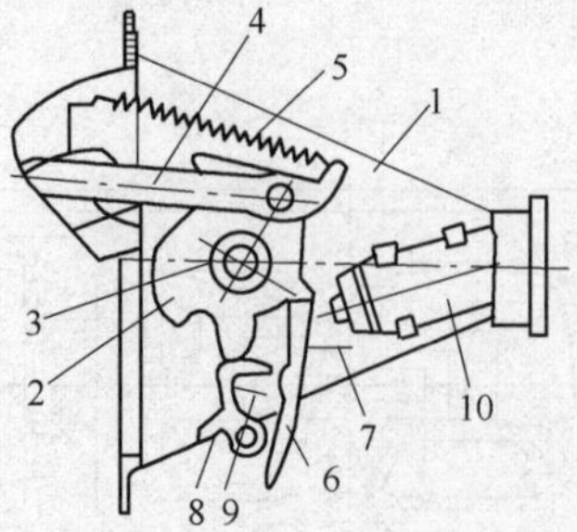

(a)待挂状态

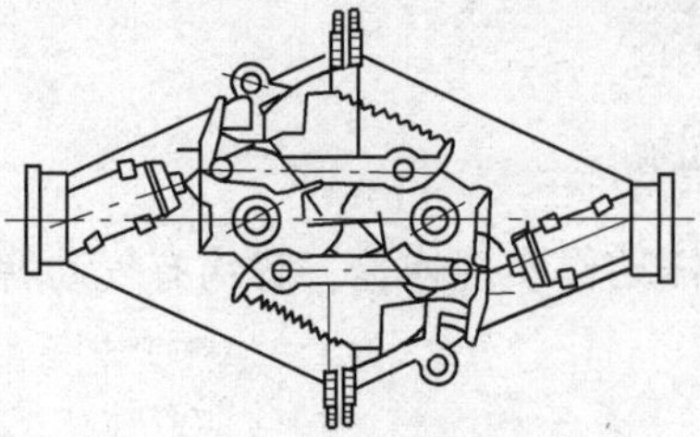

(b)连挂状态

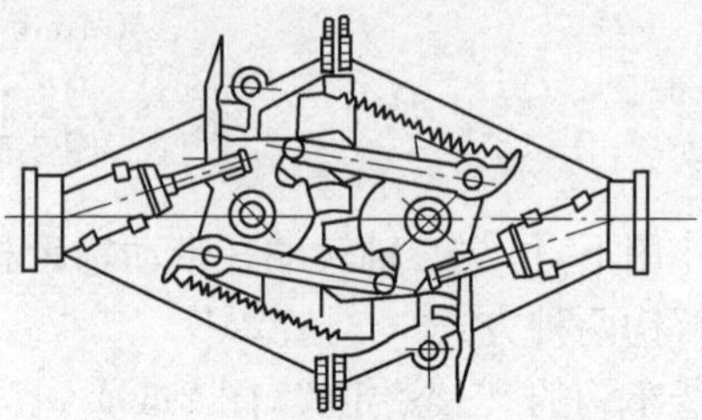

(c)解钩状态

1—壳体；2—钩舌；3—中心轴；4—钩锁连接杆；5—钩锁弹簧；6—钩舌定拉杆；

7—钩舌定位杆弹簧；8—定位杆顶块；9—定位杆顶块弹簧；10—解钩风缸。

图 2-60 车钩“三态”作用

b. 连挂闭锁位(图 2-62)

欲使两钩连挂，原来处于连挂准备位的两钩相互接近并碰撞时，在钩头前端的锥形喇叭口引导下彼此精确地对中心，两钩向前伸出的钩锁杆由于受到对方钩舌的阻碍，各自推动钩舌绕顺时针向转动，直至在弹簧拉力作用下钩锁杆滑入对方钩舌的嘴中，并推动钩舌绕逆时针返回到原来位置为止。这时两钩的钩锁与两钩的钩舌构成一平行四边形，力处于平衡状态，两钩刚性、无间隙地彼此连接，处于闭锁状态。

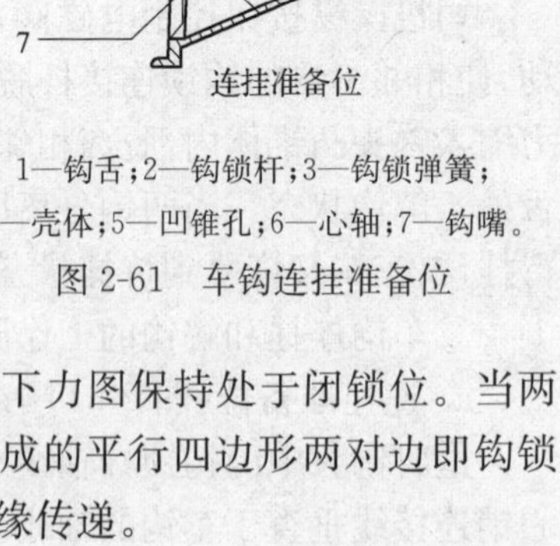

连挂准备位

1—钩舌；2—钩锁杆；3—钩锁弹簧；

4—壳体；5—凹锥孔；6—心轴；7—钩嘴。

图 2-61 车钩连挂准备位

在连挂闭锁位时，钩舌和钩锁杆的位置与连挂准备状态(图 2-61)完全相同，钩舌在弹簧作用下力图保持处于闭锁位。当两钩受牵拉时，拉力均匀地分配在由钩锁杆和钩舌组成的平行四边形两对边即钩锁杆上。当两钩冲击时，冲击力由两钩壳体喇叭口凸缘传递。

c. 手动解钩(图 2-63)

通过拉动钩头一侧的解钩手柄,经钢丝绳、杠杆和解钩杆使两钩的钩舌转动,直至钩锁杆脱出钩舌的嘴口,由此使两钩脱开,处于解钩位。

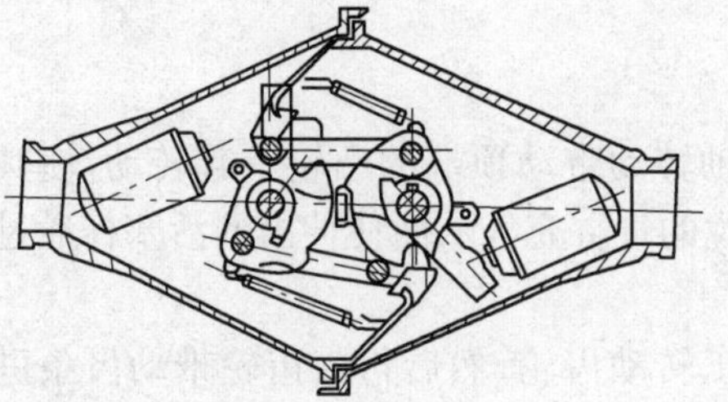

图 2-62　车钩连挂闭锁位

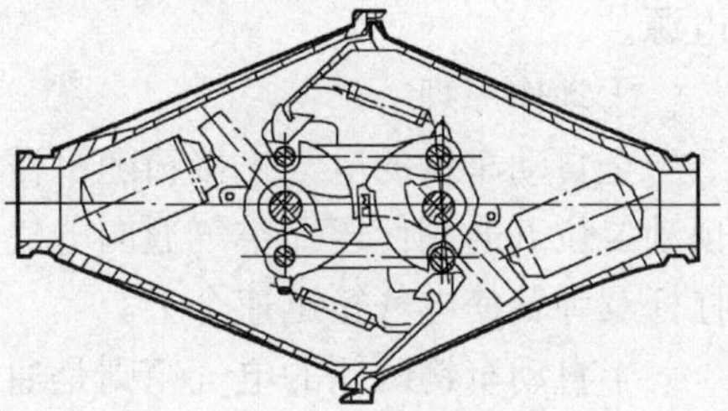

图 2-63　手动解钩

d. 气动解钩

由司机操作解钩控制阀达到解钩如图 2-64 所示。这时压力空气经过解钩管充入钩头中的解钩风缸中,推动活塞向前运动,压迫在解钩杆上所设置的滚子上,两钩头中的钩舌被同时推至解钩位置,类似于手动解钩的情况(图 2-63)。达到解钩后再排风,解钩风缸中受压弹簧使活塞返回到原始位置。

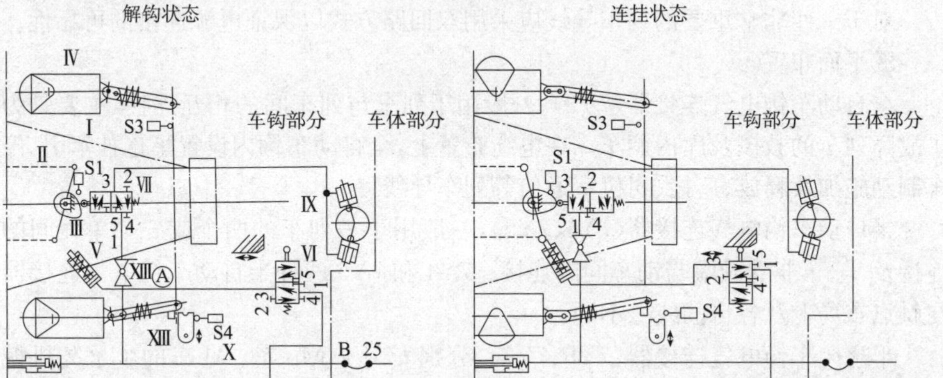

Ⅰ—钩头部分;Ⅱ—锁闭系统;Ⅲ—钩舌;Ⅳ—电气连接箱;Ⅴ—解钩风缸;

Ⅵ—解钩电磁阀;Ⅶ—对中装置电磁阀;Ⅷ—安全阀;Ⅸ—对中装置;Ⅹ—主风管;

Ⅺ—解钩风管;Ⅻ—主风管与解钩风管接口;ⅩⅢ—截止阀;S1—机械连挂限位开关;

S2—电气解钩限位开关;S3—限位开关;S4—1 500 V 切断限位开关;

B25—主风管连接软管;W2—解钩风管连接软管;W3—解钩按钮。

图 2-64　车钩气路图

半自动车钩中的解钩气路与全自动车钩解钩气路原理相同。

(2)电气连接箱

在机械车钩的两侧或上下为电气连接箱,其中一个为动力电源,另一个为信号电源。

①动作原理

全自动车钩的电气连接箱随机械钩心轴转动带动顶端的凸轮一起转动,使其顶动二位五通阀使压缩空气通向电气箱合拢的气缸充气从而使伸出的活塞杆通过杠杆及弹簧使电气箱迅速合上。

半自动车钩两侧的电气箱则是通过人工转动齿轮,然后再由齿轮带动齿条进行直线运动,从而带动杠杆和弹簧使电气箱合上。

半永久车钩不能进行电气连接的自动连接,一般电气连接采用跨接电缆的方式。

②设计要求

接触件为弹性触头,要求弹性良好。

要求当电气连接器完全伸出时,其触点平面应高于机械车钩平面 2～3 mm,以保证弹性触点在连接过程中保持一定的压力。

对于一些非常重要的列车导线应采用双回路方式以保证电源连接的可靠性。

③平面布置

全自动车钩电气连接器(7Y3),一般用于列车与列车间的相互连挂,主要是为了故障列车的救援及库内调车。在电缆布置上,全自动车钩内设置了连挂牵引、停车制动施加及释放、广播、司机室通信等列车导线。

半自动车钩电气连接器(7Y4、7Y5),一般用于一列车的两个或三个单元间的连接及 Tc 车非驾驶端与动车间的连接。7Y4 和 7Y5 两种半自动车钩电气连接器在触点布局上及各自的线号不同。

半永久车钩电气连接器(7Y6、7Y7),分别安装于 Mp 车、M 车的半永久机械车钩下。其中 7Y6 为 Mp 车电气连接器,而 7Y7 则为 M 车电气连接器。7Y6 和 7Y7 车钩触点形式相反,即 7Y6 上某一触点若是弹性触点,则在 7Y7 上应为平台触点。这里需要强调的是 7Y6 和 7Y7 电气连接器是一种固定配置,即 Mp 车半永久电气连接器只能与 M 车半永久电气连接器相连接,而不能将两节 Mp 车或两节 M 车的半永久车钩进行连接。

(3)气路连接器

气路连接部分设有总风管接头和解钩风管接头。气路连接器在车钩法兰下边的中间分设二个弹簧阀,当对方的阀芯管压迫弹簧阀的阀芯时则阀被打开,使总风管和解钩风管接通。而一旦对方风管撤离,也就是两钩头的法兰面分离时,则阀芯在弹簧力的作用下将阀关闭。这样设计的气路连接器可使风管的接通和断开随车钩的连挂和解钩自动进行。解钩风管始终处于连通状态，由司机操纵电磁阀控制管路的通、断达到自动解钩或连挂的目的。

(4)监控元件

在钩头内部设置行程开关以监控车钩的连接状态。

①S1 行程开关监控车钩机械钩头的连挂的状态。

②S3 行程开关监控电气连接器的连接状态。

③S4 行程开关起到安全保证作用，提高车钩监控回路的可靠性。

2. 缓冲装置(缓冲器)

缓冲装置的作用是用来缓和列车在运行中由于牵引力的变化或在启动、制动及调车连挂时车辆相互碰撞而引起的纵向冲击和振动。缓冲器有耗散和衰减车辆之间的冲击和振动的功能，从而减轻对车体结构的破坏作用，提高列车运行的平稳性和舒适度。

(1)缓冲器的工作原理

缓冲器的工作原理是借助于压缩弹性元件来缓和冲击作用力，同时在弹性元件变形过程中利用摩擦和阻尼吸收冲击能量。

(2)决定缓冲器特性的主要参数

缓冲器的性能直接影响着列车的牵引总重、运行速度、车辆的总重、编组作业效率、乘客的舒适性、货物的完好率等涉及运输效能的主要技术经济指标。

① 行程

缓冲器受力后产生的最大变形量称为行程。此时弹性元件处于全压缩状态，如再加大外力，变形量也不再增加。

② 最大作用力

缓冲器产生最大变形量时所对应的作用外力。

③ 容量

缓冲器在全压缩过程中，作用力在其行程上所做的功称为容量。它是衡量缓冲器能量大小的主要指标，如果容量太小，则当冲击力较大时就会使缓冲器全压缩而导致刚性冲击。

④ 初压力

缓冲器的静预压力，初压力的大小将影响列车起动加速度。

⑤ 能量吸收率

缓冲器在全压缩过程中，有一部分能量被阻尼所消耗，其所消耗部分的能量与缓冲器容量之比称为能量吸收率。吸收率愈大，则表明缓冲器吸收冲击能量的能力愈大，反冲作用就愈小；否则，缓冲器必须往复工作几次方能将冲击能量消耗尽，这将导致车钩、车底架过早疲劳损伤，并且加剧列车纵向冲动。一般要求能量吸收率不低于 70%。

(3)缓冲器的类型

根据缓冲器的结构特征和工作原理，一般可将缓冲器分为弹簧式缓冲器、摩擦式缓冲器、橡胶缓冲器、摩擦橡胶式缓冲器、黏弹性橡胶泥缓冲器、液压缓冲器及空气缓冲器等类型。目前应用最广泛的为摩擦式缓冲器和摩擦橡胶式缓冲器，这两种缓冲器具有结构简单、制造方便、成本低的优点。

目前城市轨道交通车辆的缓冲器按形式可分为钢摩擦弹簧缓冲器、压溃管加 EFG3 缓冲器、液压缓冲器、气液缓冲器。其中压溃管属于不可再生缓冲装置，其余为可再生缓冲装置。

① 钢摩擦弹簧缓冲器(图 2-65)

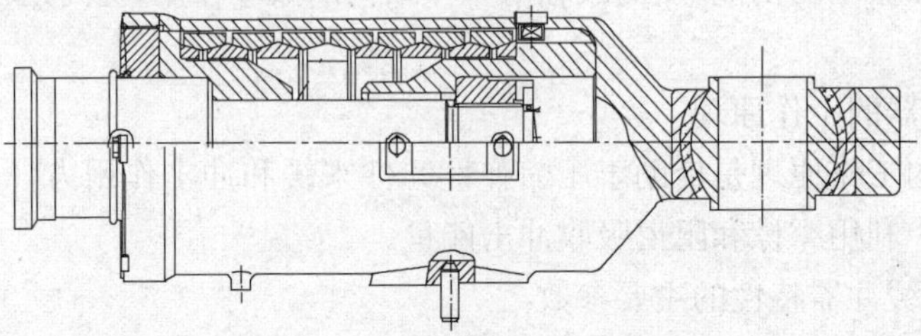

图 2-65　钢摩擦弹簧缓冲器

缓冲器主要由弹簧盒(外壳带有镶嵌球铰的轴孔座)、牵引杆、前后弹簧座和环形弹簧组成。环弹簧安装在前后弹簧座之间，其组装长度和预压力可通过调节螺母来加以调节。零件是防止调节螺母松缓的保险零件。弹簧盒前端由螺纹端盖的沟槽内，将牵引杆密封住，以防止灰尘进入弹簧盒内。零件使端盖得以定位，不能松缓。标志环在密封圈前面，套在牵引杆上。缓冲器的能量吸收为 18.7 kJ，最大作用力为 590 kN，最大行程为 58 mm，能量吸收率为 66%。其特性如图 2-66 所示。

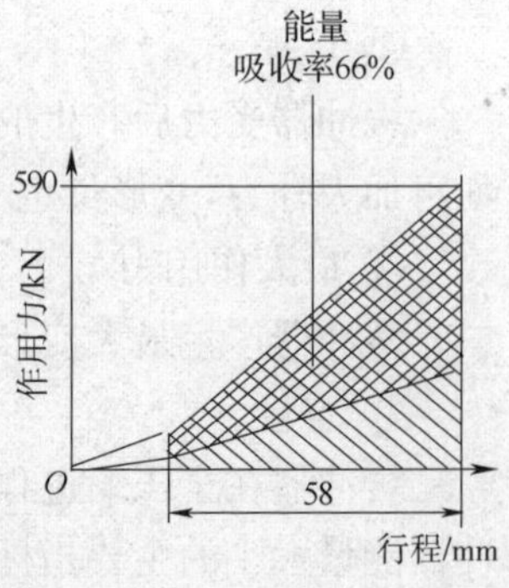

图 2-66　钢摩擦弹簧的特性

当车钩受冲击时，牵引杆推动弹簧座向后挤压环弹簧；当车钩受牵拉时，拧紧在牵引杆后端的预紧螺母带动弹簧座向前挤压弹簧。所以不论车钩受冲击或牵拉，环弹簧均受压缩作用。由于内、外环弹簧相互接触的接触面均做成 V 形锥面，受压缩相互挤压时，外环扩张，内环压缩，这样就产生了轴向变形，起到缓冲的作用。同时内外环弹簧接触面产生相对滑动，摩擦力做功消耗了部分冲击能。

从图 2-66 中我们可以清楚地看到随着行程的加大，缓冲器的作用力也随之加大。当司机室前受到外力作用时，其安装在车体上的车钩所受到的作用力如图 2-67 所示。

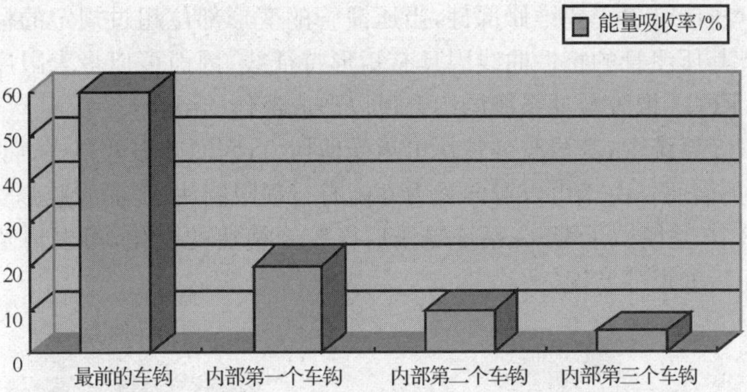

图 2-67　行程和车钩的关系

从图 2-67 中可以看到，最前面的全自动车钩大约能吸收掉 60%的冲击能量，在其后面半自动车钩大约能吸收掉 20%的能量，再其后的半自动车钩吸收的能量小于 10%。

② 压溃管加 EFG3 缓冲器(图 2-68 和图 2-69)

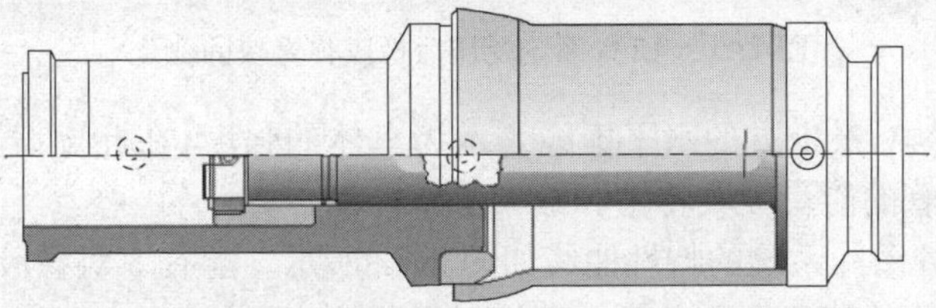

图 2-68　压溃管

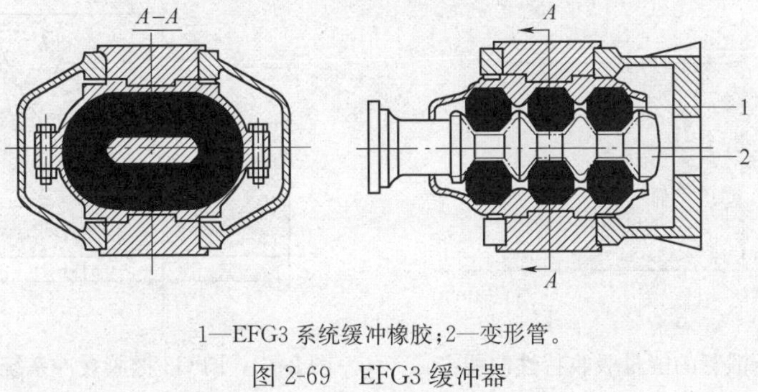

1—EFG3 系统缓冲橡胶；2—变形管。

图 2-69　EFG3 缓冲器

该缓冲装置的特点为通过钢管的永久变形来吸收能量，吸收恒定的不变力，其最大压力值为 1 000×(1±0.05)kN，行程为 185 mm 和 100 mm 两种。一般情况下压溃管是不会损坏的，除非发生撞击。在列车正常的牵引和制动时，通过橡胶缓冲器的橡胶变形来吸收冲击能量。在列车相撞时，通过压溃管的永久变形来吸收冲击能量。压溃管属于免维修部件，当压溃管的变形部位超过规定的标准时必须进行更换。其压溃管的特性曲线因具有矩形特征线，因而可以最大限度地吸收冲击力，再与 EFG3 橡胶缓冲系统的组合可以形成最佳的组合。

在 EFG3 系统中，其橡胶弹簧块可承受剪切力，因而减振效果好，而且磨损少，体积小，维护简便。由于可以双向受力并配有行程限制块，因而橡胶弹簧块使用寿命长。图 2-70 是模拟了 EFG 系统受压后橡胶弹簧块的变化，可以清楚地看到橡胶弹簧受压后变形的状况。

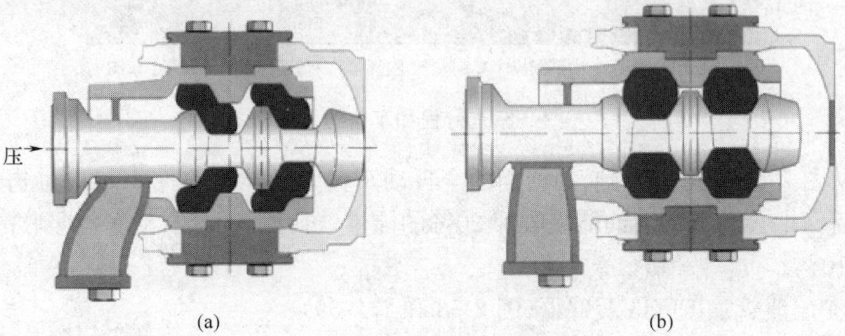

图 2-70 EFG 系统受压后橡胶弹簧块的变化

在图 2-71 中，最上方的水平虚线表示为车体的强度，在此虚线下方的矩形图示表示为压溃管的能量吸收特性和最大工作行程。

EFG3 橡胶缓冲系统的特性曲线如图 2-72 所示。配有 3 对橡胶弹簧的 EFG3 系统拉伸时吸收的能量约为 13 kJ，压缩时吸收的能量约为 22 kJ。

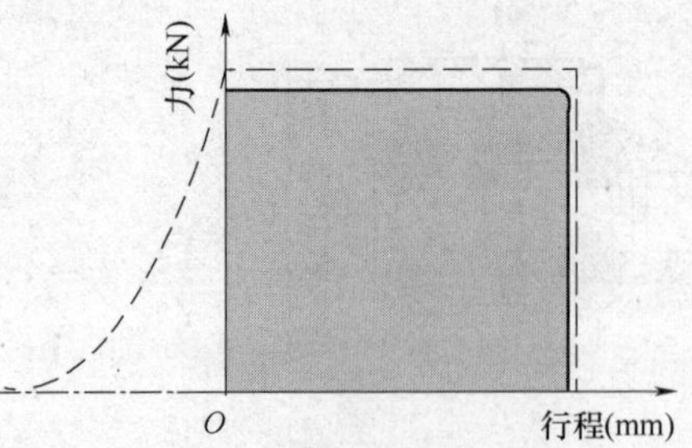

图 2-71 压溃管的能量吸收特性曲线

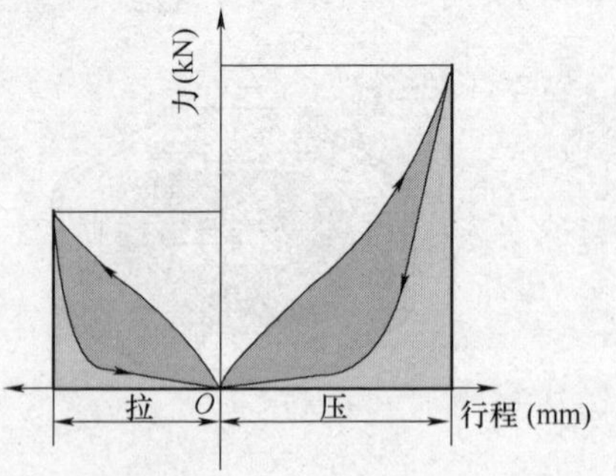

图 2-72 EFG3 橡胶缓冲系统的特性曲线

③ 液压缓冲器

液压缓冲器是一种可恢复的能量吸收装置，车钩在发生撞击时，缓冲器内部的活塞杆作用于活塞，使压力油通过活塞和缸体内壁的间隙流动，从而吸收冲击能量，其相对速度越快吸收能量越大(图 2-73)。

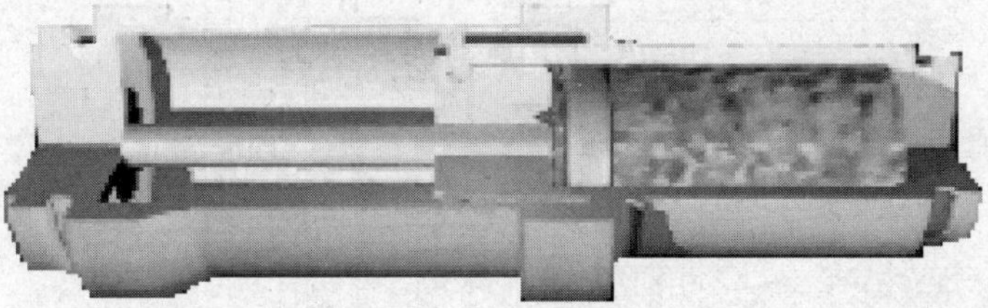

图 2-73　液压缓冲器

④ 气液缓冲器

气液缓冲技术是国际上一项先进的缓冲技术。气液缓冲器由缸体、柱塞、节流调节芯棒、气液隔离活塞等部件组成。

气液缓冲器的工作原理(图 2-74)：当冲击物碰撞到柱塞时，柱塞向缸体内运动，压缩液室 F，将冲击能转化为液压能。液室 F 中的油液在压力作用下经节流孔流向液室 E，通过油液流经节流孔时所产生的压力损失使液压能得以损耗达到吸收冲击能量的目的。气液缓冲器气室空气的作用类似弹簧，使缓冲器在完成一次冲击能吸收后恢复到初始状态。

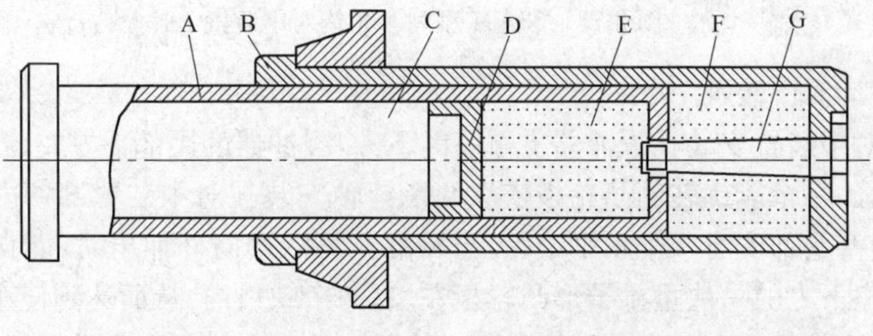

A—柱塞；B—缸体；C—气室；D—活塞；E、F—液室；G—芯棒。

图 2-74　气液缓冲器的工作原理

弹簧和橡胶缓冲器的缓冲材料分别为金属弹簧、摩擦片和橡胶块。金属弹簧和摩擦片在受到冲击时易产生疲劳损伤和断裂。橡胶块在大气环境中受冲击一段时间后将产生橡胶老化，碎裂等现象，失去弹性，造成缓冲器的失效和损坏。气液缓冲器的工作介质为压缩空气(如氮气)和液压油，具有吸收冲击能量高，产生的反作用力小，定位效率高，使用寿命长等优点。

3. 对中装置

对中装置一般分为水平对中装置和垂向对中装置(图 2-75)。水平对中装置分气动对中装置和机械对中装置两种结构，垂向对中装置一般采用垂向支承。

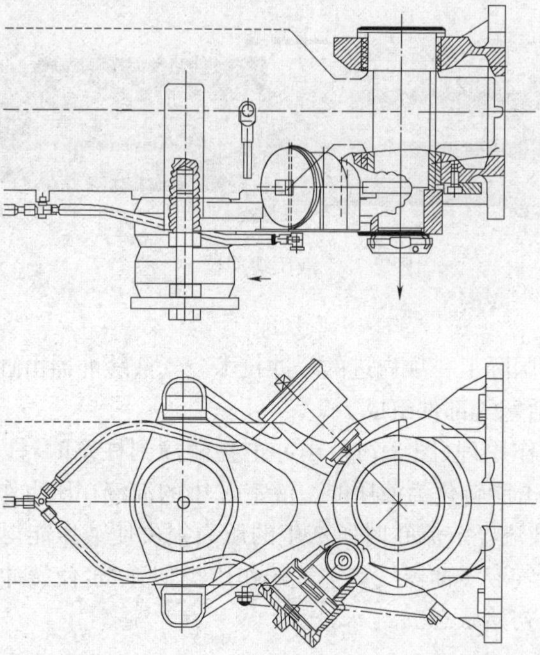

图 2-75　02A01 型列车车钩对中装置

(1)气动对中装置

气动对中装置安装在缓冲器支撑座的下方，缓冲器的尾部下方左、右各设有一个对中风缸，一个能旋转的凸轮板依靠两个销轴安装在对中装置部件内的中心轴上，它的活塞头部安有一个水平滚轮，当风缸充风活塞向外伸出时，能自动嵌入固定在球铰座下方的一块呈桃子形凸轮板左、右两个缺口内，从而达到使车钩自动对中的目的，也就是使车钩缓冲装置的中心线与车体中心线在一个垂直平面内，以便使两个钩头对准对方的车钩钩头坑。同样对中风缸的充风和排风也是通过钩头心轴顶部的凸轮来驱动二位五通阀的阀芯，从而使对中风缸进行充风或排风。整个车钩缓冲装置在水平面内可绕销轴左右摆动 40°，在垂直面内借助于球形轴套嵌有橡胶件可上下摆动 5°，以满足车辆运行水平曲线和竖曲线的要求。

① 当车钩处于解钩状态时，对中装置能确保车钩保持在列车中心线位置并防止车钩在水平方向上的摆动。

② 当车钩处于待挂状态时，对中风缸充风使车钩自动对中。

③ 当车钩处于连挂状态时，对中风缸处于排风状态，对中风缸排风，车钩则可自由转动，则有利于列车过弯道。

④ 当车辆在弯道上进行连挂时，则必须将对中装置关闭否则无法进行连挂。这时只需将车钩下方的进气阀门关闭即可使对中风缸排风，使车钩处于自由状态，而在进行连挂时可利用钩头法兰前的导向杆（俗称象鼻子）进行对中，从而顺利地进行连挂。

(2)机械对中装置

机械对中装置的原理是，挠度较大的弹簧可以使车钩在水平方向摆动一定角度来实现车钩在直线和曲线段的正常连挂。

(3)垂向对中装置

通过调整调节螺栓可以实现调节车钩端面中心线到轨道上表面的距离。

4. 钩尾冲击座

钩尾冲击座呈球形，将车钩缓冲器的尾部与车体底架连接。采用过载保护螺栓的形式，用鼓形套筒来避免超过许用的载荷（800 kN）加载到车体上。当车辆在发生冲击事故时，过载保护环自行脱落，从而使车体的损坏得到控制。

2.4　转　向　架

在铁路运输及城市轨道交通发展的初期，世界各国均采用二轴车辆。车轴直接安装在车体下面，这种二轴车比较短小。为便于车辆通过曲线，前后两轴中心线之间的距离一般不大于 10 m。二轴车的总重量受到车轴容许轴载重量的限制，载重量较小，一般不大于 20 t。

随着轨道交通的发展，二轴车已不能满足运行的要求，于是出现了与二轴车结构类似的三轴车或多轴车。三轴车虽然能增加载重量，但通过小半径曲线时，中间的轮对相对车体要有较大的横向游动量，使得车辆结构复杂，因此这种三轴车没有被推广使用。同样形式的多轴车也没有被采用。

常用的多轴车是采用带转向架结构形式。把两个或几个轮对用专门的构架组成一个小车。这个小车称为转向架或台车，而车体就架承在前、后两个转向架上。为了方便通过曲线，车体与转向架之间可以相对转动。这样将一个车体落在两个转向架上（转向架等效为一个小二轴车），使车辆的载重量、长度和容积都可以得到增加，以满足有轨交通发展的需要。目前绝大多数车辆都采用转向架的结构形式。

2.4.1 转向架的作用、组成及分类

1. 转向架的基本作用及要求

(1)车辆采用转向架是为了增加车辆的载重、长度和容积,提高列车运行速度。

(2)保证在正常运动条件下,车体都能可靠地置于转向架上。通过轴承装置使车轮沿着钢轨的滚动转化为车体沿线路的移动。

(3)支撑车体,承受并传递从车体至轮对之间或从轮轨至车体之间的各种载荷及作用力,并使轴重均匀分配。

(4)保证车辆安全运行,能灵活地沿直线线路运行及顺利地通过曲线。

(5)采用转向架的结构便于弹簧减振装置的安装,使之具有良好的减振特性,以缓和车辆和线路之间的相互作用,减小振动和冲击,减小动应力,提高车辆运行的平稳性和安全性。

(6)充分利用轮轨之间的黏着,传递牵引力和制动力。

(7)转向架是车辆的一个独立部件。在转向架与车体之间尽可能减少连接件,并要求结构简单,装拆方便,以便转向架独立制造和维修。

(8)对地铁车辆的转向架来说还要便于安装牵引电机及传动装置,驱动车辆沿着钢轨运行。

2. 转向架的组成

由于车辆的用途、运行条件与要求不同,所采用的转向架结构各异,类型很多。但它们的基本组成部分和主要功能是相同的,一般转向架可以分为以下几个部分:

(1)轮对轴箱装置

轮对是沿着钢轨滚动,除了传递车辆重量外,还传递轮轨之间的各种作用力,包括牵引力和制动力。轴箱与轴承装置是联系构架(或侧架)和轮对的活动关节,使轮对的滚动转化为车体沿钢轨的平动。

(2)弹性悬挂装置

为了减少线路的不平顺和轮对运动对车体的各种动态影响(如垂向振动、横向振动和通过曲线等),转向架在轮对与构架(侧架)之间或者构架(侧架)与车体(摇枕)之间,设有弹性悬挂装置,前者称为轴箱悬挂装置(又称第一系悬挂,简称一系悬挂),后者称为摇枕(中央)悬挂装置(又称第二系悬挂,简称二系悬挂)。目前,我国大多数货车转向架只设有摇枕悬挂装置,客车转向架既设有摇枕悬挂装置,又设有轴箱悬挂装置。

弹性悬挂装置包括弹簧装置、减振装置和定位装置。

(3)构架(或侧架)

构架(或侧架)是转向架的基础,它把转向架的零部件组成一个整体。它不仅

仅承受和传递各种作用力及载荷，而且它的结构形状、尺寸和大小都应满足各零部件的结构、形状及组装的要求（如应满足制动装置、弹簧减振装置、轴箱定位装置等安装的要求）。

（4）制动装置

为了使运行中的车辆在规定的距离内停车，必须安装制动装置，其作用是传递和放大制动缸产生的制动力或单元制动机产生的制动力，使闸瓦与轮对或制动卡钳与制动盘之间产生转向架的内摩擦力转换成轮轨之间的外摩擦（即制动力），从而使车辆承受前进方向的阻力，产生制动效果。

（5）转向架支承车体的装置

车体与转向架连接部分的结构应能满足安全可靠地支承车体，并传递各种载荷和作用力，同时车体与转向架之间应能绕不变的旋转中心相对转动，以使车辆顺利通过曲线。一般转向架支承车体的方式有心盘集中承载，非心盘承载（或旁承承载）和心盘部分承载三种。

（6）牵引电机与齿轮变速传动装置

它使牵引电机的扭矩转化为轮对或车轮上的转矩，利用轮轨之间的黏着作用，驱动车辆沿着钢轨运行。该装置仅限于安装在动车转向架上。

3. 转向架的分类

由于转向架用途的不同，运行条件的差异，对转向架的性能、结构、参数和采用的材料及工艺等提出不同的要求，从而出现了多种形式的转向架。各种转向架主要区别在于：所用车轴的类型和数目、轴箱定位的方式、弹簧装置的形式、载荷传递的方式等。

（1）按车轴的数目和类型

在各种转向架上，采用轮对的数目与类型是有区别的。按容许轴重，车辆所用的车轴基本上可分为B、C、D、E四种。车轴直径越粗，容许轴重越大，但最大容许轴重要受线路和桥梁的强度标准的限制。一般货车采用B、C、D、E四种轴型，客车采用C、D轴型。随着我国铁路运输的发展，其趋势是除少数特殊用途车辆之外，新型货车主要采用D、E两种轴，新型客车主要采用D轴。

按轴数分类，转向架有二轴、三轴和多轴。转向架的轴数一般是根据车辆总重和每根车轴的容许轴重确定的。例如采用二E轴转向架的货车每轴容许轴重为25 t，因此，其重量（自重与载重之和）不能超过 $4\times25=100$ t，如果超过100 t，就需要用三轴或三轴以上的多轴转向架。

（2）按轴箱定位方式

约束轮对与构架之间相对运动的机构，称为轴箱定位装置，由于轴箱相对于轮对在左右前后方向的间隙很小，故约束轮对相对运动的轮对定位通常也称为轴箱定位。

对轴箱定位装置的基本要求是:它应该在纵向和横向具有适宜的弹性定位刚度值,其值是该装置主要参数;它的结构形式应能保证良好的实现弹性定位作用,性能稳定,结构简单可靠,无磨耗或少磨耗,制造检修方便,重量轻,成本低。

适宜的轴箱弹性定位,不仅可以避免车辆在运行速度范围内发生蛇行运动失稳,还能保证车辆在曲线上运行时具有良好的导向性能,从而减小轮对与钢轨之间的冲击和侧压力,减轻车轮轮缘与钢轨的磨耗。确保车辆运行的安全性和平稳性。

轴箱定位装置有多种结构形式,常见的有以下几种:

① 固定式定位[图 2-76(a)]:轴箱与转向架侧架铸成一体,或是轴箱与侧架用螺栓及其他紧固件连接成为一个整体,使得轴箱与此侧架之间不能产生任何相对运动。

② 导框式定位[图 2-76(b)]:轴箱上有导槽,构架(或侧架)上有导框。构架(侧架)的导框插入轴箱的导槽内,这种结构可以容许轴箱与构架(侧架)之间在铅垂方向有较大的相对位移,但在前后、左右方向仅能在容许的间隙范围之内有相对小的位移。

③ 干摩擦导柱式定位[图 2-76(c)]:安装在构架上导柱及坐落在轴箱弹簧托盘上的支持环均装配有磨耗套,导柱插入支持环,发生上下运动时,两磨耗套之间是干摩擦,它的作用是由于轴箱橡胶垫产生不同方向的剪切变形,实现弹性定位作用。

④ 油导筒式定位[图 2-76(d)]:把安装在构架上的轴箱导柱和坐落在轴箱弹簧托盘上的导筒分别做成活塞和油缸形式,导柱插入导筒。导柱在导筒内上下移动时,油液可以进出导柱的内腔,产生减振作用。它的定位作用是,当构架与轴箱之间产生水平方向的相对运动时,利用导柱与导筒传递纵向力和横向力,再通过轴箱橡胶垫传递给轴箱体,使橡胶垫产生不同方向的剪切变形,实现弹性定位作用。

⑤ 拉板式定位[图 2-76(e)]:用特种弹簧钢材制成的薄片形定位拉板,其一端与轴箱连接,另一端通过橡胶节点与构架相连。利用拉板在纵、横向的不同刚度来约束构架与轴箱的相对运动,以实现弹性定位。拉板上下弯曲刚度小,对轴箱与构架上下方向的相对位移就约束很小。

⑥ 拉杆式定位[图 2-76(f)]:拉杆的两端分别与构架轴箱销接,拉杆两端的橡胶垫、橡胶套分别限制轴箱与构架之间的横向与纵向的相对位移,实现弹性定位。拉杆允许轴箱与构架在上下方向有较大的相对位移。

⑦ 转臂式定位[图 2-76(g)]:又称弹性铰定位,定位转臂的一端与圆筒形轴箱体固接,另一端以橡胶弹性节点与构架上的安装座相连接,弹性节点允许轴箱与构架在上下方向有较大的位移,弹性节点内的橡胶件设计成使轴箱在纵向和横向具有适宜的不同的定位刚度要求。

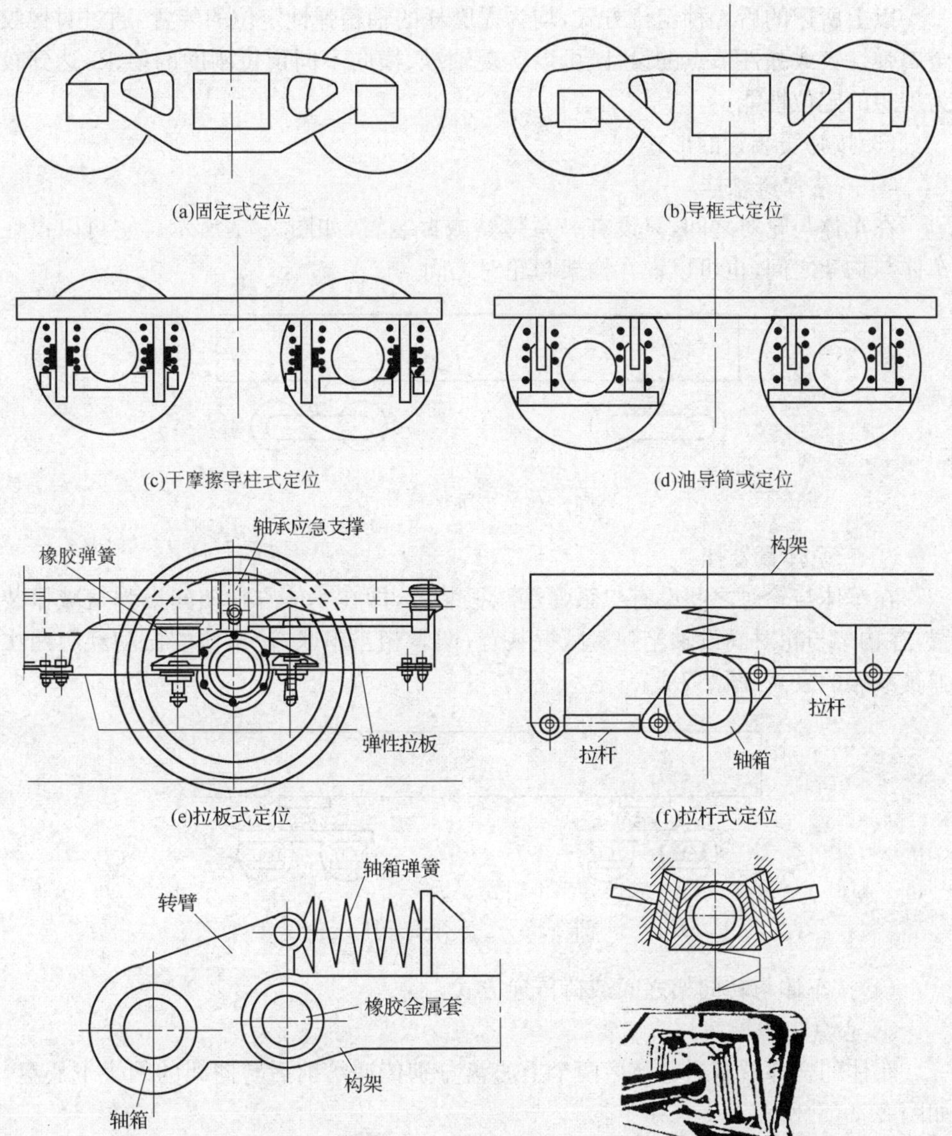

(a)固定式定位　(b)导框式定位

(c)干摩擦导柱式定位　(d)油导筒或定位

(e)拉板式定位　(f)拉杆式定位

(g)转臂式定位　(h)层叠式橡胶弹簧定位

图 2-76　轴箱的定位方式

⑧ 层叠式橡胶弹簧定位[图 2-76(h)]:在构架与轴箱之间装设压剪型层叠式橡胶,其垂向刚度较小,使轴箱相对构架有较大的上下方向位移,而它的纵、横向有适宜的刚度,以实现良好的弹性定位。

以上所述的后 4 种定位方式，均为无磨耗的轴箱弹性定位的装置，通过对橡胶金属弹性铰或弹性节点的设计，可以实现轴纵、横向不同定位刚度的要求，达到较为理想的定位性能。

(3)按弹簧装置的形式

① 一系弹簧悬挂

在车体与轮对之间，只设有一系弹簧减振装置，如图 2-77 所示。它可以设在车体与构架之间，也可以设在构架与轮对之间。

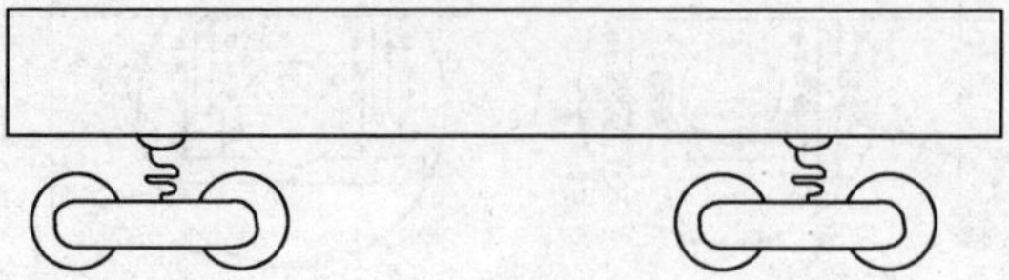

图 2-77　一系弹簧悬挂

② 二系弹簧悬挂

在车体与轮对之间设有二系弹簧减振装置，即在车体与构架间设弹簧减振装置，在构架与轮对间设轴箱弹簧减振装置，两者相互串联，使车体的振动经历两次弹簧减振的衰减(图 2-78)。

图 2-78　二系弹簧悬挂

(4)按车体与转向架之间载荷传递方式

① 心盘集中承载

车体的全部重量通过前后两个上心盘分别传递给前后转向架的两个下心盘，如图 2-79(a)所示。

② 非心盘承载

车体上的全部重量通过弹簧悬挂直接传递给转向架构架，或者通过弹簧悬挂装置与构架之间装设的旁承装置传递，如图 2-79(b)所示。这种转向架设有心盘回转装置，主要作用是牵引和转动。

③ 心盘部分承载

车体上和重量按一定比例分配，分别传递给心盘和旁承，使它们共同承载，如图 2-79(c)所示。

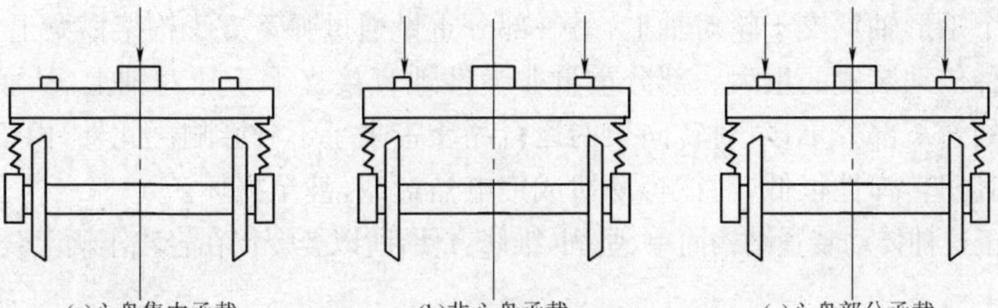

图 2-79　车体载荷传递方式

(5)按摇枕弹簧的横向跨距

对以心盘支承车体(心盘集中承载)的转向架，根据摇枕悬挂装置中弹簧的横向跨距的不同，悬挂的形式又区分为：

① 内侧悬挂

摇枕弹簧横向跨距小于构架两侧梁纵向中心线距离，称内侧悬挂转向架，如图 2-80(a)所示。

② 外侧悬挂

摇枕弹簧横向跨距大于构架两侧梁纵向中心线距离，称外侧悬挂转向架，如图 2-80(b)所示。

③ 中心悬挂

摇枕弹簧横向跨距与构架两侧梁纵向中心线距离相等，称中心悬挂转向架，如图 2-80(c)所示。

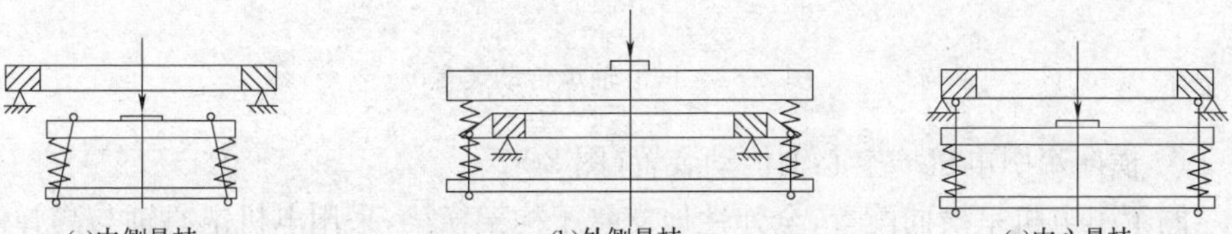

图 2-80　弹簧装置的横向跨距

(6)动力转向架的类型

城市轨道交通车辆的动力转向架，凡是采用传统旋转电机形式的，不论是直流电机或是交流电机，均需通过机械减速装置，将电机的扭矩转化为转向架轮对的转矩，利用轮轨的黏着作用，驱使车辆沿着钢轨运行。

根据牵引电机在转向架上(或车体上)配置的特征，以及电机转轴与转向架轮对之间传动的特征，大致可分为以下 6 种结构形式。

① 爪形轴承的传动装置(图 2-81)

城市轨道车辆采用最古老的传动方式，即直接通过电机驱动轴上的小齿轮带动轮对轴上的大齿轮传递扭矩。电机轴与轮对轴呈平行配置，电机的一部分重量通过两个爪形轴承支于轮对轴上，另一部分重量通过弹簧支于构架横梁上。

这种传动装置的很大一部分重量非弹性地直接支承于轮对轴上，从而增加了转向架的簧下部分重量，对转向架的运行品质带来了不利影响。此外，由于这种传动方式其扭转弹性很低，往往容易造成集电器过载，甚至损坏。

由于这种传动装置结构简单、坚固，维修方便，所以至今仍在轻轨车辆上获得应用。

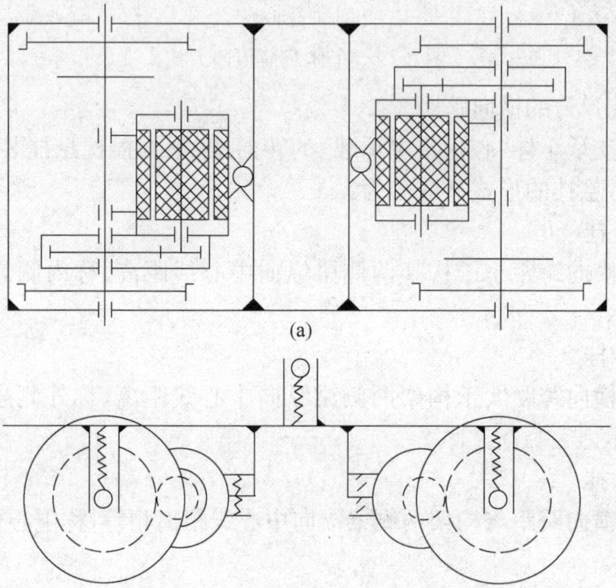

(a)

(b)

图 2-81　爪形轴承传动装置

② 横向牵引电机一空心轴传动装置(图 2-82)

两牵引电机呈横向配置，全弹性地支悬于构架横梁，采用电机空心轴与高弹性的联轴器连接驱动齿轮箱，解决了爪形轴承的传动装置中电机直接支于轮对车轴增加簧下重量和传动件过小的扭转弹性有可能导致集电器过载的问题。

两电机各自独立驱动一个轮对，当一个轮对黏着摩擦由于局部的蠕滑效应而遭到破坏时就有可能发生打滑空转。

这种传动装置两个电机横向配置于构架需占据较大的空间，所以采用这种传动装置的转向架轴距一般均在 2 100～2 500 mm，这对于要求通过小半径曲线线路不利。

横向牵引电机一空心轴传动装置由于重量轻、作用可靠和耐久性强，在地铁车辆的动力转向架上获得广泛的应用。

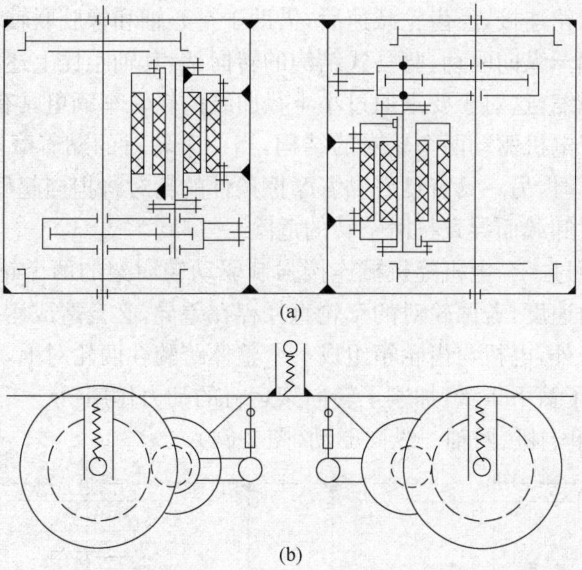

图 2-82　横向牵引电机一空心轴传动装置

③ 单电机两轴一纵向驱动、骑马式结构(图 2-83)

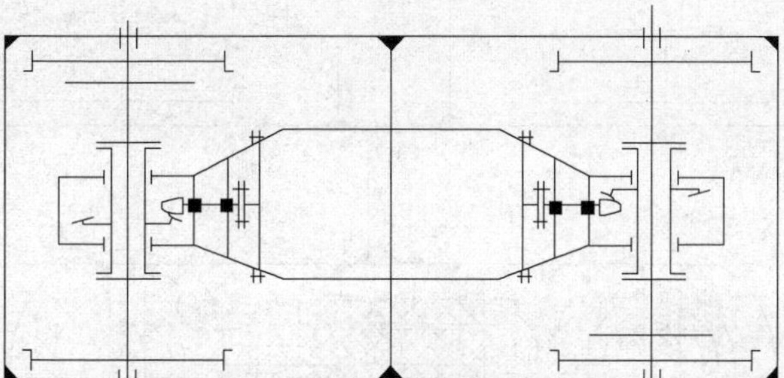

图 2-83　单电机两轴一纵向驱动、骑马式结构

在转向架中央,沿着车辆运动方向配置的牵引电机连同左右轮对的齿轮箱,组成一个整体结构跨骑在转向架的两个轮轴上,电机两端伸出的驱动轴经联轴器与

齿轮箱的伞形齿轮连接，经齿轮减速后，借助于空心轴和橡胶联轴器驱动轮对。

单电机两轴一纵向驱动、骑马式结构的转向架，其轴距比上述两种结构的转向架可有较大的减缩，这对于要求通过小半径曲线的轻轨车辆更具有现实意义。

这种由一个电机驱动两个轮对的结构，当一个轮对的黏着摩擦由于局部的蠕滑效应而遭破坏时，另一具有良好黏着摩擦条件的轮对将担当起后备的保护作用，从而避免因轮对卸载而导致打滑空转的危险。

这种结构通过一个电机经机械连接强制驱动转向架的两个轮轴，两个轮对必须具有相同的角速度，若两轮对的车轮直径存在差异，必会造成运行阻力的上升和磨耗的加剧。另外，电机与齿轮箱组成一个整体跨骑在两轮对上，其重量直接由两轮对支承，增加了簧下重量，加剧了转向架运行的动力作用。

④ 全悬挂单电机、两轴一纵向驱动(图 2-84)

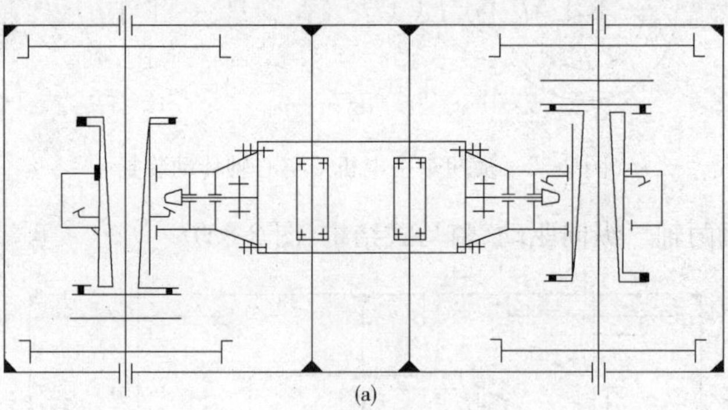

(a)

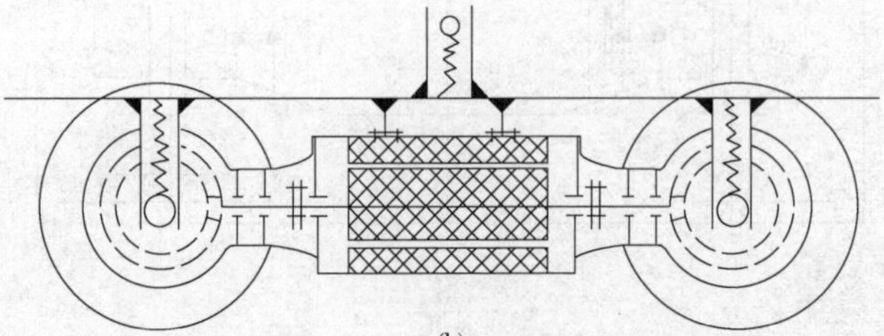

(b)

图 2-84　全悬挂单电机两轴一纵向驱动装置

这种装置的电机完全弹性地悬挂于转向架构架横梁的下方，电机两端伸出的驱动轴经联轴器、减速齿轮驱动万向接头空心轴，再经橡胶联轴器将扭矩传递给轮轴。

由于牵引电机完全弹性地悬挂于构架，比之上述的单电机两轴一纵向驱动、骑马式结构减轻了簧下重量，改善了动力性能，其余特征与之相类似。

⑤ 牵引电机对角配置的单独轴一纵向驱动(图 2-85)

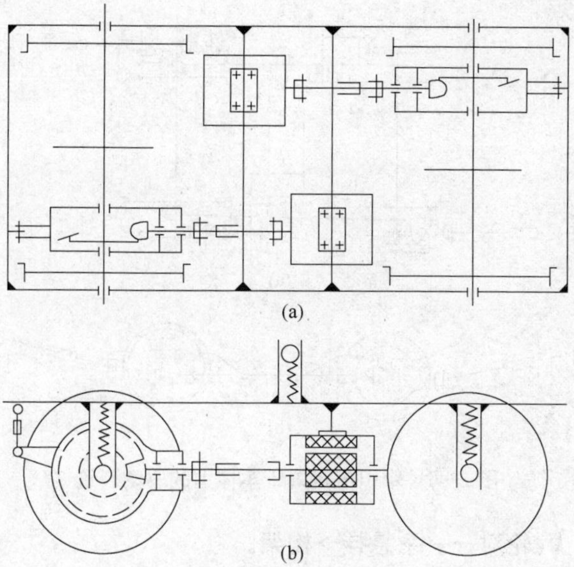

图 2-85　牵引电机对角配置的单独轴—纵向驱动装置

两牵引电机呈对角纵向悬挂于构架横梁的下方，电机驱动轴与齿轮箱之间的扭矩传递经由一十字头连杆轴来实现。齿轮箱一端弹性悬挂于构架的端梁，另一端抱在轮对车轴上。转向架两套电机及其传动装置各自独立地配置，分别驱动一轮对。

这种传动方式与支悬方式减轻了簧下重量，电机纵向配置使轮对内侧留出了更大的空间，有利于安排制动盘或采用内置式轴箱，有利于减缩转向架的轴距。

⑥ 牵引电机置于车体上的驱动配置（图 2-86）

低地板轻轨车辆为了实现尽可能高的低地板率，常常将转向架构架做成下凹的元宝形，仅使车轮与轴箱高出低地板，这就不得不将牵引电机配置于车体上，同时又不能妨碍曲线运行时车体与转向架之间的相对运动。因此，这种转向架的结构往往十分复杂，造价也异常高昂。

4. 转向架基本受力分析

转向架是轨道车辆中最重要的受力部件，承受来自车体以及轮轨间各个方向的作用力。

（1）力的传递

① 对于一般轨道车辆来说，垂向力的作用方向如下：

车体的自重及载重→二系悬挂→构架→一系悬挂→轮对。

② 对于一般轨道车辆来说，横向力的作用方向如下：

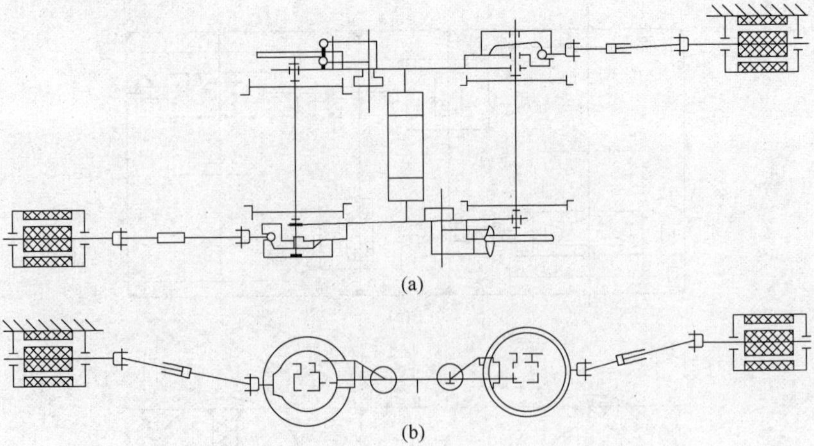

图 2-86 牵引电机置于车体上的驱动装置

轮轨间作用力:轮对→一系悬挂→构架。

车体的侧向力:车体→二系悬挂→构架。

③ 对于一般轨道车辆来说,纵向力的作用方向如下:

动车牵引力:牵引传动装置→轮对→一系悬挂→构架→中央牵引装置→车体→车钩。

动拖车制动力:制动装置→轮对→一系悬挂→构架→中央牵引装置→车体→车钩。

拖车牵引力:车钩→车体→中央牵引装置→构架→一系悬挂→轮对。

(2)载荷分析

转向架在车辆运行中主要承受以下载荷:垂直静载荷,垂直动载荷,纵向力引起的附加垂直载荷,牵引力、侧向力引起的附加垂直载荷,侧向力及轮轨间作用力所引起的水平载荷,垂直斜对称载荷以及制动时的载荷。

由于纵向力引起的附加垂直载荷,牵引力、侧向力引起的附加垂直载荷,侧向力及轮轨间作用力所引起的水平载荷,垂直斜对称载荷及制动时的载荷比较复杂,仅对垂直静载荷和垂直动载荷做进一步介绍。

① 垂直静载荷

a. 作用在心盘上的垂直静载荷 P_{st}

对于心盘承载的车辆,车体的自重、载重和整备重量通过下心盘作用在转向架上,其数值通常采用两种方法计算。

根据车体实际重量计算(俗称“自上而下”的计算方法),对一专用型车转向架,作用在转向架心盘上的垂直静载荷 P_{st}(kN)是按照车体的实际总重(t)来考虑,即

$$P_{st}=1/2(\text{车体总重})\times 10=1/2(\text{车体自重}+\text{载重}+\text{整备重量})\times 10$$

按这种计算方法所得的心盘载荷来设计转向架，可以使各零部件具有合理的结构强度和自重，但这种转向架往往缺乏通用性。

根据最大允许轴重计算(俗称“自下而上”的计算方法)，对于通用型车转向架，作用在转向架心盘上的垂直静载荷 P_{st} 是按照该转向架所用轮对压在钢轨上的允许载荷(即允许轴重)来考虑，即

$$P_{st}=10(nPR-P_r)$$

式中 PR——一个轮对压在钢轨上的允许载荷(允许轴重)(t)，其数值随所用轴型而异；

n——一台转向架的轴数；

P_r——一台转向架的自重(t)。

通过计算所得的 P_{st} 来设计转向架，由于 P_{st} 与车型无关，故可在允许轴重的范围内应用于各型车辆，从而可提高转向架的通用性。

b. 经中央弹簧(摇枕弹簧)传递的垂直载荷

对于非心盘承载车辆，车体的载荷通过转向架两侧的中央弹簧或两侧的旁承将载荷传递至转向架。

图 2-87 为一般具有摇动台结构的二系弹簧装置的转向架构架，在垂直载荷作用下的受力情况，车体传来的静载荷是通过摇动台吊杆以 4 个集中力的形式作用在构架摇动台吊杆销孔处，它由轴箱弹簧的 8 个反力 R 来平衡。

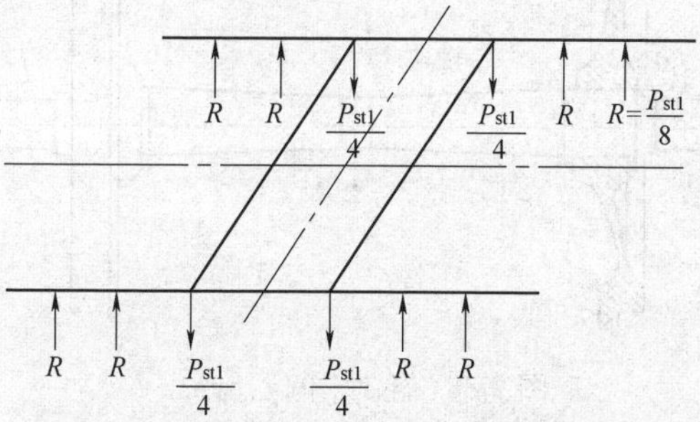

图 2-87 构架在垂直静载荷作用下的受力情况

② 垂直动载荷

作用在转向架零、部件上的垂直动载荷 P_{dy} 是由于车辆运行中轮轨之间冲击和簧上振动所引起的，其数值为

$$P_{dy}=K_{dy}P_{st}$$

式中 K_{dy}——垂直动载荷系数。

K_{dy}的计算经验公式为

$$K_{dy}=\frac{1}{f_{st}}(a+bv)+\frac{dc}{\sqrt{f_{st}}}$$

式中 f_{st}——车辆在垂直静载荷下的弹簧静挠度；

v——车辆构造速度；

a——系数，簧上部分（包括摇枕）取值为1.50，簧下部分（轮对除外）取值为3.50；

b——系数，取值为0.05；

c——系数，簧上部分（包括摇枕）取值为0.427，簧下部分取值为0.569；

d——系数，货车取值为1.65，客车取值为3.0。

P_{dy}的作用方式与P_{st}相同，对于构架只要把图中的P_{st}改为P_{dy}，就得到垂直动载荷下的受力简图。

2.4.2 转向架的结构、特点

1. 轮对轴箱装置

轮对是由一根车轴和两个相同的车轮采用过盈配合使之牢固地结合在一起，是组成转向架的重要部件之一，如图2-88所示。

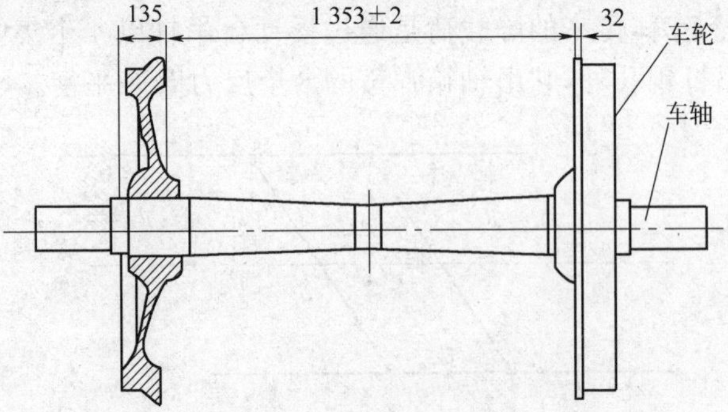

图2-88 轮对（单位：mm）

轮对承担车辆全部载荷，引导车辆沿着钢轨高速运行，同时还承受着从车体、钢轨传来的各种力的作用。因此，轮对应具有足够的强度，以保证在允许的最高速度和最大载荷下安全运行。应在强度足够和保证一定使用寿命前提下，使其重量最小，并具有一定的弹性，以减少轮对之间的作用力和磨耗。

轮对在正常状态的线路上运行时，轮对的内侧距是影响运行安全的一个重要因素。轮对内侧距有严格的规定。对于国铁集团车辆轮对内侧距为（1 353±2）mm，上海地铁车辆轮对内侧距为$1\ 358^{+1}_{0}$mm。轮对内侧距应保证在任何线路上运行时轮缘与钢轨之间有一定的游隙，以减少轮缘与钢轨的磨耗；应保证在最不利情况下，车轮踏面在钢轨上仍有足够的安全搭接量，不致造成脱轨；应保证安全通过道岔。

(1)车轴

城市轨道交通车辆使用的车轴，绝大多数为圆截面实心轴，采用优质碳素钢加热锻压成形，再经热处理(正火或正火后再回火)和机械加工制成。

车轴为转向架的簧下部分，降低簧下部分的质量对提高车辆运行品质和减少对轮轨动力作用有很大影响。

车轴(图 2-89)一般由轴颈、轮座、防尘板座及轴身等部位组成。轴颈是安装轴承的部位，担负车辆重量并传递各方向的静、动载荷。轮座是车轴与车轮配合的部位，也是车轴受力最大的部位。防尘板座为车轴与防尘板配合部位，介于轮座与轴颈之间，是两者中间过渡部位，以减小应力集中。轴身是车轴中央部分，受力较小。

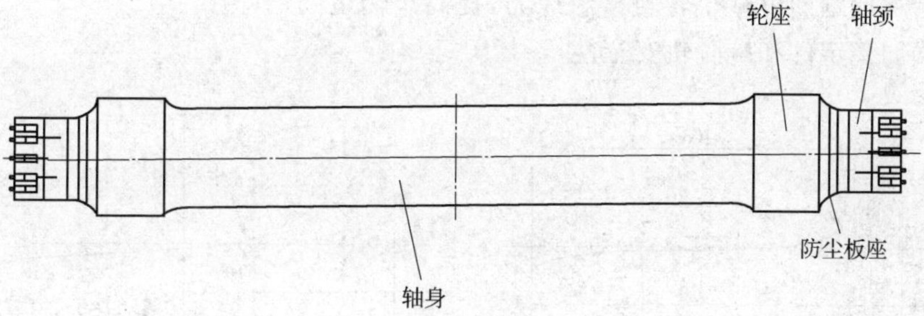

图 2-89　车轴

(2)车轮

车轮的结构、形状、尺寸、材质是多种多样的。按其结构分为整体轮和带箍车轮两种。整体车轮按其材质可分为辗钢轮和铸钢轮等。轮箍轮又可分铸钢辐板轮心车轮、辗钢辐板轮心车轮以及铸钢辐条轮心车轮。为降低噪声，减小簧下质量，还有橡胶弹性车轮、消声轮等。

整体辗钢轮由踏面、轮缘、辐板和轮毂组成，如图 2-90 所示。车轮与钢轨的接触面称为踏面，一侧沿着圆周突起的圆弧部分称为轮缘，是保持车辆沿钢轨运行，防止脱轨的重要部分。踏面沿径向的厚度部分称为轮辋。轮毂是轮与轴互相配合的部分。轮辋与轮毂连接的部分称为辐板。

车轮踏面一般做成一定的斜度，称为锥形踏面，如图 2-91(a)所示。踏面锥形的作用为：在直线运行时使轮对能自动调中；在曲线运行时，离心力的作用使轮对偏向外轨，由于踏面是锥形，使外轨上滚动的车轮以较大的滚动圆滚动，在内轨上以较小的滚动圆滚动，从而减少车轮在钢轨上滑动，使轮对顺利通过曲线；车轮踏面有斜度，运行时车轮与钢轨接触的滚动直径在不断地变化，致使轮轨的接触点也在不停地变换位置，从而使踏面磨耗更为均匀。

除了锥形踏面外，近年来在研究轮轨磨耗的基础上提出了磨耗型踏面[图 2-91(b)]。实践证明，锥形踏面车轮的初始形状，运行中将很快磨耗，当磨耗成一定形状后，车轮与钢轨的磨耗都变得缓慢，磨耗后踏面形状将相对稳定。如果把车轮踏面一开始就做成类似磨耗后的稳定形状，即磨耗形踏面，可明显地减少轮轨的磨耗，延长使用寿命，减少换轮、旋轮的检修工作量，其经济效益是十分明显的。磨耗形踏面可减小轮轨接触应力，提高车辆运行的横向稳定性和抗脱轨安全性。

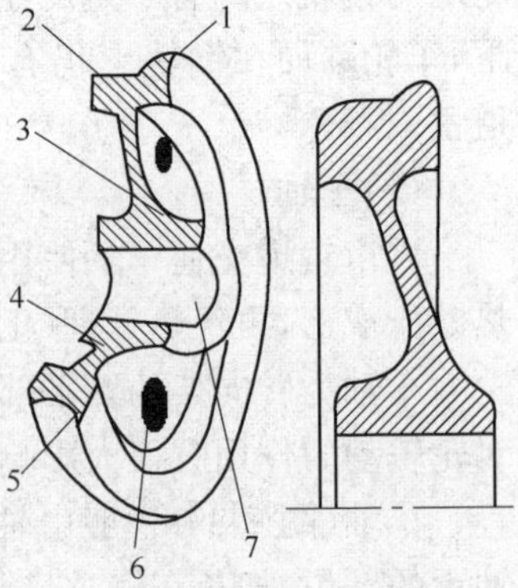

1—轮辋；2—踏面；3—辐板；4—轮毂；5—轮缘；6—辐板孔；7—轮毂孔。

图 2-90　整体辗钢轮

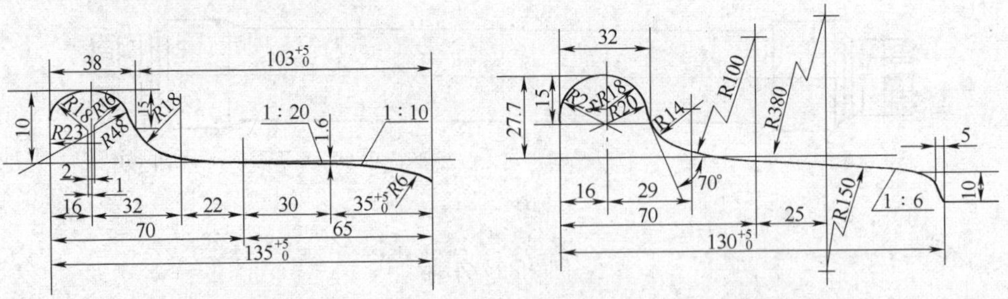

（a）锥形踏面　（b）磨耗形踏面

图 2-91　车轮踏面(单位:mm)

由于车轮踏面有斜度，各处直径不相同，因此根据规定在离轮缘内侧 70 mm 处测量所得的直径为名义直径，作为车轮的滚动圆直径。上海地铁车辆车轮的轮径为 840 mm。轮径小，可以降低车辆重心，增大车体容积，减小车辆簧下质量，缩小转向架固定轴距，但阻力增加，轮轨接触应力增大，踏面磨耗加快等不足之处。

地铁、轻轨车辆及高速列车车辆也有采用弹性车轮。这种车轮在轮心轮毂与轮箍之间装有橡胶弹性元件，使车轮在空间三维方向上具有一定的弹性。弹性车轮减小了簧下重量，从而减小了轮轨之间的作用力，缓和冲击，减小轮轨磨耗，降低噪声，改善车轮与车轴的运用条件，提高列车运行平稳性。

(3)滚动轴承轴箱装置

轴箱装置的作用是，将轮对和构架(或侧架)联系在一起，使轮对沿钢轨的滚动转化为车体沿线路的平动，并把车辆的重量以及各种载荷传递给轮对，保证良好的润滑性能，减少磨耗，降低运行阻力，防止燃轴。

采用滚动轴承可降低车辆的起动阻力和运行阻力，改善车辆走行部分的工作条件，减少燃轴的惯性事故，减轻了维护和检修工作，降低运行成本。

由于地铁车辆的允许轴重较大(一般为 10～25 t)，在运行中承受着变化的静、动载荷的作用，因此，要求轴承的承载能力大、强度高、耐冲击、寿命长等。一般城市轨道交通车辆用的滚动轴承按滚动体形状可分为：圆柱滚动轴承、圆锥滚动轴承、球面滚动轴承。图 2-92 为的圆锥滚动轴承和圆柱滚动轴承。

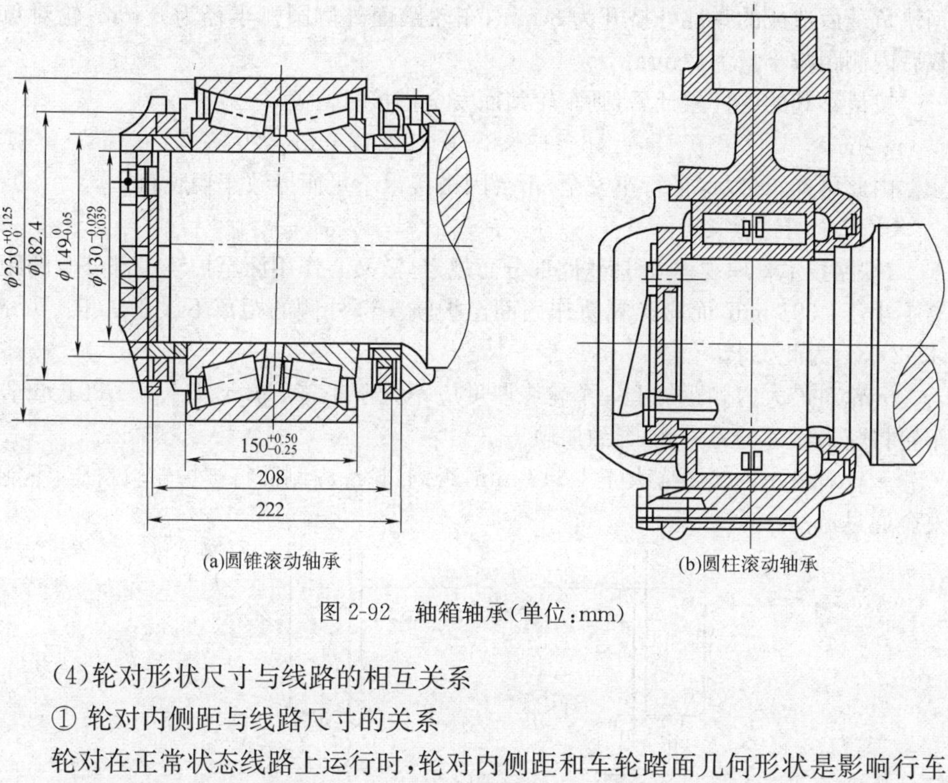

(a)圆锥滚动轴承　　(b)圆柱滚动轴承

图 2-92　轴箱轴承(单位：mm)

(4)轮对形状尺寸与线路的相互关系

① 轮对内侧距与线路尺寸的关系

轮对在正常状态线路上运行时，轮对内侧距和车轮踏面几何形状是影响行车安全和运行平稳性的重要因素。

a. 保证轮缘与钢轨之间有一定游隙，以减少轮缘与钢轨的磨耗，并实现轮对自动对中。

《铁路技术管理规程(普速铁路部分)》规定，对于标准轨距铁轨，无论在直线上或曲线上的其最小轨距为 1 433 mm，而轮对最大内侧距为 1 359 mm，钢轮轮缘最大厚度为32 mm，轮缘与钢轨之间最小游隙 e 为

$$e=1\ 433-(1\ 359+32\times2)=10\ \text{mm}$$

由此可知，每侧轮缘与钢轨之间的平均最小游隙为 5 mm，故能保证正常状态下轮缘与钢轨不致发生严重磨耗。

b. 安全通过曲线。

《铁路技术管理规程（普速铁路部分）》规定最小曲线半径区段的最大轨距为 1 456 mm，而车辆标准型轮对的最小内侧距为 1 350 mm，轮缘厚度最薄为 22 mm，轮辋厚度为130 mm。假定一侧轮缘紧贴钢轨，则另一侧车轮踏面的安全搭接量 e_1 为

$$e_1 = 1\,350 + 22 + 130 - 1\,456 = 46\ \text{mm}$$

如果考虑到运用中可能产生的不利因素：钢轨头部圆弧半径最大为 13 mm；钢轨负载后造成的弹性外挤开为 8 mm；车轮踏面外侧圆弧半径为 6 mm；轮对负载后内侧距减小量为 2 mm。

按最不利的条件累计后，则车轮踏面安全搭接量 e_1 为

$$e_1 = 46 - 13 - 8 - 6 - 2 = 17\ \text{mm}$$

由此可知，足以保证行车安全，不会因搭接量不足而导致车辆脱轨。

c. 安全通过辙叉。

《铁路技术管理规程（普速铁路部分）》规定，辙叉心作用面至护轨头部外侧的距离不小于1 391 mm，而辙叉翼轨作用面至护轨头部外侧的距离不大于 1 348 mm（图 2-93），为此要求：

• 轮对最大内侧距加上一个轮缘厚度应不大于 1 391 mm，如大于1 391 mm，车轮将骑入辙叉的另一侧，导致脱轨。

• 轮对最小内侧距应大于 1 348 mm，否则，轮缘内侧面将被护轮轨挤压，不能安全通过道岔。

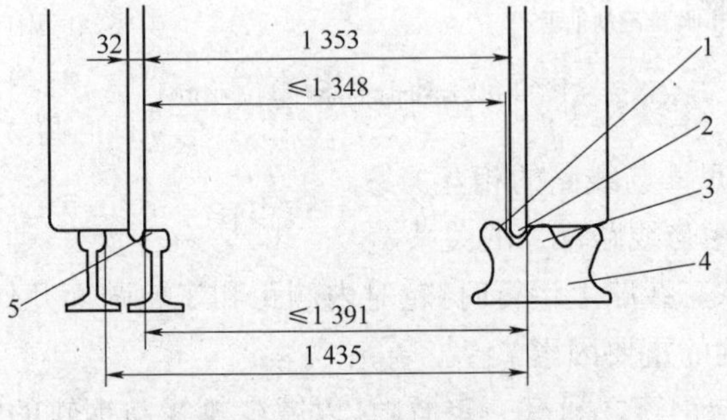

1—翼轨；2—轮缘；3—叉心；4—辙叉；5—护轮轨。

图 2-93　轮对与辙叉（单位：mm）

② 踏面斜度与曲线半径

车辆通过曲线时，为使压装在同一车轴上的左右两个车轮与钢轨之间不发生滑动现象，理想情况是运行中外轮滚动的距离与外轨长度相适应，内轮滚动的距离

与内轨长度相适应，这样通过曲线可以减小运行阻力，减小轮轨间磨耗，避免脱轨。由于轮对踏面具有斜度 λ，轮缘与钢轨之间存在游隙，当车轮外移 y 时，可使内侧车轮以小半径 $r_0-\lambda y$，外侧车轮以大半径 $r_0+\lambda y$ 同时滚动。在纯滚动时，锥形车轮通过曲线如图 2-94 所示，因为 b、r_0、y 与 R 相比均是很小的量，故可用三角相似定理，近似得到

$$\frac{r_0+\lambda y}{r_0}=\frac{R+b}{R}$$

式中　R——曲线半径，也是轮对纯滚动时的转动半径；

r_0——车轮半径；

λ——踏面斜度或等效斜度；

b——轮对的两滚动圆距离之半；

y——轮对横向外移量。

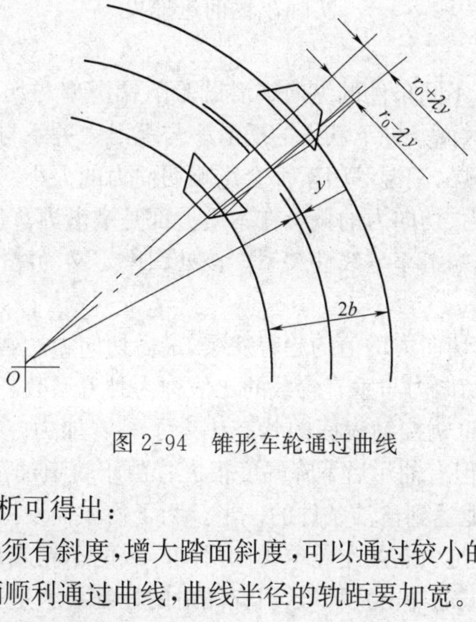

图 2-94　锥形车轮通过曲线

从上述式中分析可得出：

a. 车轮踏面必须有斜度，增大踏面斜度，可以通过较小的半径曲线。

b. 为了使车辆顺利通过曲线，曲线半径的轨距要加宽。

(5)轮轨基本关系基础

轮对在钢轨上运行时，一般承受垂直载荷和纵横切向载荷。纵向载荷主要来自牵引制动。稳态前进的非动力轮的车轮在不制动时，其纵向切向力平衡轴承阻力和蛇行时的惯性力。无论是动力轮对或从动轮对都存在着纵向切向力，它导致了轮轨纵向相对运动的速度差。

① 黏着区和滑动区

传统理论认为钢轮相对钢轨滚动时，接触面是一种干摩擦的黏着状态，除非制

动或牵引力大于黏着能力才会转入完全滑动的摩擦状态。研究表明，由于车轮和钢轨都是弹性体，滚动时轮轨间的切向力将在接触斑面上形成两个性质不同的区域：黏着区和滑动区。切向力小时主要为黏着区；随着切向力增大，滑动区扩大，黏着区缩小。当切向力超过某一极限值时，只剩下滑动区，轮子在钢轨上开始明显滑动。

② 蠕滑与蠕滑率

由于黏滑区的存在，轮周上接触质点的水平速度与轨头上对应质点相对轮心的水平速度并不相同，存在着一个微小的滑动，称为蠕滑。宏观上轮周速度与轮心的水平速度并不一致。以同样的转速走行在硬质路面和沙地上的两辆自行车，其前进速度并不一样，也是这种道理。当车轮受到横向外力作用时，会产生微小的横向移动。定义车轮的横向蠕滑率 γ_y 为小的横向滑动率，这也是一种蠕滑现象。

定义车轮的纵向蠕滑率 γ_x：

$$\gamma_x=\frac{\text{实际车轮前进速度}-\text{轮周名义速度}}{\text{实际车辆前进速度}}$$

③ 蠕滑力

图 2-95(a)给出了不同条件的纵向蠕滑试验下蠕滑率与切向力(蠕滑力)的关系曲线。清洁轮轨接触面条件下获得的蠕滑率与蠕滑力关系与卡尔克(Kalker)的理论曲线相近，天气干燥、潮湿等因素都会影响切向力的大小。实际上过去所谓的牵引力、黏着力、制动力、切向力的概念在本质上都是蠕滑力。从图 2-95(a)中可知在小蠕滑下，蠕滑力与蠕滑率呈线性关系。该处斜率定义为蠕滑系数。

④ 黏着系数

当蠕滑率较大时，切向力增值的趋势变缓，最后切向力达到饱和值。通常将极限状态下的最大纵向切向力与垂直轮载的比值称为黏着系数。

图 2-95(b)表明，轮轨接触表面的状态决定了黏着能力。干净的钢轮钢轨间的黏着系数可达 0.6，但有油污后下降幅度很大。由于轨道油污不可避免，黏着系数或蠕滑系数通常只能达到清洁条件的一半。为了使车辆发挥更大的轮周牵引力和制动力，防止黏着不足引起的车轮空转和滑动导致的车轮或钢轨的擦伤与剥离，并减少因此而产生的振动冲击及噪声，研究蠕滑的控制技术是十分必要的。

2. 弹簧减振装置

车辆在轨道上运行时，由于线路的不平顺、轨隙、道岔、轨面的缺陷和磨耗以及车轮踏面的斜度、擦伤和轮轴的偏心等原因，必将伴随产生复杂的振动和冲击。为了提高车辆运行的平稳性，保证乘客的舒适，必须设有弹簧装置。

(1)车辆上采用弹簧减振装置按其作用的不同，可分为三类：

① 第一类是主要起缓和冲动的弹簧装置，如空气弹簧和轮轴弹簧。

② 第二类是主要起衰减振动(消耗振动能量)的减振装置，如垂向、横向减振器。

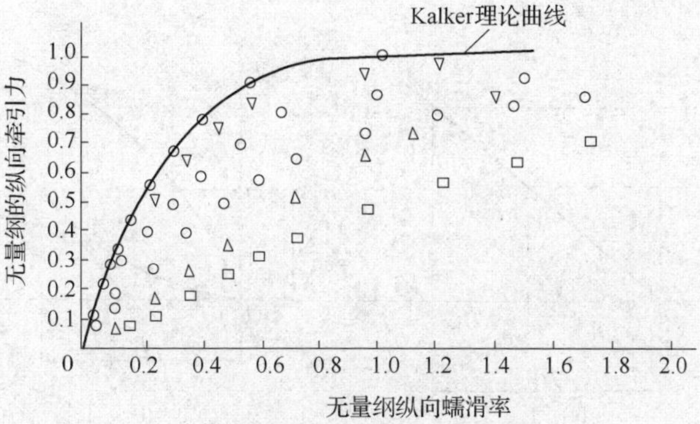

(a) 不同轮轨接触表面状态的蠕滑关系

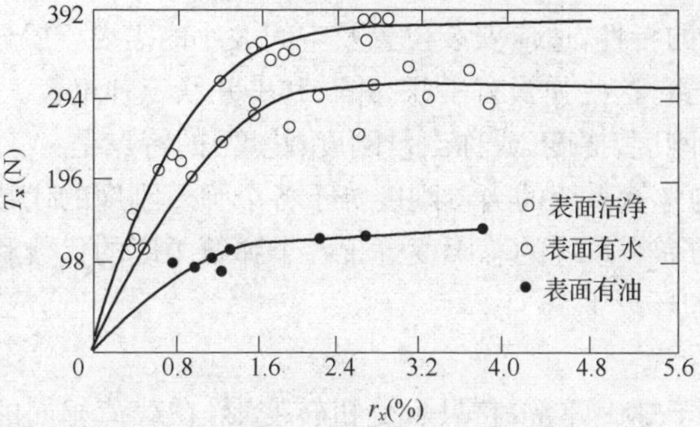

(b) 纵向蠕滑实验值与理论曲线的比较

图 2-95　蠕滑关系

③ 第三类是主要起弹性约束作用的定位装置，如轴箱定位装置，心盘与构架的纵、横向缓冲止挡等。

(2)弹簧特性及串、并联

弹簧的主要特性是挠度、刚度和柔度。挠度是指弹簧在外力作用下产生的弹性变形的大小或弹性位移量，而弹簧产生的单位挠度所需力的大小，则称为该弹簧的刚度，反之单位载荷作用下产生的挠度称为该弹簧的柔度。

弹簧的特性可用弹簧的挠力图 2-96 表示。纵坐标表示弹簧承受的载荷 P，横坐标表示其挠度 f，图 2-96(a)表示力与挠度呈线性关系，即弹簧刚度为常量。一般常见的螺旋圆弹簧就属此例。图 2-96(b)表示力与挠度呈曲线关系，即刚度随载荷的变化而变化，为非线性。图 2-96(b)中的曲线 1 的刚度随载荷增加而逐渐增大，如车辆上采用的一些橡胶弹簧、横向缓冲器就属于这种特性。显而易见，在车辆悬挂系统中，为了减小振动，控制振动位移在一定范围内，不能使用曲线 2 的特性，随载荷增加，刚度逐渐变小的弹簧。

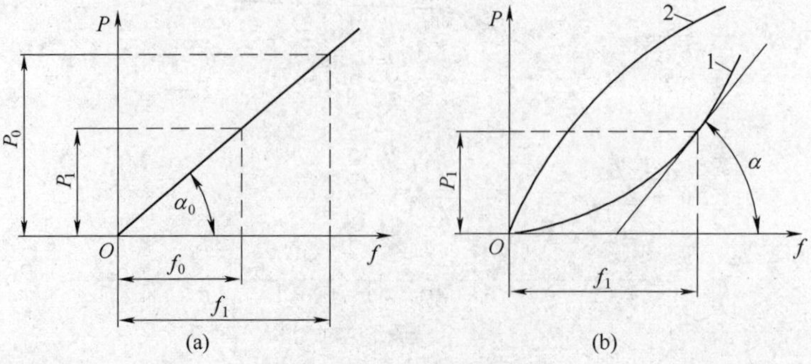

图 2-96　弹簧挠力图

为了改善弹簧的特性，适应安装位置及空间大小的需要，在城市轨道交通车辆上时常采用组合弹簧，这些弹簧有串联、并联和串并联三种组合。

组合弹簧的总刚度、挠度（或称当量刚度、挠度）的特点是：

① 并联布置的弹簧系统的当量刚度等于各个弹簧刚度的代数和。

② 串联布置的弹簧系统的总柔度等于各个弹簧柔度的代数和。

(3)扭杆弹簧和环形弹簧

① 扭杆弹簧

扭杆弹簧不同于螺旋弹簧，它只承受扭转变形，在载荷相同的情况下，扭杆弹簧比螺旋弹簧重量轻。扭杆弹簧为一根直杆，它的两端支承在装有轴承支座上，端部固定两个曲柄，支座固定在构架上，如图 2-97 所示。当两个曲柄相反转动时，扭杆则产生抵抗扭矩。一般轨道车辆所安装的抗侧滚扭杆包括扭杆、连杆（曲柄）、铰座（上下球铰）、关节轴承、调节杆等部件。

② 环形弹簧

环形弹簧由多组内、外环形弹簧组成，彼此以锥面相互接触，当受到轴向载荷后，内环受压缩小，外环受拉伸长，从而使内环与外环的锥面产生轴向变形，同时内外摩擦面做功吸收能量。环形弹簧常用于缓冲器中，如图 2-98 所示。

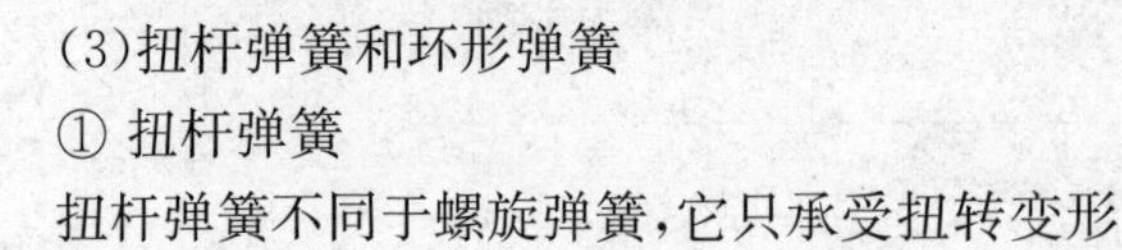

图 2-97　扭杆弹簧

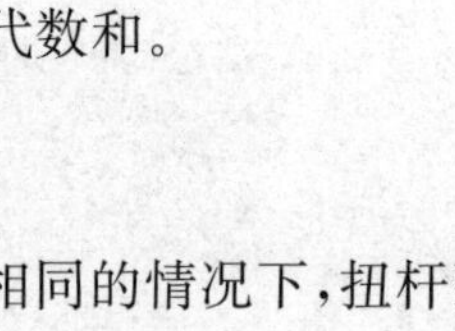

图 2-98　环形弹簧

(4)橡胶元件

橡胶元件的力学性能不同于一般的金属元件，橡胶的弹性模量比金属小得多，可以获得较大的弹性变形，容易实现预想的非线性特性。可以自由确定其形状，并根据设计要求达到在各个方向上不同刚度的要求。橡胶具有较高的内阻，对衰减高频振动和隔音有良好效果。橡胶比重小，自重轻。由于这些特性，橡胶元件在轨道车辆上获得越来越广泛的应用，常常用于转向架弹簧装置和轴箱定位装置，弹簧支承面上采用橡胶缓冲垫、衬套、止挡等。

橡胶元件的性能(弹性、强度)受温度影响较大，一般随温度升高，刚度和强度有明显的降低。橡胶具有时效蠕变的特性，即当载荷加到一定值后，虽不再增载，但变形仍在继续，而当卸去载荷后，也不能立即完全恢复原状。一般硫化橡胶要在120天后，蠕变才趋向稳定。因此，橡胶的动刚度比静刚度大。

另外，橡胶具有体积基本不变，使用时间较长后容易老化等特性。

(5)空气弹簧

空气弹簧比钢弹簧，在改善车辆的动力性能和运行品质上具有显著的优点，所以在地铁、轻轨以及高速列车上获得广泛的应用。

① 轨道车辆悬挂装置采用空气弹簧的主要优、缺点：

a. 空气弹簧的刚度可选择较低的值，从而降低车辆的自振频率。

b. 空气弹簧具有非线性特性，可以根据车辆动力学性能的需要设计成具有比较理想的弹性特性曲线。在平衡位置振动幅度较小时(正常运行时的振幅)，刚度较低，若位移过大，刚度显著增加，以限制车体的振幅。

c. 空气弹簧的刚度随载荷而改变，从而保持空、重车不同载荷时车体的自振频率几乎相等，使空、重车不同状态的运行平稳性几乎相同。

d. 空气弹簧用高度控制阀控制时，可使车体在不同静载荷下，保持车辆地板面距轨平面的高度不变。这一性能应用在地铁和轻轨上则可保持车辆的地板面与站台面的高差始终不变。

e. 同一空气弹簧可以同时承受三维方向的载荷。这可简化转向架结构及减轻自重。

f. 若在空气弹簧本体与附加空气室之间设有适宜的节流孔，则可代替垂向液压减振器。

g. 空气弹簧具有良好的吸收高频振动和隔音性能。

h. 空气弹簧的不足之处是附件较多，成本高，较钢弹簧来说维护与检修工作量大。

② 空气弹簧装置系统的组成

空气弹簧装置的整个系统由空气弹簧本体、附加空气室、高度控制阀、压差阀、溢流阀、风缸等组成。

③ 空气弹簧的结构及组成

空气弹簧分为囊式和膜式两类。由于囊式空气弹簧使用很少,本书不做介绍。目前应用较多的为膜式空气弹簧,它有两种结构形式,即约束膜式空气弹簧(图 2-99)、自由膜式空气弹簧(图 2-100)。

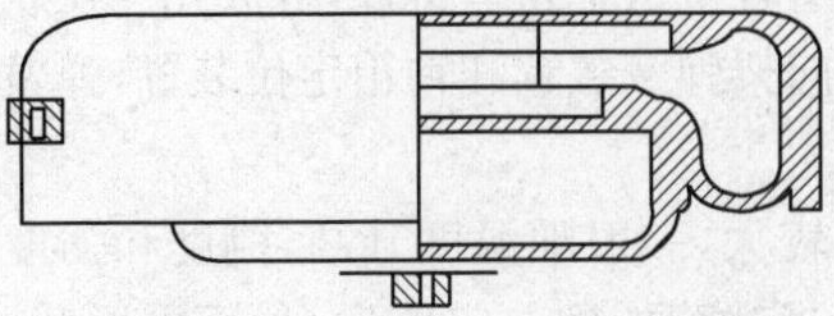

图 2-99 约束膜式空气弹簧

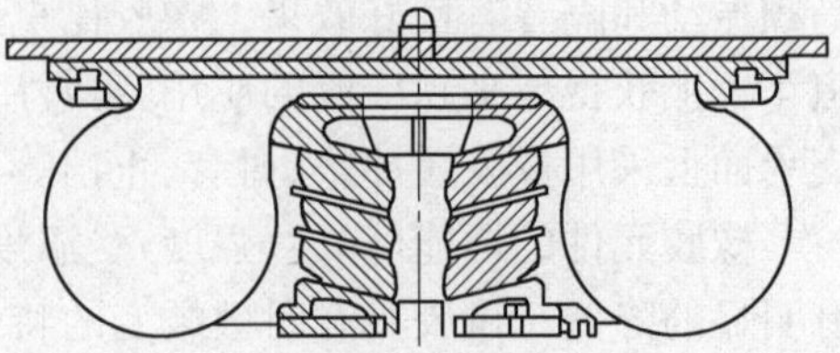

图 2-100 自由膜式空气弹簧

约束膜式空气弹簧由内外筒和将两者连接在一起的橡胶囊等组成的。这种形式的空气弹簧刚度小,振动频率低,其弹性曲线容易通过约束裙(内外筒)的形状来控制,但橡胶囊工作状况复杂,耐久性较差。

自由膜式空气弹簧由于没有约束橡胶囊变形的内外筒,可以减轻橡胶囊的磨耗,提高它的使用寿命。它的本身安装高度比较低,可以降低车辆地板面距轨面的高度。同时重量轻,并且其弹性特性可以通过改变上盖边缘的包角加以适当调整,使弹簧具有良好的负载特性。

空气弹簧的密封要求高,目的是保证弹簧性能稳定和节省压缩空气。一般采用压力自封式和螺钉紧封式两种密封形式。压力自封式,是利用空气囊内部的气压力将橡胶囊的端面与盖板(或内、外筒)卡紧加以密封;螺钉紧封式,是利用金属卡板与螺钉夹紧加以密封。压力自封式的结构简单,组装检修方便,应用较多。

空气弹簧橡胶囊由内层橡胶、外层橡胶、帘线层和成形钢丝圈组成。

内层橡胶主要用以密封,需采用气密封和耐油性较好的橡胶材质。

外层橡胶除了密封外,还起保护作用。因此,外层橡胶应采用能抗太阳辐射和臭氧侵蚀并耐老化的橡胶材质,还应满足环境温度的要求,一般为氯丁橡胶。

空气弹簧帘线的层数为偶数,一般为两层或四层,层层帘线相交叉,并与空气囊的经线方向成一角度布置。由于空气弹簧上的载荷主要由帘线承受,而帘线的材质对空气弹簧的耐压性和耐久性起着决定性作用,故采用高强度的人造丝、维尼龙或卡普隆等作为帘线。

(6)减振元件

① 减振元件的作用及分类

城市轨道交通车辆上采用的减振器与弹簧一起构成弹簧减振装置。弹簧主要起缓冲作用，缓和来自轨道的冲击和振动的激扰力。而减振器的作用是减少振动，它的作用力总是与运动的方向相反，起着阻止振动消耗能量的作用。通常减振器是将机械能转化为热能，减振阻力方式和数值的不同，直接影响振动性能。

城市轨道交通车辆采用的减振器分类：

a. 按阻力特性可分为常阻力和变阻力减振器；

b. 按安装位置可分轴箱减振器和中央减振器；

c. 按减振方向可分为垂向、横向和纵向减振器；

d. 按结构特点又可分为摩擦减振器和液压（又称油压）减振器。

城市轨道交通车辆一般都使用液压减振器。液压减振器主要利用液体的黏滞阻力所做的负功来吸收振动能量。它的优点在于其阻力是振动速度的函数，最显著的特点是振幅的衰减与幅值大小有关，振幅大时衰减量也大，反之亦然。这种“自动调节”减振的性能，正符合城市轨道交通车辆的要求。

② 液压减振器的结构及工作原理（图 2-101）

一般液压减振器主要由活塞、进油阀、缸端密封、上下连接环、油缸、储油筒及防尘罩等部分组成，减振器内部还充有专用油液。

a. 活塞部分是产生阻力的主要部分，它由活塞杆、单向节流阀、弹簧和活塞组成。减振器阻尼力的大小取决于单向节流阀的节流孔的大小。

b. 在油缸的下部是进油阀，它的作用是向油缸补充油液的通道。

c. 缸端密封部分设有严密的密封结构，一方面起着活塞杆上下运动时的导向作用，使活塞杆中心线保持一致，另一方面是防止油液流出和灰尘进入减振器，影响减振器的正常工作。

d. 减振器上下的连接环是减振器与车体及转向架构架连接的部分，通过串入短销与其连接安装。

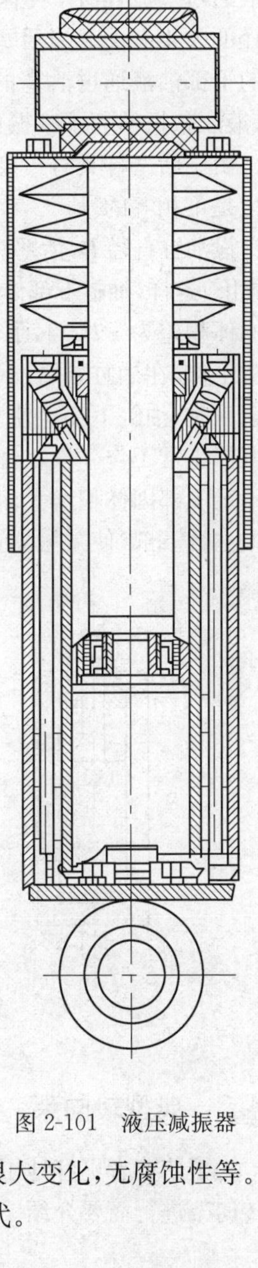

图 2-101　液压减振器

e. 液压减振器所用的油液对减振器的性能和可靠性起着重要的作用。要求油液的物理、化学性能稳定，具有防冻性，在－40～＋40 ℃范围内黏度不应有很大变化，无腐蚀性等。一般应用专用油，但也可用锭子油、仪表油、变压器油等替代。

液压减振器的工作原理可用图 2-102 来说明。活塞把油缸分成上下两部分，当车体振动时，活塞杆随车体运动，与油缸之间产生上下方向的相对位移，当活塞杆向上运动时(即减振器为拉伸状态)，油缸上部油液的压力增大，这样，上下两部分油液的压差迫使上部部分油液经过工作原理图中活塞的节流孔流入缸部下部。油液通过节流孔时产生阻力，该阻力的大小与油液的流速，节流孔的数量、形状和孔径的大小有关。当活塞杆向下运动时(即减振器为压缩状态)，受到活塞压力作用的下部油液通过活塞的节流孔流入油缸上部，也产生阻力。因此，在车辆振动时，液压减振器起了减振作用。

由于活塞杆具有一定的体积，当活塞上下运动时，使得油缸上部和下部体积的变化是不相等的。

设油缸直径 D，活塞杆直径为 d，若活塞杆从初始位置Ⅰ向下移动距离 s 后达到位置Ⅱ。这样，油缸下部体积缩小 $\pi D^2 s/4$，而上部体积增大 $\pi(D^2-d^2)s/4$，上下两部分的体积差为 $\pi d^2 s/4$，下部排出的油液多于上部所需补充的量。为了保证减振器正常工作，在油缸处增加一储油筒，在油缸底部设有进油阀，当活塞杆由Ⅰ向Ⅱ位置运动时，油缸下部迫使多余的油液通过减振器油缸上部单向阀，流入储液筒，使减振器正常工作。反之，活塞杆向上运动，则上部因体积缩小而排出的油液量将填充不足下部因体积增大而需要的油量，所欠的油量从储油筒经油缸底部的进油阀进入油缸下部，使减振器正常工作。

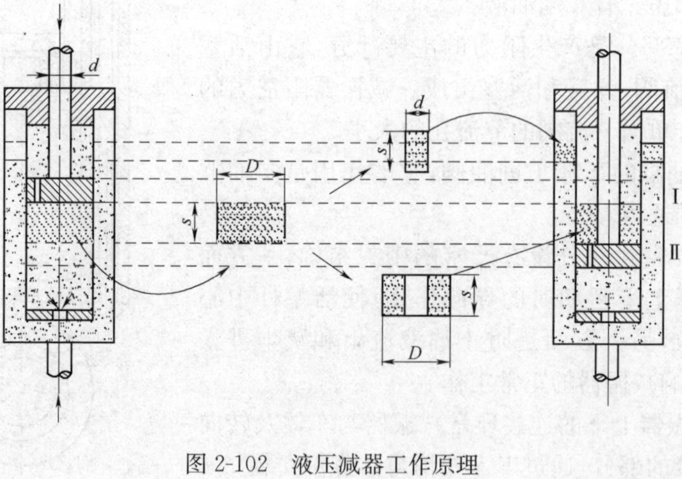

图 2-102 液压减器工作原理

2.4.3 典型转向架

为了使读者更好地了解城市轨道交通车辆转向架，下面对上海轨道交通典型的转向架进行简要介绍。

01A01、02A01 型电动列车的转向架分拖车转向架、动车转向架两种(图 2-103),两者的区别在于动车转向架装有两台牵引电机、减速箱及连接电机和减速箱的联轴器。

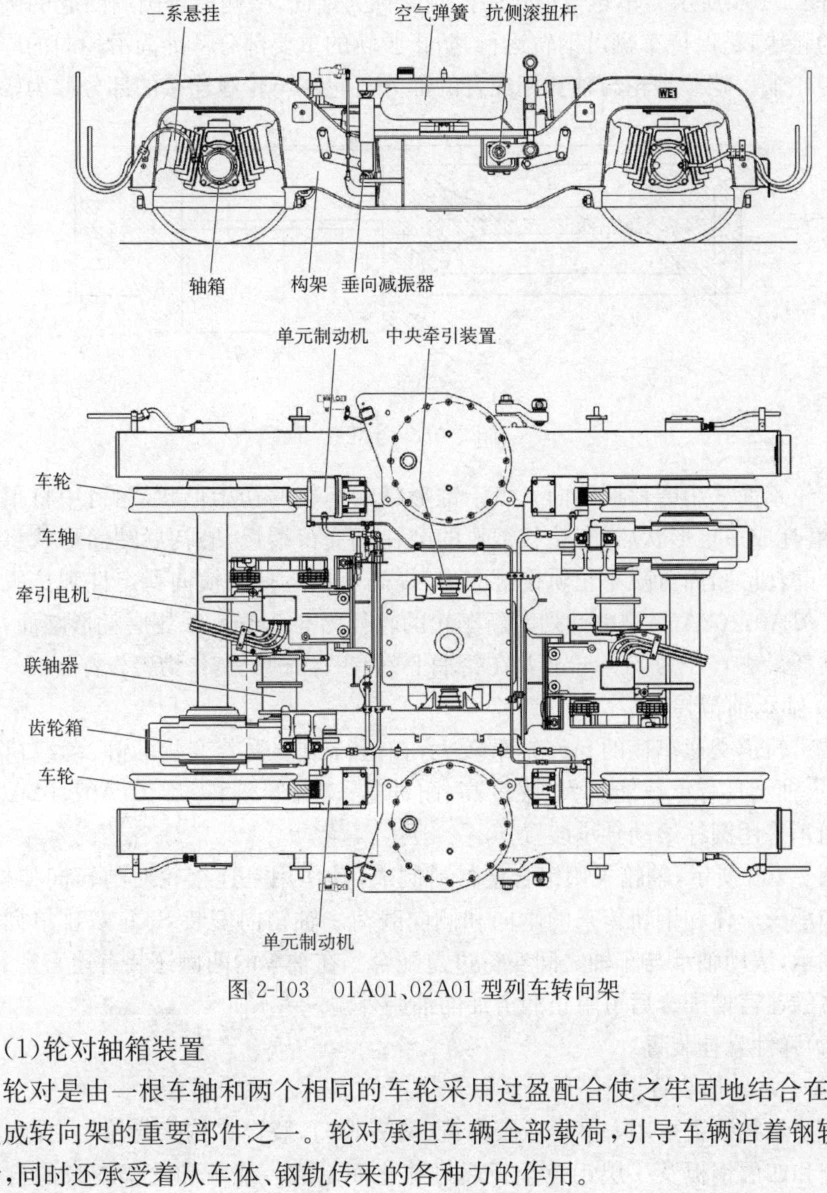

图 2-103　01A01、02A01 型列车转向架

(1)轮对轴箱装置

轮对是由一根车轴和两个相同的车轮采用过盈配合使之牢固地结合在一起,是组成转向架的重要部件之一。轮对承担车辆全部载荷,引导车辆沿着钢轨高速运行,同时还承受着从车体、钢轨传来的各种力的作用。

① 车轴

01A01、02A01 型电动列车的车轴由优质碳素钢锻压成型,再经热处理和机械加工制成。

② 车轮

01A01、02A01 型电动列车车轮为整体辗钢轮，由踏面、轮缘、辐板和轮毂组成，如图 2-104 所示。车轮与钢轨的接触面称为踏面，一侧沿着圆周凸起的圆弧部分称为轮缘，是保持车辆沿钢轨运行，防止脱轨的重要部分。踏面沿径向的厚度部分称为轮辋。轮毂是轮与轴互相配合的部分。轮辋与轮毂连接的部分称为辐板。

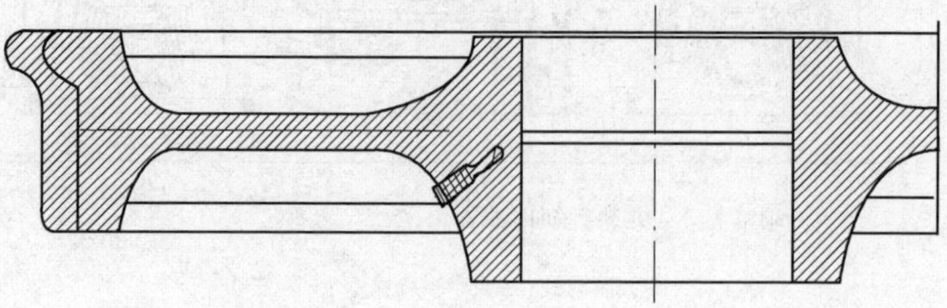

图 2-104 车轮

车轮踏面采用磨耗形踏面。由于锥形踏面车轮的初始形状，运行中将很快磨耗，当磨耗成一定形状后，车轮与钢轨的磨耗都变得缓慢，磨耗后踏面形状将相对稳定。磨耗形踏面可减小轮轨接触应力，提高车辆运行的横向稳定性和抗脱轨安全性。01A01、02A01 型电动列车新车轮的轮径为 840 mm，采用磨耗形踏面，允许车轮磨耗最小直径为 770 mm，并在轮辋上刻有一沟槽记痕作为警告标记。

③ 轴承轴箱装置

城市轨道交通车辆的允许轴重较大，在运行中承受着变化的静、动载荷的作用，要求轴承具有承载能力大、强度高、耐冲击、寿命长等特点。01A01、02A01 型电动列车采用圆柱滚动轴承装置。

图 2-105 所示，轴箱采用铝合金材料制成，其作用是连接轮对与转向架构架，传递和承受车体和钢轨传来的垂向和侧向载荷。轴箱内安装 SKF 双排单列圆柱滚动轴承，滚动轴承与车轴之间实行过盈配合。在轴承的两侧还装有迷宫密封圈，与箱体的迷宫槽配合后可阻止润滑油的油脂外溢。

(2)弹性悬挂装置

① 一系悬挂装置

一系悬挂装置采用人字形橡胶弹簧(图 2-106)，装设在构架与轮对之间，由四层橡胶和四层钢板及一层铝合金板通过硫化而制成。拖车和动车本身的自重不同，拖车和动车的人字形橡胶弹簧的刚度也不同，动车人字形橡胶弹簧的刚度略大于拖车。

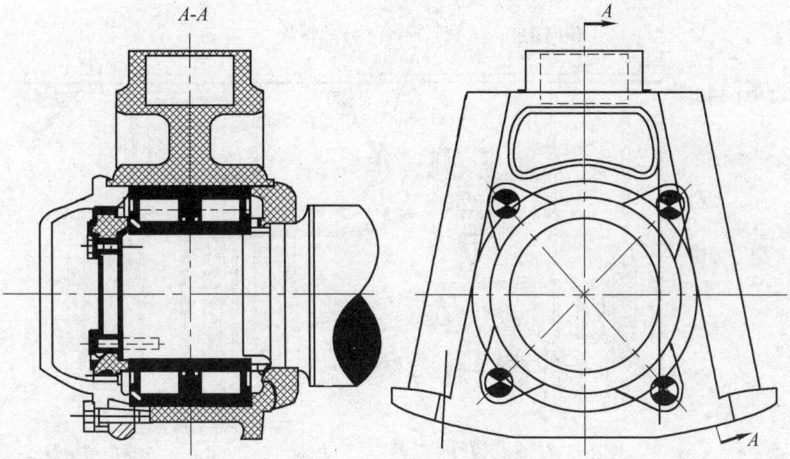

图 2-105 圆柱滚动轴承轴箱

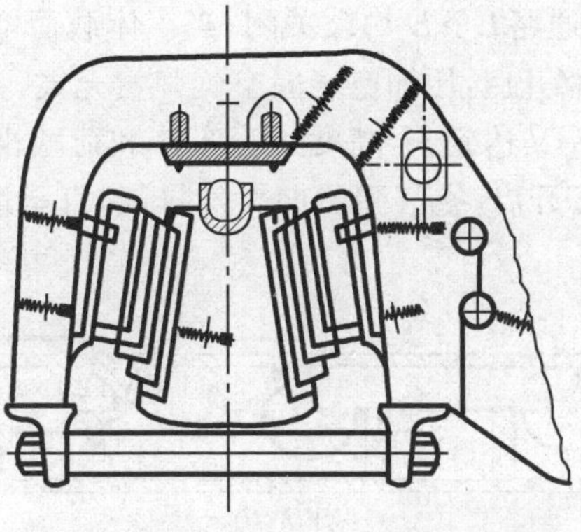

图 2-106 一系悬挂人字形橡胶弹簧

② 二系悬挂装置

二系悬挂装置由空气弹簧、高度调整阀、垂向油压减振器、抗侧滚扭杆等组成，如图 2-107 所示。

空气弹簧采用无摇枕空气弹簧，下面与层叠橡胶弹簧相连，当空气弹簧气囊失效时(气囊破裂、泄漏等)，层叠橡胶弹簧可以承受车辆载荷，防止车体倾斜引起车辆脱轨。由于空气弹簧具有横向弹性复原作用，与铁路客车的转向架相比，它取消了通常所采用的摇动台装置，使结构大大简化。

高度控制阀安装在车体与转向架之间，通过调节空气弹簧橡胶囊内的压缩空气，来保证车辆地板面与轨面之间的距离。

高度控制阀调节空气弹簧的作用原理：在正常载荷位置时 $h=H$(图 2-108)，

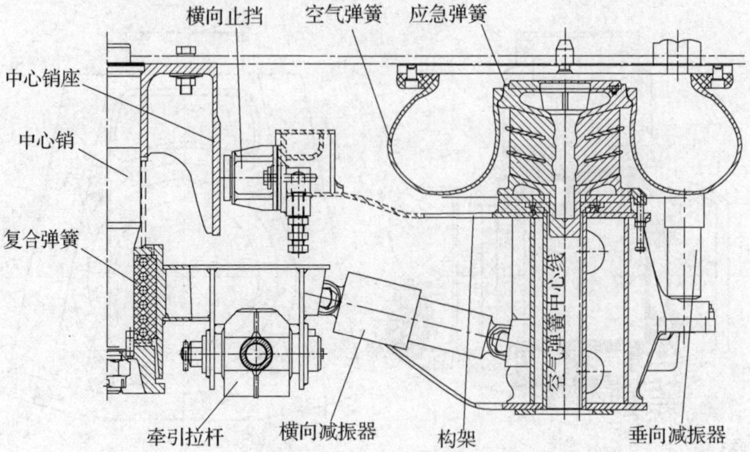

图 2-107　二系悬挂装置

充气通路 $V \to L$ 和排气通路 $L \to E$ 均被关闭；当车体载荷增加时(充气)，这时 $h<H$ 阀动作，使 $V \to L$ 通路开启，压缩空气向空气弹簧充气，直至车厢地板面上升到标定的高度为止(这时 h 又达到 H 高度)；当车体载荷减小时(排气)，这时 $h>H$ 阀动作，排气通路 $L \to E$ 开启，空气弹簧向大气排气，直至地板面降低到标定高度为止。

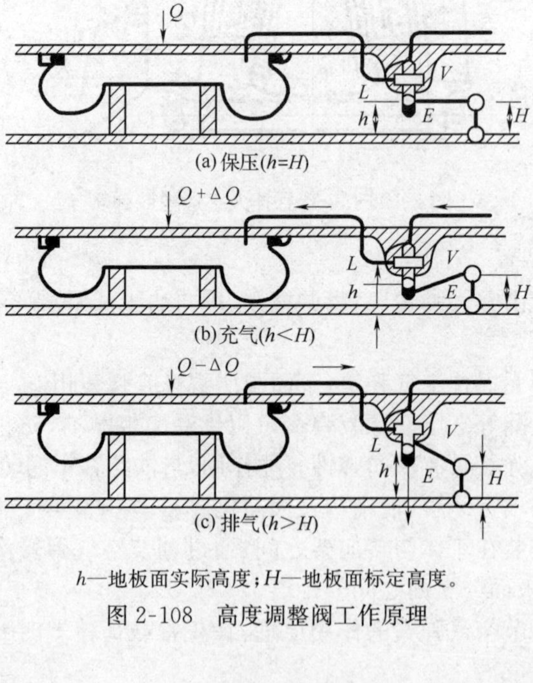

h—地板面实际高度；H—地板面标定高度。

图 2-108　高度调整阀工作原理

01A01 型电动列车的二系悬挂调平系统采用三点式调平系统。在三点式调平系统中，其中一个转向架上装置两个高度调整阀，分别控制两个气囊；另一个转向架上配置一个高度调整阀，它同时控制该转向架上的两个气囊。

02A01 型电动列车的二系悬挂调平系统采用两点式调平系统。在两点式调平系统中，每个转向架上各配置一个高度调整阀，通过高度调整阀来平衡两个气囊中的空气压力，以控制车体和转向架的相对高度。

垂向液压减振器设在车体和构架之间，在中心座(心盘)和构架之间设有横向液压减振器，分别用来衰减车辆垂向和横向的振动。

横向橡胶止挡设在构架横梁中部的上方(图 2-109)，用来限制车体和构架之间的横向位移。

抗侧滚扭杆横穿于构架的横梁中，如图 2-110 所示，由一根扭杆弹簧穿装在横梁中间，两端装有曲柄(又称力臂杆)和连杆，并与车体相连。在车体发生侧滚振动时，使转向架两侧的曲柄端部作用一对力偶，这个力偶使抗侧滚扭杆产生扭转变形，此时扭杆的抗扭弹性也产生一个反力偶，对车体的侧滚振动起着抑制作用。

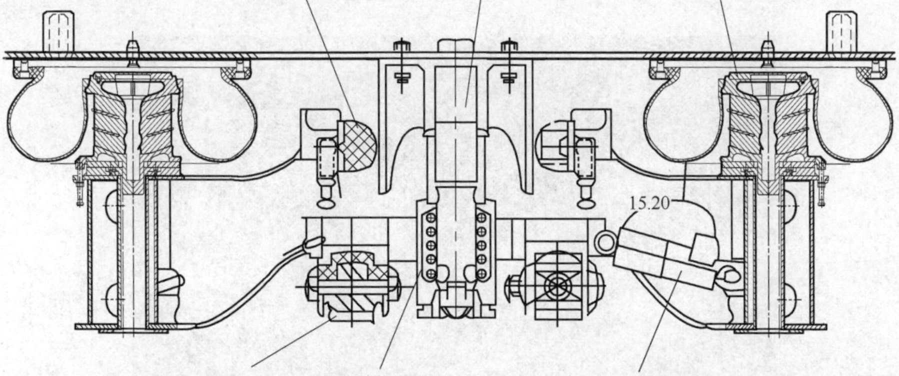

图 2-109　空气弹簧、横向减振器及心盘部件

(3)构架

构架由压制成型的钢板焊接成 H 形全封闭箱形结构(图 2-111)，具有质量轻、强度高、寿命长的特点。

H 形构架的侧翼两端装有轴箱导框，可安装人字形橡胶弹簧，侧梁的中部为空气弹簧安装座。构架的两根横梁中部设有中心销座，外侧设有牵引电机安装座，下方设有牵引拉杆安装座，装在中心销座中的中心销将车体和转向架连接在一起，并由此传递牵引力和制动力。

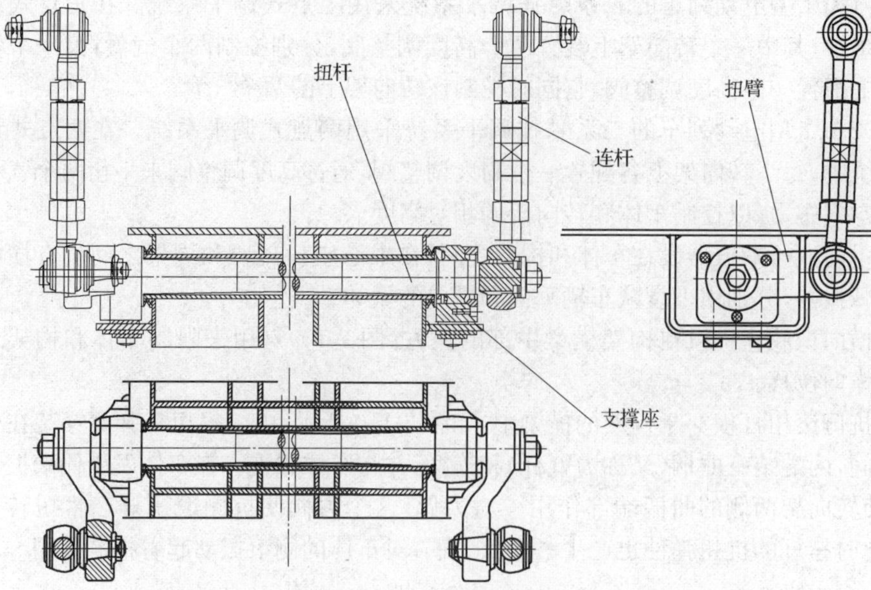

图 2-110 抗侧滚扭杆

图 2-111 转向架构架

构架上还设有用来安装抗侧滚扭杆、单元制动机、高度调整阀调整拉杆及液压减振器的安装座。

构架的作用是将车体与走行部件连成一体，把车体经空气弹簧传来的垂向载荷传递给轮对，通过心盘和中心销使车体与转向架彼此可以相对转动，便于车辆通过曲线。利用构架安装及支承轮对轴箱、空气弹簧、单元制动机、牵引电机、齿轮减速箱、心盘等部件。

在轮拱的下方安装有轴箱拉杆，一方面可增加轮拱强度，另一方面在转向架吊运时起到托起轮对的作用(图 2-112)。

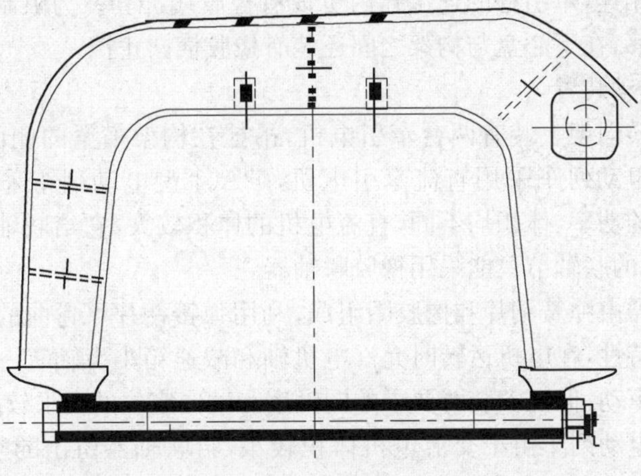

图 2-112　轴箱拉杆

(4)中央牵引连接装置

中央牵引连接装置设于转向架的中部(图 2-113)，起着连接车体和转向架的作用，当经过曲线时彼此可以相对运动，并通过牵引拉杆传递牵引力和制动力。它由中心销、上心盘、下心盘、复合橡胶衬套、碗形垫等组成。

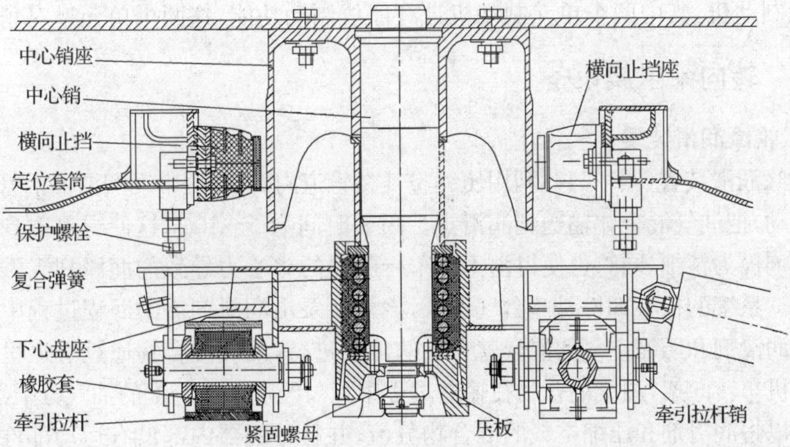

图 2-113　中央牵引连接装置

中心销穿越在上心盘的中间并通过螺栓连接固定的车体底架上，在中心销与下心盘之间装有复合橡胶衬套，在安装复合橡胶衬套时，要注意碗形垫上的两个销轴与中心销下部的销孔对准才能准确安装复合橡胶衬套并使它与下心盘之间有合适的胀紧力。相对于中心销呈斜对称配置的两个牵引拉杆，其一端与心盘相连，另一端与转向架相连，牵引杆的连接孔内也设有橡胶缓冲套。为限制车体与转向架之间的横向位移，在下心盘与构架之间还装有橡胶横向止挡。

(5)牵引传动装置

每个动车转向架上装有两台牵引电机，吊挂在构架横梁的侧面，为全悬挂方式。01A01 型电动列车采用直流牵引电机，02A01 型电动列车采用交流牵引电机。两种电机的功率、体积均不同，直流电机的体积较大，它给联轴节留出的空间较小，直流电机的联轴节只能采用橡胶联轴器。

橡胶联轴器由弹簧钢片和橡胶圈组成，利用弹簧钢片可弯曲的特性及橡胶圈可剪切变形的特性，在电机运转时允许电机轴和减速箱小齿轴有一定范围内的径向跳动和轴向窜动，但在安装时要求的同轴度和轴向定位的要求较高。

02A01 型电动列车由于交流电机体积较小，给联轴器留出的空间较大，因此它可使用对同轴度和轴向窜动要求较低的圆弧齿轮联轴器。

02A01 型电动列车的减速箱箱体为铸铁浇铸而成的，01A01 型电动列车的减速箱箱体为铝合金材料浇铸而成。

(6)基础制动装置

01A01、02A01 型电动列车所采用的基础制动装置完全相同，均由克诺尔集团生产，基础制动装置采用踏面制动单元，安装在构架侧梁上，每台转向架上共有 4 个单元制动机，其中两个单元制动机带有停放制动功能，这两个单元呈对角布置。

2.4.4 转向架附属设备

1. 轮缘润滑装置

轮缘润滑装置(图 2-114)利用压缩空气在管道内的流动，带动润滑油沿管道内壁不断流动，把油气混合体输送到润滑点。喷射时间为 6～10 s，这使得喷射到轮缘上的润滑剂极为精细，同时也使得由于机车行驶时的离心力导致的润滑剂飞溅现象彻底消失。系统的核心部件是一台气动泵，该泵在泵出润滑剂后的回程过程中能充分吸油。润滑剂和压缩空气的混合就在泵的出口进行，油气混合物通过管道里的压力输送到机车转向架，油气混合物在输送过程中只需经过一次分配的油气分配器，该分配器可以将润滑剂和压缩空气的混合物分流，并且分配器内部没有运动部件。轮缘润滑系统可使用添加有干固体颗粒的润滑剂(石墨、精细铝粉等)，能有效填补轨道和轮缘的粗糙凹面，并且比流动润滑剂和半流动润滑剂更能降低摩擦。

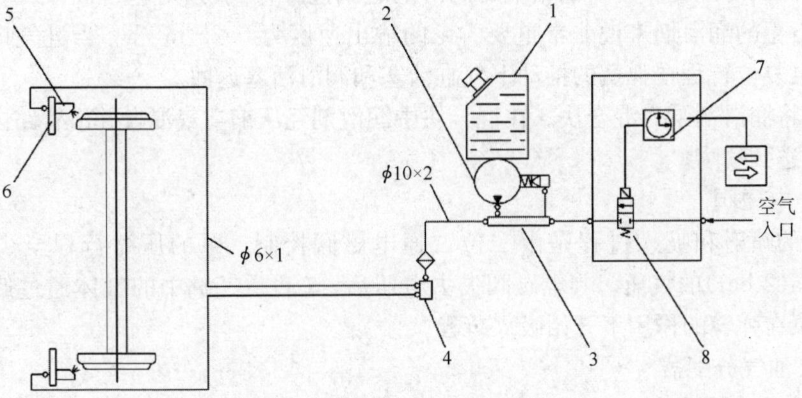

1—油箱；2—气动泵；3—混合壁架；4—涡轮润滑油分配器；5—喷嘴；
6—喷嘴支架；7—电气控制单元；8—二位二通阀。

图 2-114　轮缘润滑装置原理图（单位：mm）

(1)轮缘润滑装置的功能及用途

① 轮缘润滑系统基本用途是为减少轮缘和轨道的磨损。

② 独立分开油和气系统，提高了喷射质量，从而避免过度润滑导致车辆的严重污染。

③ 由压缩空气驱动的泵将润滑剂输送到油气混合块，在混合块中，借助于流动的紊流状的压缩空气的作用，润滑剂和压缩空气形成油气混合物并沿着管壁输送，到达喷嘴后，通过喷嘴的加速作用喷射到轮缘上，润滑剂能精细覆盖在轮缘上而不会洒落到别处。

④ 以时间为基础，在弯道上通过完整的离心力检测开关增加额外的弯道润滑。

⑤ 检测车辆速度，当车辆速度低于设定值时，润滑功能中断，当速度高于设定值时系统再次启动，防止系统在车辆停止时喷射。

(2)轮缘润滑的结构组成

轮缘润滑系统包含了单线式喷嘴。泵出口以后的完整管路系统相当于一个储存器，可储存润滑油。管网中有约 5%的润滑油和 95%的气体，在风压作用下的 5～8 s 内都有润滑油喷在轮缘上。

① 油箱

油箱采用不锈钢材料。气动泵嵌入式安装到油箱里，注油是通过油泵或注入漏斗完成。

② 气动泵

气动泵被安装在油箱的底部。该泵的特殊设计使得吸入行程的润滑剂比压缩冲程所需润滑剂更多。对油箱里的润滑剂起到搅拌作用,这对包含固体颗粒添加剂,如石墨的润滑剂来说非常重要。泵的输出速度为 0.25 m^3/h。当进气口无压力时,泵复位行程在弹簧的推动下气缸活塞和润滑活塞返回。

泵将润滑剂泵入混合块。在混合块中润滑剂经压缩空气混合并沿管路内壁连续地输送到喷嘴。

③ 电磁阀

泵的喷射和吸入过程是由二位二通电磁阀控制。泵的压缩行程至少需要 200 kPa(2 bar)的气压。当电磁阀失去电压后,气动泵气缸中的气体通过卸出口释放,泵在弹簧的作用下开始吸入行程。

④ 油气分配器

油气分配器的作用是精确快速地将油气流导向两个喷嘴,分配器内部设计保证油气流的分配比为 50∶50。

⑤ 喷嘴

喷嘴的作用是通过压缩气体的作用使从管路出来的润滑剂准确高速地喷到轮缘上。这保证润滑剂能够很好地突破轮子周围的气流和高速风。

⑥ 带弯道传感器的控制单元

在弯道控制模式工作时,当列车的运行速度≥5 km/h 时,车辆给出一个包含方向识别功能的起动信号后,系统即自动投入运行。弯道传感器在车辆倾摆角度大于 2°或车辆横向加速度大于 0.35 m/s^2 时,检测出弯道并给出弯道信号,系统切换到弯道控制模式。弯道控制模式以时间控制为基础,系统按照设定的时间间隔工作,如每间隔 2 s,二位二通气动电磁阀得电 6 s,气动泵工作一个行程,喷嘴喷润滑剂 6 s(以上参数全部可调);当车辆出弯后,系统结束弯道控制模式。当列车运行速度<5 km/h 时,系统停止运行。

2. 走行部在线检测设备

城市轨道交通车辆走行部健康监控及主动运维决策系统,通过多物理量(冲击、振动、温度)感知、智能监控、信息化管理、网络化传输、大数据服务等先进技术,为城市轨道交通车辆走行部与轮轨提供全方位的安全监测、状态评估、故障隐患挖掘、维修指导、健康管理的服务与支持。

(1)功能特点

① 轴箱轴承、车轮踏面故障的准确识别、分级报警,保障运营安全。

② 智能化数据统计、趋势预测、对比分析、实现走行部与轮轨的健康管理。

③ 智能化数据分析,对隐患进行危害程度辨识,实现走行部与轮轨的状态评估。

④ 实现基于故障(早期预警)的预测和维修时机的预判,准确指导车辆运用维修。

⑤ 与车辆维护服务器实现接口的数据传输及主动运维决策指令的传输，融入综合监控大平台。

⑥ 状态数据、基础监测数据、分析服务数据分层呈现，满足检修、技术、管理要求。

⑦ 车载系统开放式接口，可通过 MVB、以太网、Wi-Fi、4G 等实现与各类网络的通信。

⑧ 地面系统 B/S 架构大数据管理平台，专家知识库，实现车辆走行部与轮轨的全寿命周期健康管理，通过融入信息化平台，提供走行部智慧运维信息服务。

(2)系统技术原理

① 广义共振与共振解调理论

广义共振：一物理系统在特定频率下，比其他频率以更大的振幅做振动的情形。

共振解调：机器的转速不能停留在机器的共振转速、临界转速上，对于那些超临界运转的机械，用共振解调技术处理振动冲击信号，剔除常规振动和提取故障冲击。

② 旋转机械故障诊断理论

主动诊断、多因素、多参数联合诊断方法论和系列诊断判据，可实现对轨道交通车辆走行部安全监测的即装即用，实现对轴承故障的准确识别。

将经典共振扩充到它所不包括的共振建立与结束的过渡过程，奠定了广义共振故障诊断技术的理论基础。基于上述原理，应用技术研究针对地铁的应用技术，适应地铁车辆结构特点和运行工况的诊断系统，研究制定初步满足地铁车辆安全运营管理的四级监测诊断标准。

2.5　机械制动系统

城市轨道交通车辆必须安装制动系统，其作用就是根据需要使车辆按规定减速、停车。制动系统是车辆安全保证的重要环节，也是评价车辆先进与否的重要考量。

2.5.1　制动技术基础

1. 制动概念

人为制止物体的运动，包括使其减速、阻止其运动或使其加速运动，均可称之为制动。反之，对已经施行制动的物体，解除或减弱其制动作用，称之为缓解。

(1)对于城市轨道交通车辆：

① 为了使运行中列车能迅速减速或停车，必须对其施加制动。

② 列车在下坡道上运行时需要对其施加制动。

③ 为避免停放的车辆因重力和风力作用而溜走，也需要对其施加制动(停放制动)。

(2)为使列车能施加制动和缓解而安装在列车上的一整套设备，总称为列车制动装置。它一般分为两大部分：

① 制动机，即制动控制系统——产生制动原动力并进行操作和控制的部分。

② 基础制动装置，即制动执行系统——传送制动原动力并产生制动力的部分。

2. 制动方式

要改变运动物体的运动状态，必须对其施加外力。由制动装置产生和列车运动方向相反的外力，我们称之为制动力。这是人为的阻力，和列车运行时由于各种原因自然产生的阻力相比，一般它要大得多。所以在制动减速过程中，列车的运行阻力(自然阻力)也在起作用，但起主要作用的还是列车制动力(人为阻力)。

(1)按动能转移方式，制动方式可以分为：

① 摩擦制动

列车动能通过摩擦副的摩擦转变为热能，然后消散于大气中。常用的有闸瓦制动、盘形制动和磁轨制动。

a. 闸瓦制动

闸瓦制动又称踏面制动，是最常用的一种制动方式。制动时闸瓦压紧车轮，轮、瓦间发生摩擦，电动车组的动能大部分通过轮、瓦间的摩擦变成热能，经车轮与闸瓦最终消散到大气中。闸瓦制动是通过闸瓦与车轮踏面的机械摩擦将列车的动能转变为热能消散于大气，并产生制动力(图 2-115)。

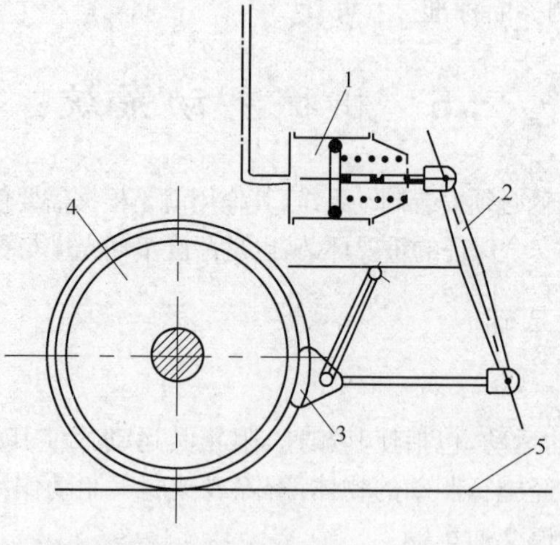

1—制动缸；2—基础制动装置；3—闸瓦；4—车轮；5—钢轨。

图 2-115　闸瓦制动

闸瓦制动效果的好坏，主要取决于摩擦热能的消散能力。使用这种制动方式时，闸瓦摩擦面积小，大部分热负荷由车轮来承担。列车速度越高，制动时车轮的热负荷也越大。如用铸铁闸瓦，温度可使闸瓦熔化；即使采用较先进的合成闸瓦，温度也会高达 400～450 ℃。当车轮踏面温度增高到一定程度时，就会使踏面磨耗、裂纹或剥离，既影响使用寿命又影响行车安全。可见，传统的踏面闸瓦制动适应不了高速列车的需要。

b. 盘形制动

盘形制动有轴盘式和轮盘式两种(图 2-116)。一般采用轴盘式盘形制动装置。制动时，制动缸通过制动夹钳使闸片夹紧制动盘，使闸片和制动盘之间产生摩擦，把列车的动能转化为热能消散于大气，并产生制动力。

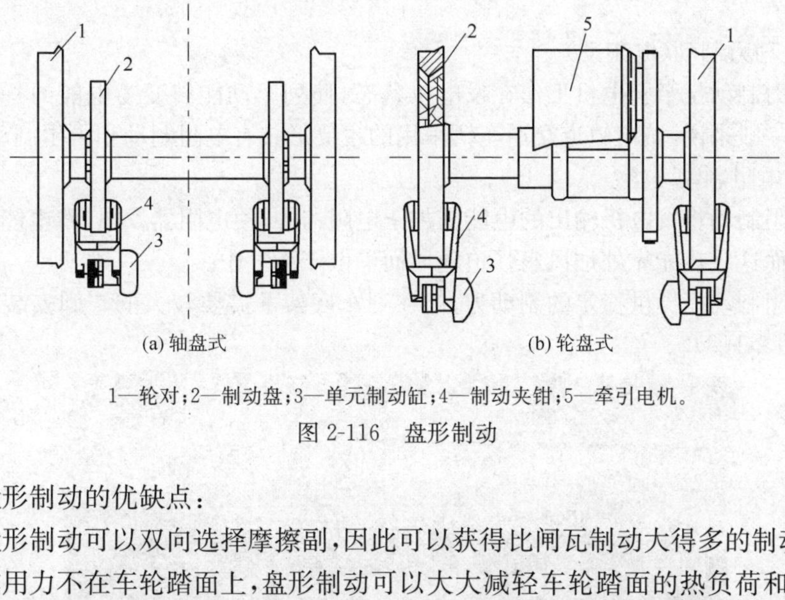

1—轮对；2—制动盘；3—单元制动缸；4—制动夹钳；5—牵引电机。

图 2-116 盘形制动

盘形制动的优缺点：

盘形制动可以双向选择摩擦副，因此可以获得比闸瓦制动大得多的制动功率。由于作用力不在车轮踏面上，盘形制动可以大大减轻车轮踏面的热负荷和机械磨耗。制动平稳，几乎没有噪声。盘形制动的摩擦面积大，同时可以根据需要安装若干套，制动效果明显高于铸铁闸瓦，尤其适用于速度 120 km/h 以上的列车。车轮踏面没有闸瓦的磨刮，将使轮轨黏着恶化。制动盘使簧下重量及冲击振动增大，运行中消耗牵引功率。

c. 磁轨制动

制动时将电磁铁放下，使磨耗板和钢轨吸合，列车的动能通过磨耗板和钢轨的摩擦转换为热能，然后经钢轨和磨耗板最终消散于大气中(图 2-117)。

磁轨制动能得到较大的制动力，但由于对钢轨的损伤比较大，因此常作为高速列车紧急制动的一种补充制动手段。

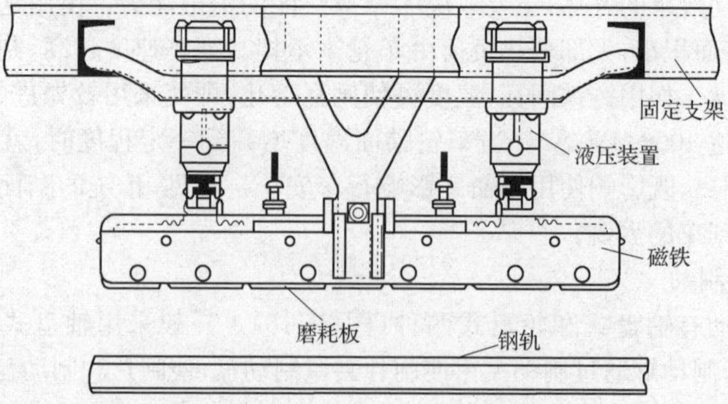

图 2-117 磁轨制动

② 动力制动(电制动)

动力制动是牵引电机工作在发电机状态,使列车动能转变为电能的一种制动方式。一般来说,城市轨道交通车辆采用的主要形式有电阻制动和再生制动。

a. 电阻制动

电阻制动将发电机输出的电能施加于电阻器中,使电阻器发热,将电能转变为热能。而这些热能靠外加风扇强迫通风而消散于大气中。

电阻制动能提供稳定的制动力,但在列车底架下需要较大的空间安装制动电阻箱(图 2-118)。

图 2-118 制动电阻箱

b. 再生制动

再生制动是将列车的动能通过电机(将电机转接成发电机)转化成电能(其电压高于网压),反馈至电网上供其他列车使用(图 2-119)。

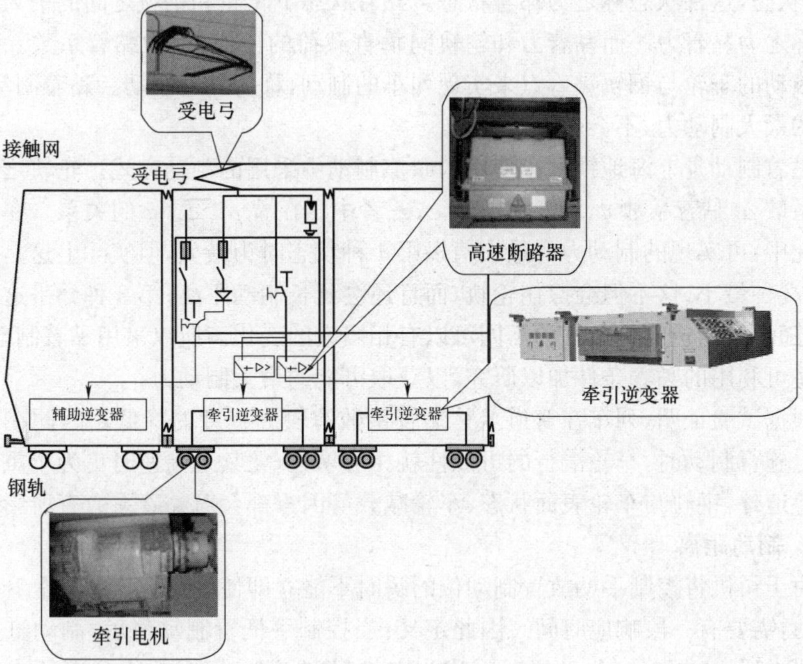

图 2-119 再生制动

再生制动既节约能源,又减少了制动时对环境的污染,且基本上无磨耗。因此这是一种最为理想的制动方式。

3. 黏着制动

在制动时,以闸瓦制动为例,钢轨、车轮、闸瓦这三者之间有三种可能状态:

(1)纯滚动状态——靠滚动着的车轮与钢轨接触点在接触瞬间的静(不发生相对滑动)摩擦阻力作为制动力,车轮沿钢轨边滚动边减速停止。在此过程中,车轮与钢轨之间是静摩擦;车轮与闸瓦之间是动摩擦。若能达到这种状态,则可实现的制动是轮轨间静摩擦阻力的最大极限值,但这是一种难以实现的理想状态。

(2)滑行制动状态——这种情况正好与纯滚动状态相反。即轮、瓦之间为静摩擦;轮、轨之间为动摩擦,车轮的滚动减速变为了滑行(车轮在车辆未停止前即被闸瓦抱死,在钢轨上滑行)减速。由于动摩擦系数远远小于静摩擦系数,此时的制动力将大大减小,制动距离延长,同时轮轨之间还会产生大量的热量造成车轮踏面擦伤,因此这是一种必须避免的事故状态。

(3)黏着状态——由于列车重力作用,车轮与钢轨的接触处是一椭圆形的小面积,且车轮和钢轨都是弹性体,在制动时,车轮在钢轨上处于连滚带滑(基本上是滚动)的状态,这种状态称之为黏着状态。黏着状态下车轮和钢轨之间的最大水平作用力称之为黏着力。而黏着力和轮轨间垂直载荷的比值,称为黏着系数。要依靠黏着滚动的车轮与钢轨黏着点来实现列车的制动,称为黏着制动。黏着制动时,可实现的最大制动力,不会超过黏着力。

黏着制动是上海地铁列车使用的摩擦制动中采用的制动方式。轮轨之间的静摩擦系数 μ、黏着系数 ψ、动摩擦系数 φ,三者中存在着 $\mu>\psi>\varphi$ 的关系。在上述三种情况中:可实现的制动力的最大值以第 1 种状态时为最大,但实际上这是达不到的;第 2 种最小,这不但会擦伤轮轨,而且还会延长制动距离;第 3 种介乎这二者之间,它随气候与速度等条件的不同可以有相当大的变化。所以采用黏着制动,必须对那些可利用的黏着条件加以研究,以获取可能的最大制动力。

根据试验证明,列车在弯道上其黏着系数有较大程度的降低。因此在小半径曲线上施行制动时,车轮滑行的可能性就相应增大,尤其是高速时更为严重。当然除了弯道外,钢轨与车轮表面状态、车轮减载等因素都会对黏着系数有所影响。

4. 制动距离

由于司机将控制手柄放置制动位的瞬时不能立即使制动缸的压力上升至要求的压力,需要有一段响应时间。因此定义:当控制手柄置制动位后,制动缸压力上升至要求压力的 70%时,这段时间称为空走时间,而这段时间内列车所走的距离称作空走距离。制动缸压力达到 70%后至列车完全停止,这段距离称为有效制动距离。而将控制手柄放置制动位时至列车完全停止,这段距离称作制动距离。

制动距离是反映制动系统综合性能的重要指标。

5. 制动控制系统

制动控制系统是制动系统中在司机或其他控制装置(如 ATC 等)的控制下,产生传递制动信号,并对各种制动方式进行制动力分配、协调的部分。目前的制动控制系统主要有空气制动系统和电控控制系统。

以压力空气作为制动信号传递和制动力控制介质时,其称为空气制动控制系统。其又称为空气制动机。

以电信号来传递制动信号的制动控制系统,称为电气指令式制动控制系统。

一般来说,城市轨道交通车辆制动的控制方式有:气控制气,电控制气,电控制气和气再控制气程序控制(电一空控制)等多种控制方式。

(1)气控制气:利用一根贯通全列车的管道(称为列车管)内压缩空气的变化,通过一些阀的动作来控制执行元件的动作。

(2)电控制气:利用列车线来控制操纵执行元件的电磁阀,从而达到控制执行元件的动作。

(3)电一空控制:利用电信号来控制气信号,再用气信号控制执行元件的动作。

先进的电—空控制则是应用电脑对各种数据进行处理后发出电信号，进行控制。上海地铁列车采用的制动控制方式为电—空控制。

2.5.2 城市轨道交通车辆制动系统

城市轨道交通站间距离短，列车的调速及制动比较频繁。为了提高运行速度，列车必须起动快，制动距离短，这就要求制动系统应具备以下的条件：

(1)操纵灵活，制动减速度大，作用灵敏可靠，车组前后车辆制动、缓解作用一致。

(2)具有足够的制动能力，保证车组在规定的制动距离内停车。

(3)对新型的城市轨道交通车辆，一般要求具有电制动功能，并且在正常制动过程中，应尽量充分发挥电制动能力，以减少对城市环境的污染和降低运营成本。同时还应具有电制动与摩擦制动协调配合的制动功能。

(4)制动系统应保证列车在长大下坡道上制动时，其制动力不会衰减。

(5)电动车组各车辆的制动能力应尽可能一致，制动系统应根据乘客量的变化，具有空重车调整能力，以减少制动时的纵向冲动。

(6)具有紧急制动能力。遇有紧急情况时，能使列车在规定距离内安全停车。紧急制动除可由司机操纵外，必要时还可由行车人员利用紧急按钮进行操纵。

(7)在运行中发生诸如列车分离、制动系统故障等危及行车安全的事故时，应能自动起紧急制动作用。

1. 制动控制逻辑

城市轨道交通车辆采用的是数字和模拟两种控制系统的结合体。首先司机在制动时通过手柄改变了主控制器上的可变电阻的阻值，基准值发生器(又称为参考值转换器)通过分析可变电阻上的信号，产生相应的脉宽调制信号(PWM)。然后该脉宽调制信号通过列车指令线被送入制动电子控制单元(BECU)。在 BECU 内，脉宽调制信号被转换成一系列相对应的数字指令信号和模拟指令信号。之后这些信号对气制动控制单元(BCU)进行操作、控制，使 BCU 产生和制动等级相对应的预控压力。可见它采用的是二级控制，简述为“电控制气，气再控制气”(图 2-120)。

2. 制动程序

城市轨道交通车辆一般采用的是再生制动、电阻制动(以上两种统称为电制动)和摩擦制动(称为气制动)三种制动方式。它们分别为第一、第二和第三优先级制动，并且还采取了程序制动措施。

程序制动的含义：充分利用电制动尽量减少气制动，即在制动力未达到其指令的 75%时，在黏着力允许的条件下用足电制动，也就是说电制动不仅供动车制动使用而且还要承担拖住拖车任务，当两节动车的电制动力能满足一组车(二动一拖

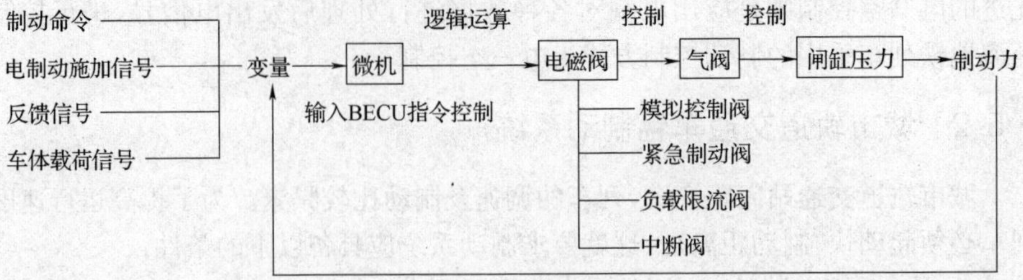

图 2-120　制动控制逻辑框

三辆车)的制动要求时，则这一组车就不再使用气制动，反之，则要使用一些气制动以补足电制动的不足。

另外，随着列车的速度下降其电制动力也将不断地减弱，当列车速度降低至一定的速度时，电制动力已不能再满足制动所需的要求，这时电制动力将逐渐被切除，所有的制动力则由气制动来承担。同时列车还进入了一个停站制动的程序。所谓停站制动程序是，当列车减速进入车站时，在接近停止前略将制动缸内的压力空气放去一些，然后再充气将列车刹停。这样可减小列车的冲动，可提高列车停站过程的舒适性。

3. 制动的实施

(1)再生制动

① 实施条件

a. 电机反馈给接触网的电压必须大于接触网上的电压。

b. 在运行线路中有其他列车牵引用电来吸收再生制动反馈至接触网的电能。

② 工作原理

利用电机的可逆原理，在列车运行中，需要减速时，可把牵引电机变成发电机工况电路，利用车辆的惯性所产生的势能，通过轮对使牵引电机的电枢转动，在磁场作用下电机呈发电机状态对接触网供电，其他列车牵引用电就会有电流在电枢线圈流过，则产生一个反力矩加在电枢轴上；该反转矩由电枢转轴通过联轴节、经小齿轮到大齿轮，传递到车轴上引起车轴转动减慢，从而达到制动减速的目的。

(2)电阻制动

① 实施条件

当牵引电机工作在发电机工况实施制动时，若电能无法被接触网接收或运行线路中无其他车辆牵引用电，则列车实行电阻制动。

② 工作原理

牵引电机工作在发电机工况时，电机产生的电能中不能再生的部分电能利用制动电阻发热产生热能消散于大气中。

(3)摩擦制动

① 实施条件

当列车运行速度低于10 km/h时,为保持低速制动效果,将电制动切除,改由气制动系统实施摩擦制动来停车。

② 工作原理

单元制动机在气制动控制单元的作用下,通过调整后的压缩空气充入制动缸,使制动缸活塞推出,带动闸瓦压紧车轮,产生摩擦,实现制动。

4. 制动形式

城市轨道交通车辆根据运行的需要,可以由司机或检修人员实行以下四种制动的形式。

(1)常用制动

常用制动是在列车正常运行情况下为调节或控制列车速度,包括进站停车所施加的制动。常用制动时,首先充分利用电制动,若电制动力不能满足制动需求,则由摩擦制动加以补偿,以满足列车制动需求,我们称这种制动方式为混合制动。

(2)紧急制动

紧急制动是在紧急情况下为使列车尽快停住而施行的制动。紧急制动时,完全利用摩擦制动,在相同的载荷情况下,其制动力高于常用制动。列车一旦施加紧急制动,其制动指令将直至列车停止,中途是不可恢复的。

(3)快速制动

快速制动的制动力与紧急制动的一样,但与紧急制动不同的是:快速制动时采用混合制动;制动过程中,驾驶员可以在任何时候撤销快速制动指令,恢复列车的运行。

(4)停放制动

停放制动是列车静止停放时为防止停放列车溜车所施行的制动,其制动力由弹簧力提供。

2.5.3 机械制动系统

再生制动和电阻制动属于电制动,将在牵引系统中详细介绍,本章将对机械制动系统进行介绍。

机械制动系统的制动力由压缩空气和弹簧力实施,其中最主要为压缩空气。

以上海地铁某车型为例,该型地铁列车采用的是德国克诺尔集团生产的模拟式电—空制动系统。整个气动管路系统由供气设备、气制动控制单元、基础制动装置、制动电子控制单元和防滑装置、空气悬挂设备、车门控制装置、气动喇叭、雨刮器、受电弓气动控制设备和车钩操作气动控制设备等组成(图2-121和图2-122)。

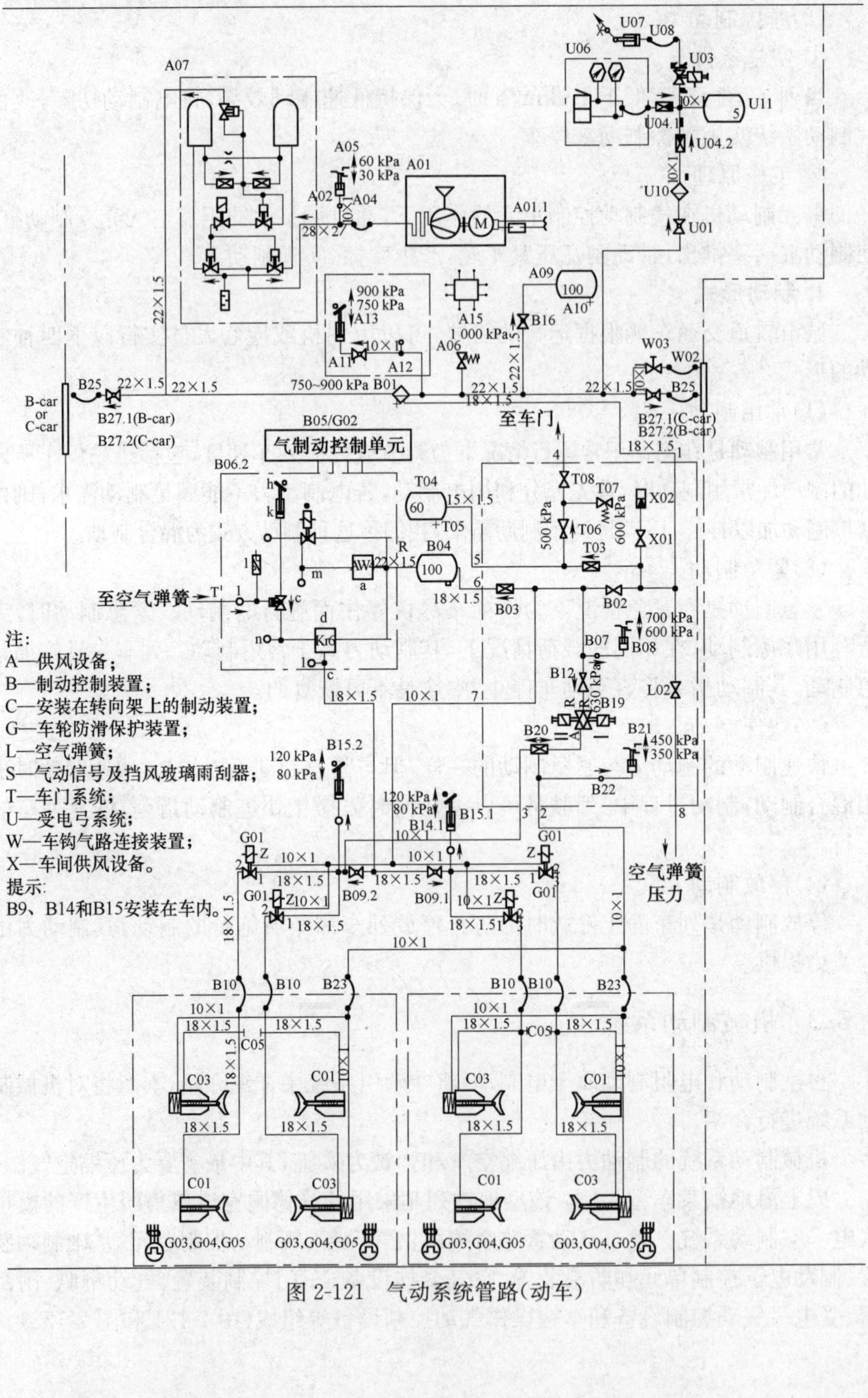

注:
A—供风设备;
B—制动控制装置;
C—安装在转向架上的制动装置;
G—车轮防滑保护装置;
L—空气弹簧;
S—气动信号及挡风玻璃雨刮器;
T—车门系统;
U—受电弓系统;
W—车钩气路连接装置;
X—车间供风设备。
提示:
B9、B14和B15安装在车内。

图 2-121 气动系统管路(动车)

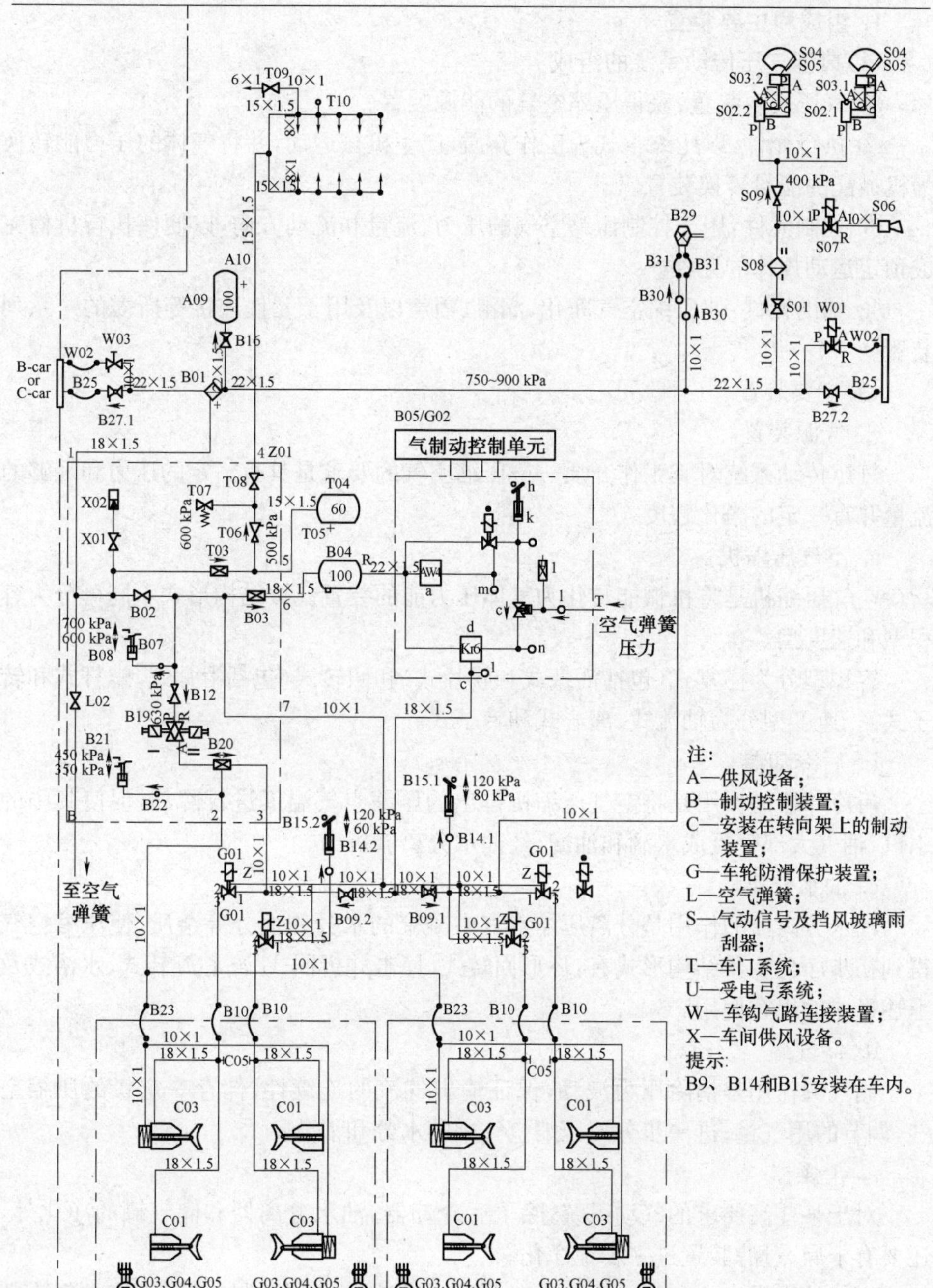

图 2-122　气动系统管路(拖车)

1. 组成和主要装置

(1)典型气压传动系统的组成

① 气压发生装置:获得压缩空气的能源装置。

② 执行元件:以压缩空气为工作介质,产生机械运动,并将气体的压力能转换为机械能的能量转换装置。

③ 控制元件:用于控制压缩空气的压力、流量和流动方向,以便使执行机构完成预定运动规律的元件。

④ 辅助元件:使压缩空气净化、润滑、消声以及用于元件连接等所需的一系列装置。

(2)主要装置

① 气源装置

气压传动系统对其工作介质——压缩空气的要求是具有一定的压力和足够的流量并有一定的净化程度。

a. 空气压缩机

空气压缩机是将机械能转化为气体压力能的装置。按结构形式不同可分为容积型和速度型。

容积型分为往复式(包括活塞式和膜片式)和回转式(包括滑片式、螺杆式和转子式)。速度型分为轴流式、离心式和转子式。

b. 后冷却器

后冷却器的作用是将空气压缩机排出的压缩空气温度进行冷却,促使其中的水汽、油气大部分凝成水滴和油滴,经油水分离器析出。

c. 油水分离器

油水分离器的作用是分离压缩空气中凝聚的水分和油分等杂质,使压缩空气得到初步净化。其结构形式有:环形回转式、撞击并折回式、离心旋转式、水浴式及上述形式的组合使用。

d. 储气罐

储气罐作用是消除压力波动,保证输出气流的连续性,储存一定量的压缩空气,调节的用气量;进一步分离压缩空气中的水分和油分。

e. 干燥器

对于某些高要求的气动系统,除了后冷却器、油水分离器和储气罐的净化外,还要有干燥、过滤装置进一步地净化。

一般的干燥方法包括冷冻法和吸附法。冷冻法是利用制冷设备,使空气冷却到一定的露点温度,析出空气中超过饱和水蒸气压部分的水分,以降低其湿度,提高干燥程度。而吸附法主要使压缩空气通过栅板、干燥剂(如焦炭、硅胶、铝胶、分子筛)、滤网等,达到干燥、过滤的目的。

f. 过滤器

分水滤气器、减压阀和油雾器一起称为气动三大件。依次无管化连成组件称为三联件。分水滤气器的主要性能指标包括:过滤度、水分离效率、压力降—流量特性。一般来说,分水滤气器须垂直安装、壳体箭头表示气流方向,不可装反。

②油雾器

油雾器是一种特殊的注油装置。其作用是使润滑油雾化后,注入空气流中,随空气流进入需要润滑的部件,达到润滑目的。

③压力控制阀

压力控制阀包括减压阀、单向顺序阀和安全阀(溢流阀)。

a. 减压阀

减压阀按压力调节方式可分为直动式和先导式。直动式减压阀是由旋钮直接调节调压弹簧来改变减压阀的输出压力。而先导式减压阀是由压缩空气代替调压弹簧来调节压力。

b. 单向顺序阀

是由顺序阀和单向阀的组合阀。它依靠气路系统中压力的作用而控制执行元件的顺序动作。

c. 安全阀(溢流阀)

当回路中超过某调定值时,要用安全阀向外排气。安全阀在系统中起过压保护作用。

④流量控制阀

流量控制阀是通过改变阀的流量面积来实现流量控制的元件,包括节流阀、单向节流阀、排气节流阀等。

a. 节流阀

节流阀是通过改变阀的流通面积来调节流量。对节流阀调节特性要求是调节流量范围要大,阀杆的位移与通过的流量呈某种线性或曲线关系,调节精度要高。

b. 单向节流阀

单向节流阀是由单向阀和节流阀并联而成的组合式控制阀,一般来说,当气流沿一个方向流动,经节流阀节流;反向流动时,单向阀打开,不节流。

c. 排气节流阀

其一般装在执行元件的排气口处,是调节排入大气中气体流量的一种控制阀。

⑤方向控制阀

方向控制阀用于控制压缩空气的流动方向和气流的通断。按阀内气流流动方向可分为换向型控制阀和单向型控制阀；按阀芯结构形式可分为截止式换向阀和滑阀式换向阀。

2. 空气压缩机

城市轨道交通车辆是以三辆车为一个单元，所以其供气也是以单元来设计的，每一单元设置了一套空气压缩机组。而空气压缩机作为供气设备的重要组成部分，向气制动系统和辅助系统提供工作所需要的压缩空气。

下面以上海地铁01A01型和01A02型电动列车为例，简单介绍空气压缩机组的工作情况。

对01A01型电动列车，它所使用的是由1 500 V直流电动机和VV230/180-2型空气压缩机所组成的空气压缩机组成。而在01A02型电动列车上安装的是VV120/150-1型空气压缩机和1 500 V直流电动机组成的空气压缩机总成。

① VV230/180-2型空气压缩机

VV230/180-2型空气压缩机共有4个气缸（图2-123），分低压压缩和高压压缩。低压压缩缸先将外界大气压缩至260 kPa（2.6 bar）左右，然后再进入高压气缸，压缩到1 000 kPa（10 bar）。低压级有3个气缸，其气缸直径为95 mm，高压级有一个气缸，其气缸直径为85 mm。每个气缸顶部都设有吸气阀和排气阀。外界大气通过设在空气压缩机进气口处的油浴式过滤器净化后，被吸入低压气缸进行压缩，为了提高压缩效率，低压气缸输出的压缩空气被送到中间冷却器，进行冷却后的低压空气再被送至高压气缸做进一步的压缩。最后，压缩空气还必须通过后冷却器冷却使其温度降低，通过干燥过滤器进行油水分离后，变成洁净的、干燥的压缩空气并送至主风缸进行储存。

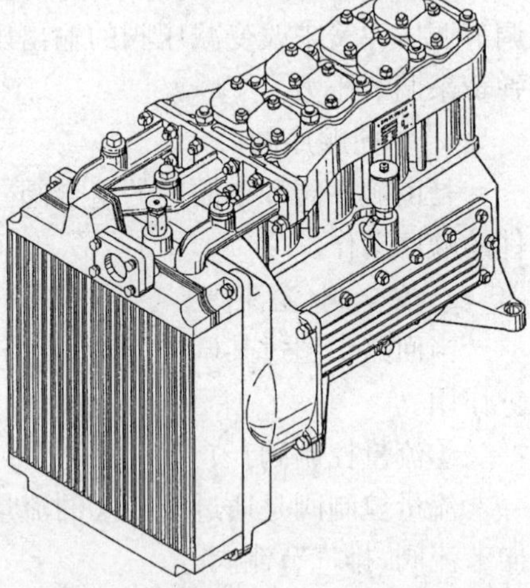

图2-123 VV230/180-2型空气压缩机

两个空气冷却器均为翅片管式冷却器并重叠在一起，采用强迫通风冷却。强迫通风的风源来自安装在曲轴端头的风叶。

在空气压缩机运行时，气缸的润滑是依靠烧焊在曲轴上的小铁片将曲轴箱内的润滑油飞溅到气缸壁上来润滑的。这种润滑方式称为飞溅润滑。正因为采用了这种润滑方式，因此空气压缩机输出的压缩空气含有一定量的油分。

VV230/180-2型空气压缩机在直流电机的直接驱动下以1 520 r/min的速度旋转，每分钟可提供1 000 kPa（10 bar）的压缩空气1 500 L。

空气压缩机启动与停止受压力开关的控制。在 01A01 型电动列车中，其压力开关的设置为 700～850 kPa(7.0～8.5 bar)。前者为开启压力，后者为停止压力。在气路中还设置了 1 000 kPa(10 bar)的安全阀，以防压力开关失效。

② VV120/150-1 型空气压缩机

VV120/150-1 型空气压缩机为三缸压缩机，其中两个缸为低压缸，一个为高压缸(图 2-124)。

VV120/150-1 型空气压缩机的转速为 1 450 r/min，排气量为 920 L/min，能产生 900 kPa(9 bar)的压缩空气。

空气过滤器采用过滤纸代替油浴式过滤器，以达到更好的过滤效果。

VV120/150-1 型空气压缩机冷却风扇的叶片不是直接安装在曲轴端头，而是通过温控液力联合器连接的。此联轴器在温度较低时，联轴器内的液体黏度很低而不传递转矩；只有当联轴器内的液体达到一定温度时，它的黏度随温度上升，才能传递转矩，这种联轴器可以降低能耗。

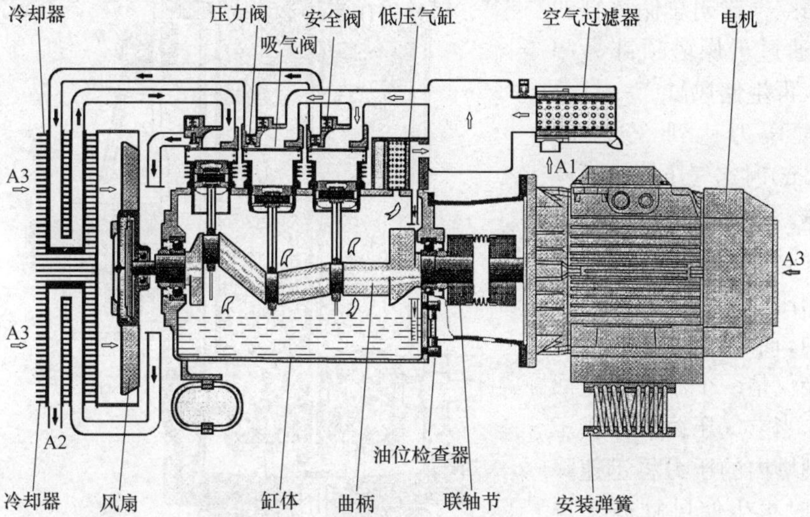

图 2-124　VV120/150-1 型空气压缩机

3. 干燥过滤器

大气中总含有水蒸气，当超过饱和点(相对湿度 100%)时，水分将凝结成水滴、雾或雪。一般来说，随着温度的升高，空气能吸收的水分会更多。这就解释了空气压缩机在压缩过程中，当温度上升时，为何没有水分凝结，而只有当空气压缩机中的冷却器发挥作用时才发生凝结。而气路要求是在相对湿度低于 35%时，才能减少腐蚀，系统才能有效地工作。因此，为了除去压缩空气中多余的水分和油分，保证相对湿度低于 35%，供风系统中应装有干燥过滤器装置。

列车所用的空气干燥过滤器一般采用塔式结构，可分为单塔和双塔两种形式。上海地铁车辆中 01A01 型电动车使用的是单塔式空气干燥过滤器，而 01A02 型电动列车使用的则是双塔式干燥过滤器。

(1)单塔式空气干燥过滤器

空气压缩机输出的压缩空气从干燥塔中部的进口管进入干燥塔，首先到达油水分离器，通过强烈的回旋作用使比重较大的油滴被甩在拉希格圈的表面。当含有油分的压缩空气与拉希格圈相接触时，由于液体表面的张力的作用，使空气中的油滴吸附在拉希格圈中，这样就将空气中的油分大大地排出。然后再进入干燥筒内与干燥剂相遇，干燥剂能大量地吸收空气中的水分，使从干燥筒上方输出的空气其相对湿度<35%，即可满足车辆各用气动系统的需要。

图 2-125 是单塔式空气干燥过滤器。当洁净、干燥的压缩空气输向总储风缸的同时，通过干燥塔顶部另一路输入再生储风缸。一旦总储风缸压力达到 850 kPa (8.5 bar)时空气压缩机便停止工作。由于与总储风缸的通路中接有止回阀，故总储风缸的压力空气不能回至干燥塔内，而再生储风缸与塔顶连接仅是一个小孔无止回作用。当空气压缩机停止工作后则塔内的压力将迅速降低，这时再生储风缸内干燥的压力空气将回冲至干燥塔内，从而沿干燥筒、油水分离器一直冲至干燥塔下部的积水积油腔内。在下冲过程中，干燥空气吸收了干燥剂中水分，同时还冲下了拉希格圈上的油滴，这样干燥剂和拉希格圈都得到了还原，又能在以后净化和干燥压缩空气中起作用。另外，再生

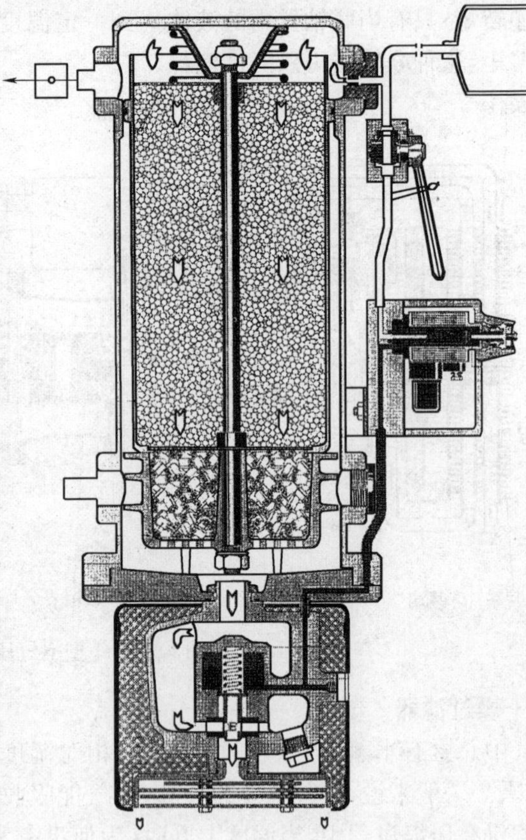

图 2-125 单塔式空气干燥过滤器

储风缸还有一管路通向积水腔底部的一阀门，并在管路中间设有电磁阀，其电磁线圈与空气压缩机压力开关关闭的一副常开触头相接，当空气压缩机一停止工作后，电磁阀线圈即断开气路导通，再生储风缸的压力空气将顶开积水腔底部的阀芯，使积水腔内的水和油通过消声器排向大气。

(2)双塔式空气干燥过滤器

双塔式干燥器的工作原理与单塔式类似，只不过它采取的不是间隙工作法，即一段时间去油吸水，另一段时间干燥剂再生和拉希格圈去油，而是采取轮换工作，即一个塔对进入塔内的压缩空气进行去油脱水，另一个塔则进行再生，过一定时间后两个塔的功能进行对换，以达到压缩机输出的压缩空气连续进行去油脱水的目的。由此可见，双塔式干燥器没有再生储风缸，但设有一个定时脉冲发生器以使两个干燥塔的电磁阀定时地轮换开、关，以使两个塔的功能定时进行轮换(图 2-126)。

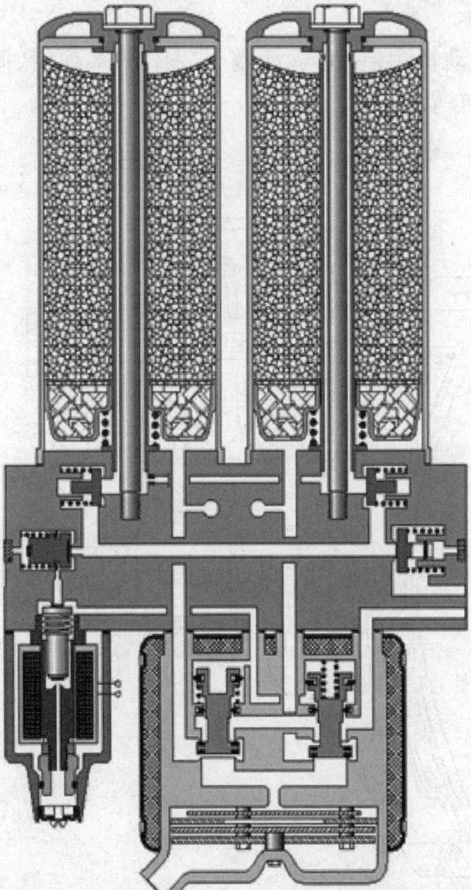

图 2-126　双塔式空气干燥过滤器

(3)两种干燥过滤器都以晶硅酸铝为干燥剂。该物质的分子结构因具有极大的接触面积,能从空气中吸收大量水分。

4. 单元制动机

由于电动列车在车辆底架下需要安装大量的电气设备,因此一般选用单元制动装置作为基础制动装置。它的特点是结构紧凑、制动效率高、作用灵敏,容易做到少维修或在较长时间内无维修。同时由于其带有间隙调整装置,能使闸瓦间隙保持在规定范围之内,因此一般不需要进行人工调整。

上海地铁 01A01 型和 01A02 型电动列车所选用的是德国克诺尔集团生产的 PC7Y 和 PC7Y/F 两种型号的单元制动机。在转向架上每种型号各有 2 个,并成对角线布置。下面分别对这两种型号的单元制动机进行简单的介绍。

(1)PC7Y 型单元制动机(图 2-127)

① 组成

PC7Y 型单元制动机由制动缸、活塞、杠杆、活塞弹簧、间隙调整器、吊杆、扭簧、闸瓦托、闸瓦、壳体等组成。

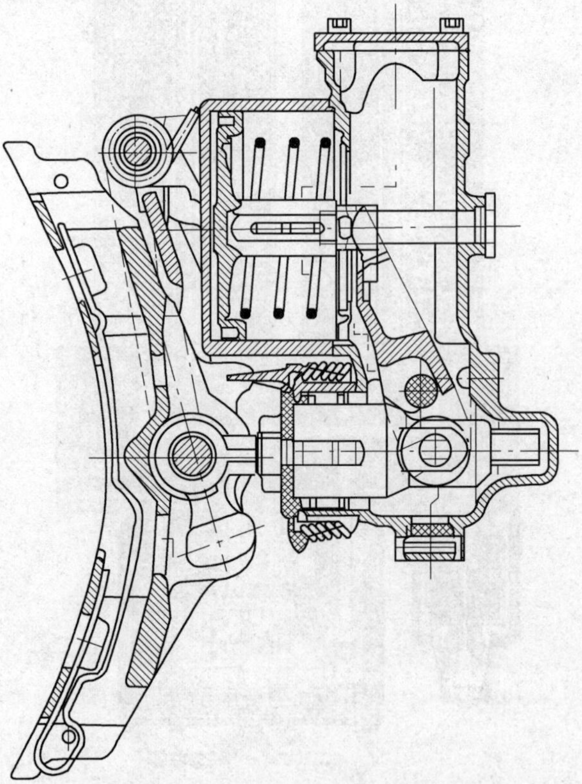

图 2-127 PC7Y 型单元制动机

② 工作原理

当压缩空气从气管进入制动缸推动活塞向缸底行进，同时活塞弹簧也受到压缩，活塞的导向管带动杠杆围绕安装在壳体上的销轴转动，而杠杆的另一端则带动间隙调整器向车轮方向推动闸瓦托及闸瓦行进，最终使闸瓦紧贴在车轮踏面上。由于杠杆比为1∶2.85，所以闸瓦上的力是活塞力的2.85倍。缓解时，通过制动控制单元中的中继阀将制动缸中的压力空气排到大气中去，这时闸瓦及闸瓦托上所受到的推力被撤除，由于活塞弹簧及闸瓦托吊杆上端头的扭簧的反弹作用使闸瓦与活塞复位。

③ 间隙调整器

列车制动时闸瓦与车轮踏面摩擦而产生了磨损，使制动机与车轮的间隙增大，从而影响了单元制动机的功效。为了保证达到设计的制动功效，则必须使闸瓦与车轮的间隙保持一定的距离。间隙调整器作用就是：在缓解时，使闸瓦与车轮踏面之间的间隙不因制动时的磨耗而增加，使这个距离始终保持在一定范围内，也就是当闸瓦磨损时，间隙能自动得到补偿。

间隙调整器由调节套筒、联合器套筒、大螺距非自锁螺杆(28 mm)、推力螺母、联合器螺母、行程限位套、调节压簧、预紧力压簧、滚针轴承等组成。

其工作过程如图2-128所示。骑跨在调节套筒上杠杆，通过调节套筒两侧的销轴带动调节套筒一起向车轮方向运动(此方向设定为前进方向)。在运动过程中，行程限位套上两侧镶嵌在调节套筒两侧壁长槽中的销轴首先受到外壳止挡环的阻挡而停止向前；而调整器的其他部件未受阻挡则还继续向前，这时行程限位套前端与推力螺母相啮合的一副伞齿离合器脱开，而调节套继续推动推力螺母前进。这时若闸瓦与轮子的间隙处于正常情况，则闸瓦与轮子踏面密贴，起到摩擦制动的作用。其制动力的传递线路如下：

杠杆拨叉→调节套筒→预紧力弹簧→联合器套筒→联合器螺母→螺杆

●↗闸瓦托→闸瓦

●↘推力螺母→行程限位套受阻（行程A_1）→伞齿联合器脱开（行程A_2）

当制动缸压力继续增大达到其要求压力时：

推力螺母的前端面与调节套分离(行程K)→ 推力螺母与调节套的锥形联合器合上(即杠杆直接通过调节套和推力螺母将力传至螺杆)→闸瓦与踏面之间的压力达到要求。

所以活塞的总行程为：$(A+K)\times i$，其中$A=A_1+A_2$。

若闸瓦已磨损，则还存有缝隙，调节套筒还将继续向前，直至闸瓦与轮子踏面密贴；这时要注意到联合器套筒前端则将与限位套筒后端相碰使联合器套筒受阻

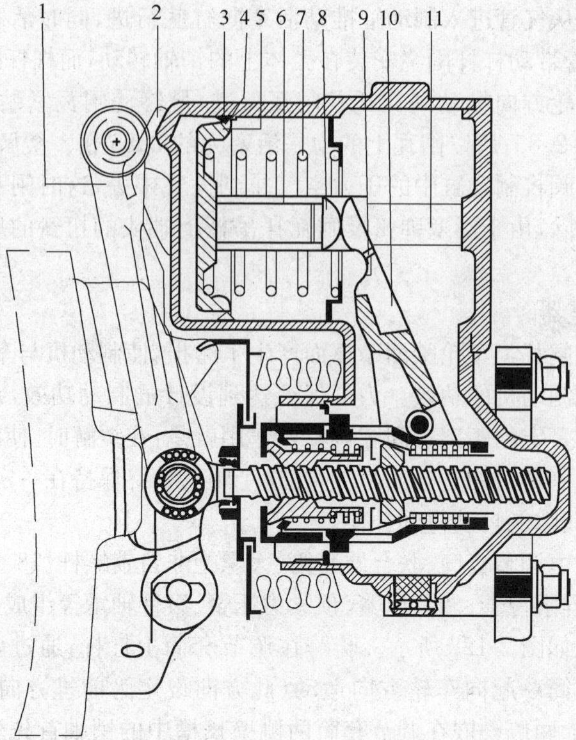

1—闸瓦托吊杆；2—端头扭簧；3—闸缸；4—活塞环；5—活塞；6—导向管；
7—活塞弹簧；8—衬套；9—杠杆；10—销轴；11—活塞轴。

图 2-128 间隙调整器工作原理

(行程 E)，不能再前进；而调整螺母则还将随螺杆向前，而它与联合器套的锥形离合器分开，但受到联合器套前端带有滚针轴承的止挡环阻挡而不能前进(注意联合器螺母在内套筒中的相对位移距离是很小的，约为 1 mm)；当螺杆继续向前时，势必使联合器螺母发生转动，这是因为螺杆与螺母是非自锁关系，这样联合器螺母在螺杆上的位置相对后移，与推力螺母之间的距离也拉大了。

以上是当闸瓦与轮子之间间隙增大，闸瓦压向轮子时，间隙调整器各部件运动的过程。

当制动缓解时，在制动缸活塞复位弹簧与吊杆扭簧的作用下，活塞复位使杆带着间隙调整器的调节套向后运动，这时调节套筒与推力螺母的锥形离合器分离(其位置在伞形离合器的外侧)，推力螺母在调节压簧的作用下发生转动使推力螺母在螺杆上的位置后移，使其与联合器螺母又保持原定的距离。而这两个螺母在螺杆上的相对位置都向后移，移动的距离即为闸瓦磨损的厚度。当调节套继续后退时，推力螺母的伞齿离合器又合上，使推力螺母不能再转动。而联合器套在预紧力弹簧的作用下使联合器套与联合器螺母的锥形离合器也合上，联合器螺母不能再转动。这样就使螺杆相对整个间隙调整器伸出一段闸瓦磨损所产生的距离，即完成了一次闸瓦磨损的补偿过程

以上所讲的是以图 2-128 为例，实际 PC7Y 型单元制动机所用间隙调整器如图 2-129 所示，它的推力螺母和调整螺母与讲解是相反的，前面的螺母是联合器螺母，后面的则是推力螺母，而其工作原理是相同的。间隙调整器每次调整的间隙为 4 mm(停放制动为 2 mm)。

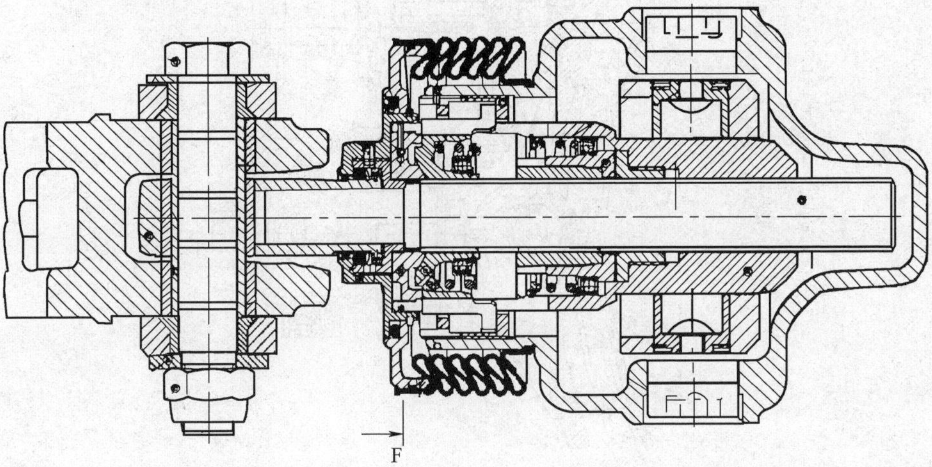

图 2-129 PC7Y 和 PC7Y/F 型单元制动机的间隙调整器

(2)PC7Y/F 型单元制动机(图 2-130)

PC7Y/F 型单元制动机的工作原理和 PC7Y 型单元制动机完全一样，只是其另外附带了停放制动装置。

① 停放制动装置的组成

停放制动装置由气缸、活塞、双锥形弹簧、螺杆、螺套、定位销、弹簧盘(共两个，其中一个外圈为方齿圈)、导向杆、杠杆、平面轴承和机壳等组成。停放制动与常用制动在功能上最显著的区别是充气缓解，排气制动，其制动力为弹簧所产生。

② 工作原理

当压缩空气进入制动缸，其活塞被推杠杆处，此时安装在活塞内的双锥形弹簧受压缩，而安装在活塞中心线上的螺杆及螺套也被推动向杠杆处运动，但很快螺杆被导向杆底部的机壳抵住不能再运动，因为螺套与机壳的距离很小，这时活塞在制

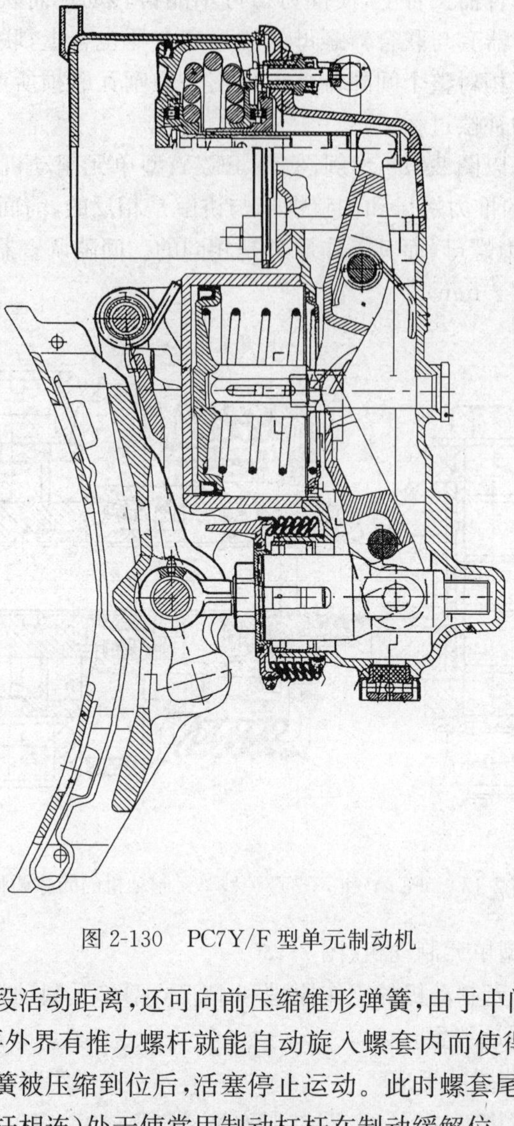

图 2-130 PC7Y/F 型单元制动机

动缸中还有很大一段活动距离，还可向前压缩锥形弹簧，由于中间的螺杆也是大螺距非自锁螺杆，只要外界有推力螺杆就能自动旋入螺套内而使得活塞继续压缩锥形弹簧。当锥形弹簧被压缩到位后，活塞停止运动。此时螺套尾部的杠杆(其另一端与常用制动的杠杆相连)处于使常用制动杠杆在制动缓解位。

当停放制动缸排气时，活塞在锥形弹簧的弹力的作用下向缸底运动，镶嵌在活塞底部的弹簧盘则将携带着螺杆一起运动，而螺杆又携带着螺套及杠杆一起动作，最后使闸瓦在弹簧力的作用下紧贴在车轮踏面上。在此过程中非自锁螺杆不转动而带动螺套运动的原因是，弹簧盘与螺杆头部之间存有一副锥形离合器，当弹簧盘被活塞带动向缸底运动时，锥形离合器就合上了，这样就使弹簧盘与螺杆之间不能有相对的转动。且弹簧盘与锥形弹簧是紧配合，所以只要锥形弹簧不转动，螺杆就不会转动。这时我们再看一下锥形弹簧，锥形弹簧的另一端的弹簧盘套在制动缸盖的导向管上是动配合，且两个弹簧盘的外侧都装有平面推力轴承，因此整个锥形弹簧组件是可灵活转动的。但在缸盖侧的弹簧盘带有一圈矩形齿，而这时安装在外壳上的定位销正好是插在矩形齿中使得弹簧盘不能转动，这样整个弹簧组件也就不能转动。所以当制动缸排气时活塞能带动整个活塞部件向缸底运动，从而带动杠杆运动，实现弹簧制动。

另外，在列车进行检修作业时，列车受停车的制动作用。停放制动要求在AW3状态下，在坡度为4%的轨道上也不会滑动。若需要移动列车则必须将停放制动释放。这时可将插在弹簧盘矩形齿内的定位销用人工方式将其拔出即可使弹簧制动缓解。这时闸瓦在常用制动的活塞复位弹簧及吊杆的扭簧作用下，使两杠杆都有一回至缓解位的力，而停放制动的活塞螺杆又无自锁力，螺套反将推动螺杆旋转，螺套在杠杆力的作用下向后运动使制动得到缓解。弹簧制动人工缓解后的复位，则只需向弹簧制动缸充一次气即可使其复位。

5. 防滑系统

(1)防滑系统的作用

防滑系统用于车轮与钢轨黏着不良时，对制动力进行控制。它的作用是：

① 防止车轮即将抱死。

② 避免滑动。

③ 最佳地利用黏着，以获得最短的制动距离。

(2)工作原理

防滑系统控制车轮的线速度。当黏着不良时，车轮的速度必定会不同于车辆其他车轮的速度。防滑系统就是应用这个原理对防滑排气阀进行控制从而控制车轮的滑行和减速度。具体的控制原理如下：

① 防滑系统检测车辆每一根车轴的速度后形成一个参考速度来代替车辆的真实速度。利用速度传感器测得的车轮速度和减速度与某个规定的标准值进行比较，并与排放阀的实际指令形成一个筛选矩阵。

② 滑动标准值 $v_1,\cdots,v_n$ 与某一个相关的参考速度有关，车轮轮径变动的范围内提供一个滑动区域带，而选择的减速度是确定的。当轮子在黏着不良的区域内防滑系统要能有效地减小制动力，在这种情况下筛选矩阵可产生一个相对于排放阀的某一个实际指令(电磁阀励磁排气的指令)，这样就使相应轴的制动力减小，轴速度上升(图2-131)。当轴速度经过一段时间上升到矩阵的另一个开启元素(包含另一个实际指令)时，电磁阀失电，则制动力将会增加。

当选择的矩阵元素刚好在参考速度以下的波谷时，则滑动最小。

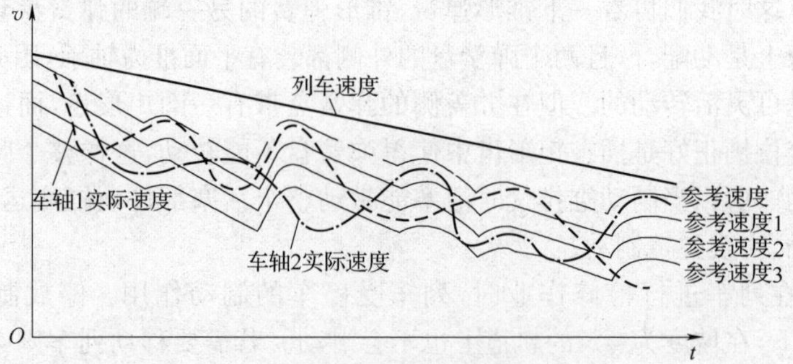

图 2-131 轮轴速度曲线和滑动区域图

6. 气制动控制单元

气制动控制单元(BCU)(图 2-132)作为气制动的核心,接受制动电子控制单元(BECU)的指令,然后再指示制动执行部件动作。

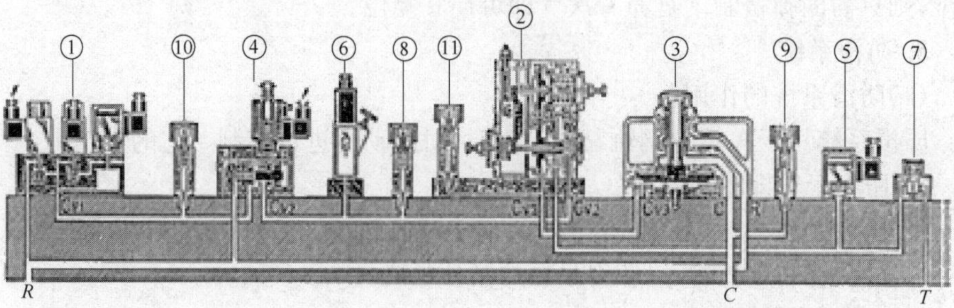

①—模拟转换器 AW4.1;②—限压阀 DBV1-E;③—中继阀 KR6;④—紧急电磁阀 W MV 1-ZT;⑤—压力传感器 DG4-T(对 T 压力);⑥—压力开关 DS-2-20(对 C_{V2});⑦—测试接头 K2-T(对 T 压力);⑧—测试接头 K1.E(对 C_{V2});⑨—测试接头 K1.E(对 C);⑩—测试接头 K1.E(对 C_{V1});⑪—测试接头 K1.E(对 C_{V3});R—储风缸压力;T—负载压力;C—制动缸压力。

图 2-132 气制动控制单元(BCU)

(1)结构

BCU 的组成部件主要有模拟转换器、紧急电磁阀、限压阀、中继阀以及相关的压力传感器等。这些部件都安装在一块铝合金的气路板上,犹如电子分离元件安装在印刷线路板上一样,实现了集成化,这样可避免用管道连接而造成容易泄漏和所占空间大等问题。而且在气路板上还装置了一些测试接口,要测量各个控制压力和制动缸压力,只要在这块气路板上就可测得,便于检修保养。同样,整个气路板的安装、调试和检修都很方便。

(2)工作原理

① 制动缓解

如果没有制动需求(缓解位),便于使模拟转换器的排气电磁阀通电。BCU 的空气预控腔(C_{V1}和 C_{V2})排气。和 C_V 压力对应的制动缸的压力也经中继阀的排气口被排出。

② 常用制动

当有制动需求时,使模拟转换器的充气电磁阀通电。制动储风缸对 BCU 的 C_V 压力腔充气,直到压力上升到和制动需求相一致为止。对于制动需求时的每个变化,(制动或缓解)在常用制动时,模拟转换器的 C_V 压力会根据相应的模拟变化量而变化。因中继阀直接和制动储风缸相连,其具有很高的容气量,可以瞬时把与 C_V 压力相对应的压缩空气充入制动风缸。

在常用制动时,起主要作用的是模拟转换器和中继阀。

a. 模拟转换器(图 2-133)

模拟转换器由三部分组成:充气电磁阀、排气电磁阀和压力传感器。

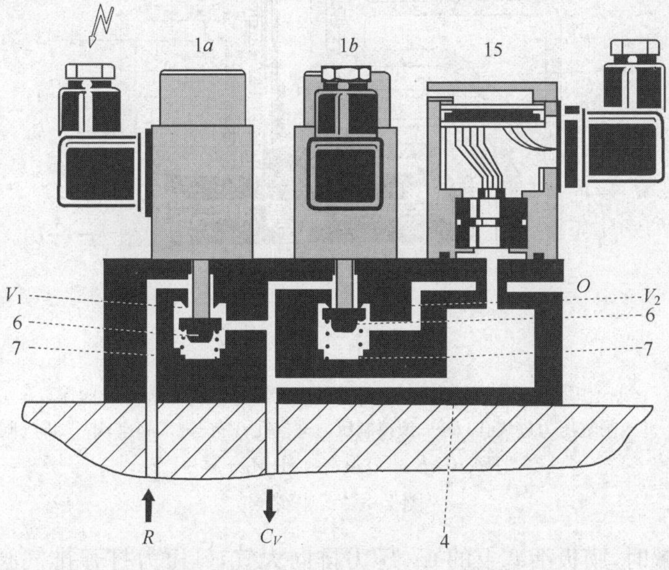

4—管路;6—阀体;7—弹簧;15—压力传感器;
1a—充气电磁阀;1b—排气电磁阀;V1—进气阀座;V2—排气阀座。

图 2-133 模拟转换器

当充气电磁阀得电时,压力空气从储风缸 R 流进预控管路,C_V 压力上升。当排气电磁阀得电时,压力空气从预控管路经端口 O 排向大气,C_V 压力下降。压力传感器将均衡腔内的 C_V 压力送给 BECU。当 BECU 发现实际的 C_V 压力和规定的参考 C_V 压力不同时,立即使充气电磁阀或排气电磁阀通电,把 C_V 压力调到规定值。当达到规定值后,电磁阀断电。此时,预控压力管路不排气也不进气,在实际值和规定值相符时该状态会一直持续下去。

b. 中继阀(图 2-134)

当预控制压力 C_{V3} 从 D_2 孔进入中继阀，推动带有膜板的活塞上升，首先关闭了通向制动缸的排气阀座 V_2，然后进一步打开进气阀座 V_1，使制动储风缸的压力空气经过接口 R 进入中继阀并通过进气阀座 V_1 及接口 C 充入制动缸，制动缸中的活塞被推出，通过杠杆机构使闸瓦紧贴车轮产生制动作用。从上述过程中可看出，中继阀能迅速实现对制动缸的充、排气。且制动缸内压力空气的压力变化是随预控制压力 C_{V3} 的变化而变化。相互间的压力比为 1∶1，即制动缸压力与 C_{V3} 的压力是相等的。

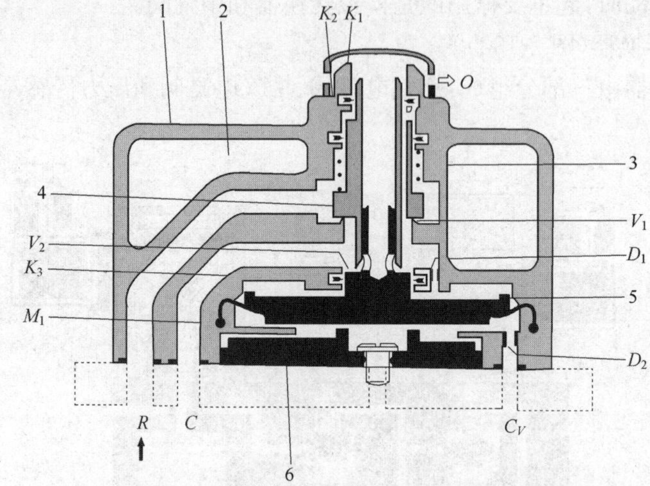

1—中继阀壳体；2—气腔；3—弹簧；4—阀芯；5—膜活塞；6—阀盖；

D_1—冲入闸缸压力进气孔；D_2—预控制压力进气孔；V_1—进气阀座；V_2—排气阀座；

K_1、K_2、K_3—O 形密封圈；M_1—膜片。

图 2-134　中继阀

而在缓解时，膜板活塞上的 C_V 压力排向大气，C 压力打开排气阀座 V_2，C 压力经排气阀排入大气。排气阀 V_2 保持在开启位，膜板活塞保持排气。

③ 紧急制动

在正常操作下(常用制动)，紧急电磁阀(图 2-135)由列车紧急回路通电。紧急电磁阀的 R 压力(即储风缸压力)口关闭，预控压力 C_{V1} 从模拟转换器经限压阀到中继阀。

在紧急制动时，紧急电磁阀断电，R 压力端口打开，这样 R 压力就从制动储风缸直接流入与负载相关的限压阀和中继阀，产生一个和负载相当的紧急制动(图 2-135)。由于紧急制动时模拟转换器被切断，负载电信号丢失。因此，需要由紧急电磁阀和中继阀之间的限压阀确保预控压力 C_{V2} 不会超过设定值。

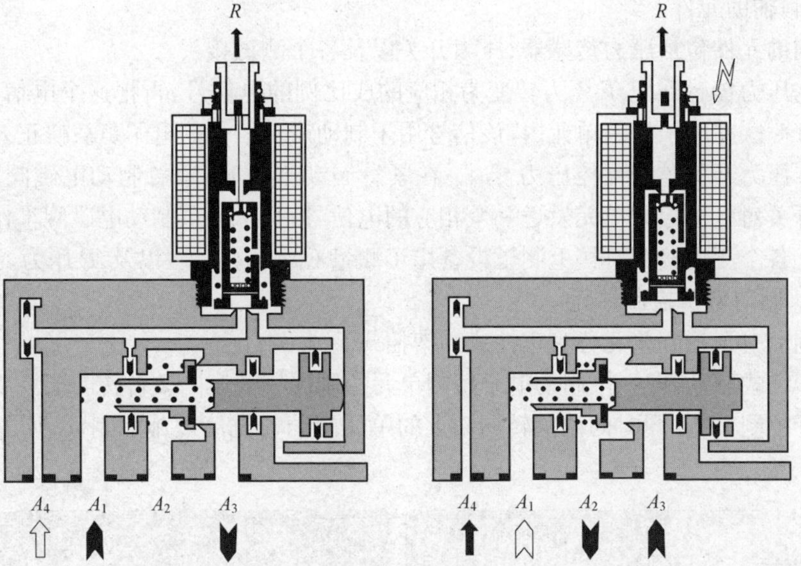

图 2-135　紧急电磁阀

中继阀的工作情况和常用制动时完全一致,而限压阀的工作情况如下。

(3)和负载相关的限压阀

其作用是持续监控和车重相关的预控压力,并在紧急制动时根据相应的车重,限制预控压力。限压阀主要由两部分组成。

① 由负载信号转换器和切断阀组成的气路部分;

② 由平衡梁和可调支点组成的机械部分。

在紧急制动时,压力 C_{V1} 升高到供气压力水平。空气从打开的阀座 V_{21} 进入腔室 C_{V2},直到 C_{V2} 压力对膜活塞的响应占主导地位,并把后者向下推。在弹簧的作用下,阀头随膜活塞一起运动,直到阀 V_{21} 被切断。如果车辆负载很重,压力 T 和经平衡梁作用在膜活塞上的压力一起升高。充气阀座 V_{21} 在更高的 C_{V2} 压力下被切断,制动风缸的压力也相应上升。

另外,如果空气负载信号一以及膜活塞上的负载控制力一失效,腔室 C_{V2} 的压力上升将会快速中断,而 C_{V2} 内也没有足够的压力。此时,车辆制动力将不足。为避免此种情况,空气负载信号将由作用在膜活塞上的凸杆上的弹簧的作用力来替代,即在车辆的负载信号失效时,称重阀会自动模拟一个 AW0 状态下的车辆负载信号。因此,在没有 T 压力信号的紧急制动中,仍然能保证空车时的制动力。

(4)辅助元件

辅助元件包括压力传感器、压力开关以及各个测试接头。

①压力传感器把 T 压力转变为相应的成比例的电信号,再把这个电信号传送到 BECU。在电子控制单元内,该信号用于制动需求信号的电子负载修正。

②压力开关监测预控压力 C_{V2}。在紧急制动施加时(紧急制动电磁阀断电),压力开关对电子控制单元发送一个相应的电信号,显示紧急制动电磁阀工作正常。

③各个测试接头可接上测试设备用于测量 C_{V1}、C_{V2}、C_{V3},以及 T 压力。

7. 制动电子控制单元

制动电子控制单元分为车控式和架控式。

车控式制动,即一个制动电子控制单元控制同一节车的 2 台转向架。制动时,BECU 控制 BCU 同时向两侧转向架上的单元制动器充气以施加制动,如图 2-136 所示。

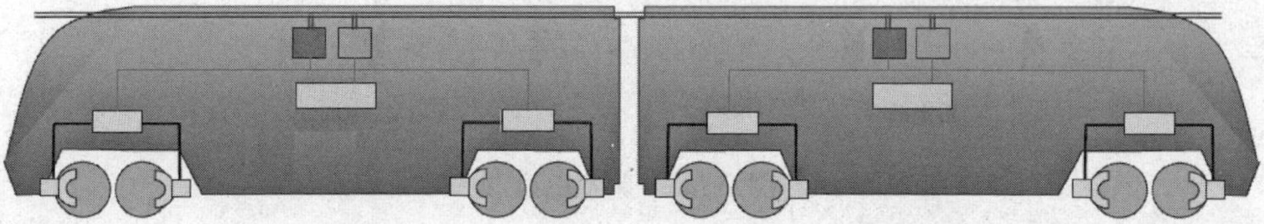

图 2-136 车控式制动

架控式制动,即一个制动阀控制一台转向架,这样不仅加快空气制动的施加,并且当一个阀出现机械故障时,只有一个转向架上的空气制动会失效,减小了突发故障对车辆运营产生的影响。架控制动阀相当于将车控制动系统中的 BECU、BCU 及防滑阀三种部件进行了集成,集成度更高,如图 2-137 所示。

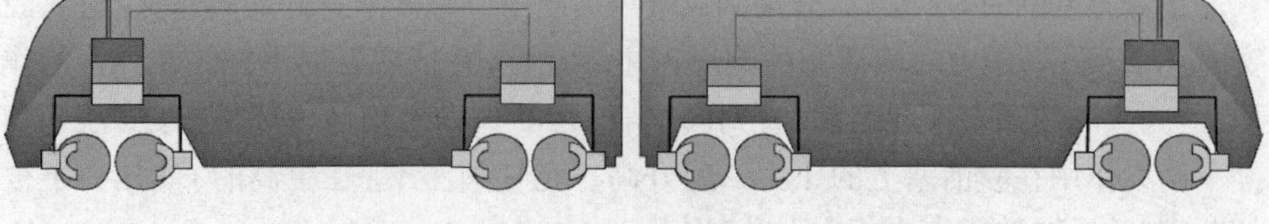

图 2-137 架控式制动

(1)车控式 BECU

在车控式 BECU 根据输入的制动命令、电制动施加与否的信号、车体负载信号、空气制动实际值的反馈信号,输出电—气模拟转换和防滑控制的电信号,控制各种电磁空气阀,根据制动要求和空气制动施加的实际情况,不断地调整制动缸的压力。

BECU采用482.6 mm(19英寸)标准电子柜,按功能分类设计的印刷电路板插件排列 在电子控制柜中。电子控制柜中的插件板从左至右依次为电源板SV、瞬时保护板T、防滑控制板VA(2块)、速度输入板GE、模拟量输出板AA1、输入输出板SS1、模拟量输入板BE、模拟转换控制板EPA1、模拟量输入板AD、故障储存诊断板DI、中央处理CP板、通信接口板BK,如图2-138所示。

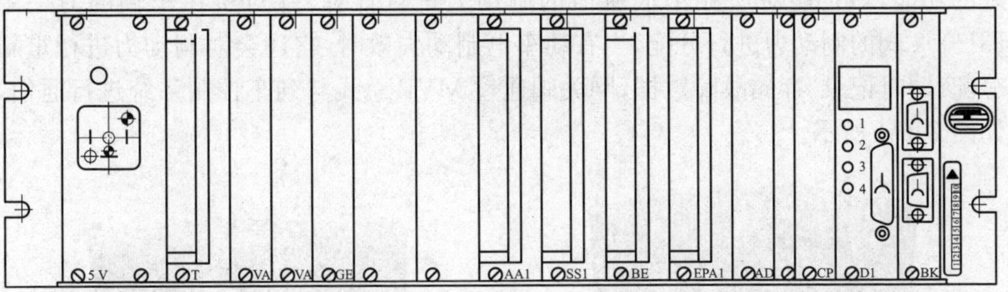

图2-138 车控式BECU

BECU的输入信号有制动指令、制动信号、负载信号、电制动关闭信号、紧急制动信号、主风缸压力信号、车型信号、停车制动信号、速度信号、停站制动信号;输出信号有模拟转换器的控制信号、防滑阀的控制信号、故障信号、负载信号、速度信号、摩擦制动施加信号、限速信号。

(2)架控式制动电子控制单元(EP2002)

架控式制动电子控制单元可做到对单独转向架的制动力进行控制,当同一节车的一个制动电子控制单元出现故障时,只有一台转向架上的空气制动失效,减小了对车辆产生的影响。

制动电子控制单元EP2002根据功能不同可分为智能阀、RIO阀、网关阀三种。

① 智能阀

智能阀产生的电信号直接控制各个气路部件,包括其所在转向架上的单元制动器及防滑阀,并且通过CAN总线与另一台转向架上的网关阀进行通信,智能阀通过硬线与列车安全回路连接。当安全回路断开时能够对所在转向架施加紧急制动,智能阀还可对该转向架的气制动系统进行故障监控,并将该转向架制动系统工作状况传输给网关阀,如图2-139所示。

图2-139 智能阀

② RIO 阀

RIO 在硬件上比智能阀多了一块网卡，使得 RIO 阀除了智能阀所拥有的功能外，还可以与所在车辆的牵引控制单元进行通信，如图 2-140 所示。

③ 网关阀

网关阀是三种阀中最高级的阀，除了上述 2 种阀的功能外，网关阀还有制动管理的功能，即它能对所在车辆所需的制动力进行计算，并对所在车辆的另一个 EP2002 阀的制动力进行分配，当有动车电制动失效时，它还会对制动力进行重新分配，同时记录、存储故障数据，网关阀通过 MVB 总线与列车控制系统进行通信，如图 2-141 所示。

图 2-140 RIO 阀

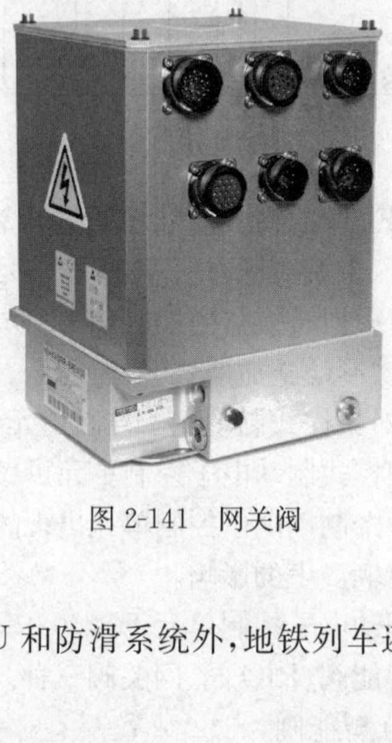

图 2-141 网关阀

8. 阀类

除了供气设备、BCU、基础制动装置、BECU 和防滑系统外，地铁列车还带有其他气动设备。

(1)高度阀 SV 1205E

高度阀是空气悬挂设备中的一个重要部件。其基本作用是在不同的载荷情况下，通过对空气弹簧气囊的充气或放气，保证车体在同一水平面。其工作原理是：

高度阀内运行齿轮和车体间的相对运动随车体所受载荷的变化而变化。这种变化传给操作杆。操作杆安装空气悬挂阀的阀体上，可带动传动器转动。传动器上的偏心轮啮合在活塞的开槽内，当传动器转动时，活塞上、下运动。盘阀的作用如同止回阀。如果风缸压力下降，压力空气不会从空气弹簧气囊回流。当车体在同一水平面后，高度阀和空气弹簧保持在这一位置，既不充气也不放气。这时，进气阀和排气阀都关闭。

当车体承载增大时，空气弹簧气囊被压缩，在驱动机构的作用下，承载块转动。

偏心轮推动活塞，进气阀打开。压力空气从储风缸流入，作用到上盘阀上。止回阀被打开，压力空气进入空气弹簧气囊，因此车体上升。当达到原始水平位置，操作杆使传动器回到原位，进气阀(V_2)关闭。为避免连续地充气——排气，高度阀有一个止动带(在中心位置两边大约1°)。

当车体载荷减小时，车体上升。在驱动机构的作用下，传动器转动，偏心轮使活塞向下移位，排气阀被打开。而进气阀在气囊和储风缸的压力空气的作用下仍然关闭。在活塞越过止动带后，气囊开始放气。此时，车体下沉，直到回到原位，而操作杆也回到原位，排气阀被关闭。

(2)减压阀(图2-142)

减压阀的作用是调节压缩空气系统中的空气压力。压缩空气经P端口进入减压阀后，流经活塞底部。如果压力足够大，活塞会上升。阀也会上升，直到其靠住阀座V_1，这样端口P到端口A的通路就被切断。如果端口P的压力继续推动活塞上升，则活塞上的排气口V_2打开，多余的空气从端口O排出。当压力下降，弹簧把活塞往下推，通过阀杆关闭了排气口V_2。如果端口A的压力进一步下降，则阀V_1被打开，使更多的压缩空气从端口P流入。这一过程会一直持续下去，保证了端口A的压力恒定。

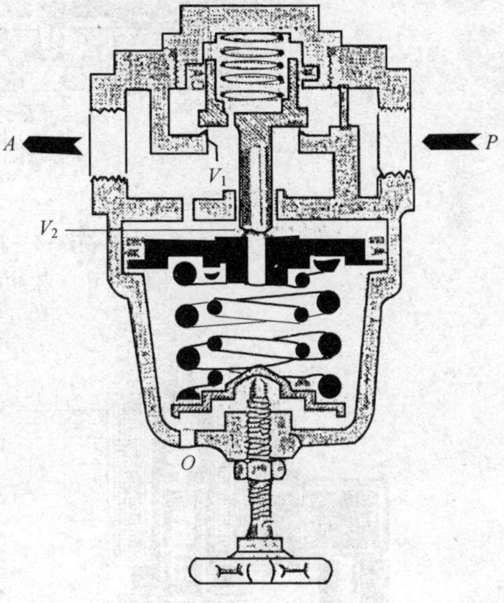

图2-142 减压阀

(3)脉冲电磁阀

脉冲电磁阀是先导控制的二位三通阀，它由一个气动往复阀芯和用于预控的电磁阀组成。另外，还配有附加的手动控制。其主要用于气电控制回路中，如果电脉冲被触发，则控制腔充气或排气，或按顺序交替进行。

其工作原理是：

① 阀磁铁Ⅰ和Ⅱ未得电(参考图2-143)。在缓解位，即：电磁铁断电，活塞总是处于一个端部位置。图中当活塞位于左端，脉冲电磁阀的进气口P和排气口B形成通路。

② 阀磁铁Ⅰ或Ⅱ得电(参考图2-144)。阀磁铁Ⅱ得电，控制空气经阀座V_1到活塞，活塞移到右端位。当电脉冲终止，衔铁连同其底座被弹簧压在阀座V_1上，流进活塞的控制空气被切断。活塞仍留在原先的位置上。从V_1通向活塞的控制

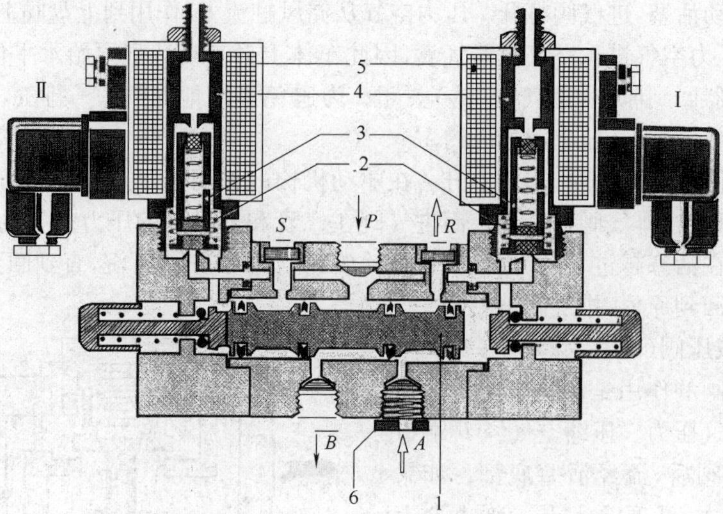

1—活塞；2—弹簧；3—衔铁；4—阀芯；5—电磁线圈；6—紧固螺栓。

图 2-143　脉冲电磁阀(未得电)

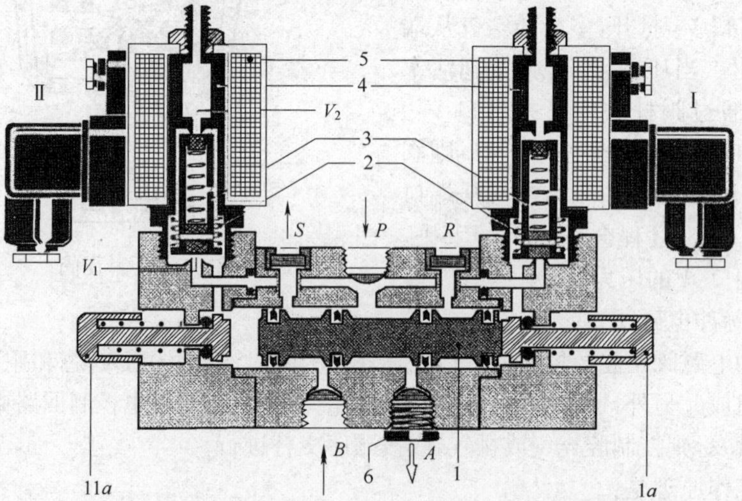

1—活塞；2—弹簧；3—衔铁；4—阀芯；5—电磁线圈；6—紧固螺栓。

图 2-144　脉冲电磁阀(得电)

管经阀座 V_2 排气。活塞保持在右端位：当活塞保持在右端位时，操作气流 B 经排气口 S 排入大气。当阀磁铁Ⅰ得电时，压力空气驱动活塞运动到左端位，即如之前未得电时一样。

手动操作:在断电情况下,可手动操作脉冲电磁阀。压下按钮到停止位,使活塞移到左右两端中的一端,松手后,按钮在弹簧作用下复位,活塞仍停留在原位。

(4)溢流阀(图 2-145)

① 溢流作用——如果 P_1 端口的压力超过开启压力,膜在力的作用下向上运动,使压力空气经阀座 V 流入 P_2。

② 回流作用——如果 P_2 端口压力大于 P_1 端口压力,因回流作用,气流经阀流回端口 P_1。关闭压力比规定的开启压力低 10%。

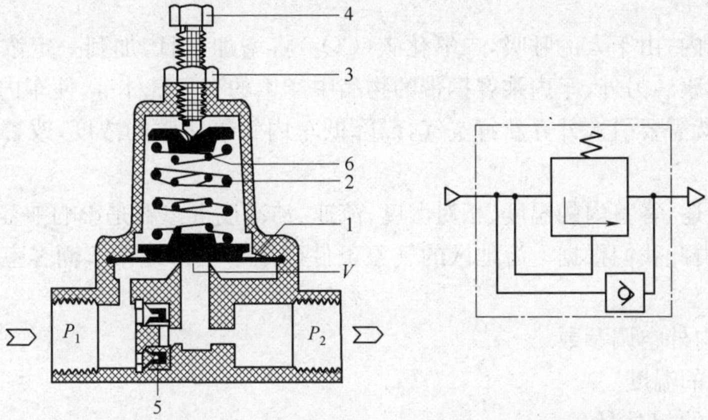

1—膜;2—调压弹簧;3—调节螺钉;4—调压手轮;5—主阀芯;6—阀芯。

图 2-145　溢流阀

2.6　空调系统

空调系统是轨道交通车辆的主要配套产品之一,虽然它的采购成本占列车车辆总体的成本不高,但其设计的产品质量和使用效果往往受到特别的注意。列车空调要做到安全地、可靠地为车厢提供舒适的环境,同时尽可能地减少能源的消耗、减少对环境的影响,还是一项比较艰巨的任务。这里的“空调系统”是指为乘客区域或司机室提供空气调节的系统。而影响列车车厢内舒适性的因素有客室内的空气温度;客室内空气的相对湿度;人体周围空气的流动速度;客室内空气的洁净度。

因为在正常的气候条件下,一般的人只要能够使身体内所产生的热量和向外界发散出去的热量保持平衡,人就感到舒适。而当人处的空气温度不能使人保持热量平衡,就会使人感到不舒服。在一般的情况下,人体产生的热量主要靠皮肤和呼吸器官散发到周围的空气中去,这种散发热量的方式有辐射、蒸发、对流和传导。

在客室内空气的相对湿度也是影响人体舒适的重要因素,当人体周围的相对湿度较大时，将会影响人体的蒸发散热，而使人们感到闷热。卫生学的观点也认为：当人体周围空气温度在 26.7 ℃以下时，湿度对人体影响不明显，但当温度在 28 ℃以上时，空气的相对湿度对人体的影响就较为明显了。相对湿度对人体影响使人感觉不舒适的极限值约为 70%。

在客室内的空气的流速，同样影响人体的散热。车内空气流速的增大可以加速人体表面的对流散热，尤其是当人体周围空气的温度和相对湿度都较高的情况下，增大空气流速会促进人体表面汗液的蒸发，从而增加散热效果，给乘客一个舒适的感觉。

在客室内，由于人的呼吸，二氧化碳（CO_2）将增加，当增加到一定浓度后就会影响人的健康。另外，车内乘客携带的物品中产生的有害气体等，使车内空气变得污浊，这时就需要引入外界新鲜空气，以降低车内二氧化碳的浓度，改善车内空气品质。

综上所述，客室内的温度、相对湿度、流速、洁净度等参数是影响乘客舒适性的重要因素，由此我们根据上海地区的气象条件确定了上海地铁车辆客室内外的空调参数。

(1)室内外空调参数

客室内的温度	27 ℃
客室内的相对湿度	65%
客室内空气流速	0.5 m/s(在 1.2～1.7 m 处) 最大不超过(0.7±0.2)m/s
额定载客人数	310 人
人均供风	30 m^3/h
人均新风量	10 m^3/h
车内空气含尘量	≤ 0.5 mg/m^3

室外参数

上海地区的地理位置和气象条件

纬度	31°10′
太阳纬度	20.28 °(7 月份的平均值)
经度	121°26′
年平均温度	16.1 ℃
月平均最高温度	27.8 ℃

根据以上的气象地理条件，上海地铁车辆空调系统的室外参数定为

隧道内

外部气温	35 ℃

相对湿度	60％
地　面	
外部气温	32.2 ℃
相对湿度	68％
太阳负荷	840 cal/s
冬季时	
车外环境温度	－5～10 ℃
车内温度	10～18 ℃

(2)热量计算

为了准确地确定车辆的制冷量，需对车辆客室内的热量进行计算。这些计算包括车体的端墙、侧墙、车顶、地板、窗门的传热，玻璃太阳光的辐射，人体发出的热量，客室内的显热和潜热等的计算。而对这些热量的计算除需热工理论外，还需大量的车辆设计、试验参数。

2.6.1　制冷原理

制冷作为一门科学是指用人工的方法在一定的时间和一定的空间内将某物体或流体冷却，使其温度降低到环境温度以下，并且保持这个低温。

这里所说的"冷"是相对于环境而言的。灼热的铁放在空气中，通过辐射和对流向环境传热，逐渐冷却到环境温度；一桶开水置于自然环境中，逐渐变成常温水，类似这样的过程都是自发地传热降温，属于自然冷却，不是制冷。只有通过一定的方式将铁块或水冷却到环境温度以下，才可称为制冷。因此，制冷就是从物体或流体中吸取热量，并将热量排放到环境介质中去，以产生低于环境温度的过程。

机械制冷中所需机器和设备的总和称为制冷机。

制冷机中使用的工作介质称为制冷剂。制冷剂在制冷机中循环流动，同时与外界发生能量交换，即不断地从被冷却对象中吸取热量，向外界排放热量。制冷剂一系列状态变化过程的总和为制冷循环。为了实现制冷循环，必须消耗能量。所消耗的能量形式可以是机械能、电能、热能、太阳能或其他可能形式的能量。

1. 制冷方式

制冷的方式很多，常见的有以下四种：液体汽化制冷、气体膨胀制冷、涡流管制冷和热电制冷。其中液体汽化制冷的应用最为广泛，它是利用液体汽化时的吸热效应而实现制冷的。液体汽化制冷循环由制冷剂低压下汽化、蒸汽升压、高压气液化和高压液体降压四个基本过程组成。蒸汽压缩式、吸收式、蒸汽喷射式和吸附式都属于液体汽化制冷方式的一种。以下主要介绍蒸汽压缩式制冷方式。蒸汽压缩制冷机的工作原理如下。

在一定的压力下，液体温度达到沸点（即饱和温度）就会沸腾。在制冷技术中，常把这个饱和温度称为蒸发温度。在同一压力下，不同的液体蒸发温度不同，所吸收的汽化潜热也不同。例如，在一个大气压力下，水的蒸发温度是 100 ℃，汽化潜热为 2 258 kJ/kg，而 R12 的蒸发温度为－29.8 ℃，汽化潜热为 167.3 kJ/kg。

与吸热汽化的过程相反，在冷凝温度下蒸汽放热会凝结成液体。如果用环境介质（水或空气）来冷凝制冷剂蒸汽，蒸汽的冷凝温度就要比环境介质的温度稍高一些。我们知道压力较高的蒸汽其冷凝温度也较高，因此制冷剂蒸汽只要用压缩机压缩到所需的冷凝温度相对应的饱和压力，就能用环境介质来冷却，使在被冷却对象中吸热而汽化的制冷剂蒸汽重新冷凝成液体，再让制冷剂液体在低温下又吸热汽化，这样制冷剂在一个封闭的系统中，只消耗压缩机的功就能反复地实现制冷剂由液体变蒸汽，再由蒸汽变液体的相态变化，并通过这种相变将低温处的热量转移到高温处去。这就是蒸汽压缩式制冷机的工作原理。

蒸汽压缩制冷机主要由压缩机、冷凝器、膨胀阀和蒸发器等四个部件组成，并用管道连接形成一个封闭的循环系统，如图 2-146 所示。其工作过程如下：

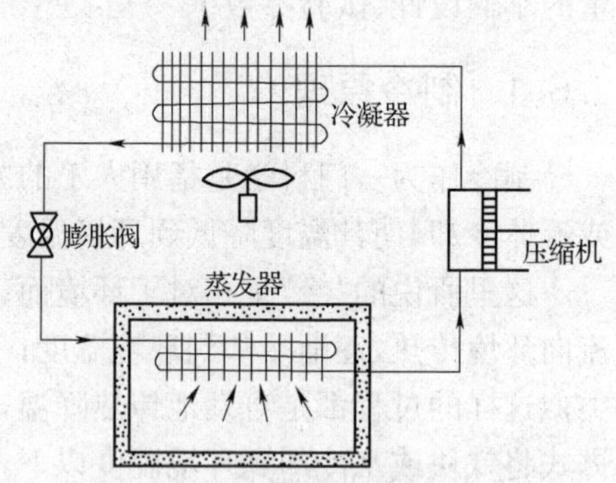

图 2-146　蒸汽压缩制冷原理

制冷剂液体在蒸发器中吸收被冷却物体的热量而汽化成低压低温的蒸汽后被压缩机吸入。压缩机消耗一定的功率将制冷剂蒸汽压缩成压力、温度较高的蒸汽并排入冷凝器。高压、高温的制冷剂蒸汽在冷凝器内被环境空气（或水）冷却，制冷剂放出热量而被冷凝成液体。由于制冷剂液体的温度还高于环境介质温度，必须将其温度降到低于被冷却对象的温度送入蒸发器才能产生制冷效果。为此，先让高压、高温的液体制冷剂经过膨胀阀节流降压，同时温度也降低，然后再进入蒸发器。在蒸发器中，低压、低温的制冷剂又吸收被冷却物体的热量，蒸发成低压、低温的制冷剂蒸汽，再被压缩机吸入，如此周而复始地循环。

这样，制冷剂在封闭的制冷系统中要经历压缩、冷凝、节流和蒸发等四个热力过程才完成一次制冷循环。在循环中，压缩机要消耗一定的功，才能将低温物体放出的热量转移到高温的环境介质中去，以达到制冷的目的。

2. 制冷剂、载冷剂和润滑油

(1)制冷剂

空调制冷系统中，将室内的热量连续不断地转移到室外环境空气中的介质称为制冷剂，从理论上讲凡是能在蒸发器中吸收被冷却介质的热量而汽化，并在冷凝器中放出热量而液化的物质都可以作为制冷剂。但作为空调制冷系统必须要考虑所选用的制冷剂能使整个空调制冷系统安全、可靠、高效和经济的工作，因此对制冷剂是有一定的要求的。多数制冷剂在常温和常压下呈气态。

① 对制冷剂的要求

a. 热力学要求

制冷剂的蒸发压力在要求的蒸发温度下，不能过低，应略高于大气压力，以防外界空气渗入系统而降低制冷能力；在要求的冷凝温度下，冷凝的压力不能过高，压力过高一方面给系统的密封增加难度，同时还要提高系统的高压部分的耐压能力，增加了设备的重量和成本，另一方面又使压缩机的压缩功增大，压缩机的实际排气量减小。

另外，制冷剂的临界温度要高，以便用环境空气（或水）来冷却，而凝固温度要低，以便获得较低的蒸发温度。

制冷剂的单位容积制冷量也应越大越好。这样当制冷量一定时，单位容积制冷量越大，制冷剂的循环量就可减少，同时可缩小压缩机和系统的尺寸。

b. 物理性质要求

制冷剂的黏度和比重要小，以减少制冷剂在制冷装置中流动阻力。制冷剂的导热系数与放热系数尽量应大些，以提高换热器的传热效率，减小传热面积。

制冷剂有一定的水溶性。制冷剂最好不含水分，但实际上制冷系统中难免渗入极少量的水分，若制冷剂能溶解少量的水分，在蒸发温度低于 0 ℃时，系统就不易产生"冰塞"现象而影响制冷装置的正常运转。

制冷剂与润滑油的互溶性对制冷装置换热器的传热及压缩机的润滑条件有重要的影响。互溶性好则有利于润滑油渗透到各运动部件的摩擦面以改善润滑条件，并且在蒸发器等各换热器的传热面上也不易形成油膜面阻碍传热。缺点是制冷剂含油量增加会引起蒸发温度升高，造成制冷能力下降。

在密封式压缩机中，还要求制冷剂有良好的电气绝缘性能。

c. 化学性质要求

制冷剂应有良好的化学稳定性。在制冷剂的工作温度和工作压力范围内，应不分解、不聚合，无燃烧和爆炸的危险。

d. 生理学性质要求

制冷剂应对人体无毒、无刺激性气味。

② 几种常用的制冷剂

目前，常用的制冷剂有水、氨、氟利昂以及某些碳氢化合物，如乙烯、丙烯等。

a. 水

水是最容易得到的物质，无毒、不燃不爆，同时汽化潜热最大，约为 2 500 kJ/kg。

但是水作为制冷剂最大的缺点是:在常压下饱和温度较高,达 100 ℃,在常温下饱和蒸汽压力很低,比容非常大。而且,在以水为制冷剂的制冷机中,蒸发温度只能在 0 ℃以上。所以,水用作制冷剂的适用范围受到一定的限制。目前,一般只用于蒸汽喷射式制冷机和溴化锂吸收式制冷机中。

b. 氨

氨的标准蒸发温度为−33.4 ℃,凝固温度为−77.7 ℃。

氨有较好的热力性质和热物理性质,所以是应用最早且目前仍广为使用的制冷剂,主要用于大型的工业制冷装置中,国内大型的冷库用氨做制冷剂的较多。氨的缺点是毒性大、有刺激性气味、易燃爆;与润滑油的互溶性差;纯氨与水混合后会对铜(除磷青铜外)腐蚀,氨机不允许使用铜构件等。

c. 氟利昂

氟利昂是饱和碳氢化合物的卤素衍生物的总称。目前用作制冷剂的主要是甲烷(CH_4)和乙烷(C_2H_6)的衍生物。用卤素原子代替原化合物中的一部分或全部氢原子就能得到不同性质的氟利昂。氟利昂以符号"R"配以二位数字(甲烷簇)或三位数字(乙烷簇)表示。所配的数字表示氢原子数,不含氢原子为 1,以后每多一个氢原子再加 1,第二位表示氟原子数。例如:

化学名称	化学分子式	代　号
二氟二氯甲烷	CCi_2F_2	R-12
二氟一氯甲烷	$CHCiF_2$	R-22

氟利昂的优点:无毒、燃烧和爆炸的可能性小,对金属不腐蚀。绝热指数小,因而压缩机的排气温度较低。

氟利昂的缺点:单位容积制冷量较小,因而制冷剂循环量大;比重大,引起流动阻力大;放热系数低;含有氯原子的氟利昂遇明火(400 ℃以上)会分解出少量剧毒的光气;对天然橡胶和树脂有腐蚀作用;易于泄漏,又不易发现,要求系统有良好的密封性。此外,价格也较贵。

氟利昂 R-22 是一种使用安全的制冷剂。它的正常蒸发温度为−40.8 ℃。R-22 的渗透性非常强,易于泄漏,又因无色无味,泄漏时不易察觉,其检漏一般可用皂泡法或卤素灯。用卤素灯时,当火焰呈蓝绿色则说明有渗漏。检漏要求高时,可用卤素检漏仪检查。由于 R-22 在高温下会分解少量剧毒的光气,发现漏点后应尽快将卤素灯远离漏点。

由于氟利昂会对环境污染,泄漏到大气层中的氟利昂会破坏臭氧层,造成臭氧层空洞。故人们开始广泛使用混合制冷剂来替代氟利昂。实验证明采用混合制冷剂在节能、降低排温、提高电气绝缘性、获得较低的蒸发温度等方面有显著效果。它是制冷剂发展方向之一,如 R134a、R407c 等。

d. 碳氢化合物

碳氢化合物制冷剂的共同特点是：凝固点低，与水不起化学反应，不腐蚀金属，溶油性好。由于它们是石油化工流程中的产物，故易于获得，价格便宜。共同的缺点是燃爆性很强。它们一般用于石油化工制冷装置中。

(2)载冷剂

在蒸汽压缩式制冷系统中，蒸发器是冷量输出设备。使用中可以将蒸发器安装在用冷场所，直接冷却被冷却对象。但如果被冷却对象离蒸发器较远，或者在用冷场所不便于安装蒸发器，还可以用载冷剂来传递冷量。用载冷剂去使被冷却对象降温。故载冷剂又称为第二制冷剂。采用载冷剂的优点在于使制冷装置的各种设备集中布置在一起，减小制冷机系统的管路容积和制冷剂的充注量。而且由于载冷剂的热容量大，使被冷却对象的温度容易保持恒定。其缺点是系统比较复杂，而且在被冷却物和制冷剂之间增加温差环节。

对载冷剂的要求如下：

① 在工作温度范围内始终应处于液体状态。

② 载冷剂循环运行中能耗要低。

③ 载冷剂的工作要安全可靠。

④ 价格低廉，便于获得。

常用的载冷剂有水、无机盐水溶液（如盐水、氯化钙溶液等）和有机物液体（如乙二醇、丙二醇的水溶液）。

(3)润滑油

在制冷压缩机中，润滑油的功能主要有：

① 润滑相互摩擦的零件表面，使摩擦表面完全被油膜分隔开来，从而降低压缩机的摩擦功、摩擦热和零件的磨损。

② 带走摩擦热量，使摩擦零件的温度保持在允许范围内。

③ 使活塞环和气缸镜面间、轴封摩擦面等密封部分充满润滑油，以阻挡制冷剂的泄漏。

④ 带走金属摩擦表面的磨屑。

⑤ 利用油压作为控制卸载机构的液体动力。

3. 制冷压缩机

压缩机是蒸汽压缩式制冷装置中的一个重要部分，它是推动制冷剂在制冷系统中不断循环的动力，起压缩和输送制冷剂蒸汽的作用，因此制冷压缩机常称为蒸汽压缩式制冷装置的主机。

根据制冷压缩机的工作原理不同，可分为容积型和速度型两大类。容积型主要有活塞式压缩机和螺杆式压缩机，它们是通过活塞（或螺杆）在气缸中运动所形成的可变工作容积来完成制冷剂蒸汽的压缩和输送的。速度型压缩机是指透平式压缩机，也称离心式压缩机，它是用高速旋转的叶轮使制冷剂蒸汽产生压力，同时获得动能，然后再通过扩压器、蜗壳使蒸汽的动能转变为压力能，从而完成压缩和输送制冷剂的任务。

活塞式制冷压缩机发展较早，技术也较成熟，应用最广。但是由于压缩机的活塞作往复运动所引起的惯性力和振动较大，使其提高转速和增大气缸直径与活塞行程都受到限制，因此适用于中、小型制冷装置；离心式制冷压缩机具有结构紧凑、运转平稳、振动小、噪声低等特点。由于其转速高，制冷剂在叶轮中的流速很大，叶轮尺寸又受加工工艺的限制不能做得太小，因而一般输汽量很大，适用于大型制冷装置；螺杆式制冷压缩机与活塞式制冷压缩机相比，由于用螺杆的回转运动代替了活塞的往复运动，因此其结构简单、体积小、重量轻和振动小。近年来螺杆式制冷压缩机发展较快，主要应用于大、中型制冷装置，并有向小型制冷装置发展的趋势。但是，螺杆式制冷压缩机的系统需要配备效率较高的油分离器，运转时噪声也较大，变工况时的适应性较差，而且螺杆精度要求较高，加工也比较困难，这些都是影响它被广泛采用的重要因素。

车辆制冷装置的容量均属中、小型范围，所以几乎都是采用活塞式制冷压缩机。我国部分轨道车辆的空调装置还采用了小型螺杆式制冷压缩机及涡旋式制冷压缩机。在此主要讨论活塞式制冷压缩机的热力工作过程，介绍活塞式制冷压缩机的结构。此外，对螺杆式压缩机及涡旋式压缩机的工作原理和结构等也作简单介绍。

(1)活塞式制冷压缩机

① 工作过程

从热力学观点来评价一台压缩机的完善程度主要有两个指标：压缩机气缸的利用程度和功率的消耗大小。

压缩机的理论工作过程是由等压吸气、绝热压缩和等压排气过程组成的。但由于气缸存在余隙容积，压缩后的气体不能排尽，因此实际上要比理论工作过程多增加一个膨胀过程，即活塞由上死点回程时，余隙内剩余气体开始膨胀，直至压力低于吸入气体的压力。所以压缩机实际工作过程与理论工作过程存在很大的差异，主要是：实际上压缩机有余隙容积；吸、排气过程中存在流动阻力损失；制冷剂气体与气缸等机件接触处有热交换；吸、排气阀和活塞环等处还有泄漏损失，以及在工作时运动机构的摩擦面要消耗摩擦功等。由于这些因素的影响，使得压缩机实际工作过程的输气量要小于理论过程，而功率消耗则大于理论过程。

② 结构式样

活塞式制冷压缩机的结构式样有多种，按压缩机与电动机的组合方式的不同可分为开启式、半封闭式和全封闭式三种。

a. 开启式压缩机是压缩机和电动机分开，压缩机的曲轴有一端伸出机体，并通过联 轴器与电机相连。

b. 半封闭式压缩机是压缩机与电机共同组装在一个可拆的密封机壳内，压缩机的曲轴和电机的转子轴是一根整体轴，压缩机没有伸出机体之外的转动部件。

c. 全封闭式压缩机是将压缩机与电机共同组装在一个封闭的机壳内，机壳的接缝用焊接的方法焊式。

上海地铁1号线部分车型车辆的空调采用的就是全封闭压缩机，全封闭压缩机具有足够的可靠性和寿命，一般不需维修，若有损坏则采取整个更换的方法。图2-147为一个全封闭压缩机的示意。

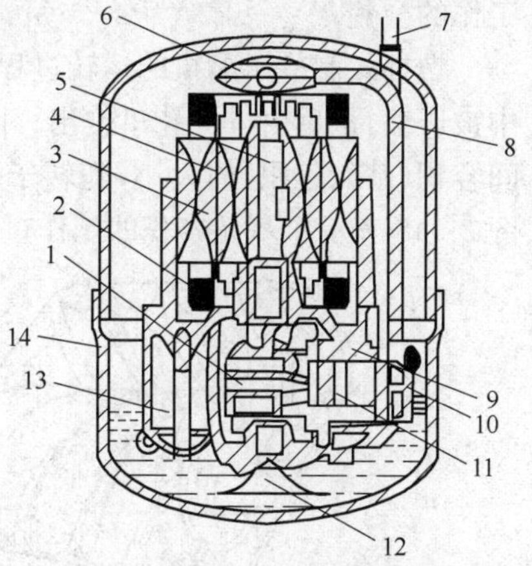

1—连杆；2—电机绕组；3—电机定子铁芯；4—转子铁芯；5—偏心轴(主轴)；6—吸气包；7—排气管；8—吸气管；9—气缸体；10—气缸盖；11—活塞；12—过滤器；13—稳压室；14—罩壳。

图2-147　全封闭压缩机示意

压缩机和电机全部封闭在一个罩壳内。罩壳是用薄钢板冲压成上、下两部分，组装后将其焊为一体。

压缩机工作时，低压氟利昂蒸汽吸入罩壳内，并充满整个罩壳使电机获得较好的冷却，然后再进入吸气包，并经吸气管和气缸盖内的吸气腔进入气缸。压缩后的高温、高压蒸汽经排气腔进入稳压室。稳压室不仅可以使高压气体压力均匀稳定，同时还可以起消音作用。制冷剂蒸汽最后由排气管排出，送至冷凝器。

(2)螺杆式制冷压缩机

上海地铁4号线的车辆空调采用螺杆式压缩机。螺杆式压缩机又分为双螺杆和单螺杆压缩机。通常为简化起见，也称双螺杆压缩机为螺杆式压缩机。单螺杆压缩机，又称蜗杆压缩机，它由一根螺杆和两个星轮组成。它在很多方面与双螺杆压缩机类似，而且具有更加理想的力平衡性，故在国内外得到了较快的发展，不过目前在制冷方面使用还不广泛。

① 工作过程

螺杆式(即双螺杆)制冷压缩机具有一对互相啮合、相反旋向的螺旋形齿的转子。其齿面凸起的转子称为阳转子，齿面凹下的转子称为阴转子。转子的齿相当于活塞，转子的齿槽、机体的内壁面和两端端盖等共同构成的工作容积，相当于气缸。机体的两端设有成对角线布置的吸、排气孔口。随着转子在机体内的旋转运动，使工作容积由于齿的侵入或脱开而不断发生变化，从而周期性地改变转子每对齿槽间的容积，来达到吸气、压缩和排气的目的。

互相啮合的转子，在每个运动周期内，分别有若干个相同的工作容积依次进行相同的工作过程，这一工作容积，称为基元容积。它由转子中的一对齿面、机体内壁面和端盖组成。只需研究其中一个工作容积的整个工作循环，就能了解压缩机工作的全貌。

螺杆式制冷压缩机的运转过程从吸气过程开始，然后气体在密封的基元容积中被压缩，最后由排气孔口排出。阴、阳转子和机体之间形成的呈V形的一对齿间容积（基元容积）的大小，随转子的旋转而变化，同时，其空间位置也不断移动。图 2-148 表示了基元容积的工作过程。

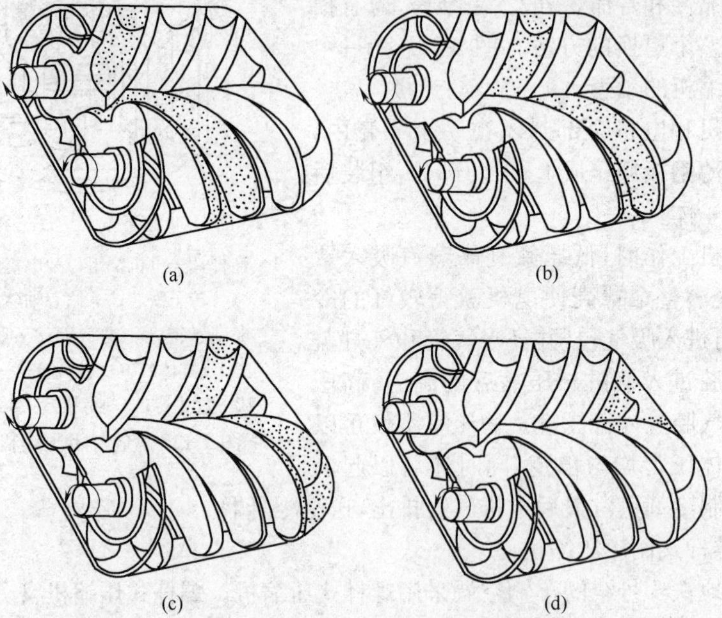

(a) (b) (c) (d)

图 2-148 基元容积的工作过程

a. 吸气过程。转子旋转时，阳转子的一个齿连续地脱离阴转子的一个齿槽，齿间容积逐渐扩大，并和吸气孔口连通，气体经吸气孔口进齿间容积，直到齿间容积达到最大值时，与吸气孔口断开，齿间容积封闭，吸气过程结束，如图 2-148(a)所示。值得注意的是，此时阳和阴转子的齿间容积彼此并不连通。

b. 压缩过程。转子继续旋转，在阴、阳转子齿间容积连通之前，阳转子齿间容积中的气体，受阴转子齿的侵入先行压缩；经某一转角后，阴、阳转子齿间容积连通，形成V形的齿间容积对（基元容积），随两转子齿的互相挤入，基元容积被逐渐推移，容积也逐渐缩小，实现气体的压缩过程，如图 2-148(b)所示。压缩过程直到基元容积与排气孔口相连通时为止，如图 2-148(c)所示，此刻排气过程开始。

c. 排气过程。如图 2-148(d)所示，由于转子旋转时基元容积不断缩小，将压缩后气体送到排气管，此过程一直延续到该容积最小时为止。

随着转子的连续旋转，上述吸气、压缩、排气过程循环进行，各基元容积依次陆续工作，构成了螺杆式制冷压缩机的工作循环。

从以上过程的分析可知，两转子转向互相迎合的一侧，即凸齿与凹齿彼此迎合嵌入的一侧，气体受压缩并形成较高压力，称为高压力区；相反，螺杆转向彼此相背离的一侧，即凸齿与凹齿彼此脱开的一侧，齿间容积在扩大形成较低压力，称为低压力区。此两区域借助于机壳、转子相互啮合的接触线而隔开，可以粗略地认为两转子的轴线平面是高、低压力区的分界面。另外，由于吸气基元容积内的气体，随转子旋转，由吸气端向排气端做螺旋运动，因此吸气、排气孔口要成对角线布置，吸气孔口位于低压力区的端部，排气孔口位于高压力区的端部。

② 工作特点

螺杆式制冷压缩机作为回转式制冷压缩机的一种，同时具有活塞式和速度式两者的特点。

a. 与往复活塞式制冷压缩机相比，具有转速高，重量轻，体积小，占地面积小以及排气脉动低等一系列优点。

b. 螺杆式制冷压缩机没有往复质量惯性力，动力平衡性能好，运转平稳，机座振动小。

c. 螺杆式制冷压缩机结构简单，机件数量少，没有像气阀、活塞环等易损件。它的主要摩擦件如转子、轴承等，强度和耐磨程度都比较高，而且润滑条件良好，因而机加工量少，材料消耗低，运行周期长，使用比较可靠，维修简单，有利于实现操纵自动化。

d. 与速度式压缩机相比，螺杆式压缩机具有强制输气的特点，即排气量几乎不受排气压力的影响，在小排气量时不发生喘振现象，在工况范围内，仍可保持较高的效率。

e. 采用滑阀调节，可实现能量无级调节。

f. 螺杆压缩机对进液不敏感，可以采用喷油冷却，故在相同的压力比下，排温比活塞式低得多，因此单级压力比高。

g. 没有余隙容积，因而容积效率高。

③ 存在的缺陷

a. 制冷剂气体周期性地高速通过吸、排气孔口，通过缝隙的泄漏等原因，使压缩机有很大噪声，需要采取消音减噪措施。

b. 螺旋形转子的空间曲面，加工精度要求高，需用专用设备和刀具来加工。

c. 由于间隙密封和转子刚度等的限制，目前螺杆式压缩机还不能像往复式压缩机那样达到较高的终了压力。近年来，螺杆式制冷压缩机发展很快，其制冷系数、噪声级等指标已接近或达到活塞式压缩机的水平，在中等制冷量范围内的应用取得了信誉。而且机组逐渐更新，品种日益增加，制冷量向更低与更高的范围内延伸，不断地扩大了使用范围，并向不同的领域扩张，已发展成为制冷机的主要形式之一。

为了保证螺杆式制冷压缩机的正常运转，必须配置相应的辅助机构，如润滑油的分离和冷却，能量的调节控制装置，安全保护装置和监控仪表等。通常生产厂多将压缩机、驱动电机及上述辅助机构组装成机组，称为螺杆式制冷压缩机组。

④ 优点

由于喷油使制冷机的性能大大改善，故螺杆式制冷压缩机绝大部分为喷油式。喷油的优点如下：

a. 降低排气温度。

b. 减少制冷剂泄漏，提高密封效果。

c. 增强对零部件的润滑，提高零部件寿命。

d. 对声能和声波有吸收和阻尼作用，可以降低噪声。

e. 冲洗掉机械杂质，减少磨损。但由于喷油量较大，所以螺杆装置中必须增设油的处理设备，如油分离器、油冷却器、油过滤器、油压调节阀和油泵等，这将增大机组的体积和复杂性。

(3)涡旋式制冷压缩机

自 2013 年以后上海地铁新购的列车空调首选涡旋式压缩机，由于其主要运行件涡盘只有啮合没有磨损，因而寿命更长，被誉为“免维修压缩机”。涡旋压缩机运行平稳、振动小、工作环境宁静，又被誉为“超静音压缩机”。

① 工作原理

涡旋式压缩机是回转式压缩机的一种。它发明于 1905 年，但直到 20 世纪 80 年代初才在日本应用到制冷及空调领域中。涡旋压缩机主要由两个涡旋盘相错 180°对置而成，其中一个是固定涡旋盘，而另一个是旋转涡旋盘，它们在几条直线(在横截面上则是几个点)上接触并形成一系列月牙形容积。旋转涡旋盘由一个偏心距很小的曲柄轴驱动，绕固定涡旋盘平动，两者间的接触线在运转中沿涡旋曲面移动。它们之间的相对位置，借安装在旋转涡旋盘与固定部件间的十字滑环来保证。

涡旋压缩机的工作过程如图 2-149 所示。吸气口设在固定涡旋盘的外侧面，由于曲柄的转动(顺时针)，气体由边缘吸入，并被封闭在月牙形容积内，随着接触线沿涡旋面向中心推进，月牙形容积逐渐缩小而压缩气体。而高压气体则通过固定涡旋盘上的轴向中心孔排出。图 2-149(a)表示正好吸入完了的位置,图 2-149(b)示出涡旋外围为吸入过程,中间为压缩过程,中心处为排气过程,图 2-149(c)和图 2-149(d)示出连续而同时进行着吸入和压缩过程。在曲柄轴的每一转中,都形成一个新的吸气容积,所以上述过程不断重复,依次完成。

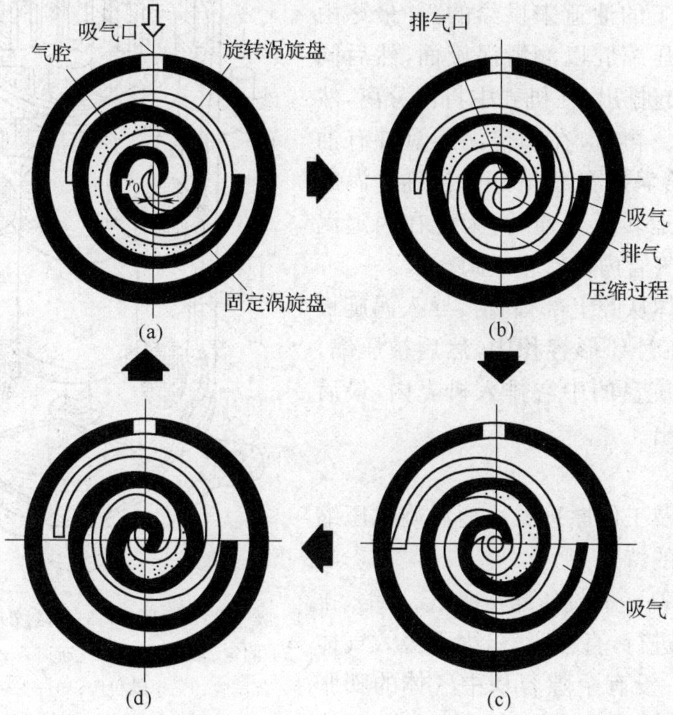

图 2-149　涡旋压缩机工作过程

② 结构形式

目前仅有小型全封闭及开启式两种机型。都以氟利昂为制冷剂,主要应用在汽车空调及 2.2～4.4 kW 的家用热泵型空调器中。图 2-150 为 3.75 kW 全封闭涡旋式压缩机剖面示意。压缩机主要由固定涡旋盘、旋转涡旋盘、十字滑环、曲轴、支架、机壳等组成。固定涡旋盘和电动机定子安装在机壳内壁上。十字滑环是上、下两面设置互相垂直的两对凸键的圆环,上面凸键装在旋转涡旋盘背面的键槽内,下面的凸键装在支架的键槽内。十字滑环的作用是防止旋转涡旋盘倾斜及自转。在旋转涡旋盘下设有一个背压腔,背压腔由旋转涡旋底盘上的小孔引入中压气流自动充气,使气腔压力支撑着旋转涡旋盘,同时在旋转涡旋盘顶部装有可调轴向密封,使得旋转涡旋盘可以轴向移动,这样便可补偿运行中的逐渐磨损,并且也能防止液击或压缩腔中润滑油过多时引起的过载。

在曲柄销轴承处和曲轴通过支架的地方，装有转动密封，以保持背压腔与机壳之间的气密性。轴承的润滑油是利用排气压力和中间压力的压差，由密封壳体的底部经曲轴上加工的油道来供给的，并最终由背压腔流向压缩腔以润滑涡旋面，然后同压缩气体一起排出，在机壳中将油分离，然后流至底部。再者，在固定涡旋盘外有油流，由这里给涡旋盘摩擦部位供油。涡旋压缩机停止运转后会逆转，为此在固定涡旋盘上的吸气管内装有止逆阀。

吸入气体从腔上部被直接导入涡旋板的四周，封在月牙形容积中，然后被压缩，并由固定涡旋盘的中心排入机壳内，最后由排气管排出。

③ 特点

从结构及工作原理看小型涡旋式压缩机具有如下的特点：

a. 效率高。涡旋压缩机吸气、压缩、排气连续单向进行，直接吸气，因而吸入气体有害过热小；没有余隙容积中气体的膨胀过程，因而输气系数高。同时，两相邻压缩腔中的压差小，气体泄漏量少。另外，旋转涡旋盘上所有接触线转动半径小，摩擦速度低，损失小，加之吸、排气阀流动损失小，因而效率高。

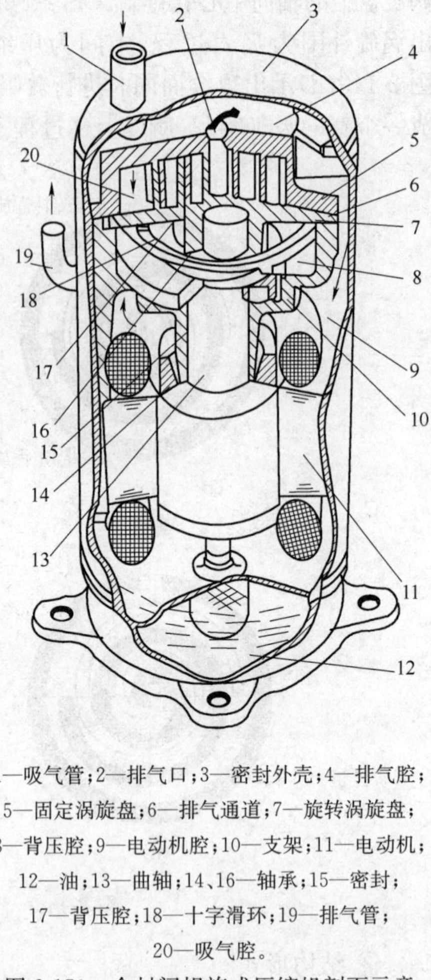

1—吸气管；2—排气口；3—密封外壳；4—排气腔；5—固定涡旋盘；6—排气通道；7—旋转涡旋盘；8—背压腔；9—电动机腔；10—支架；11—电动机；12—油；13—曲轴；14、16—轴承；15—密封；17—背压腔；18—十字滑环；19—排气管；20—吸气腔。

图 2-150　全封闭蜗旋式压缩机剖面示意

b. 力矩变化小、振动小、噪声低。涡旋压缩机压缩过程较慢，并可同时进行两、三个压缩过程，机器运转平稳，而且曲轴转动力矩变化小；其次，气体基本连续流动，吸、排气压力脉动小。

c. 结构简单，体积小，重量轻，运动零部件少。没有吸、排气阀，易损件少，可靠性好。涡旋压缩机同活塞式压缩机相比，体积小 40%，重量减轻 15%，效率高 10%，噪声低 5 dB(A)。

但其制造需高精度的加工设备及精确的调心装配技术，这就限制了它的制造及应用。

2.6.2　换热器和辅助设备

1. 换热器

制冷系统中,除了制冷压缩机以外,还有一些为完成制冷循环所必需的换热器及其他辅助设备。冷凝器和蒸发器是最主要的换热器。它们传热效果的好坏直接影响制冷机的重量尺寸和经济性。此外,在低温设备中(如复叠式制冷机和二级压缩制冷机)的制冷换热器,还有蒸发冷凝器、中间冷却器、过冷器等,其作用或结构与一般的冷凝器、蒸发器略有不同。

(1)冷凝器

在制冷过程中冷凝器起着输出热量并使制冷剂得以冷凝的作用。从制冷压缩机排出的高压过热蒸汽进入冷凝器后,将其在工作过程吸收的全部热量带走,其中包括从蒸发器和制冷压缩机中以及在管道内所吸收的热量都传递给周围介质(水或空气)。制冷剂高压过热蒸汽重新凝结为液体。过热蒸汽在冷凝器中放热而变成液体时,一般可分为三个放热过程:

① 过热蒸汽冷却为干蒸汽。过热蒸汽进入冷凝器放热的初级阶段,由排气温度下降至冷凝温度(即该压力下的饱和温度),此时,过热蒸汽就冷却为干蒸汽。

② 干蒸汽冷凝为饱和液体。蒸汽在冷凝器内放热冷凝过程中温度不变(仍为冷凝温度)。

③ 饱和液体进一步冷却为过冷液体。在冷凝器末端,蒸汽已经全部冷凝为饱和液体,但是由于制冷剂的冷凝温度总是比冷却介质的温度高,饱和液体还可以进一步被冷却介质所冷却,使其成为温度低于该压力下饱和温度的过冷液体。

经以上三个过程,冷凝器的放热才结束。从以上可见,制冷剂放热的初末阶段其温度是下降的,但在整个放热过程中压力却是不变的。

根据冷却介质和冷却方式的不同,冷凝器可分为三类:水冷式冷凝器、空气冷却式冷凝器和蒸发式冷凝器。

水冷式冷凝器的特点是传热效率高,结构紧凑,故适用于大中型制冷装置中。但采用这种冷凝器需要有冷却水系统,且管壁上结水垢后传热效果会降低,故需要定期清洗。

蒸发式冷凝器是利用水在管外蒸发时吸收热量而使管内制冷剂蒸汽冷凝的一种换热器。它耗水量少,适用于缺水地区。但管外结垢后更难清洗,因而应使用水质较好或经过软化处理的水作为补充水。

空气冷却式冷凝器不需要冷却水,因而使用、安装都比较方便,特别适用于小型制冷装置中。但空气冷却式冷凝器传热系数低,因此体积和重量都比较大,另外翅片表面积灰后会使传热恶化,故需要及时进行清洗。

(2)蒸发器

蒸发器是依靠制冷剂液体的蒸发(沸腾)来吸收被冷却介质热量的换热设备。它在制冷系统中的功能是吸收热量(或称输出冷量)。为了保证蒸发过程能稳定持久地进行,必须不断地用制冷压缩机将蒸发的气体抽走,以保持一定的蒸发压力。同时,蒸发温度的高低取决于其对应的蒸发压力。

蒸发器内绝大部分是湿蒸汽区。湿蒸汽进入蒸发器时,其蒸汽的含量只占10%左右,其余都是液体。随着湿蒸汽在蒸发器内流动与吸热,液体逐渐蒸发为蒸汽,蒸汽含量越来越多,当流至接近蒸发器出口时,一般已成为干蒸汽。在这个过程中,其蒸发温度几乎始终保持不变,且与蒸发压力相对应。由于蒸发温度总是比被冷却对象温度低,干蒸汽还会继续吸热。当蒸发器内的湿蒸汽全部蒸发成干蒸汽时,在蒸发器末端温度将继续上升,成为过热蒸汽。因此,蒸发器的出口端总是处于过热蒸汽区,若处于湿蒸汽区,就有可能使压缩机产生液击。

从以上分析可见,整个蒸发器可分成两个区域,即湿蒸汽区与过热蒸汽区,但过热蒸汽区占蒸发器的极小部分。

根据冷却介质种类不同,蒸发器可分为两大类:冷却液体型蒸发器和冷却空气型蒸发器。

(3)其他换热器

① 冷凝蒸发器:用于复叠式制冷机,它利用高温级制冷剂制取的冷量,使低温级压缩机排出的制冷剂蒸汽凝结,既是高温级循环的蒸发器,又是低温级循环的冷凝器。

② 中间冷却器:用于二级压缩制冷系统,它除了用来冷却低压级压缩机的排气外,还对进入蒸发器的制冷剂液体进行过冷。此外,对低压级压缩机的排气也起着油分离器的作用。

③ 回热器:通常指氟利昂制冷机中的气液热交换器。这种热交换器对节流前的制冷剂液体是过冷器,而对蒸发器出口蒸汽则是过热器。

2. 制冷装置的辅助设备

在蒸汽压缩式制冷装置中,除了必须的制冷压缩机、冷凝器、蒸发器和膨胀机构外,还有许多改善制冷系数和保证运转安全不可缺少的辅助设备。属于这类设备的主要有:储液器、气液分离器、干燥器和过滤器、管道等。

(1)储液器

储液器又称储液筒,用于储存制冷剂液体一般用于使用膨胀阀为节流元件的系统。按储液器功能和用途的不同,分为低压储液器和高压储液器两类。高压储液器用于储存由冷凝器来的高压液体制冷剂,以适应工况变化时制冷系统中所需制冷剂量的变化,并减少每年补充制冷机的次数。高压储液器一般为卧式结构,高压储液器上应安装有液位计、安全阀等，同时应有气体平衡管与冷凝器相通，以利于液体流入储液器中。高压储液器的充灌高度一般不超过筒体直径的80%。低压储液器仅在大型氨制冷装置中使用，用于存储低压液氨。其结构与高压储液器相同。

(2)气液分离器

气液分离器一般用于分离蒸发器所排出的低压蒸汽中的液滴，可防止活塞式制冷压缩机的液击。

(3)干燥器和过滤器

干燥器只用在氟利昂制冷机中，装在液体管路中用于吸附制冷剂中的水分。干燥器一般安装于节流元件之前。

过滤器用于清除制冷剂中的机械杂质，如金属屑及氧化皮等。

在小型的氟利昂制冷装置中，通常将干燥器和过滤器合二为一，称为干燥过滤器。

(4)管道

制冷装置中各单个设备或部件需用管道连接才能构成完整的系统，制冷剂所产生的冷量也要通过管道才能输送至需要冷量的地方。若将制冷压缩机比作制冷系统的心脏，那么管道就是血管。因此管道尺寸的正确与否，直接影响制冷机的性能，甚至影响制冷机的正常运转。

管道一般采用铜管(不适于氨机)或无缝钢管。管路之间的连接采用焊接。

2.6.3　节流元件和阀门

1. 膨胀机构

在蒸汽压缩式制冷系统中，除了制冷压缩机和各种换热设备外，还需专门的膨胀机构，使制冷剂节流后降低温度和压力。低温、低压的制冷剂在蒸发器中汽化、吸收汽化潜热，进行制冷。

膨胀机构位于冷凝器之后，从冷凝器出来的高压制冷剂液体流经膨胀机构后，压力降低，然后进入蒸发器中。膨胀机构除了起节流作用以外，还起调节进入蒸发器制冷剂流量的作用。通过膨胀机构的调节，使制冷剂离开蒸发器时有一定的过热度，保证制冷剂液体不会进入压缩机。

膨胀机构的种类很多，根据它们的应用范围，可分为以下五大类型：

① 手动膨胀阀，用于工业用的制冷装置。

② 热力膨胀阀，用于工业、商业和空气调节装置。

③ 电子膨胀阀，用途与热力膨胀阀相同。

④ 毛细管，用于家用制冷装置。

⑤ 浮球调节阀，用于工业、商业和生活制冷装置。

在制冷系统中，能够按一定需要向蒸发器中供应液体制冷剂的设备，统称为流量控制设备。流量控制设备是制冷系统中的一个重要部分，它应当保证向蒸发器送入充足的液体制冷剂，使蒸发器的冷却盘管内全部为液体制冷剂所浸润，以充分发挥蒸发器的制冷效能；同时还应保证在蒸发器出口处的制冷剂能全部汽化，而不会因送入过量的液体制冷剂造成部分液体制冷剂来不及蒸发而随回气进入压缩机，发生"液击"致使阀和密封元件损坏。

自动调节流量的设备很多，对蒸发器供液量的自动调节通常用热力膨胀阀。

热力膨胀阀又称自动膨胀阀，它除了利用蒸发器出口处制冷剂蒸汽的过热度来调节制冷剂流量外，还对高压液体制冷剂起节流降压作用，使制冷剂一出阀孔就沸腾膨胀为湿蒸汽，故也称节流阀。

(1)热力膨胀阀的结构与原理

热力膨胀阀按平衡方式的不同，可分为内平衡式和外平衡式两种。图 2-151 为内平衡式热力膨胀阀的结构，它是由感温包、毛细管、膜片、顶杆、阀座、阀针及调节机构等组成。膨胀阀接在蒸发器的进口管上(图 2-152)。在感温包、毛细管及膜盒(膜片上的空腔)构成的密闭空间(称感温系统)中，充注与制冷系统相同的制冷剂液体或其他气体，这种液体或气体对于膨胀阀的调节机构起推动作用，感温包感受制冷剂离开蒸发器时的温度，与其温度相对应的饱和压强 p_1 经毛细管传至膨胀阀上部的膜片上，使膜片有一向下的推力 $P'_1=p_1S$，(S 为膜片受压面积)，其作用方向是使阀门向开启方向移动，膜片下面所承受的力有两个(阀针所受节流前后压力差的作用力很小，分析时可忽略)：一个是经过阀门节流后制冷剂的压力 $P'_0=p_0S$；另一个是弹簧力 P_2。这两个力的作用方向是使阀门朝关闭方向移动。系统在任何蒸发压力及负荷的情况下，这些力应当平衡，即 $P'_1=P'_0+P_2$，此时膜片不动，也就是阀针的位置不动，阀针孔的开启度不变，如图 2-152 所示。

膨胀阀的工作原理就是利用 P'_1 的变化来改变针孔的开启度，从而改变制冷剂的流量，实现自动调节。如图 2-152(a)中，液体制冷剂在膨胀阀孔口处降低压力与温度后的饱和液体与蒸汽的混合物在 A 点进入蒸发器，其压力为 P_0，温度为 t_0，制冷剂流至 B 点全部蒸发为饱和蒸汽，至 C 点出口，蒸汽过热至 T_{01}，如果忽略蒸发器管排与感温包的传热温差，则对应于温度 T_{01} 的饱和蒸汽压力作用在膨胀阀感温系统内的膜片上部。当蒸发器的供液量相对于蒸发器的热负荷来说显得较少时，蒸发器出口蒸汽的过热度增大，因而使感温包中蒸汽温度升高，压力增大，$P'_1> P'_0+P_2$，迫使膜片向下弯曲，通过顶杆，使弹簧压缩，因而阀孔开大，供液量增加；反之当供液量较多时，出口蒸汽过热度减小，感温系统中的压力降低，$P'_1<P'_0+P_2$，针阀受弹簧的压力而自动将阀孔关小，供液量随之减少。这里 $P'_1-P'_0$ 是

相当于过热度的力，同时可知，P_2 是给定过热度的力。所以热力膨胀阀对于蒸发器负荷的变动，是通过感温包和蒸发器内的压力，不断地传递到预先调好的弹簧上，也就是根据给定的过热度来调节制冷剂的流量，最大限度地发挥蒸发器的能力。

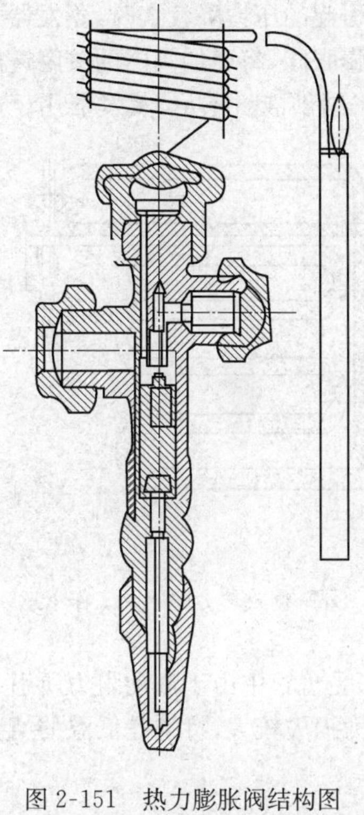

图 2-151　热力膨胀阀结构图

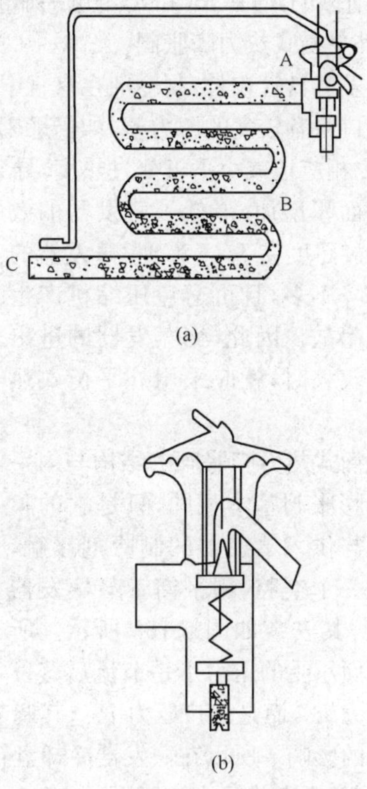

图 2-152　内平衡式热力膨胀阀工作示意

(2)热力膨胀阀的基本调节特性

① 关闭过热度及可变过热度

根据以上所述，当出口蒸汽的过热度减小时，阀孔的开度也减小，而当过热度减小到某一数值时，阀门便关闭，这时的过热度称为关闭过热度(即前面所述的给定过热度)。如果没有膜片刚度和阀杆与填料的摩擦而造成的摩擦滞后的影响，则关闭过热度也等于阀门开始开启时的过热度(一般开启过热度稍大于关闭过热度)。关闭过热度是由于弹簧的预紧力而产生的，它的数值与弹簧的预紧力有关，而弹簧的预紧力可用调节杆来调整。当弹簧被调整到最松的位置时(此时弹簧不能有轴向松动)的关闭过热度称为最小关闭过热度；将弹簧调整到最紧位置(弹簧不得压死)时的关闭过热度称为最大关闭过热度。

② 过热度与蒸发温度的关系

热力膨胀阀所控制的过热度,是随蒸发温度而变的。当用于不同蒸发温度时,过热度可以用调节杆予以调节,但调节范围是有限的,所以一个热力膨胀阀的适用温度范围是有限的,通常 R_{12} 和 R_{22} 的膨胀阀的适用范围为$-40\sim+10$ ℃。

(3)外平衡式热力膨胀阀

当蒸发器盘管较长,制冷剂在盘管中流动阻力引起的压力降较大时,蒸发器的进口和出口将有较大的压力差,如仍采用内平衡式膨胀阀,将增加阀门的关闭过热度,因而也相应地减小了可变过热度,导致热力膨胀阀供液量不足,蒸发器用于蒸汽过热的面积增加,降低了蒸发器的效率。一般过热度在 5～6 ℃时,蒸发器的利用率下降不多,且可避免压缩机产生的"液击"事故。因此,当蒸发器的进出口压力差较大时,就应采用外平衡式热力膨胀阀。

外平衡式热力膨胀阀的结构与内平衡式热力膨胀阀基本相同,只是它的膜片下方不与供入蒸发器的制冷剂接触,而是设有一个空腔,用平衡管与蒸发器出口连接,其安装如图 2-153 所示。所以膜片下面承受的压力不是节流后蒸发进口的压力 P_0,而是出口压力 P_{01},其调节特性就不受盘管中由于流动阻力所引起的压力差的影响。所以在蒸发器冷却盘管较长,阻力损失较大,特别是低温的情况下,应采用外平衡式热力膨胀阀。

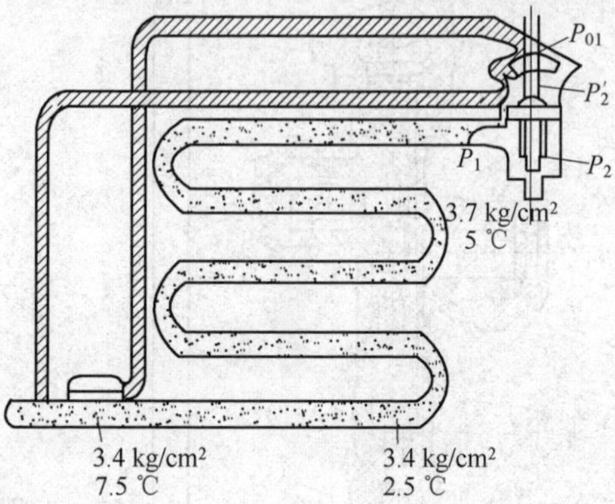

图 2-153 外平衡式热力膨胀阀工作示意

2. 阀门

(1)电磁阀

电磁阀是一种自动开启的阀门,用于自动接通和切断制冷系统的管路,广泛应用于氟利昂制冷机中。

电磁阀通常安装在膨胀阀和冷凝器之间。位置应尽量靠近膨胀阀,因为膨胀阀只是一个节流元件,本身无法关严,因而需利用电磁阀切断供液管路。

电磁阀与压缩机同时开动,压缩机停机时电磁阀立即关闭,停止供液,避免停机后大量的制冷剂流入蒸发器中,造成再次启动时压缩机中发生液击。

(2)截止阀

截止阀安装在制冷设备和管路上,起着接通和切断制冷剂通道的作用。制冷压缩机上的截止阀和管路中的截止阀结构基本相同，主要区别在于前者具有多用通道。多用通道可以开启和关闭，其用途很多，如安装压力表、对系统进行抽真空操作以及添加制冷剂与润滑油等，给操作与维修带来了很大的方便。

(3)止回阀

止回阀起截止逆向流动的作用。在不希望因压差反向而引起制冷剂逆向流动的管道上安装止回阀。止回阀又叫逆止阀或单向阀。止回阀一般用在压缩机排气管上，防止停机时制冷剂蒸汽从冷凝器倒流回压缩机，在压缩机排气阀附近积液，或者防止多台压缩机并联的系统中制冷剂从运行的压缩机流向停止运行的压缩机。止回阀也用于热泵机组中。

(4)观察镜

观察镜不直接起保护作用，但用它可以随时观察到制冷系统关键部位的内部情况，以便操作人员及时掌握系统工作是否正常，在不正常情况下，能够帮助分析产生故障的原因。这种监视，对于安全保护也是很必要的。

制冷系统中常用的观察镜有以下三类：

① 液流观察镜。安装在制冷剂液管、回油管和冷却水或冷媒水管上，观察管内上述液流情况是否正常。

② 液位观察镜。它由耐压玻璃制作，安装在储液容器上的控制液面附近，作为容器的一个透明窗口。常用来观察储液器的液位和曲轴箱中的油位。大型压缩机的曲轴箱上有时安装上、下两个观察镜，可以分别观察低限和高限油位。

③ 制冷剂含水量观察镜(水分指示器)。安装在制冷剂液管上，用于观察氟利昂制冷剂中的含水量，结构如图 2-154 所示。它是在液流观察镜的中心装入一个能显示含水量的纸芯。纸芯在一定的金属盐溶液中浸过，金属盐与制冷剂中的水分相遇发生化学反应，其水化物视含水量的不同而呈现出不同的颜色，观察镜的外环上有比色带，给出各种颜色所代表的含水量数值。观察时，可将纸芯的颜色与比色带的颜色比较，从而知道系统中的含水是否在许可的范围内。

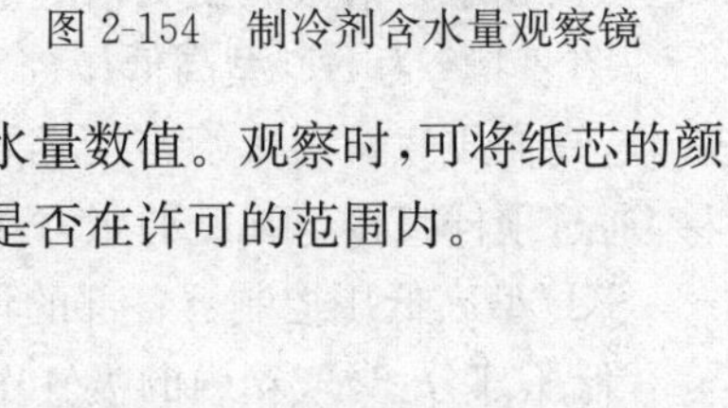

图 2-154 制冷剂含水量观察镜

2.6.4 制冷装置的自动化

实现自动化是制冷机的发展方向。一般来说，动力机械的自动化包括如下五方面：

(1)自动监视：自动记录出某些参数随时间的变化情况。

(2)自动显示：用发光二极管或声响来预示某一参数已达到规定数值。

(3)自动保护：当某一参数达到危险的数值时，使机器停止工作。

(4)自动控制:使系统中各元件按规定的顺序启动及停止运转。

(5)自动调节:使某些参数保持给定的数值或按规定的规律来变动。

这五个方面的任务都是通过电脑、传感器及控制元件来实现的。

下面就小型制冷装置中几种常见的自动化设备的结构与作用原理进行说明。

1. 蒸发器液量的自动调节

对蒸发器液量的自动调节主要是通过膨胀机构来实现的,在轨道车辆制冷机组中常用的有热力膨胀阀。此部件已在 2.6.1 制冷原理说明,不再赘述。

2. 制冷机的压力保护器件

为了保证制冷机的运行安全,在系统中常装有压力保护器件,以便压力达到规定的极限值时,压缩机能自动停车。常用的压力保护器件有压力控制器。

压力控制器也称压力继电器,是一种受压力信号控制的电器开关。压缩机的吸排气压力有剧烈的变化,是制冷系统工作不正常的表现,当压缩机的吸排气压力超出其正常工作压力范围时,压力控制器应自动作用,切断电源,使压缩机停车。

压力控制器由高压和低压控制器组合成一个高低压控制器,也可以各自单独分开为单体。

高压控制器的波纹管室接于压缩机的排气腔,监视和控制排气压力,如果压缩机的排气压力过高,超过正常运行负荷,很可能使电机绕组烧毁和损伤压缩机的排气阀门,所以当排气压力高于正常值时,高压控制器就动作,切断了主电机的电源,压缩机即停转。

低压控制器的波纹管室接于压缩机的吸气腔,监视和控制吸气压力。压缩机吸气压力过低,不仅影响制冷机组的正常工作,甚至不能制冷,还消耗了电力,特别是封闭式压缩机,长时间空转可能烧毁电机绕组。故当吸气压力低于正常值时,控制器动作,切断主电机电源,压缩机停转。

压力控制器的结构形式很多,但其动作原理基本相同,都是以波纹管气箱为动力室,接收压力信号后使气箱产生位移推动触点的通和断。

图 2-155 为 KD 型高低压控制器内部结构原理图,它分低压、高压、接线三个部分,高低压气箱用接管与压缩机的吸排气腔连接,气箱接受压力信号后产生位移,通过顶杆直接与弹簧的张力相作用,并用传动杆推动微动开关。

KD 型高低压控制器各部的作用如下:

低压部分:当气箱内的吸气压力低于调定值时,弹簧的张力大于气箱的顶力,弹簧力将传力杆向气箱方向推动,传动杆脱开低压微动开关的按钮,按钮在内部的弹力作用下而弹出,使微动开关的触点分离而切断电源。当吸气压力回升至高于它的调定值时,气箱顶力大于弹簧张力,则推动传动杆将按钮揿下,使微动开关触头闭合,电源又接通,其电路如图 2-156 所示。

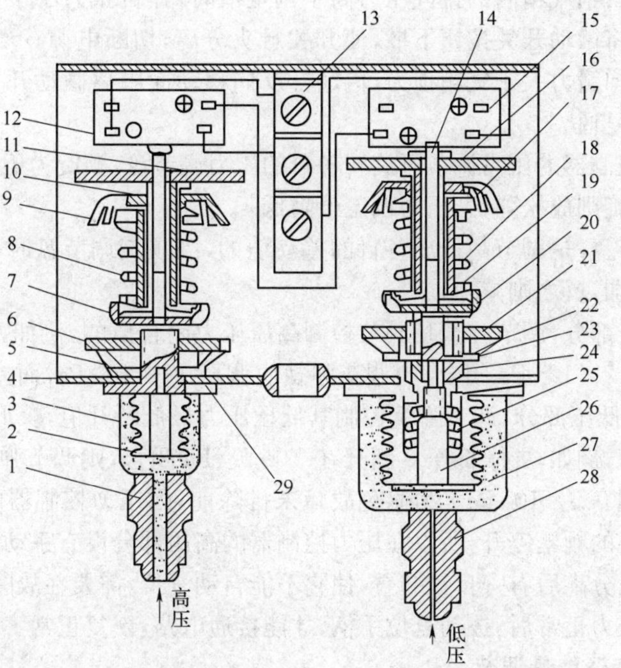

1、28—高低压接头；2、27—高低压气箱；3、26—顶力棒；4、24—压差调节座；5、22—蝶形簧片；6、21—压差(差动)调节盘；7、20—弹簧座；8、18—弹簧；9、17—压力调节盘；10、16—螺纹柱；11、14—传动杆；12、15—微动开关；13—接线柱；19—传力杆；23、29—簧片垫板；25—复位弹簧。

图 2-155　KD 型高低压控制器内部结构原理

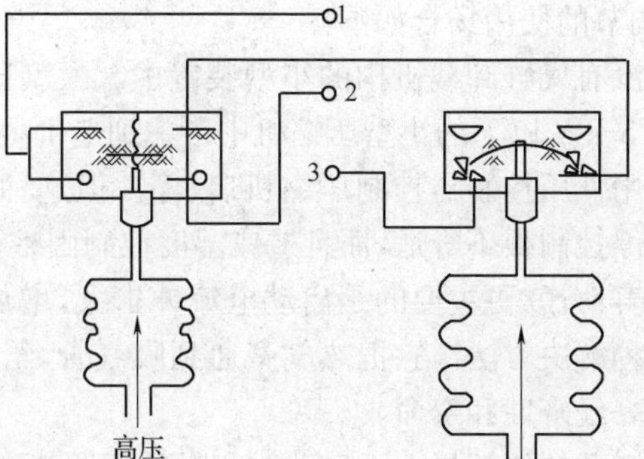

1—接电源进线；2—接事故报警信息；3—接触器线圈。

图 2-156　KD 型压力控制器接线图

高压部分：当气箱内的排气压力高于调定值时，弹簧张力小于气箱顶力，气箱推动传动杆，将微动开关按钮下揿，使开关触头分离，切断电源。当排气压力下降并恢复正常，弹簧力大于气箱顶力，传动杆反向移动而脱离微动开关按钮，开关触头闭合，电源复通。

高低压控制器的压力调节可旋转各自的压力调节盘，顺旋为压紧弹簧，压力调定值增加，反旋则放松弹簧，压力调定值降低。

压差调节盘，是调节高低压各自的差动值的，当顺旋调节盘时，蝶形弹簧受压缩，差动值增加，反之则减少。

对于高压部分，调节弹簧是调节控制高压压力闭合值的，例如，要求高压 14×10^5 Pa 断开，12×10^5 Pa 闭合，则调节弹簧应调至 14×10^5 Pa，而差动则调到 2×10^5 Pa。对于低压部分，调节弹簧控制其低压压力最低断开值，蝶形弹簧控制其低压压力闭合值，例如，要求低压 0 断开，0.5×10^5 Pa 闭合，则调节弹簧应调到 0，而差动应调节到 0.5×10^5 Pa。为避免故障未排除前，因压力控制器的自动复位，可能造成压缩机的频繁停开，所以在压力控制器的高压部分设有手动复位装置，此时高压开关触头分离后有一自锁装置，使它不能自动复位，需要在故障排除完了及高压系统内的压力正常后，拨动复位手柄，才能接通电路，恢复正常工作。

3. 热气旁通能量调节

热气旁通能量调节的原理：在负荷下降使吸气压力降低时，将压缩机排出的热气旁通一部分到低压侧，用于补偿因负荷下降而减少的蒸发器回气量，保持压缩机连续运行所必需的最低吸气压力。它能使压缩机的能力与蒸发器的实际负荷相适应，在蒸发器负荷下降时，来自高压侧的热气为其提供一个虚负荷。

热气旁通能量调节的使用场合如下：

(1)用在压缩机没有气缸卸载机构的小型装置中。大型压缩机中广泛采用气缸卸载机构，但在 7.5 kW 以下的小型压缩机中考虑到造价太高，一般不设气缸卸载机构，比较多地采用低压控制器控制压缩机启、停。但这种方式存在下述问题：①在空调装置中，启停控制很不舒适，而且造成湿度控制困难；②负荷变化大时，启停频繁，影响压缩机寿命；③更主要的是启动电流冲击大，增加运行费用，不经济。因此，热气旁通是一种解决方法。它把热气旁通到吸气管，给压缩机施加负荷，使之连续运转，可以提高经济性和寿命。

(2)用在有能量卸载的压缩机上。启动时和降负荷调节到最低挡时，压缩机都处于基本能级。如果还希望启动负荷更小，或者希望在负荷小到几乎是空载时仍要压缩机不停止运行的场合，可以在最低能级挡再设热气旁通，实现该范围内的无级能量调节。

采用热气旁通能量调节在系统布置上应考虑以下问题：

①吸气过热度不要太大;

②不造成液击;

③不影响系统回油。

图 2-157 示出热气旁通能量调节的几种布置方式。图 2-157(a)是最简单的方法。将能量调节阀(热气阀)装在吸、排气之间的旁通管上,热气阀在 p_s 低于设定值时打开。这种布置虽然简单,但热气旁通时间太久的话,压缩机有过热的危险。另外,负荷过低时,热力膨胀阀供液过少,蒸发器中制冷剂流速太低,会影响系统回油。为了避免热气旁通引起吸气过热,可以采用图 2-157(b)的布置方式,即再用一只喷液阀,从液管引制冷剂液体喷入吸气管,使热气冷却,降低排气温度。也可以如图 2-157(c)那样。从储液器顶部引高压饱和蒸汽旁通,由于旁通气的温度不高,与蒸发器回气混合后不会引起吸气过热太高。但要注意防止将液体抽回压缩机产生液击的危险。图 2-157(d)的布置方式是将热气向蒸发器出口处旁通,而将热力膨胀阀的感温包安装在旁通点下游至少 2 m 远处。其结果是:感温包受热气加热作用,控制膨胀阀开度变大,提供过量液体,并在较长的管段上与热气混合,既冷却热气,又避免液击,还能提高蒸发器中制冷剂的流速,有利于回油。图 2-157(e)是向蒸发器中部引热气,热气向蒸发器提供虚负荷。图 2-157(f)对于并联多路盘管的蒸发器是最好的方法,将热气旁通到膨胀阀与分液器之间。

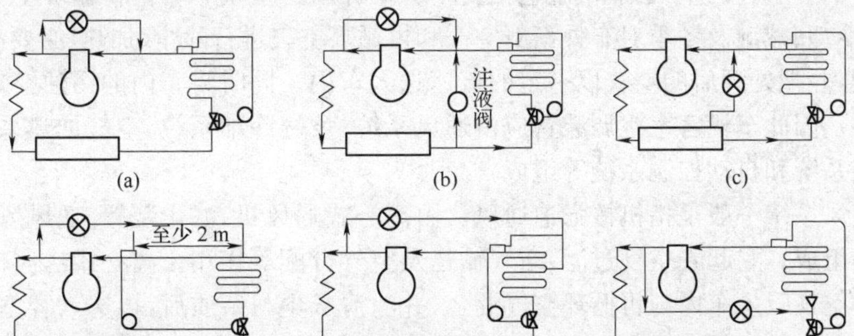

图 2-157　热气旁通能量调节的布置方式

4. 温度的自动调节

出于工艺要求或安全工作条件,制冷装置有许多工作点温度需要控制。首先是被冷却对象温度恒定;此外,排气温度等必须在安全范围以内。为此用温度调节器实现调节或者用温度控制器作为电开关,发出电气指令,使执行器对装置的相应部分完成控制动作。

使被冷却对象达到并保持在工艺要求指定的温度既是装置使用的最终目的，又是制冷装置调节的一个主要内容。保持被冷却对象的温度恒定，意味着机组的工况和产冷量随时适应外界条件和负荷变化的要求，使制冷量与负荷之间始终保持动态平衡。制冷装置由一系列部件组成，从调节的角度看，它包括多个阻容环节，每个环节都有自己的时间常数，存在一定的反应滞后；干扰因素也很多；另外机组变工况后恢复稳定需要一定的时间，所以，无论采用什么方式，被冷却对象的温度波动总不可避免，只能根据工艺提出的恒温控制精度要求，采取相应的调节手段，将被冷却对象的温度波动控制在允许的范围内。

在城市轨道交通车辆的空调系统中，常采用传感器与电子温控器(常采用电子调节器)相配合进行温度控制。温控器多使用电子调节器，传感器用作温度检测，一般采用热电偶或热敏电阻作传感器。热电偶是利用西伯克效应将温度转变成电位差，其温度测量精度较高。热敏电阻由 Mn、Ni、Co 等金属氧化物烧结而成。电阻值随温度升高而减少，电阻随温度的变化率约比铂电阻高 10 倍，反应灵敏。

2.6.5 车辆空气调节

空气调节就是把经过一定处理之后的空气，以一定的方式送入室内，使室内的空气的温度、湿度、洁净度和气流速度控制在适当的范围内。

车辆客室内的空气调节，应包括夏季对车外新鲜空气和车内再循环空气进行除尘、冷却、减湿及冬季对车外新鲜空气和再循环空气进行除尘、加热、必要时的加湿处理，并把处理后的空气以一定的流速送入车内。同时将车内的污浊空气排除至车外。因此车辆客室空调装置应由通风系统、空气冷却系统、空气加热系统、空气加湿系统和自动控制系统等组成。

通风系统一般是指机械强迫通风。由离心式通风机、滤尘装置、送风风道、回风道等组成。它起着空气过滤、空气输送及空气分配等作用。离心式送风机将车外新鲜空气吸入车内与再循环空气混合，并滤清灰尘与杂质后，再送入客室内，以保持客室内空气的洁净度和空气的流速。

空气冷却系统一般采用蒸汽压缩式制冷设备的蒸发器作为空气冷却器。在夏季，制冷设备工作时，由通风机吸入客室内外的空气，经空气冷却器冷却后送入客室内，以保证夏季客室内空气的温度达到指定要求。

由于空气冷却器的表面温度通常低于空气的露点，因此空气在通过空气冷却器冷却的同时也得到了减湿处理，从而保证了客室内空气的相对湿度达到指定要求。

一般车辆空气加热系统由空气预热和客室加热两部分组成。在冬季，由于室外空气温度较低，因此由送风机吸入客室内的空气必须经过预热处理，另外，客室内还装有加热装置,以补偿客室内的热损失,从而保证冬季车内空气的温度达到指定的范围。

加湿系统仅在某些对车内相对湿度要求较高的车辆内安装。在冬季,由于车外空气温度很低,含湿量较低,但空气被加热而温度提高之后,其相对湿度就非常低,而某些客车由于定员量少,乘客的散湿量也甚小,为此如对客室内环境要求较高的车辆须对空气进行加湿处理。

自动控制系统包括自动调节和控制各种空气参数的仪表和设备,它用于控制各个系统按照给定的调节方案,协调地进行工作,以保证车内所要求的空气参数维持在一定的范围内。

车辆上采用的空气调节装置有集中式和分散式两种类型。集中式空气调节装置是指一节车厢配有一套带通风、制冷、加热等系统的装置;分散式空气调节装置是指一节车厢安装有多套空气调节机组,因为每台空调机组常将压缩冷凝机组和空气冷却机组等组合在一起,故又称为单元式。

城市轨道车辆空气调节的送风系统一般多采用一次回风系统。一次回风系统是指经过处理的空气来源一部分是新鲜空气,一部分是室内的回风,回风与新风在空气冷却器前混合。

2.6.6 城市轨道交通车辆空调系统

随着空气调节技术的普遍应用和乘客对乘车环境舒适性要求的不断提高,近几十年来,在轨道交通的列车上安装空气调节设备得到了广泛重视。近年来,我国大力新建城市轨道交通,其中所使用的列车上都设置了空调系统。

1. 车辆空调系统的组成

客室空气调节装置按控制形式分,可分为定频空调控制方式和变频空调控制方式;按空调功能分,可分为单制冷空调和冷暖一体空调。

客室空气调节装置主要由通风系统、空气冷却系统、空气加热系统及自动控制系统等组成。其通风系统包括离心式通风机、送风风道、回风风道、排风口;空气冷却系统为蒸汽压缩式制冷机组,空气经过制冷机组的蒸发器降温除湿后由离心式通风机送入送风风道;空气加热系统包括吸入空气预热器和车内空气加热器,其热能来自列车供电系统的电能。

目前城市轨道交通的列车客室空调系统一般是在每节客室的顶部安装一台或一台以上的空调(制冷或热泵)机组,分散地向客室车厢内各部位送风。夏季,通过制冷机组和送风风道向车厢内送冷风;冬季,通风机仅向车厢内送风(新风与回风混合后的混合风)或是经空气预热器预热后的混合风,另由安装在车厢内的辅助电热设备(空气加热器)对车厢加热。

2. 车辆空调系统的控制

空调系统的启动、工作与监控都是由其自身的自动控制系统来实现自动控制、自动调节的。

目前上海城市轨道交通车辆有多种车型,但就其空调系统而言基本相同,因而,现仅以上海地铁某种车型空调系统为例,对车辆空调系统作简单介绍。

该型电动列车为 6 节车编组而成,分为两个单元,每个单元分别有 3 节车。每节车辆上都设有两台集中式单元空调机组,分别位于每节车辆车顶的两端。为了使车辆的外形轮廓不超过车辆静态界限,特在车顶两端设计了两个专用于安装空调机组的空调井,并在安装空调机组的机座上衬垫减振橡胶以减小与车体间相互的振动影响。空调系统的启动、工作与监控都是由设在每节车辆电器柜中的空调控制单元来实施自动控制、自动调节及本单元制冷压缩机的顺序启动,以免多台压缩机同时启动,启动电流过大,导致辅助逆变器负载过大而损坏。

空调控制单元是一个微型计算机处理系统,它是将各种功能模块板组合在一个标准的机箱中,通过专门设计的软件形成一个集控制、监控、诊断、故障存储与显示为一体的空调控制单元,并能通过标准的串行接口与计算机连接,实现人机对话、人工调试和控制空调机组的运行。

空调系统对客室内的温度控制:

空调机组均由温度控制器来控制。在任何时候,温度控制器都向空调机组发出指令,以使客室内维持所需的温度。另外,控制器还含有控制和保护组成空调系统全部元件所需的自动装置。

控制器通过数字输入、输出和 MVB 连接到列车的信息系统,以向信息系统报告故障、启动要求,启动授权和自测结果。

为了实现所有的控制,空调系统包含有许多的传感器:

一旦控制器接收到电源、接通输入信号出现,空调机组就会启动,且以自动模式运行。蒸发器风扇电机与电子控制器相连接,当信号“压缩机启动”发出时,蒸发器风扇电机就会启动,以使客室里的温度保持在设定点温度。

使用温度选择器开关,可以把温度设定点设定为 19 ℃、21 ℃、23 ℃、25 ℃、27 ℃。也可以通过 UIC 设定点曲线来自动设定温度设定点,其设定方法如图 2-158 所示。

在自动设定温度设定点时,设定的温度值可根据外部温度自动调整。

使用探测客室温度 T_i 和外部温度 T_e 的传感器。

控制器应根据外部温度自动计算设定温度值 T_{ic},然后比较 T_i 和 T_{ic} 以实现相应的工作状态,如通风,半制冷,全制冷和预制冷(如设计时有)。

设定温度根据以下公式计算:

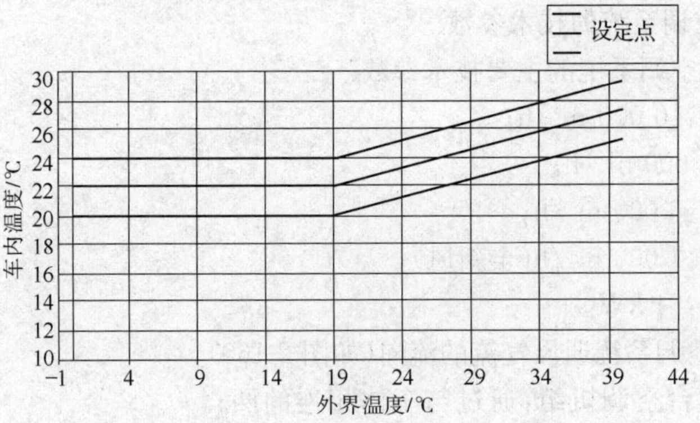

图 2-158　根据 UIC 设定点

$-T_{ic}=22$ ℃（如果 $T_e<19$ ℃）

$-T_{ic}=22$ ℃$+$ 0.25 ℃（T_e-19 ℃）（如果 $T_e\geqslant 19$ ℃）

同时控制器可根据温度设定点和室内温度的不同将采取不同的工作模式如图 2-159 所示。

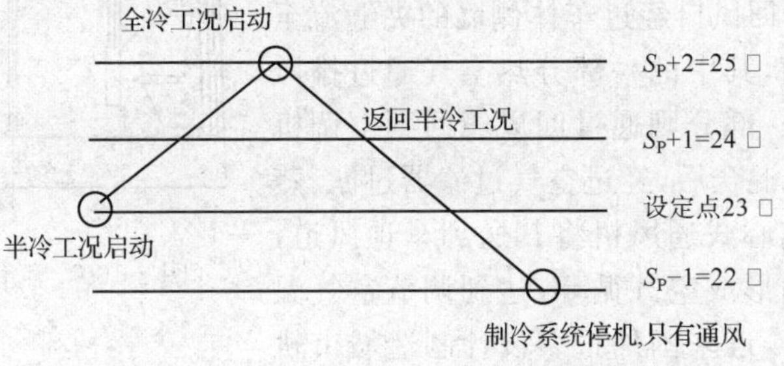

图 2-159　不同温度下的工作模式

例如：如果客室内温度设定点是 23 ℃

(1)如果客室内温度高于 23 ℃时，机组按半冷工况进行启动。

(2)如果客室内温度高达 25 ℃时，机组按全冷工况进行启动。

(3)如果客室内温度低于 24 ℃时，机组又回到半冷工况工作。

(4)如果客室内温度低于 22 ℃时，机组停止制冷，这时仅有通风。

为了满足上述要求，控制器会协调空调器的各种元件的操作时序，以使得空调的调节量符合车厢的要求。

另外，每节车还设有一台应急逆变器，用于在辅助逆变器不能正常工作时，将列车蓄电池输出的直流电源逆变成三相交流电，供应急通风使用。

3. 车辆空调系统的技术参数

每节车辆空调系统的主要技术参数：

总通风量：10 000 m^3/h；

新风量：4 000 m^3/h；

循环风量：6 000 m^3/h；

事故通风：4 000 m^3/h(全新风)；

总制冷量：84 kW。

(1)客室空调系统通风气流的流向(如图 2-160)

车顶的 2 台空调机组，通过与车体相连的两个吸振消音的过渡风道将处理后 10 000 m^3/h 的冷空气送到车顶风道，然后由客室顶板上的出风口散发到客室内。A 车司机室的制冷及通风系统是独立的。送风是通过在司机室天花板上的加热通风机从副风道中引入。

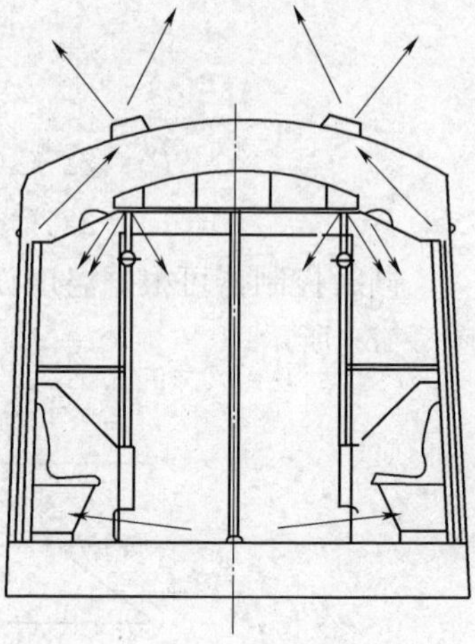

图 2-160 客室气流流向

散发到客室内的冷空气带走客室内的热量后通过座椅底下的回风口经过车体侧墙的夹缝流至车顶的回风风道，其中的一部分热空气通过排风口排出车外，另一部分则通过回风管回到空调机组与吸入的新风混合后，经过空气过滤器过滤、蒸发器冷却后由离心式通风机将其送到车顶风道，这样就在客室内形成空气循环，达到调节空气温度的目的。另外，近来国外很多设计制造城市轨道车辆的公司考虑到缩短制造周期及便于将来的维修等诸多因素，在设计车体时普遍采用模块化，车体侧墙内再无夹层，这对空调系统的回风口的布置带来了一定的影响。现在很多空调系统的采用上送上回的设计方法。这对空气的气流分布有一定的影响，有可能会造成气流的短路。

(2)空调机组

空调机组主要由全封闭活塞式压缩机 2 台、冷凝器 2 台、蒸发器 1 台、储液筒 1 只、热力膨胀阀 1 只等组成，这些部件通过管道、阀门等依次连接，形成一个封闭的制冷循环系统；另外辅以冷凝轴流风机 2 台、离心式通风风机 2 台、恒压器箱等辅助部件，构成一个完整的集中式空调机组。恒压器箱内设有用于对制冷系统安全保护的高、低压压力继电器及制冷系统停机前回收低压段制冷剂的抽空继电器(图 2-161)。

(3)对于上海地铁空调系统，为了提高系统运行的安全、可靠和经济性设有一

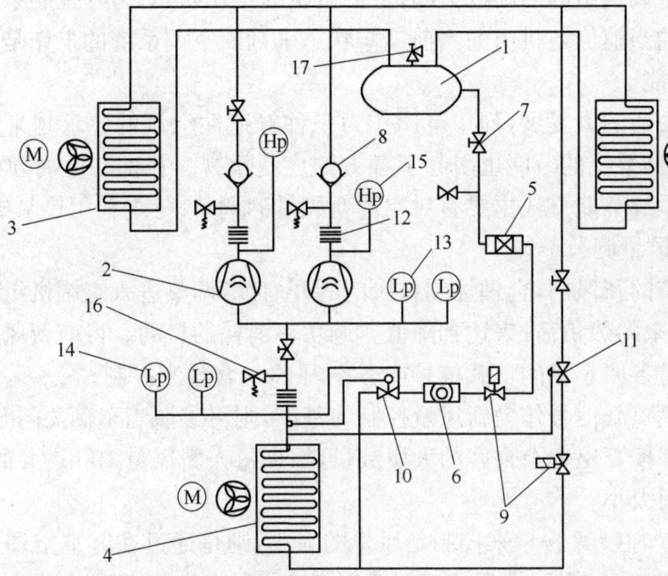

1—储液罐；2—压缩机；3—冷凝器；4—蒸发器；5—过滤干燥器；6—视液镜；7—截止阀；
8—单向阀；9—电磁阀；10—膨胀阀；11—热气旁路阀；12—软管；13、14—压力表；
15—高压表；16—限压阀；17—进给阀。

图 2-161 空调机组工作示意

些辅助部分，其中有：

① 安全保护用的高低压压力继电器，在保护制冷系统运行时，不会因压力过高或者过低而引起系统损坏。

② 为了避免制冷系统启动时，压缩机因液击造成损坏而设置了抽空用的低压压力继电器。当制冷系统停机前，控制系统发出指令，利用电磁阀切断蒸发器进口的管路，对低压部分管路实施抽空功能。当压力低至压力继电器设定的压力时，压缩机将自动停机，从而确保系统低压段内只残存少量的制冷剂，保证系统在下次启动时，压缩机不会因吸入制冷剂液体而引起损坏。

③ 干燥过滤器用于吸收制冷系统中可能残留的少量潮气和杂质，从而防止系统在热力膨胀阀的节流口处形成冰堵或脏堵，提高系统运行的可靠性。

④ 空气过滤器，空调机组吸入的新风和回风都必须经过其过滤，达到空气净化的效果后，才能被送入客室内。

⑤ 温度传感器，每节车辆的空调系统都设有 8 个 NTC 温度传感器(包括 2 个冷凝温度传感器、2 个新风温度传感器、2 个回风温度传感器、2 个送风温度传感器)，它是空调系统能够实现自动控制的基础，空调控制单元通过采集温度传感器

的数值来确定空调机组的启动或关闭，空调机组的工作状态；另外控制系统还可根据温度传感器的当前值与机组的当前工作状态来判断空调系统的工作是否正常。

(4)空调节能

随着轨道交通的大发展，列车空调作为一种舒适性空调的要求越来越高。与此同时，列车空调系统的节能也引起了各方的广泛重视。目前在上海轨道交通上已实现的空调系统节能方式主要有对空调新风量的调节、冬季采用热泵机组。

① 空调新风量调节节能

通过可调节的新风门，合理控制新风门的开启度，调整进入空调机组内的新风量，降低新风带来的热负荷，来达到降低空调功率消耗的目的。目前新风门开启度的大小的调整可参照车辆的负载信号或客室内 CO_2 含量来控制。

若采用车辆负载信号作为新风量控制的基准，则可参照当车辆关门时，车辆负载信号的大小来换算出车上乘客的大概数量，根据每人新风量 10 m^3/h 的标准，以此来控制新风门大小。

而采用客室内 CO_2 含量来控制新风量的大小，则是通过在客室空调系统的回风口安装 CO_2 浓度传感器，根据传感器感测客室内的 CO_2 浓度的大小来控制新风门大小。

以上海轨道交通四号线列车为例，该车型的空调系统新风量的控制，主要是据车辆网络发送给新风门控制器的乘客负载信息(如：100、200、310 人)，将新风量分为 3 挡，根据每人新风量 10 m^3/h 的标准。当车辆关门时，空调控制器接收此信号；风门可以在最短时间内将新风量调节到需要的水平。同时车内回风口布置 CO_2 浓度传感器，作为 CO_2 浓度上限安全保护。当 CO_2 浓度超过一定的限制时，空调新风门将开大，直至 CO_2 浓度恢复到合理水平。合理调节新风量，在制冷模式下降低新风带来的热负荷(或在制热模式下降低新风带来的冷负荷)，在不影响乘车环境舒适性的前提下，实现最大限度的节能(图 2-162)。

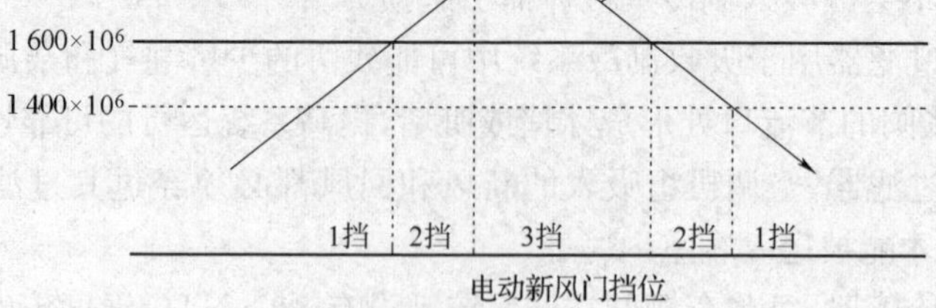

图 2-162 新风门挡位

② 热泵机组制热节能

目前我国轨道交通列车空调冬季取暖仍然以电加热器取暖为主，电加热器取暖方式操作简单、基本满足客车取暖的要求。但是，由于现在能源状况趋于紧张，对于冬季取暖仍然以电加热器取暖为主的轨道交通列车而言，就显得有些浪费能源。

利用热泵原理制热是一种节能的取暖方式。热泵型空调机组制热时的能效比较大，即制热量与耗电量的比值较大，一般可达 2.5 以上，如当耗电功率为 600 W 时，室内获得的热量可以在 1 500 W 以上，因此可以省电。但当室外环境温度较低时，热泵型空调机组制热效率会明显降低。以环境温度 7 ℃时，制热能力计为 100%。当环境温度为 0 ℃时，制热能力降为 82%。因此热泵型空调机组一般运行在 5～43 ℃，如果有自动融霜功能，则可以在－5～43 ℃运行。

而电热型空调机组制热时能耗比相对较大，其单位制热量所消耗的电能比约为 1，即用 2 000 W 功率的加热器，制热量最大值为 2 000 W，因此不经济。但电加热型空调机组应用一般不受地区限制，特别适用于冬季环境温度很低（低于－5 ℃），用热泵取暖往往无法满足要求。

③变频控制技术节能

传统的定频空调的控制方式为当给它设定一个温度，它就会先吹低于这个温度的冷风，当把室内温度降到这个温度以下，然后空调会暂停工作，等到室内温度回升到设定温度以上的时候，再重新工作，把室内温度降到设定温度以下，如此反复。而变频控制的空调机组会根据室内温度的变化，随时改变自己压缩机的频率，从而调整吹出来风的温度，到最后变频空调只需要一直吹微风，就可以让室内温度稳定维持在设定的温度，避免了非必要电气部件的开关损耗。同时变频空调配有的变频压缩机运转能力强，制冷或者是制热速度比传统的空调机组速度都要快速，从而更好地起到车厢舒适的控制目标。

第3章 牵引系统

城市轨道交通牵引系统即车辆主回路，是将“电力传动车辆”产生牵引力和制动力的各种电器、电机、电子设备连成一个电系统，实现电动车辆的功率传输。它是电动列车最重要的组成部分之一。主回路应满足车辆起动、调速和制动三种基本工作状态的要求。它是车辆传动系统必须达到的基本任务，尤其调速更是三种运行工况的共同基础，因为车辆牵引时需根据不同的运行条件来调节车辆的速度。为了充分发挥车辆的功率，就要求车辆能在不同的线路和荷载条件下改变牵引力，因此车辆主回路必须保证牵引电动机的转矩和转速都可进行调节，且有宽广的调节范围。

牵引系统有直流牵引传动系统和交流牵引传动系统两种形式。上海地铁1号线01A01型列车的主回路在改造前使用直—直传动装置，采用斩波器调压的控制方法，它和传统变阻调压比较，具有节能、容易维修和连续、平滑可调的特点。随着技术发展，上海地铁现有列车都采用直—交传动装置，和直流传动装置相比，其在技术上具有很大的先进性。

3.1 交流牵引传动系统

上海地铁现有电动列车都采用直—交传动装置(图3-1)，交流传动方式的主回路简单可靠，省去了不少有触点的电气设备。交流电动机与直流电动机相比较，优势尤其明显：由于克服了直流电动机机械式换向器带来的弊端，所以故障率大大降低，维护方便，且成本低、重量轻、体积小、可靠耐用，能实现高性能无级调速，具有良好的牵引特性和制动能量反馈。

牵引逆变器安装在电动列车动车车底部，其主要功能是为每节车两个动车转向架上的四个牵引交流电机提供电源。主回路由输入电路、线路滤波器(线路电抗器、线路电容器)、预充电接触器、线路接触器和主逆变器、制动斩波器、三相交流驱动电机和保护装置等组成。

牵引逆变器的功能：由受电弓将接触网1 500 V电源引入主回路，滤波电路平抑逆变和斩波造成电网电压电流的波动和减少谐波。逆变电路的三个相模块组成的逆变桥进行调频调压(VVVF)变换，在牵引时将直流电逆变成三相交流电，供牵引电机启动、加速。电制动时，电动机工作在发电状态，将动能转变为电能，由逆变

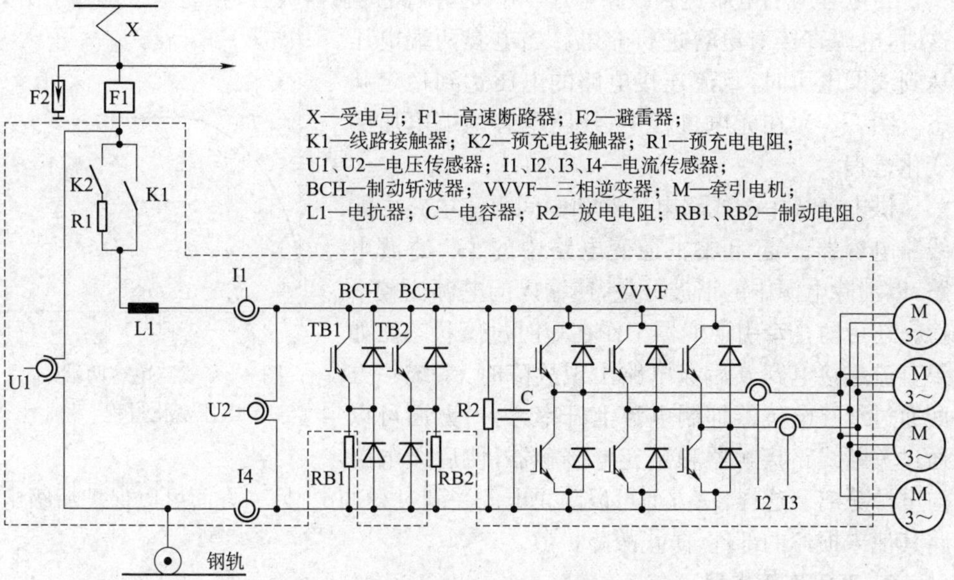

图 3-1 地铁车辆直—交传动主回路电路

桥将三相交流电整流为直流电，通过受电弓送至电网，实施再生反馈制动。当不能进行再生制动时，通过制动斩波器，将电能转化为热能消耗在制动电阻上。

3.1.1 交流牵引传动系统(主逆变器)的构成和原理

1. 供电系统

供电系统由一个线路接触器，两个预充电电阻，一个预充电接触器和一个线路电感组成(图 3-2)。当接通电源后，系统首先通过预充电接触器和预充电电阻为直流连接电路中的线路电容进行充电。由于预充电电阻的作用，这时充电电流非常小，电容两端的电压上升比较缓慢。

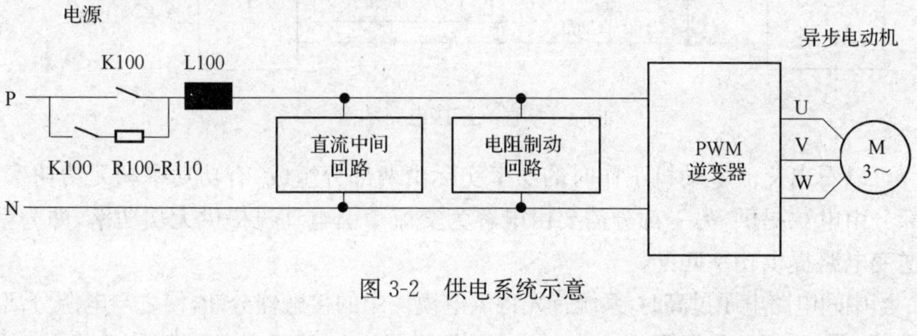

图 3-2 供电系统示意

当电容两端电压达到线路电压 90%时,线路接触器吸合,预充电接触器分开,这时,电源直接对电容进行充电。当电容两端电压达到线网电压时,直流连接电路的电压达到稳定状态。图 3-3 为在充电过程中,线路电容两端电压的变化过程。

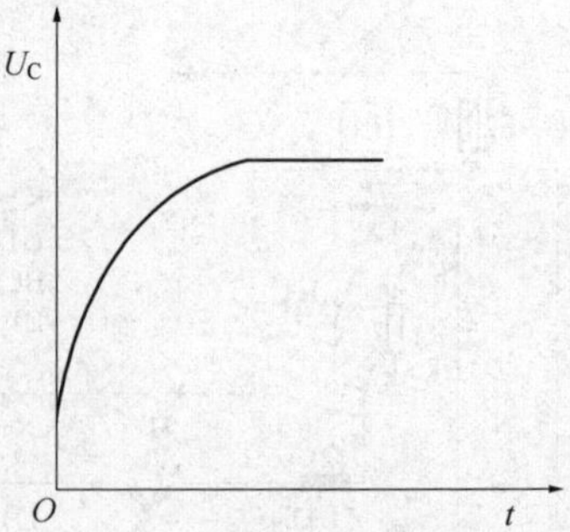

图 3-3 线路电容两端电压变化过程

供电模块中的线路电抗器和中间直流电路中的线路电容器一起组成主逆变电路中的 LC 滤波电路,以消除电源中的谐波分量,使输入的电源比较平稳。还可防止牵引逆变器工作在短时过压状态。如果直流连接电路及后级电路出现故障时,系统一方面通过线路电抗器抑制电流上升率,另一方面可以通过关断线路接触器和预充电接触器,使后级电路与电源分离。这样,一方面可以防止电源受到过载冲击,另一方面可以保护后级电路其他未损坏的部件,防止故障扩散。

2. 直流连接电路

直流连接电路由两个电容,一个放电电阻和短路晶闸管组成(图 3-4)。直流连接电路中的电容能稳定电压,吸收交流分量,并和线路电抗器组成线路滤波器。图 3-4 为直流连接电路示意。

同时,根据交流电机工作的数学模型

视在功率:$=\sqrt{3}\times U_{线路}\times I_{相}$

无功功率:$Q=S\times\sin\Psi$

有功功率:$P=S\times\cos\Psi$

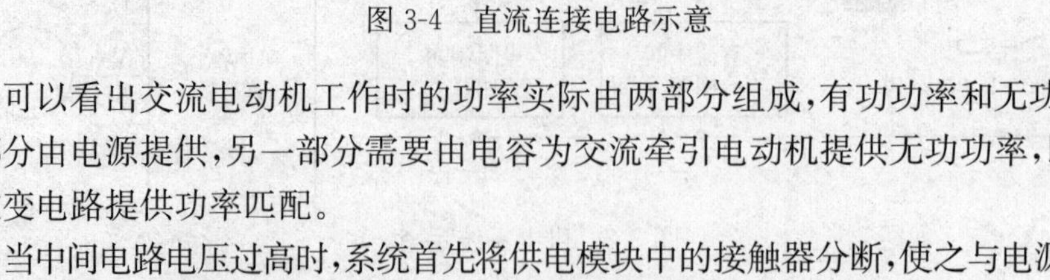

图 3-4 直流连接电路示意

可以看出交流电动机工作时的功率实际由两部分组成,有功功率和无功功率。一部分由电源提供,另一部分需要由电容为交流牵引电动机提供无功功率,即为整个逆变电路提供功率匹配。

当中间电路电压过高时,系统首先将供电模块中的接触器分断,使之与电源分离。然后,通过触发保护晶闸管,使电容对放电电阻进行放电,降低电容两端的电压。

3. 电阻制动电路

电阻制动电路由制动控制模块及制动电阻组成。图3-5为电阻制动电路示意。

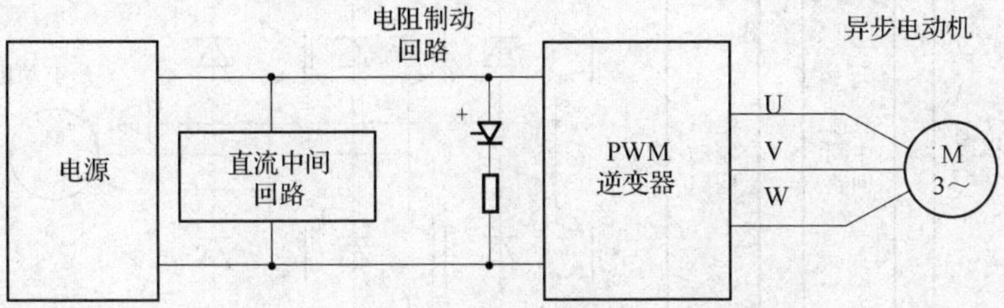

图3-5 电阻制动电路

在电制动时，由牵引电机产生的制动能量可通过两种途径消耗：

(1)再生制动：如果线网可以吸收能量，例如线网电压最高限额还没达到，制动能量可以反馈至线网。

(2)电阻制动：如果线网不再能吸收能量(线网电压已达上限值)，制动电阻电路受制动控制模块的控制，制动能量将被转换成热能消耗在制动电阻上。制动控制是周期性的，这样可以保证直流连接电路稳定。如果牵引系统的消耗大于由制动能量转换成的电能，直流连接电路将会处于放电状态，在这种情况下，系统将结束电制动。电阻制动可以达到机械制动的水平，但不能完全让列车停止，在一定的速度下，牵引电机无法产生能量时，制动电阻也就失去了制动的作用，这时的列车需要机械制动来降低速度。

4. 制动电阻

制动电阻虽然是牵引逆变器系统的一部分，但并不安装在牵引箱内。制动电阻独立安装在动车底部。

电动列车制动电阻采用条形电阻，由6个框架组成，集中在一个箱子中。来自牵引电机的电制动能量通过牵引逆变器在制动电阻上转换成热能。由于在消耗电制动能量时，电阻会产生较高的温度，所以通过装在进风口的通风风扇对制动电阻进行强迫通风冷却。在通风风扇的风道中安装有压差传感器及温度传感器，通过对通风流量及温度的检测，可以监控通风风机的工作情况，以防止制动电阻因温度过高而受到损伤。

5. 逆变电路

图3-6为逆变电路示意。

脉宽调制型逆变器由3个相模块组成。逆变器逐相导通，在输出端形成三相交流输出，供给牵引电机。逆变器输出电压的频率及幅值是可以调节的。相电压最大的幅值取决于中间电路电压。输出电压的幅值可以通过调节开关时钟的宽度

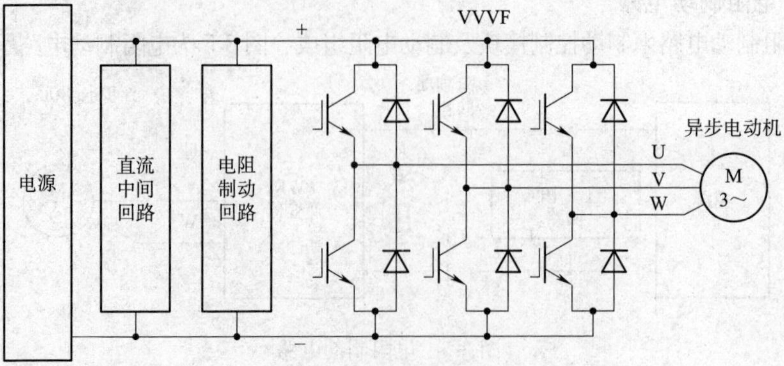

图 3-6 逆变电路

来调节。输出电压的频率与逆变器输出频率是一致的。

一个逆变单元由 6 个开关型半导体元件组成,上海早期电动列车的逆变器系统中采用 GTO 管作为开关器件,后续使用的电动列车均采用 IGBT 作为开关器件。每个 GTO 或 IGBT 两端并联一个续流二极管,用来维持电机电流的连续。对于交流电机的三相,每两个 GTO、IGBT 和两个二极管组成逆变相。每一逆变相都分别连接着直流连接电路的正、负极,中间的引出端连接电机的一相。

3.1.2 交流牵引传动系统的控制原理及方法

1. 交流电压的产生

将 GTO 管看作一个能高频工作的开关,将逆变电路(图 3-7)画出逆变电路的等效图(如图 3-8),分析电机 R、S 两端的电压变化情况。

在每一逆变相中,两个 GTO 管(开关)由牵引控制单元控制循环触发,将相应电机输入端与直流连接电路正、负极相连。管子的工作周期为 360°,导通与截止周期分别为 180°,在同一桥臂上的两个 GTO 管不可能同时导通。当 GTO 管导通后,电机相应输入相上的电压应该等于直流连接电路电压 U_d 或 0。

图 3-9 反映了电机 R、S 两端的线电压以及两相相减后得到的相电压 U_{1-2}。

$$U_{1-2}=U_{R-S}=U_R-U_S$$

从这个结果可以看出,两个正电压之间和两个负电压之间的相位差为 120°,中间有 60°电压值为 0。

同理,我们可以计算出其他两相的电压:

$$U_{2-3}=U_{S-T}=U_S-U_T$$

$$U_{3-1}=U_{T-R}=U_T-U_R=-U_{3-1}$$

电压的均方根值只取决于直流连接电压幅值 U_d,我们可以计算基本值:

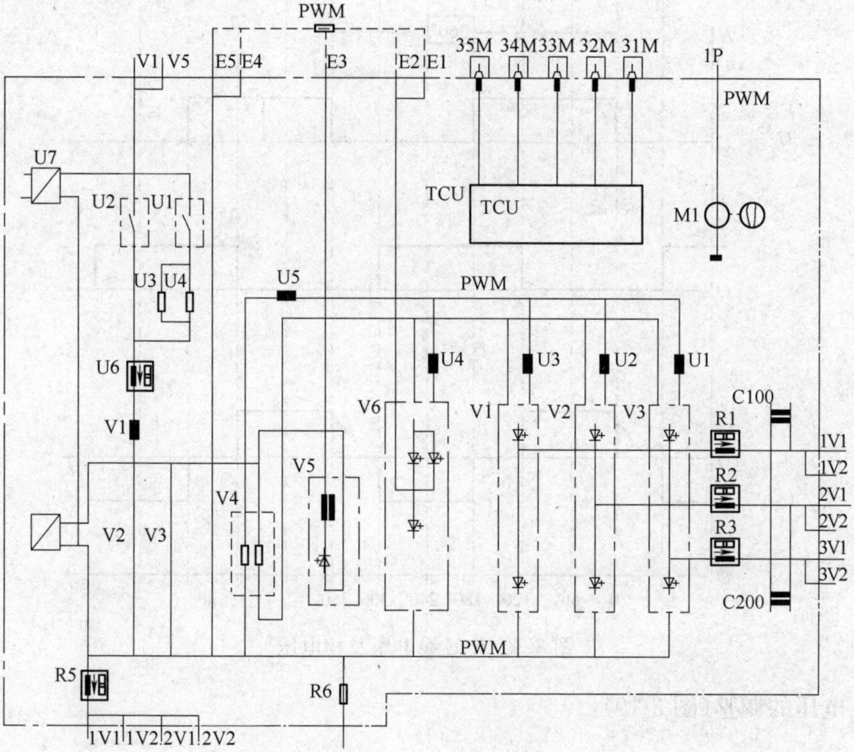

图3-7　逆变电路

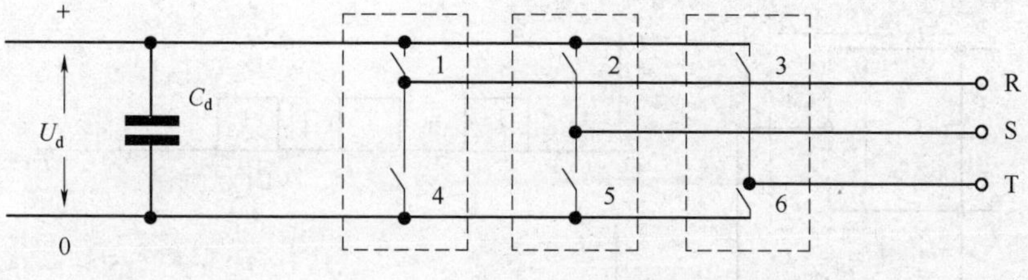

图3-8　逆变电路等效图

$$U_S = \frac{\sqrt{6}}{\pi} \times U_d = 0.78 \times U_d$$

一个对称的三相系统不同相之间的相位差为120°,相位的方向是建立在电机电压相位相序上(顺时针或逆时针),这样也决定了电机转动的方向。

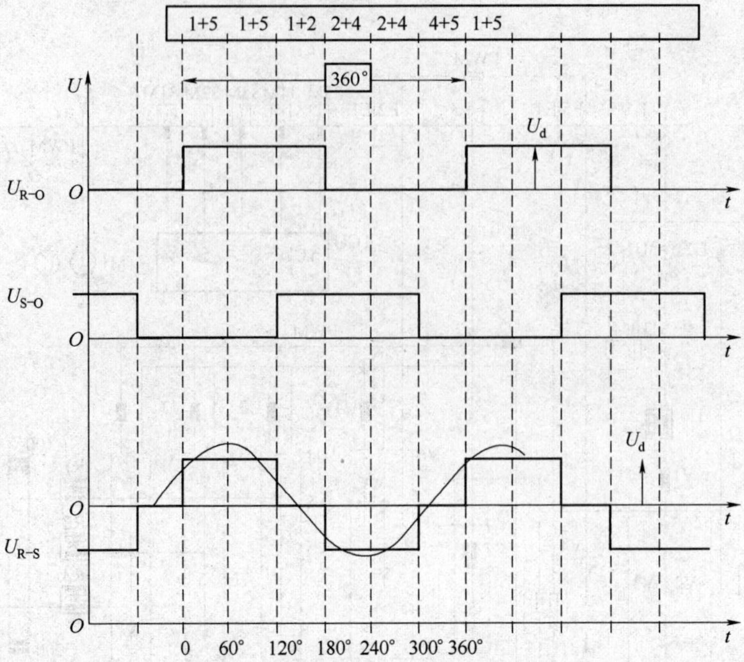

图 3-9　R、S线电压及相电压

电压的调整(图 3-10)：

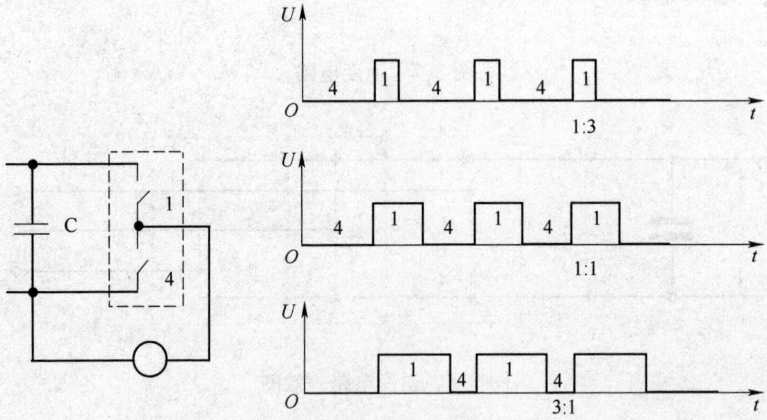

图 3-10　电压调整

从图 3-10 中我们可以看出，在时间周期不变的情况下，1、4 两个开关工作时间的不同，输出的平均电压也会不同。

2. 逆变电路中电流的走向(图 3-11)

牵引电机可以看作一个感性负载。在感性负载的电路中,由于电感总是抑制电流变化的,所以电压与电流之间存在一定的相位差。

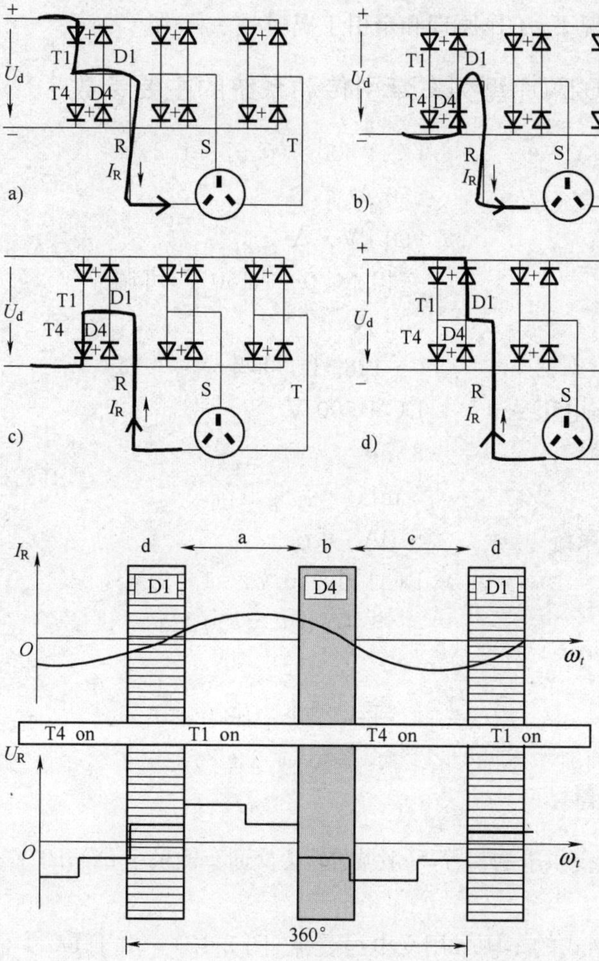

图 3-11　电流走向

(1)在牵引工况下:

A 段时间:电压为正,T1 导通,T4 截止。来自直流连接电路正极电流通过 T1 流向电机。所以电流也为正。

B 段时间:电压变为负的,T1 截止,T4 导通。由于电机的电感作用,电流流向还按原来的方向,但幅值是越来越小,直到为零,这时电流具备了换向的条件。

C 段时间：电压仍为负的，T1 仍然截止，T4 保持导通。这时的电流将从直流连接电路负端通过 T4 流向电机。

D 段时间：电压变为正的，T1 重新导通，T4 截止。同样由于电机的电感作用，电流方向仍为负的，但幅值却越来越小，直到为零，为电流换向提供条件。

(2)在制动状况下，工作原理和牵引工况时是一样的。

3.1.3 01A03、02A01 型列车牵引传动系统的主要参数

输入电压	DC 1 500×(0.67～1.2)V
输入电流	550 A
最大输入功率	990 kV·A
输出电压	三相 AC 0～1 150 V，可调
输出电流	580 A
输出频率	0～128 Hz，可调
直流连接电路电压	DC 1 500 V
线路电容	8 mF
线路电感	5 mH
开、闭环控制系统	SIBAS 系统
控制电压	DC 110×(0.70～1.25)V
通风设备电压	三相 AC 380 V/50 Hz

3.2 牵 引 设 备

3.2.1 受流装置

受流装置指接受供电的装置，一般城市轨道交通车辆采用 DC 750 V 和 DC 1 500 V 供电。

架空线接触网式的车辆采用受电弓受流(图 3-12)。由于 DC 1 500 V 供电方式电流小而线路压降低，能量损失少，同时会减少整个牵引系统的电流容量，很多城市轨道车辆采用 DC 1 500 V 接触网供电，由受电弓受流的方式。

第三轨供电的车辆采用转向架上安装集电靴的方式受流，接触方式分为上部受流和下部受流。上部受流即受流器的滑块与第三供电轨上部接触滑行(如图 3-13)，下部受流即受流器的滑块与第三供电轨的下部接触(如图 3-14)。

图 3-12　受电弓

图 3-13　上部受流

图 3-14　下部受流

1. 受电弓

(1)受电弓的结构

每节 Mp 车的车顶装有一台单臂受电弓。受电弓由受电滑板、活动构架和带传动机构的底架组成,如图 3-15 所示。各组成部分的作用见表 3-1。

底架通过 4 个支持绝缘子安装在车顶上,支持绝缘子起电气隔离和机械支撑作用。集电头上安装四根滑板,滑板两端的弓角可防止在接触网分叉处接触导线进入滑板底下造成刮弓事故。弓头是受电弓与架空导线接触的部分。它主要由滑板(碳条)、转轴、弓角、弹簧盒组成。上部导向杆可调节弓头接触面的位置。

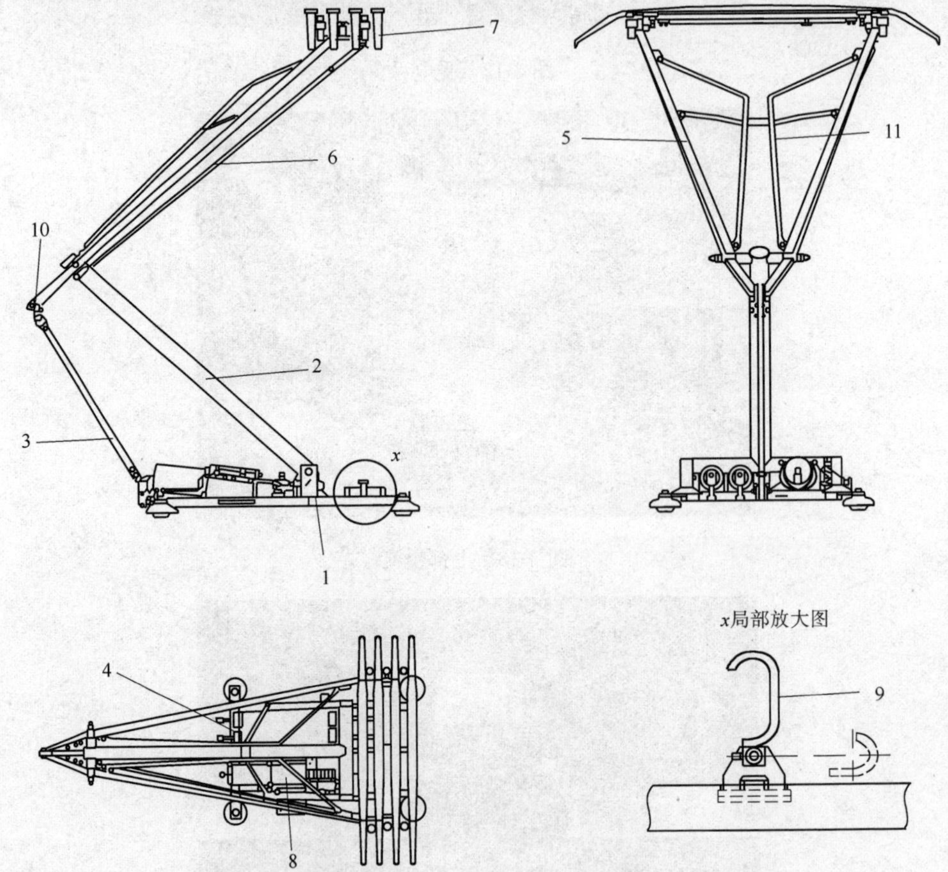

1—底架;2—下臂杆;3—推杆;4—升弓弹簧;5—上部杆架;6—上部导向杆;7—滑板;8—传动气缸;9—落弓固定钩;10—活动接头;11—支撑架。

图 3-15 单臂受电弓

表 3-1 受流器组成部分的作用

组成部分	作 用
受电滑板	接受接触网的电能，并能自动地调整与接触导线的位置。接触滑板应便于更换
活动构架	保证受电器经常处在工作高度内，使滑板对接触导线保持一定的压力，不脱弓，也不刮弓
带传动机构的底架	供受电器安装和升降传动之用

① 底架

底架是严密焊接的，用方形管子，型钢和冷成型钢板制成。底架包含有用于低位支杆的支撑底座，用于低位导杆的支撑空隙，用于气路装置的附件，还有缓冲支撑和用于手动锁扣的附属板。

安装于底架上的电气连接端及避雷器阴极座上均镀铜。

② 绝缘子

底架安装在 4 个可用于 3 000 V 接触网电压的支撑绝缘子上。这种绝缘子由加玻璃纤维的聚酯制成。它们两端配有镀锌钢制成的 M20 压入式螺母，用于底架和车顶之间的固定。

③ 骨架

骨架是一种铰接的多边形，当集电头移动时沿稍微弯曲的垂直线运行。

④ 低位支杆

低位支杆由若干无缝冷拉精制钢管焊接而成，承受低位支杆轴和中央铰接点的轴承。底部轴承由密封摆式滚珠轴承组成。中央铰接点轴承由密封滚针轴承组成。

在低位支杆轴上焊有下列部件：

a. 用于主拉伸弹簧的拉杆；

b. 用于跨接线的连接板；

c. 用于上部导杆的支撑板；

d. 用于气缸固定的金属板。

⑤ 低位导杆

低位导杆用来操纵多边形，由精制钢管制成。导杆长度能通过旋转芯轴到左边或右边微调，通过调整长度低位支杆被调到最低位(静止位)。

⑥ 高度止挡

高度止挡(最大升弓高度)位于低位导杆的上端，在中间部分。

⑦ 上部支杆

上部支杆由密焊成锥形的方形钢管、止挡板、铰接点和钢制连接板组成。

⑧ 斜杆

斜杆使上部支杆具有高度横向稳定性，由精制钢管构成并安装在上部支杆上。

⑨ 上部导杆

上部导杆控制集电头。由精制钢管制成，其长度能通过旋转芯轴到左边或右边微调。

⑩ 集电头

集电头是直接和接触网接触的部件。和支杆构件相比它的质量应尽量降低。

抖动板由带有轻金属尾角的四根碳制滑块构成，它由螺栓固定在抖动板支座上。

抖动板由 4 个带有螺旋压缩弹簧的弹簧盒支撑。压缩弹簧变形 30 mm 处有一止挡以防止弹簧压力过载。

均衡部件能够补偿小的角度变化，这样抖动板能在它的行程中跟随接触网。

集电头通过集电头横管连接到上部支杆并能通过深沟滚珠轴承旋转运动。集电头的控制通过橡皮弹簧的固定导向装置和上部导杆实现联动。

每根滑块包括一根人工石墨碳制成的接触条和轻金属制成的接触条支座。碳条和支座黏合在一起。

⑪ 主拉伸弹簧

两只并联的拉伸弹簧操纵低位支杆轴的控制杆。弹簧悬置杆的有效长度通过在铰链部件上的可调螺栓变更，这样在整个工作范围内得到恒定的接触压力。

⑫ 气动升弓装置

带有反向弹簧的弹簧压力制动缸安装在底架上，通过活塞杆和低位支杆轴上的控制杆操纵。

⑬ 手动锁钩

锁钩用螺栓装在底架上，当受电弓在最低位时能锁住。

(2)受电弓的动作原理

升弓时，当压缩空气经过缓冲阀进入传动气缸后，活塞克服降弓弹簧(气缸内)的压力而向左移动，通过连杆将下臂杆引向上动作，然后下臂杆便在升弓弹簧的作用下，作顺时针转动，在推杆的作用下，使上部框架升起。降弓时，压缩空气从传动气缸经缓冲阀排出，降弓弹簧克服升弓弹簧的拉力将活塞推向右方，带动拉杆向右移动，强制下臂杆作转动而迫使框架落下。紧急情况下，受电弓能通过脚踏泵升起。

受电弓升起时四根滑板与架空线接触，将电流引入电动车辆内。车辆运行时，滑板沿架空线滑动并保持良好接触。

受电弓的受流性能在很大程度上取决于接触压力。在静止状态下，接触压力与受电弓高度之间的关系称为受电弓的静特性。实际车辆运行时，受电弓随着架空接触导线高度的变化而上下运动。因此，接触压力不但与受电弓的静特性有关，而且与受电弓上下运动时的惯性力即受电弓的动特性也有关。

① 静特性

静特性是指受流器滑板对导线的接触压力与滑板距底架高度的关系。图 3-16 为受电弓的静特性曲线。由于转轴和铰链处存在摩擦，导致上升与下降两根曲线上的接触压力相差近两倍摩擦力。设计时应尽量减少摩擦力，以使这两根曲线靠拢。

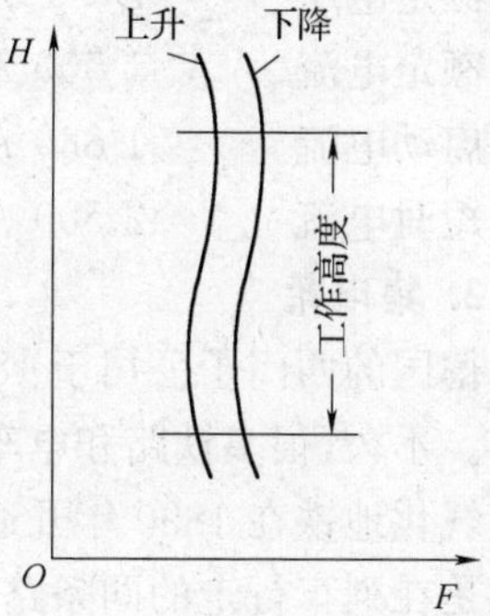

图 3-16 受电弓的静特性曲线

② 动特性

受流器受流的稳定性，不仅取决于受流器的静特性，也取决于它的动特性。动特性决定于受流器在垂直方向的加速度及它的活动部分的质量。加速度是因接触导线高度的突然变化所引起的。为了改善动特性，应尽量减少受流器本身活动部分的重量。

此外，受电弓结构各关节的摩擦力对接触压力也有影响。

根据受电弓工作特点，其传动装置还应使升降弓过程中初始运动迅速，运动终了比较缓慢。为了使受流器接触可靠且升降时不产生冲击，在接触网高度允许变化的范围内，要求受电滑板对接触导线有一定的接触压力，并且在升弓时滑板离开底架要快，贴近接触导线要慢，以防弹跳；在降弓时脱离接触导线要快，落在底架上要慢，以防拉弧和发生冲撞。

为了调节升降弓的速度，可在气缸的进气和排气道上设置调节螺钉。

滑板受流的稳定性由其弹性托板机构来保证。当接触导线高度在小范围内变化时，滑板下的四连杆也随之上下移动，同时借滑板下的左右弹簧，保证滑板可顺导线随动，使之与接触导线接触良好。

③ 电流传送

电流通过支架由碳刷到底架的电气连接点。支架上由可弯曲的跨接线保护。端部连接用电缆套以防锈蚀。

(3)受电弓的技术参数

长度	(1 100±2)mm
宽度	1 700 mm
升弓高度	2 835 mm
折叠高度	(300+10)mm
滑条长	1 050 mm
质量	230 kg
接触压力	120 N

额定电压	DC 1 500 V(DC 1 000～1 800 V)
额定电流	1 500 A
启动电流	1 860 A(30 s)
短时电流	2 500 A

2. 集电靴

德国的西门子公司于1879年的柏林博览会展示了一列从第三轨取电的样板列车。不久，很多铁路和电车系统均应用第三轨牵引供电技术。位于伦敦的第一条电气化地铁在1890年开通时就是使用第三轨作为供电系统。第三轨供电的概念就是在列车行走的两条路轨以外，再加上带电的钢轨。这条带电钢轨通常设于两轨之间或其中一轨的外侧。电动列车的集电装置在带电钢轨上接触并滑行，把电力传到列车上。这种集电装置称为集电靴(取流靴)。

(1)集电靴的结构(图3-17)

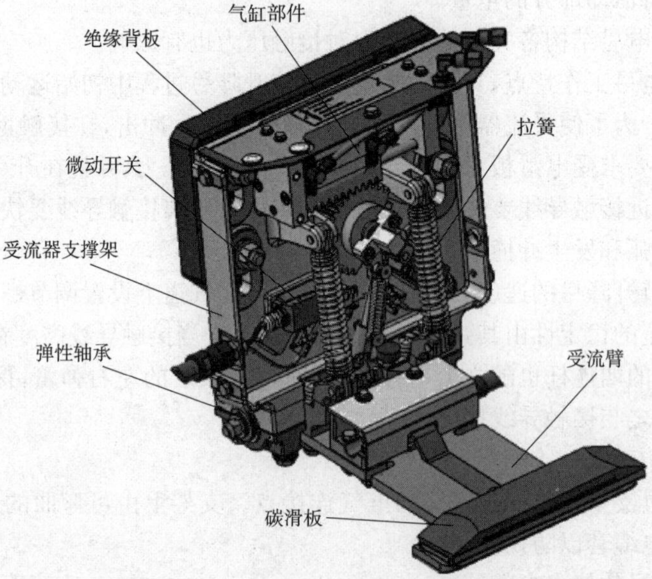

图3-17　集电靴

① 碳滑块

碳滑块是集电靴与第三轨(接触轨)接触的部件，负荷电流通过第三轨和碳滑块接触面传递。碳滑块具有良好的耐磨性、润滑性、耐电弧性，为保证弓网有良好的受流特性，良好的接触性能和摩擦性能是非常关键的。碳滑块在使用过程中会产生磨损，碳滑块厚度磨损到一定程度时需要更换，否则将会影响受流特性。

② 拉簧

取流靴的接触力是由向下作用的弹簧的压力进行调节的。

③ 受流支撑臂

支撑臂通过栅轴运行转动，从而确保集电靴与第三轨间保持接触。

④ 驱动机构

控制集电靴支撑臂降下、抬起的控制机械机构，一般由回退机构、气缸、传感元件组成。

(2)集电靴的技术参数

滑靴在轨道上的作用力	(120＋10)N
滑靴上极限位置	272 mm(相对运行轨轨面)
滑靴下极限位置	144 mm(相对运行轨轨面)
质量	28.5×(1±3%)kg

3. 弓网检测设备

在地铁车辆上配置弓网监测系统，运营的过程中，弓网监测系统实时监测受电弓的完整性、燃弧、接触网的拉出值及导高值、接触网温度等参数。当弓网出现异常状况时，弓网监测系统能够实时告警，也可通过车地无线传输通道发送告警信号及检测数据到地面服务终端，系统可对检测数据进行分析及统计，指导弓网关系维护及改善。弓网检测设备可分为车顶设备、车内设备及车底设备。

(1)车顶设备

车顶设备包含受电弓监控设备和接触网检测设备两大部分，主要包含：视频相机、燃弧传感器、红外相机、硬点检测相机、补光灯、电源模块等。

车顶设备能够检测车辆运行过程中受电弓的结构异常现象；检测弓网结合处的燃弧和温度；对受电弓进行实时成像，视频数据可同时在车内主机内和本地存储；可利用跟踪定位算法或传感器计算出受电弓的加速度。

(2)车内设备

车内设备包含设备主机及电源，电源负责对车顶、车内以及车底的设备供电。设备主机负责对获得的检测数据进行处理和分析。

(3)车底设备

车底设备主要包含振动补偿相机、线激光、速度传感器等。可进行振动补偿，实时检测车体振动及找准轨道平面，通过算法处理，修正实时拉出值、导高值，实现动态高精度测量；需要时可安装速度传感器以获取列车行驶速度，辅助进行列车位置计算。

3.2.2 高速断路器

高速断路器(高速开关)用来接通和分断地铁车辆的高压主电路,是电动车辆的主要电气保护装置(图 3-18)。

高速断路器安装在动车。断路器垂直悬挂在列车下方,并装在一个封闭绝缘的箱子中。电源连接通过电缆或铜排建立(图 3-19)。

图 3-18 高速断路器

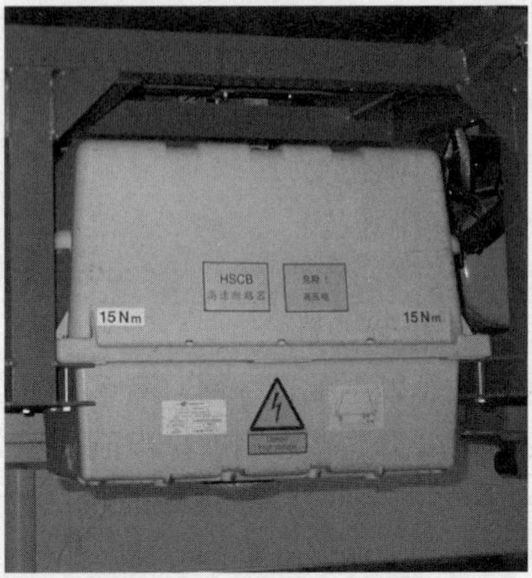

图 3-19 高速断路器外观

在正常情况下,高速断路器闭合或断开线路接触网经受电弓提供电能的电路,以达到断电、供电和转换电路的目的。当电网或车辆主电路出现不正常的情况,如短路、过压、欠压时能自动地把负载从电网上断开。因为这些不正常的情况将危及司机、检修人员和乘客的安全或设备的正常运行,甚至会引起人身伤亡事故或造成电气火灾。为了防止事故的扩大,要求高速断路器动作迅速、可靠,并具有足够的断流容量。

1. 高速断路器的型号

UR6 型高速断路器是一种单极直流线路断路器,双向电磁控制和自然通风。过电流(短路等)后较短的反应时间意味着它必然适合直流装置的保护。这种线路断路器被设计用于检测到过电流后的快速反应,在拉弧时以紧密的恒定过电压立刻消除电弧。

(1)这套装置优点:对地高绝缘等级,高分断能力,对气候条件不敏感,使用寿命长,容易维修和体积小。

(2)技术参数

型号　　UR6-32TDS

额定电压	1 500 V(操作范围 1 000～2 000 V)
额定发热电流	1 000 A
分断能力	I＝30 kA，t＝15 ms
允许的短时电流值	1 400 A(5 min)
	1 500 A(2 min)
	1 600 A(1 min)
	2 000 A(20 s)

2. 高速断路器基本结构

UR6-32TDS 型高速断路器具有高断流容量，对地绝缘性能好，对环境气候影响小，结构紧凑，密封性好，体积较小，寿命长，易维修等优点。

UR6-32TDS 型高速断路器，主要由以下 6 个部件组成：基架、主电路(线排)、脱扣装置、闭合装置、辅助触头、灭弧罩(图 3-20)。

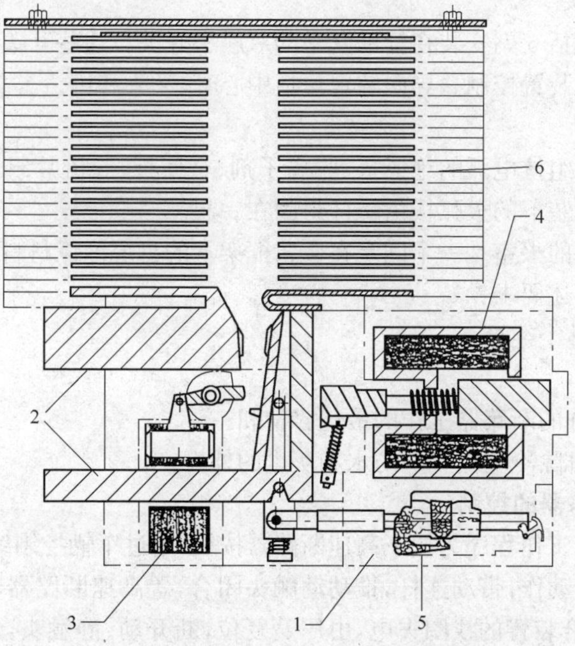

1—基架；2—主电路(线排)；3—脱扣装置(RS)；
4—闭合装置；5—辅助触头；6—灭弧罩。

图 3-20　UR6-31/32 型高速断路器基本组成

(1)基架

基架采用坚固的玻璃纤维聚酯材料，绝缘性能好。闭合装置包括磁铁、线圈、圆筒、连接杆、压簧、前极、后极、拔叉等组成。

(2)主回路

主回路被装在一个硬的玻璃纤维加固聚酯做的绝缘底座上,包括一个带动触头的下部连接杆和一个带定触头的上部连接件。主回路的吸合是由吸合装置控制:叉头推动触头贴着上部连接件。

(3)触发装置

触发装置被加工成圆形并装在下部连接件的周围。这套装置包括一套包在框架上的板,并由它们可调的压力用来调节这套装置达到要求的反应临界值 I_{ds}。

(4)吸合装置

吸合装置由一个包括吸合线圈的磁路组成。

磁路为一个固定单元。它包括圆筒、前部挡板和后部挡板。活动部分包括推杆,接触压力弹簧和带动叉头的连杆,它们带动动触头。

线圈装置和磁路被装在一个壳体内,并由盖板密封。

(5)辅助触头

辅助触头包括 6 副安装在辅助盒中的双触头开关。这些开关由连杆带动并由动触头通过导向装置控制。导向装置包括中心套、叉头和销。

(6)灭弧罩

灭弧罩由一组抗电弧的绝缘板、脱离子剂、金属板、导流片组成。上述各组板通过一块顶板和装上的灭弧板由螺杆封固在一起。

线路断路器的火室是一个固定在金属框架上的自熄绝缘材料制成的外壳。外壳的设计满足下述要求:

① 断路器整个绝缘;

② 小尺寸;

③ 内部允许的断路器工作的最佳容量和;

④ 考虑到排除冷凝潮气的防水和灰尘的外壳。

3. 高速断路器的控制

高速断路器工作程序为按下高速断路器按钮,通过车辆控制线路动作,使闭合装置的线圈得电动作,带动连杆,推动动触头闭合,置高速断路器于“合”位置并保持。分断时,闭合装置的线圈失电,由压簧复位,断开动、静触头,使高速断路器分断。在动、静触头闭合、断开的过程中,通过连杆机构使辅助触头处于相应闭合开断状态,把状态信息传递至控制回路。

当高速断路器合上后,电流从主电路上接线端排,通过闭合动、静触头,流向动触头臂,通至下接线排,使线网与主电路电气设备通电。当电流值因故障超过其整定值时,脱扣装置(短路快速跳闸装置)动作,带转换轴转至“分”位置,同时带动连接板和动触头臂动作,使动触头分断。高速断路器的特性曲线如图 3-21 所示。

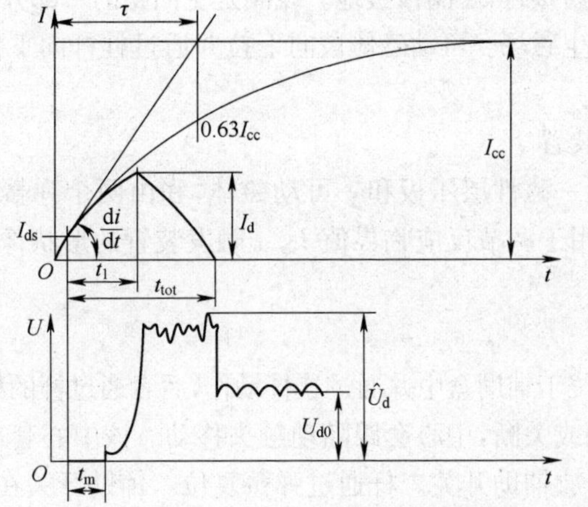

I_{cc}—连续短路电流；I_{ds}—脱扣装置响应电流；di/dt—起始电流变化率；I_d—分析电流；$\hat{U}_d$—最大电弧电压；U_{d_0}—复位电压；t_m—机械反应时间；t_1—限制时间；t_{tot}—总计分断时间；τ—短路的时间常数。

图 3-21 高速断路器特性曲线

电磁路将触头带电分断产生的电弧，导流吸入灭弧栅内，经过引弧、分隔、冷却、熄弧等过程。UR6-32TDS 的灭弧栅允许的电压为 2 000 V。

(1)主回路

主回路的吸合由吸合装置通过叉头来控制。定触头和动触头的接触面，即上部连接件和动触头是由银合金制成。动触头和下部连接件之间的机械和电气连接通过动触头的支点和下部连接件间的固定接触获得。固定压力由中心套的弹簧作用在导杆维持。

由关断指令或过电流引起的触发后，动触头的快速复位是通过中心套的弹簧确保的。

(2)吸合装置

叉头使动触头吸合。它是吸合装置的一部分并放置在动触头的接触滚轮上。一个电流脉冲(0.5～1 s)被送到吸合线圈以吸合线路断路器。它产生磁场吸引带叉头的整个活动铁芯。在它的运动中，铁芯挤压弹簧并由它提供接触压力。

① 保持电流保持装置吸合。一个经济型的电阻在 0.5 s 的脉冲后被用在线路中，限制电流到吸合电流的 5%。

② 故障电流控制触发。接到关的指令触发时，返回弹簧拉回叉头，中心套的弹簧使动触头复位。吸合装置的电压为 110 V。

(3)线圈的连接

线圈的连接位于线圈二个螺栓端子 M4 中的任意一个：在封闭的外壳上拆下辅

助触头后它们很容易接近,磁路被接地。线圈是主回路的一部分,过流(短路或过载)时在触发磁体中产生磁场。可动磁体被向下拉并通过杠杆向下拉叉头,这样释放动触头。

(4)直接触发装置

触发装置包括一磁性层压板和一可动磁体,和由两个弹簧支撑的杠杆结合在一起,这两个弹簧用于调节反应临界值 I_{ds}。触发装置的形状像一个圈并被围装在下部连接件上。

(5)辅助触头

6 个辅助开关位于辅助盒中并通过连杆动作,后者通过杆的移动被升起或释放。

当主回路吸合或关断,中心套跟随动触头移动。该中心套通过叉头推动杆,这样释放杠杆进而释放辅助开关。杆通过弹簧复位。辅助开关在线路断路器断开和线路断路器闭合时动作。

(6)灭弧

如果主回路在线路断路器被施加电压时断开,在定触头和动触头之间产生的电弧通过主回路产生的自动灭弧系统被快速拉到灭弧罩内。当动触头移动时,从动触头到右部连接件的火花跨接到左部连接件。当电弧进入灭弧罩,它被分割并送入导流板之间直到被熄灭。气体从灭弧罩四面逸出。

3.2.3 接触器

在城市轨道交通车辆上,主接触器是一种用来频繁地接通和切断主电路的自动切换电器。其的特点是:能进行远距离自动控制,操作频率较高,通断电流较大。

1. 接触器的分类

按通断电路电流种类,可分为直流接触器和交流接触器两种。按传动方式,可分为电空接触器和电磁接触器。按主触头数目,可分为单极(只有一对主触头)和多极(有两对以上主触头)。

2. 直流接触器的组成

以直流接触器为例,其主要部件为:电磁机构、驱动机构、主触头、辅助触头、灭弧装置、上下接线端、基架(图 3-22)。

上海地铁 01A03、02A01 型电动列车上使用在牵引箱中的直流接触器为线路接触器(K100)、预充电接触器(K110)。如图 3-23 所示,电路在接通电源时,K100 处于分断位置,K110 先闭合,此时,由于预充电电阻的作用,使电流较小,缓慢对直流中间回路充电。当充电结束时,分断 K110,闭合 K100。在整个过程中,当故障出现,使 di/dt 增加时,线路电感器(L100)起到限制作用。

图 3-22 装置在牵引箱中的直流电磁接触器

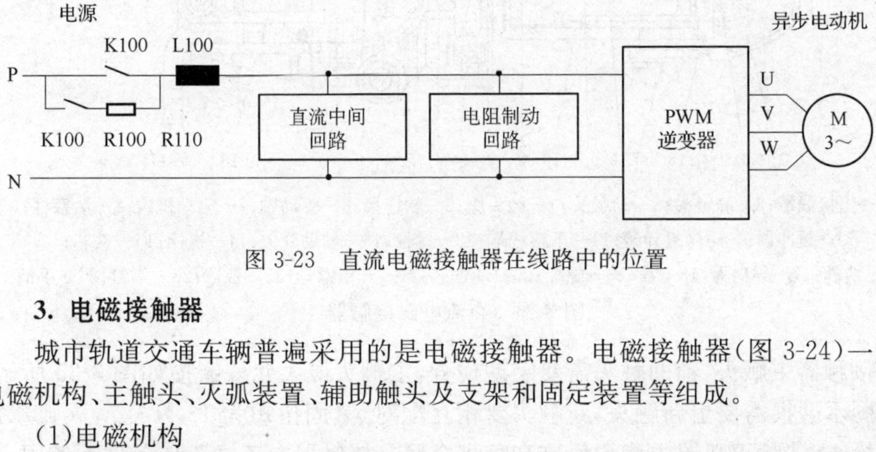

图 3-23 直流电磁接触器在线路中的位置

3. 电磁接触器

城市轨道交通车辆普遍采用的是电磁接触器。电磁接触器(图 3-24)一般由电磁机构、主触头、灭弧装置、辅助触头及支架和固定装置等组成。

(1)电磁机构

电磁机构由铁芯、带驱动杆的螺杆线圈和盖板组成。在电磁线圈未通电时,衔铁在反力弹簧作用下,保持在释放位置。通电后,电磁力带动驱动杆克服反力弹簧运动,使动触头与静触头闭合。失电后,电磁力消失,反力弹簧起作用,主触头分断。

(2)主触头

主触头用来通断电路,触头装有银氧化锡触片。

(3)灭弧装置

包括吹弧线圈和带电离栅的灭弧罩。电离栅将进入的电弧分割成一系列短弧,然后使电弧加速冷却,吹弧线圈确保快速和有效地灭弧。

(4)辅助触头

在主触头动作的同时,辅助触头依靠安装的驱动凸轮,也相应打开和闭合。

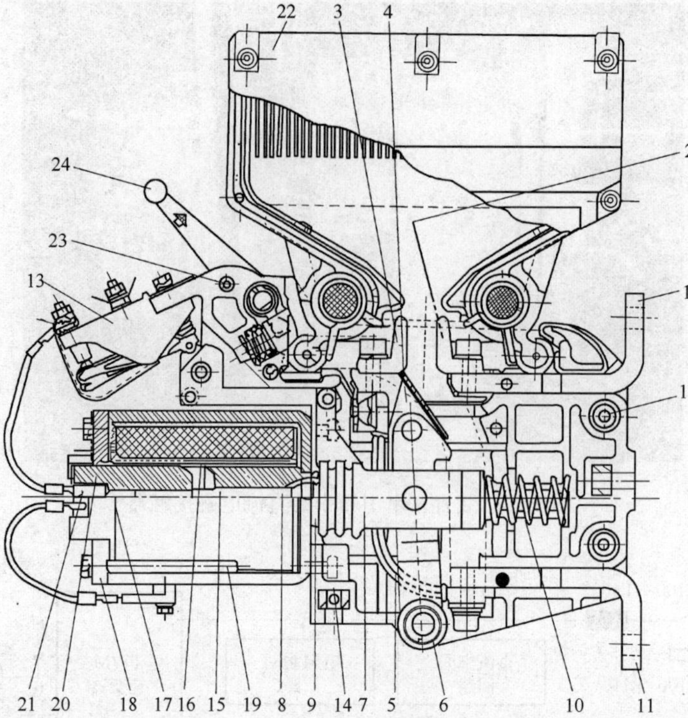

1—上接线端；2—静触头；3—动触头；4—触头座；5—软连接；6—驱动轴；7—驱动机构；8—活塞杆；9—缓冲器；10—恢复弹簧；11—下接线端；12—螺栓；13—辅助开关；14—螺栓；15—铁芯；16—线圈；17—导向器；18—盖；19—螺栓；20—动铁芯；21—开槽螺母；22—弧罩；23—螺钉；24—手柄。

图 3-24　直流电磁接触器

接触器主触头，辅助触头需要定期检查，主触头最大允许磨损如图 3-25 所示，超过图示磨损需要更新触头，新触头要相互配对，紧固扭矩为 18 N·m，灭弧罩需定期检查，清除灭弧罩内烧灼痕迹和喷溅金属。接触器在正常工作条件下使用，不需要经常维修。

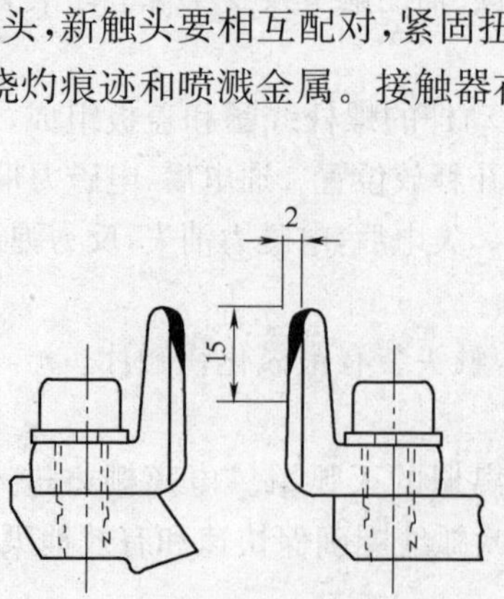

图 3-25　触头磨损示意(单位：mm)

4. 接触器的技术参数

(1)K100

型号	CIMS20,10
额定电压	2 000 V
额定电流	1 000 A
最大短时承受电流	1 050 A(60 min)
	1 600 A(5 min)

(2)K110

型号	HSa
额定电压	3 000 V
额定电流	50 A
关断时间	90～100 ms

3.2.4 交流接触器

交流接触器通断交流电流，常用来接通和断开交流电动机或其他电气设备，每小时可开闭数百次。图 3-26 是交流接触器的主要结构。

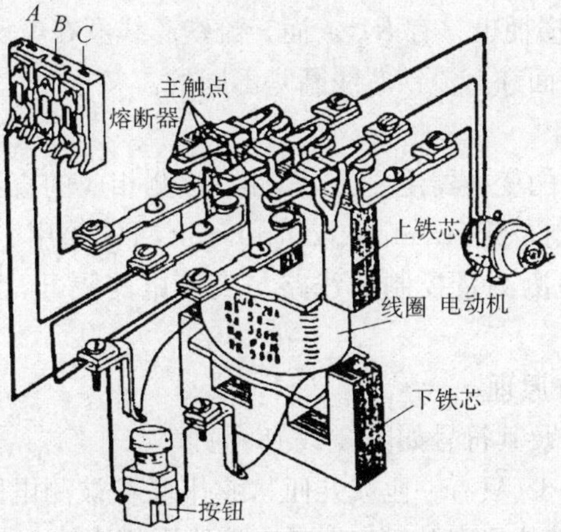

图 3-26 交流接触器的主要结构

地铁车辆上交流接触器一般用在三相 380 V 电路上，如空调单元压缩机保护控制接触器。

1. 交流接触器的工作原理

如图 3-26 所示，交流接触器主要由电磁铁和触点两部分组成。它是利用电磁铁的吸引力而动作的。当吸引线圈通电后，吸引山字形动铁芯(上铁芯)，而使常开触点闭合。

交流接触器的触点分主触点和辅助触点两种。辅助触点通过电流较小，常接在电动机的控制电路中，主触点能通过较大电流，接在电动机的主电路中，如图 3-26 所示的交流接触器有 3 个常开主触点。

当主触点断开时，其间会产生电弧，烧坏触点，并使切断时间拉长。因此在电流较大的接触器中还专门设有灭弧装置。在相间有绝缘隔板，以免短路。

2. 交流接触器的技术参数

型号	3TF4822-OAPO
工作电压	230/220 V，50 Hz
主触点	3 对常开主触点，控制三相
交流功率	37 kW/400 V
辅助触点	2 对常开，2 对常闭

3.2.5 变换器

电压变换器和电流变换器是根据变压器的原理制成的。变换器的铁芯线圈分为直流铁芯线圈和交流铁芯线圈两种。直流励磁电流产生的磁通是恒定的，在线圈和铁芯中不会感应出电动势来，在一定电压 U 下线圈中的电流 I 只和线圈本身的电阻 R 有关，功率损耗也只有 RI^2。而交流铁芯线圈在电磁关系、电压电流关系及功率损耗等几个方面和直流铁芯线圈是不同的。

1. 变换器的作用

作用于电动车辆的变换器主要通过交换，检测相应的直流和交流的电压和电流值，传输到牵引控制单元(traction control unit，TCU)用于控制。此外，电压变换器和电流变换器检测测量控制的线路与高压电路隔开，以保证人身与设备的安全。

2. 变换器的工作原理

交换器的接线图及其符号如图 3-27 所示。

原绕组的匝数很少(只有一匝或几匝)，它串联在被测电路中。副绕组的匝数较多，它与电流表或其他仪表及继电器的电流线圈相连接。

根据变换器的原理，可认为：

$$\frac{I_1}{I_2}=\frac{N_2}{N_1}=K_i$$

或

$$I_1=\frac{N_2}{N_1}I_2=K_iI_2$$

式中 K_i——电流交换器的变换系数。

由上式可见，利用电流变换器可将大电流变换为小电流。

3. 常用的变换器

用于地铁01A03、02A01型列车的主电路的各类变换器如图3-28和图3-29所示。

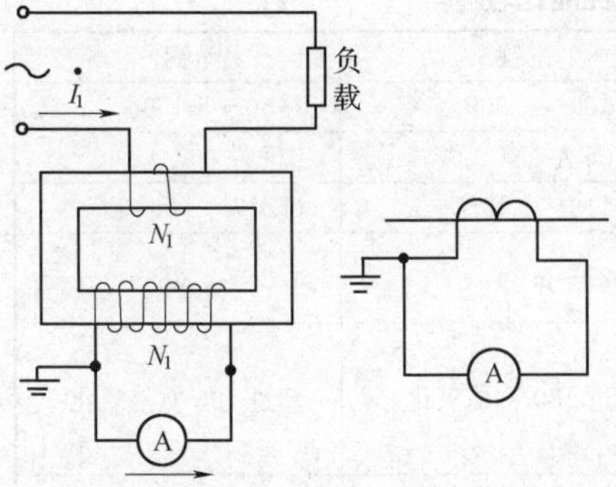

图3-27　线路电流变换器

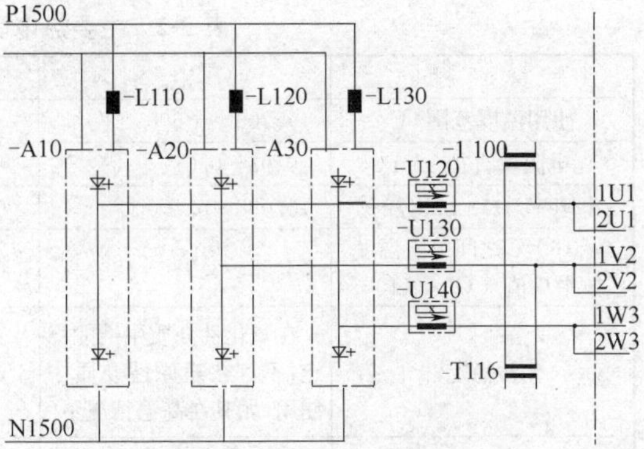

图3-28　电机电压和电流变换器

电机电压变换器　　T100、T110

电机电流变换器　　U120、U130、U140

线路电流交换器　　U100、U110

线路电压变换器　　U150、U160

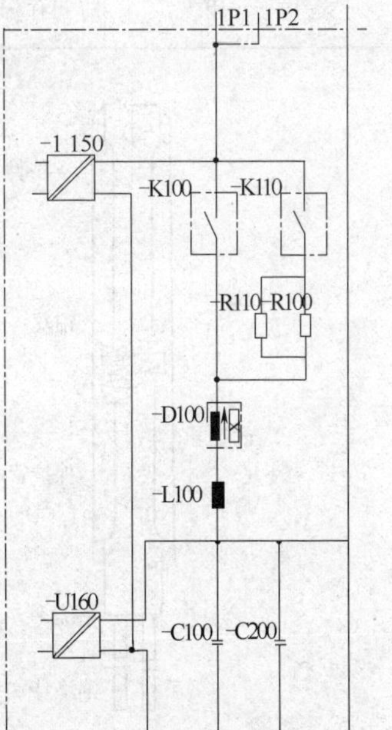

图3-29　线路电压和电流变换器

3.2.6　温度传感器

温度传感器是通过物体随温度变化而改变某种特性来间接测量的元件。不少材料的特性都随温度的变化而变化，所以能做温度传感器的材料相当多。

1. 温度传感器的类型

随温度变化而引起物理参数变化的有：膨胀、电阻、电容、热电动势、磁性能、频率、光学特性及热噪声等。用于地铁01A03、02A01型列车的温度传感器为Pt100，为铂电阻温度传感器。在制动电阻通风装置、牵引箱中的相模块和制动模块、制动晶闸管、输入进风装置均有安装。

2. 工作原理

热电阻是利用物质在温度变化时本身电阻也随着发生变化来测量温度的，其主要材料有铂、铜和镍。其主要热电阻性能见表 3-2。

电阻温度计中的热电阻传感器是绕在云母、石英或塑料骨架上的金属电阻丝(常用铜或铂),外套保护管,如图 3-30 和图 3-31 所示。

表 3-2　主要热电阻性能比较

材　料	铂	镍	铜
使用温度范围/℃	−200～+600	−100～+300	−50～+150
电阻丝直径/mm	0.03～0.07	0.05 左右	0.1 左右
电阻率/(Ω·mm²/m)	0.098～0.106	0.118～0.138	0.017
0～100 ℃之间电阻温度系数平均值/($℃^{-1}\times10^{-3}$)	3.92～3.98	6.21～6.34	4.25～4.28
化学稳定性	在氧化性介质中性能稳定,不宜在还原性介质中使用,尤其在高温情况下	超过 180 ℃易氧化	超过 100 ℃易氧化
特　性	特性近于线性,性能稳定,精度高	特性近于线性,性能一致性差,测温灵敏度高	特性线性
应　用	可作标准测温装置	一般测温用	适于测量低温、无水分、无侵蚀性介质温度

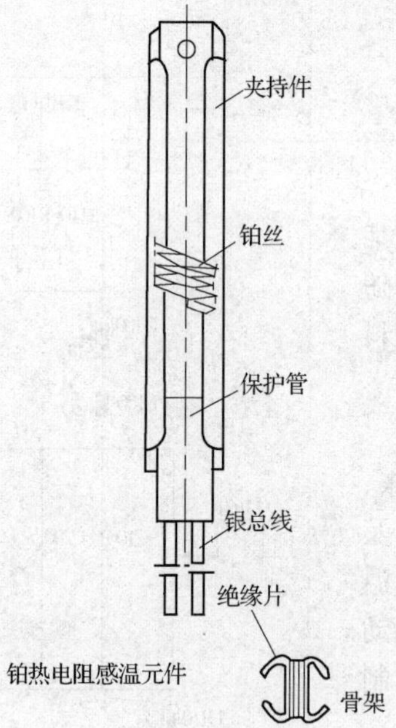

图 3-30　铂热电阻感温元件结构

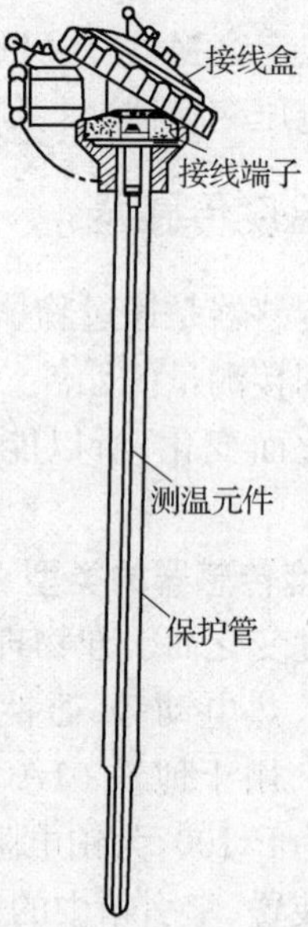

图 3-31　铂热电阻组成的测温计

作为热电阻传感器的金属电阻丝,在工作温度范围内必须具有稳定的物理和化学性能;电阻随温度变化的关系最好是接近线性的;热惯性愈小愈好。

铂是贵金属，价格较高。但由于铂热电阻具有很好的稳定性和测量精度，主要用于高精度的温度测量和标准测温装置，测温范围－200～＋600 ℃。

地铁车辆的牵引箱中的Pt100温度传感器用来监控温度，TCU以储存限制值对照测量值，当超过引起以下反应：

(1)对于相模块A10、A20、A30温度测量点，超温反应第一阶段减少输出；第二阶段封闭PWM逆变器，达到允许值后，重新启动。

(2)对于制动模块温度测量点，超温反应封闭制动控制模块，达到允许温度后，重新启动；

(3)对于牵引控制单元的输入/输出单元温度测量点，超温反应封闭PWM逆变器，达到允许温度后，重新启动；

(4)对于进风口测温点，超温反应也封闭PWM逆变器。

所以这时，只要对牵引箱关键设备进行温度监控，以满足正常工作需要。

3.2.7 速度传感器

速度传感器安装于轮轴上，提供控制系统信号的选取、转换和传输。

1. 速度传感器的类型

上海地铁01A01型电动车辆使用的速度传感器分为单信道速度传感器和双信道速度传感器二种，型号分别为GID-E和GID5其在电动车辆上布置如图3-32所示。

装于电动车辆上的速度传感器要求性能可靠、高精度、抗干扰性强。

2. 工作原理

传感器是一种测量装置，其作用是把被测非电量变换为与其成一定比例关系的电量。它能感受或规定相应的被测量，并按照一定规律转换成可用输出，以满足信息的传输、处理、储存、记录、显示和控制的要求。

这里介绍一种磁电式传感器，它用于上海地铁电动列车的速度检测。在车辆的轴端安装一台速度传感器，传感器的原理如图3-33所示。

(1)磁电式传感器的基本原理是电磁感应原理，将输入机械位移转换成线圈中的感应电势输出，它不需要外加电源。

(2)永久磁铁，感应线圈和外壳为固定不动的，齿轮安装在轴端随车轴一起旋转。当齿轮随旋转体转动时，齿轮与软磁铁轭之间的气隙距离随之变化，从而导致气隙磁阻和穿过气隙的主磁通的变化，结果在线圈中感应出电动势。每转一圈传感器发出110个脉冲，其频率

$$f=nN/60$$

式中 n——转速，r/min；

N——齿数(110)。

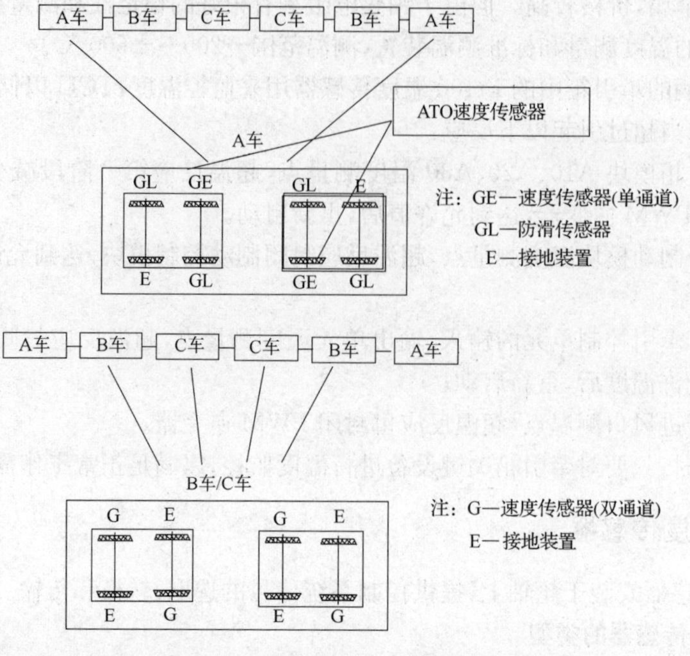

图 3-32　交流列车速度传感器的分布

(3)速度信号经脉冲整形放大后输出整齐的矩形波信号，将此信号送到计数器，把频率转换成转速。

(4)这种传感器结构简单，工作可靠。在地铁车辆的控制车(Tc 车)上每根轴装有一只单信道传感器，为空气制动的滑动保护系统提供速度信号；在动车(Mp 车、M 车)上，每轴装有一只双信道式传感器，分别为牵引与电制动系统的空转与滑动保护系统及空气制动的滑动保护系统提供速度信号。

速度传感器输出电压波形如图 3-34 所示。

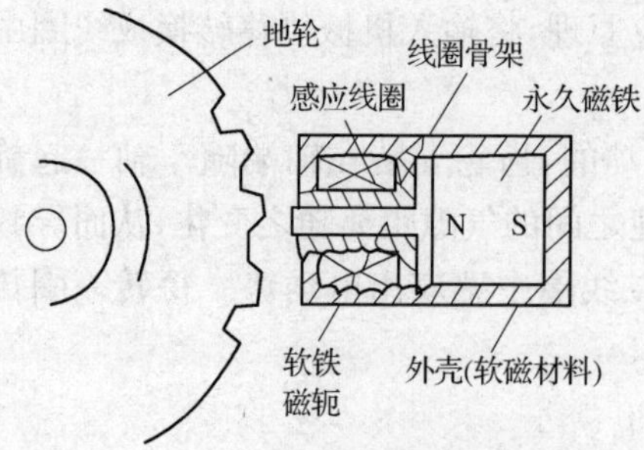

图 3-33　转速传感器原理图

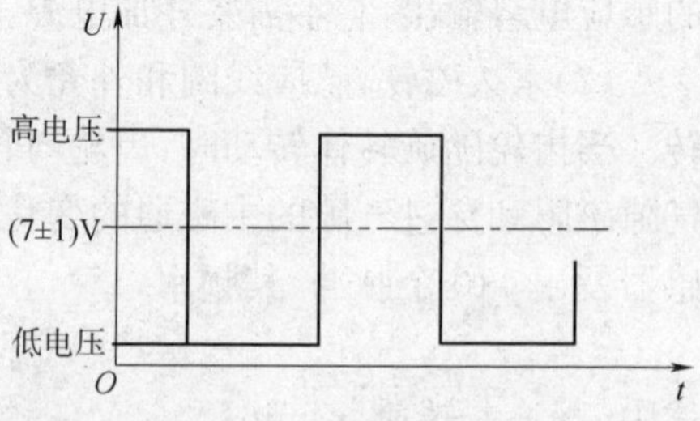

图 3-34　输出电压波形

(5)速度传感器主要包括脉冲发生器、磁轮、密封件和外盖。速度传感器的磁轮使用螺钉固定在轴箱端盖上。带有电缆接线的脉冲发生器安装在速度传感器的盖上。脉冲发生器与磁轮之间存在一个气隙,要求气隙范围在 0.4～1.4 mm 之间。

3.2.8　继电器

继电器是一种自动控制电器。

继电器由测量机构和执行机构两部分组成。

测量机构接收输入量,并将其转变为继电器工作所必需的物理量,如电压、电流、压力等。

执行机构用以改变原来所处状况,给被其控制的电器一定的输出量。

1. 继电器的特点

与接触器相比,继电器负载较小,触头容量小,没有灭弧装置,结构简单,但动作准确性要求较高。继电器外观如图 3-35 所示。地铁车辆广泛使用的继电器常用来传递信号和同时控制多个电路及其他电气执行元件。

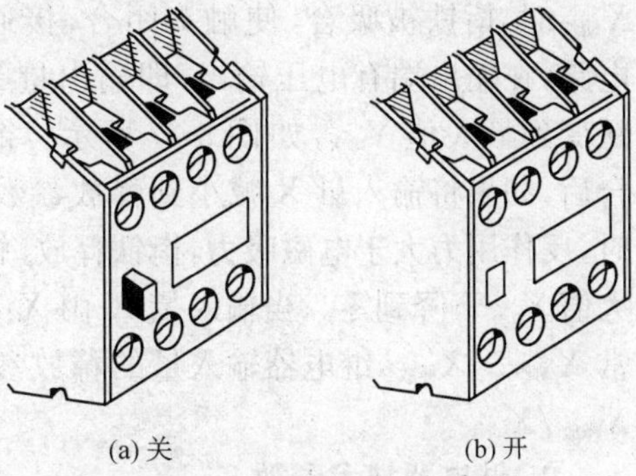

图 3-35　继电器外观(部分)

2. 继电器工作原理

以图 3-36 所示的电磁式继电器为例:

(1)它的电磁机构就是测量机构,当输入量达到其动作参数时,就将转变为衔铁的吸合动作。

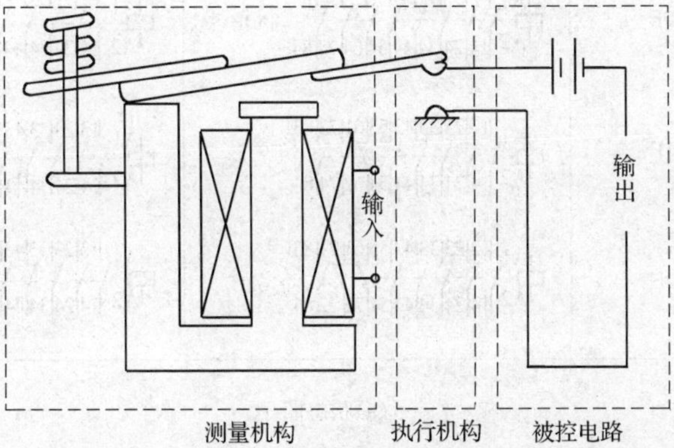

图 3-36　电磁继电器的测量机构和执行机构

(2)它的触点是执行机构，当输入量达到动作参数时，它由原来的断开状态转变成闭合状态，并接通被其控制的电路，从而得到一个输出电压。

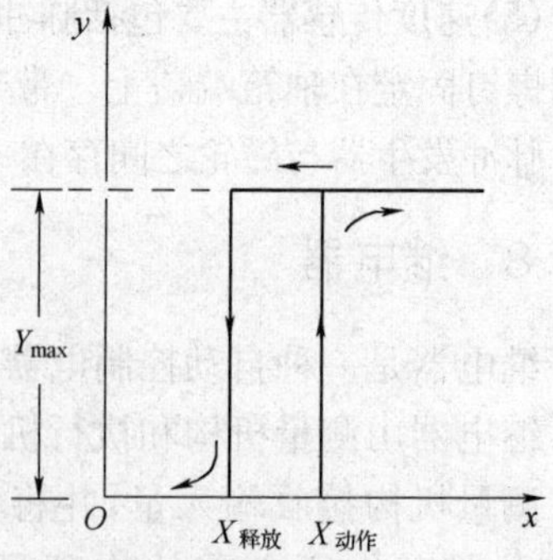

图 3-37 继电器的输出—输入特性

继电器的输入量与输出量的关系称为继电器的输出—输入特性。设输入量为 X，输出量为 Y，当输入量 X 由于增加到动作参数 $X_{动作}$ 时，衔铁被吸合，使触头闭合，接通被控电路，在输出端有电压输出，即输出量 Y 由 0 跃变到最大值 Y_{max}，如图 3-37 所示。衔铁吸合后，如果将输入量 X 减小到释放参数 $X_{释放}$ 时，反作用力大于电磁吸力，衔铁释放，触头断开，被控电路也断开，输出量又由最大值 Y_{max} 下降到零。当输入量 X 由 $X_{释放}$ 继续减小时，输出量 Y 维持为零值。通常 $X_{动作} > X_{释放}$，继电器输入量的释放参数与动作数之比称为返回系数 k，即 $k = X_{释放}/X_{动作}$。

3. 继电器技术参数

工作温度　　　　−25～+55 ℃

储存温度　　　　−50～+80 ℃

额定绝缘电压　　AC 690 V

额定工作电流　　16 A

上海地铁 01A03、02A01 型列车使用的 3TH 系列继电器，如图 3-38 所示。

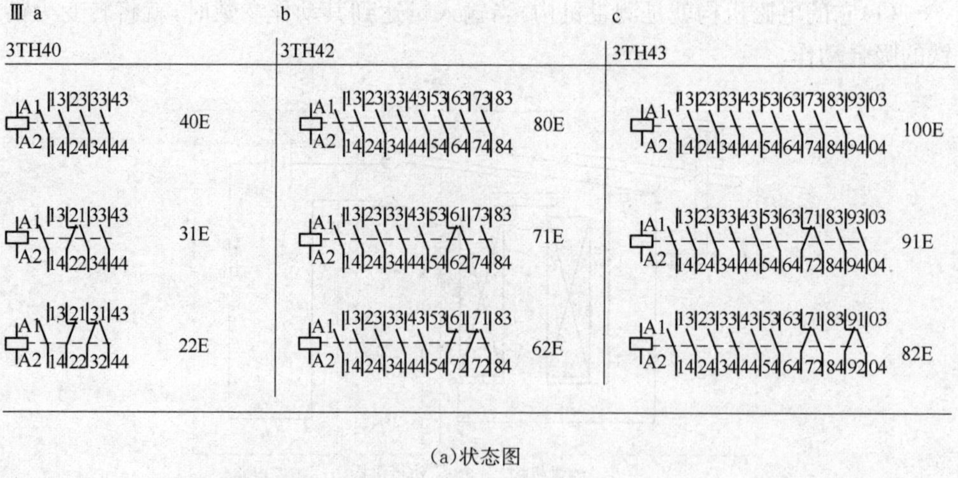

(a)状态图

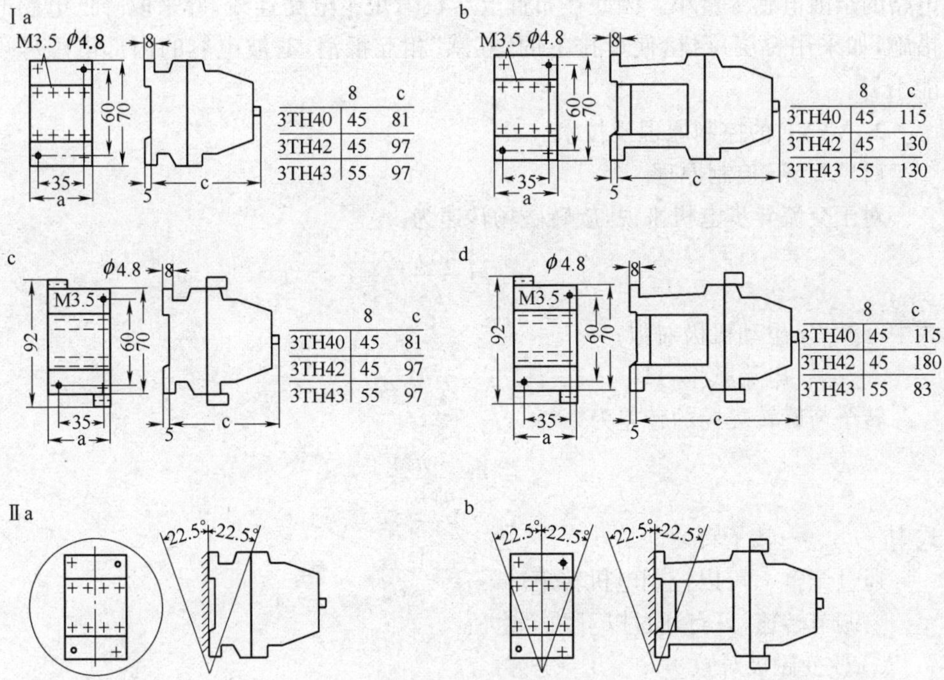

(b)外形尺寸图(单位:mm)

图 3-38　3TH 系列继电器

3.2.9　牵引逆变器(VVVF)系统

1. VVVF 的结构

VVVF 的主要部件是大功率半导体开关元件,主要有 GTO、IGBT、IPM,在工作时需要用散热器冷却。城市轨道车辆的逆变器通常安装在车底,受体积、重量的限制,采用模块设计,将同一桥臂上的元件或整个逆变器安装在一个模块上,用一个公共的大散热器散热。散热器基本可分为两种形式:整体翅片式散热器、热管散热器。整体翅片式散热器的材料使用铝。热管散热器的基板及热管的材料为铜,散热翅片材质为铜或铝,内部循环水或其他媒介。

对散热器散热一般采用风冷方式,分强迫风冷和自然风冷。强迫风冷需要有风道和风机。模块散热片置于冷却风道中。一般采用内外双风道,用外风道来冷却内风道部件,可以避免风道中的部件受尘埃等污染。因此在维修中应注意对风道的清洁及冷却风机的保养。自然风利用列车的走行风冷却。

同时在模块设计中,为保证在换流时,被关断元件上的过电压尽量小,要求主电路的杂散电感尽量小。因此在布置上尽量缩短主电路连线,并采取降低电感的措施,如采用叠层母排,使母排上的"互感"相互抵消,滤波电容的内部电感尽可能小。

2. VVVF 的控制原理及技术

(1)VVVF 控制原理

对于交流异步电机来说,旋转磁场转速为

$$n_0 = \frac{60f}{p}$$

式中 p——电动机极对数;

f——电流频率,Hz。

转子与旋转磁场的转差为

$$s = \frac{n_0 - n_M}{n_0}$$

式中 n_M——转子转速。

通过调整 s,可以控制电机转矩。

要调节转速,只有通过以下两个途径:

① 改变磁极对数 p;

② 调节电流频率 f,这是变频调速所要完成的任务。

在调速控制中,由于需要调节电流频率,所以必须要考虑定子绕组的反电动势对定子电流及磁通的影响。

定子绕组反电动势有效值可以表示为

$$E=4.44kfN\varphi$$

其中,$4.44kfN$ 为常数。

当 f 下降时,E 也下降,电源电压 U 与反电动势 E 之间的差增大,定子电流变大。在交流电机中,定子电流由两部分组成:小部分用于建立主磁场,大部分则提供给转子侧。由于转子侧的负载并未增加,所以励磁电流必增大,因而磁通 Φ 增大。而磁通 Φ 增大,结果又使 E 增大,达到新的平衡。如果 Φ 不断增加,会导致铁芯的饱和,进而引起励磁电流波形的畸变。

如果能保证 E/f 为常数,则磁通 Φ 可保持不变。由于电源电压 U 和 E 的有效值近似相等,则在变频中使 U/f 为常数,即可保持磁通 Φ 不变,即在调速中同时调整电源及电流频率。

(2)VVVF 控制技术

VVVF 控制技术分为两种,一种是把 VV 与 VF 分开完成,前面的用来改变直流电压的幅值,后面的环节用来改变频率。这种前后分开控制的 VVVF 控制技术称为脉冲幅值调制(pulse amplitude modulation,PAM)。另一种是将 VV 与 VF 集中于逆变器一起来完成的,即前面为不可控整流器,中间直流电压恒定,而后由逆变器既完成变频又完成变压,如图 3-39 所示。这种控制技术称为脉冲宽度调制(pulse width modulation,PWM)。

至于 PWM 控制技术又有许多种,并且还在不断发展中。但从控制思想上分,可以把它们分成 4 类,即等脉宽 PWM 法、正弦波 PWM 法(SPWM 法)、磁链追踪型 PWM 法和电流跟踪型 PWM 法。

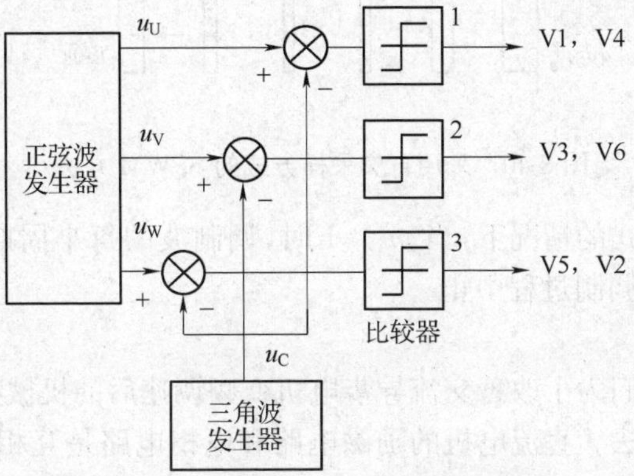

图 3-39　SPWM 法

一个可调频调压的三相对称正弦波电源,是以一个正弦波作为基准波(称为调制波),用一列等幅的三角波(称为载波)与基准正弦波相交,由它们的交点确定逆变器的开关模式。当基准正弦波高于三角波时,使相应的开关器件导通;当基准正弦波低于三角波时,使开关器件截止。由此,逆变器的输出电压波为脉冲列,其特点是,在半个周期中等距、等幅(等高)、不等宽,总是中间的脉冲宽,两边的脉冲窄,各脉冲面积与该区间正弦波下的面积成比例,这样,输出电压中低次的谐波分量显然可以大大减小。图 3-40 所示为采用自然采样方式的 SPWM 法。

在自然采样 SPWM 中,人们采用载波频率比 $m_f = f_t / f_s$ 和调制比(调制深度)$m_a = U_{Cmax} / U_{max}$,作为表示调制过程的特征量。

在自然采样 SPWM 逆变器中,输出电压的基波分量的频率与正弦参考波的频率相同。所以,改变正弦参考波电压的频率就能够调节逆变器的输出频率;而逆变器输出基波的幅值随调制比 m_a 线性增加。每相输出电压 u_{U0} 的基波分量有效值为

$$u_{U0(1)} \propto m_a U_d$$

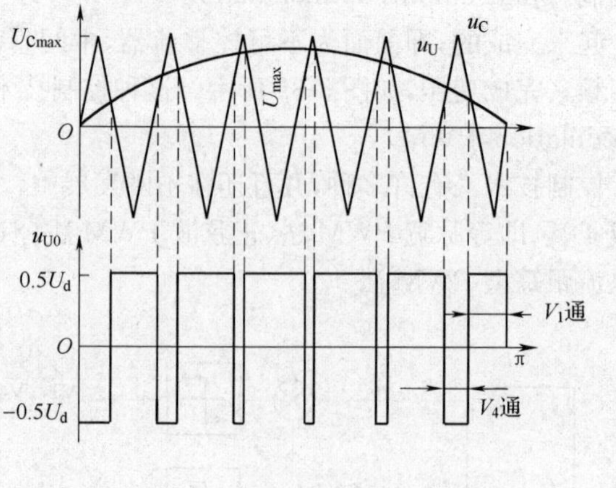

图 3-40 采用自然采样方式的 SPWM 方法

在这种采样方式的情况下，当 $m_a>1$ 时，调制波的每半周期中的脉冲数目 N 将减少，使 SPWM 调制过程中止。

(3)矢量控制

矢量控制是人们为了改善交流异步电机变频调速后的机械特性和动态性能所采取的一种控制方法。直流电机的励磁电路和电枢电路是互相独立的，且主磁场和电枢磁场在空间上是相互垂直的，所以对于直流电机来讲，可以通过独立地调节两个磁场中的一个来进行调速，这是交流电机所做不到的。

交流电机特性决定了在工作时需要有旋转磁场，产生旋转磁场一般有三种方法：

① 三相旋转磁场：在空间位置互隔 2π/3 的三个绕组上通入三个在相位上互差 2π/3 的交流电流，可以产生旋转磁场。

② 两相旋转磁场：在空间位置互隔 π/2 的两个绕组上通入两个在相位上互差 π/2 的交流电流，也可以产生旋转磁场。

③ 转体的旋转磁场：在旋转体上放置一个直流绕组，通入直流电，产生一个恒定磁场。当旋转体转动的时候，产生旋转磁场。如果放置两个直流绕组，其工作原理是一样的。

如果上述三种方法产生的旋转磁场完全相同，我们可以认为在这三种旋转磁场之间可以等效转换。

采用矢量控制的方法，我们可以采用类似直流电机调速控制方式来控制交流电机的转速，即保持励磁电流信号不变，控制转矩电流信号，达到调速目的。在交流电机调速控制中，先将给定信号分解为两个互相垂直的直流信号，再通过直交转换，将两个直流信号转换为两相电流信号，即从旋转体磁场等效到两相旋转磁场。然后通过转换,将两相电流信号转换为三相交流控制信号,即由两相旋转磁场控制等效到三相旋转磁场控制,实现对交流电机三相交流电的控制,进而控制电机转速。

3. VVVF的保护系统

(1)和控制无关的保护装置

下列保护装置在牵引箱中被提供,独立于牵引控制单元:

a. 当电压突变或短路时线路电流的上升率用整个线路电抗器限制。

b. 线路滤波器平滑瞬间线网过压(线路电抗器和直流连接电容)。

c. PWM逆变器的过压保护用一块一体化的保护触发模块。该保护触发模块在大于2 390 V电压时触发。

d. 完整的放电电阻确保直流连接电容器在线路接触器和预充电接触器打开时始终放电。

e. 每扇维修盖都通过两个机械插销接地。

(2)和控制相关的保护装置

下列重要保护功能由牵引控制单元启动。

① 电压监控

在中间连接回路的电压有两个可用的阶段来保护转换器过压。

a. 中间回路电压>2 100 V:制动控制器被触发并限制电压。

b. 中间回路电压>2 200 V:当达到2 200 V时,所有PWM逆变器触发脉冲被禁止。牵引控制单元触发保护触发模块并断开主线路接触器(主线路接触器打开)。此时PWM逆变器和线网隔离且中间回路被放电。

② 电流监控

处理闭环电流控制器,牵引控制单元包含有一个模块,它提供三阶段过流保护,与软件无关。

a. 对流经GTO晶闸管电流的第一个限制值:如果GTO晶闸管的电流达到第一个限制值,它的触发脉冲被禁止。如果电流下降到一个低一级的限制值,GTO晶闸管马上再次开通。

b. 对流经GTO晶闸管电流的第二个限制值:如果GTO晶闸管的电流达到第二个限制值,GTO晶闸管被关断,整个PWM逆变器的触发脉冲被禁止。如果电流下降到低一级的限制值PWM逆变器脉冲再次触发。

c. 对流经GTO晶闸管电流的第三个限制值;如果电流超过第三个限制值,整个PWM逆变器被切除且线路接触器被分断。

③ 温度监控

Pt100温度传感器用于监控温度。牵引控制单元对被测值和设定限制值进行比较,如果达到,则作下述反应(表3-3)。

表 3-3 温度监控及适温反应

温度测量设备位置	过温反应
相模块 A10、A20、A30	第一阶段：系统输出减少
	第二阶段：PWM 逆变器被禁止，在达到允许温度后，逆变器被再次启动
制动控制模块	制动控制模块被禁止，在达到允许温度后，逆变器被再次启动
电阻单元	PWM 逆变器被禁止，在达到允许温度后，逆变器被再次启动

④ 牵引箱中设备风扇的监控

牵引控制单元（A100）检查下列数据以确认设备风扇是否故障：

a. 设备风扇的电源电压是否准备好？

b. 空气进口处 Pt100（F200）和电阻单元（A200）连续放电装置的 Pt100 的温度是否在允许范围内？

如果风扇故障被确认，牵引控制单元封锁 PWM 逆变器。

(3)方框图

① 相模块 A10、A20、A30

相模块属于 PWM 逆变器。它们包括功率半导体（GTO 晶闸管）及其吸收和门控回路。它们的任务是将直流中间回路的直流电压变换为三相交流电压。

② 制动控制模块 A40

制动控制模块包括功率半导体（GTO 晶闸管）及其吸收和门控回路。

制动控制模块有控制直流中间回路制动电阻的功能。当列车电制动时使用电阻（如果线网不能吸收能量），制动能量被转换成热能。

③ 保护触发模块 A50

保护触发模块在直流中间回路过压时保护 PWM 逆变器的作用。如果直流中间回路电压达到规定的门槛值，保护触发模块的断路晶闸管被触发。释放的能量通过制动电阻片耗散（制动电阻的分接头）。流过短路分支的电流通过电流传感器测得并送到牵引控制单元。

④ 牵引控制单元 A100

牵引控制单元用于监控和控制 PWM 逆变器，实现牵引和电制动力的输出和调节。

⑤ 门控单元的供电单元 A130

门控单元的供电单元用于为几个门控单元（GTO 门控回路）供电。在输入端，该单元和车载蓄电池连接。

⑥ 电阻单元 A200

电阻单元包括连续放电电阻和吸收电阻。连续放电电阻，基于安全考虑，有确保直流中间电容始终放电的功能，当线网被切除或断开，或者线路接触器和预充电接触器断开，1 min 后电容电压降到≤50 V。吸收电阻是相模块和制动控制模块功率半导体(GTO 晶闸管)的吸收回路的一部分。

⑦ 直流中间电容 C100、C200

该电容是直流中间回路的能量储存装置。它们吸收大部分在直流中间回路出现的由 GTO 晶闸管时钟引起的交流分量，并和线路电抗器一起形成线路滤波器。

⑧ 设备风扇 E100

设备风扇作为基本装配，为相模块和制动控制模块的冷却风道，直流中间电容，线路电抗器和电阻单元提供冷却空气。

⑨ Pt100 电阻 F200

电阻的温度传感器 Pt100 测量进风口的温度。

⑩ 线路接触器 K100

线路接触器隔离牵引转换器和电源或接通电源。

⑪ 预充电接触器 K110

预充电接触器通过预充电电阻接通直流中间电容和线网。直流中间电容被充电。如果直流中间回路电压达到线网电压的 90%，线路接触器被接通并且预充电接触器被关断。

⑫ 线路电抗器 L100

线路电抗器和直流中间电容一起隔离由反馈过程而产生的交流分量对供电网的干扰。另外，如果供电网或 PWM 逆变器产生短路电流，线路电抗器将限制短路电流。和直流中间电容一起形成线路滤波器。

⑬ 基本装配 L110～L140

基本装配是电感(电抗器)，由单独的圈状铁芯构成。当 GTO 晶闸管变化方向时限制电流上升率。

⑭ 缓冲电感 L160

缓冲电感是由单独电缆构成的电感。当直流中间回路发生短路时它限制 GTO 晶闸管的浪涌电流。

⑮ 预充电电阻 R100、R110

预充电电阻缓冲直流中间电容的充电过程可限制充电电流和防止电压突变。

⑯ 接地电阻 R140

在 N 端电缆和转向架接地刷之间错误连接的情况下，接地电阻有连接箱体和定义电位(地)的作用。

⑰ 匹配电阻 R150

匹配电阻作为保护模块(BOD)的吸收电阻。

⑱ 电机电压传感器 T00、T110

电机电压传感器是带隔离的传输型的电压传感器可检测 PWM 逆变器输出端与相之间的交流电压。

⑲ 线路电流传感器 U100

线路电流传感器检测 PWM 逆变器的输入电流。它是电绝缘的灵敏电流传感器,能检测直流电流。

⑳ 用于接地故障检测的线路电流传感器 U110

线路电流传感器检测 PWM 逆变器的输入电流。它是电绝缘,灵敏电流传感器,能检测直流电流。

㉑ 电机电流传感器 U120～U140

电机电流传感器的目的是校正直流部分的输出电流。

㉒ 线路电压传感器 U150

线路电压传感器检测 PWM 逆变器的输入电压。它是电绝缘的灵敏传感器,能检测直流电压。

㉓ 直流中间回路电压传感器 U160

直流中间回路电压传感器检测直流连接电路电压。它是电绝缘的灵敏的传感器,能检测直流电压。

㉔ TCU 滤波器 Z100

TCU 滤波器用于 DC 110 V 蓄电池电压的 AMC 滤波器。

㉕ 110V 直流线路滤波器 Z110

110 V 直流线路滤波器用于 DC 110 V 蓄电池电压的 AMC 滤波器。

3.2.10 交流牵引电动机

上海地铁现有列车采用的是三相交流异步牵引电动机。异步电动机是基于气隙旋转磁场与转子绕组中感应电流相互作用产生电磁场转矩,从而实现能量转换的一种交流电机,主要用作电动机。

它与直流牵引电动机相比,最大的优点是结构简单。由于没有直流牵引电机的换向器和刷握等一套装置,因此工作稳定可靠,维修工作量大大减少。由于电力电子元件和控制技术的发展,对于轨道交通电力传动车辆的良好调速性能,交流电机现已广泛用于城市轨道交通车辆。

与同步电机不同,异步电机转速和同步转速间存在一定差异(即所谓异步),这是产生转矩的必要条件。由于转子绕组电流是感应产生的,所以异步电机也称感应电机。

1. 交流牵引电机的结构

上海地铁 01A03、02A01 型列车交流牵引电动机结构如图 3-41 所示。

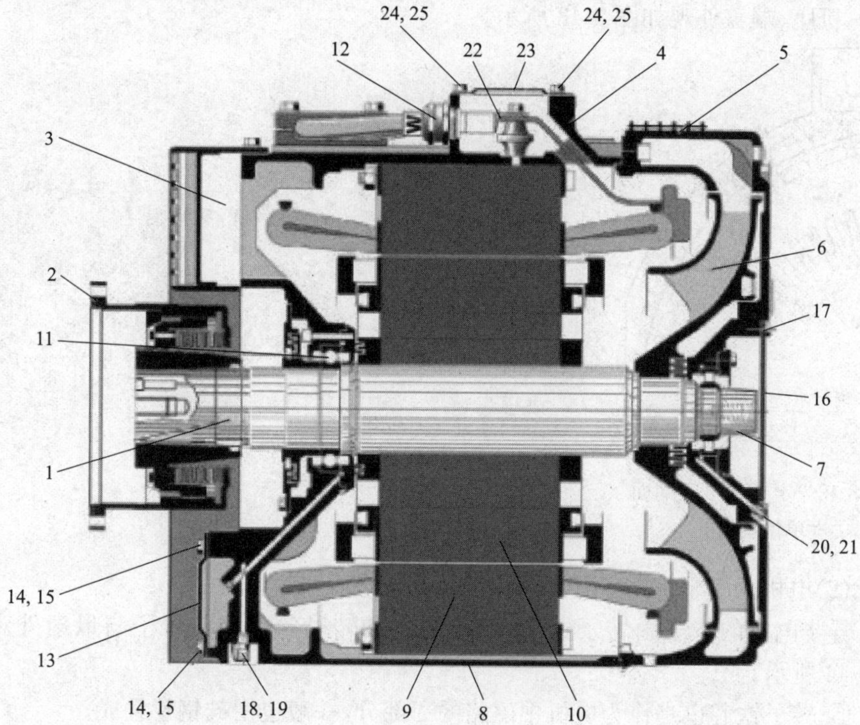

1—轴；2—电机侧半联轴节；3—进气口格栅；4—接线盒；5—出气口网罩；
6—轴承保护罩；7—圆柱滚子轴承(N 端)；8—定子外壳；9—定子；10—转子；11—深沟球轴承(D 端)
12—电缆密封套(10 N·m)；13—废油脂腔盖板；14—六角头螺钉(8 N·m)；15—张力垫圈；
16—废油脂腔盖板；17—六角头螺钉(8 N·m)；18—油脂嘴盖；19—锥形油脂嘴；20—油脂嘴盖；
21—锥形油脂嘴；22—连接线；23—接线盒盖；24—六角头螺钉(8 N·m)；25—张力垫圈。

图 3-41　交流牵引电动机结构

异步电机主要由两部分组成，固定部分称为定子，旋转部分称为转子。定子和转子之间有一很小的间隙称为气隙。定子的两端还有端盖。

(1)异步电机的定子

异步电机的定子由定子铁芯、定子绕组和机座三部分构成。定子与机座剖面如图 3-42 所示。

① 定子铁芯的作用是作为电机中磁路的一部分和放置定子绕组。为了减少旋转磁场在铁芯中引起的损耗，铁芯一般用导磁性好的电工硅钢片叠成。

② 在定子铁芯内圆冲出许多形状相同的槽，用于嵌放定子绕组。定子绕组是电

机的电路部分，主要作用是产生感应电势，通过电流以实现机电能量转换。

③ 机座的作用主要是固定和支撑定子铁芯，要求有足够的机械强度和刚度。定子、机座、端盖外观如图 3-43 所示。

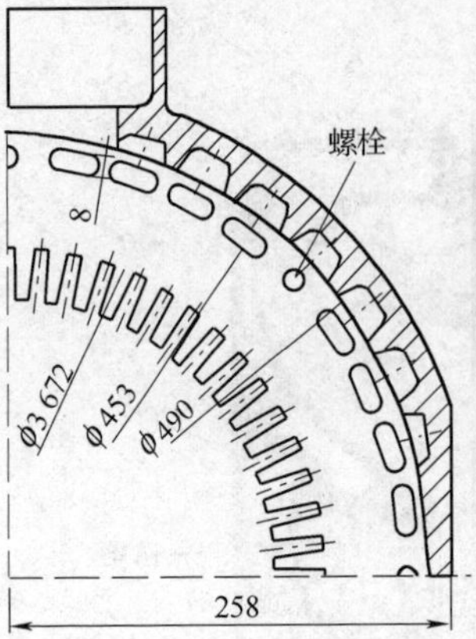

图 3-42 定子与机座剖面
(单位:mm)

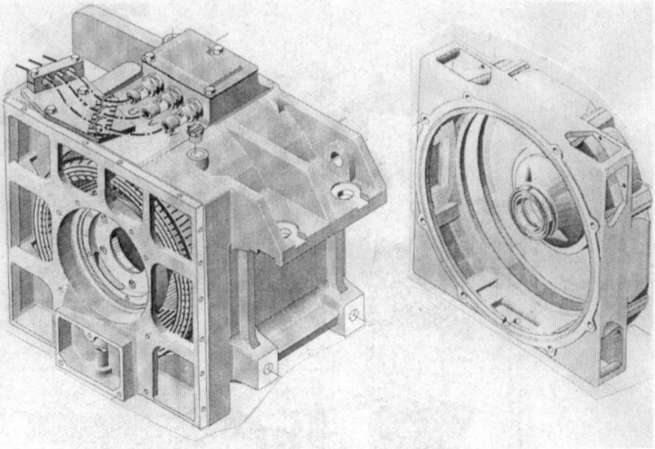

图 3-43 定子与端盖

(2)电机的转子

异步电机的转子由转子铁芯，转子绕组和转轴等组成。转子与风扇外观如图 3-44 所示。

① 转子铁芯也是作为电机中磁路的一部分，一般也由硅钢片叠成。

② 铁芯安装在转轴上。转子铁芯上开有槽，以供放置或浇注转子绕组之用。转子绕组的作用是感应电势，流过电流和产生电磁转矩，其结构有鼠笼式和线绕式两种。

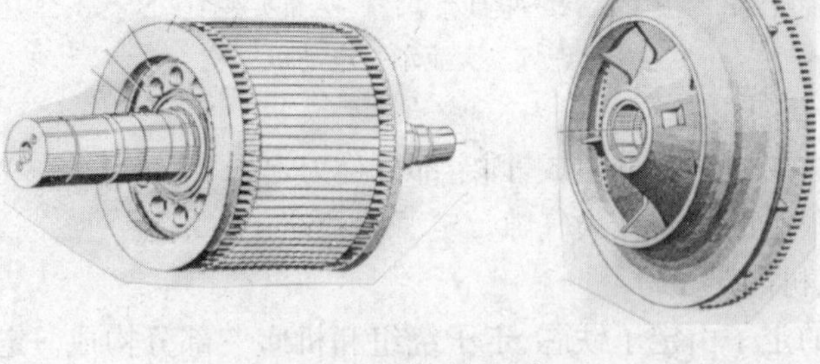

图 3-44 转子与风扇

③ 异步电机的转子绕组不必由外界电源供电，可以自行闭合而构成短路绕组，工艺简单。每个转子槽中插入一根导条，在伸出铁芯两端的槽口处，用两个端环分别把所有导条连接起来。如果去掉铁芯，整个绕组外形就像是一个“鼠笼”，所

以称为鼠笼式转子。

(3)异步电机的气隙

和其他电机一样，异步电机的定子和转子之间必须有气隙。异步电机的特点在于它的气隙很小。气隙大小对异步电机性能有很大的影响。一方面，为了降低电机的空载电流和提高电机的功率因数，气隙应尽可能地小；另一方面，为了装配方便和运行可靠，以及削弱磁场脉振所引起的附加损耗等，气隙稍大是有利的。

2. 工作原理

转子绕组分别在定、转子绕组中产生电动势。转子电动势在自我闭合回路的转子绕组中产生电流。转子电流与气隙中基波磁场相互作用产生电子转矩，使转子拖动机械负载旋转。电机能量的传递是以气隙磁场为媒介的，在能量传递过程中将会产生各种损耗。转子绕组和气隙磁场之间相对运动是异步电动机产生转矩进行能量转换的必要条件，故转子转速不可能达到基波磁场转速(即同步转速)。

异步电机的定子三相绕组通以三相交流电流时，在气隙中产生旋转磁场。旋转磁场切割定、转子绕组磁动势除在气隙中产生起主要作用的基波磁场(主磁场)外，还在绕组槽部、端部产生漏磁场，在气隙中产生高次谐波磁场。与这些漏磁场和谐波磁场相对应的漏抗以及绕组电阻与电机运行、启动性能有密切关系。气隙中高次谐波磁场在一定条件下将产生附加转矩，影响电机的转矩特性，还可能引起电磁噪声和振动。

在三相对称绕组中(三相绕组在空间位置互差120°电角度)流过对称的三相电流(三个相的电流振幅、频率相同，相位互差120°电角度)就会产生旋转磁场。

以两极异步电机为例：三相定子绕组由 A-X、B-Y、C-Z 三个线圈组成，它们在空间互差120°电角度。当定子三相线圈接至三相电源后，定子绕组中就有如图3-45的对称三相电流流过，即

$$i_A=I_m\cos\omega t,\qquad i_B=I_m\cos(\omega t-120°),\qquad i_C=I_m\cos(\omega t-240°)$$

假定电流为正时，电流从每相线圈的始端流入，从每相线圈的尾端流出；电流为负时，则方向相反，电流从线圈的尾端流入，从线圈的始端流出。

由图3-45可见，当 $\omega t=0$ 时，$i_A=I_m$，电流从 A 流入，以⊕表示；从 X 流出，以⊙表示。如 $i_B=i_C=-I_m/2$ 都是负的，电流从 Y 及 Z 流入，从 B 及 C 流出。根据右手螺旋定则可知，此时三相线圈中电流产生的磁场轴线方向从左向右。同样的方法可以画出 $\omega t=120°$、240°、360°时的电流及磁通的方向，如图3-46所示。

由图3-46可见，当电流变化了一个周期，旋转磁场在空间正好也转了一周，即360°。

以上是只有一对磁极($p=1$)时旋转磁场，用同样的分析方法，可知当两对磁极($p=2$)时，旋转磁场的旋转速度比一对磁极的情况慢了一半。

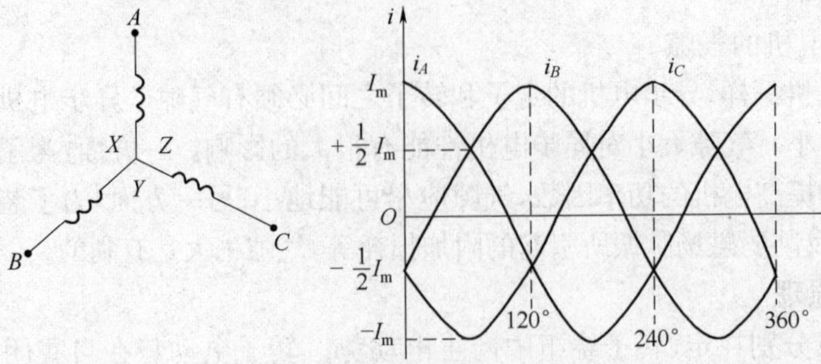

图 3-45 对称三相电流

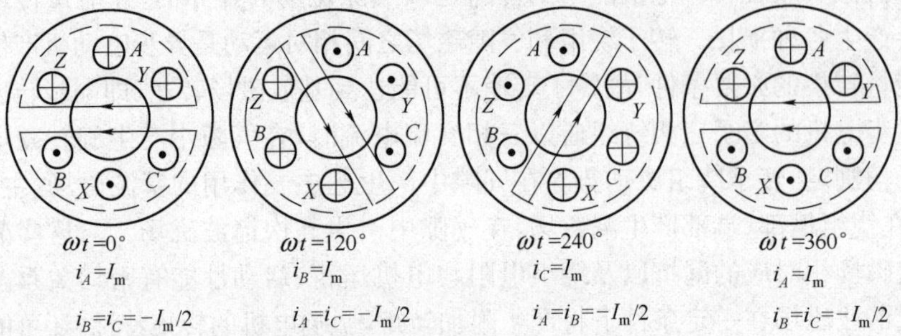

图 3-46 交流电动机电流及磁通方向

如果电流每秒钟变化 f 周、电机的极对数是 p 对时，旋转磁场的转速（r/min）为 $n_i=60f/p$，此转速也称同步转速。

3. 异步电动机的机械特性及调速

当三相异步电动机定子电压、频率以及参数固定的条件下，它的电磁转矩 M(N·m)与转子转速 n 之间的变化关系，称异步电动机的机械特性，记作 $M=f(n)$，有时异步电动机的转速（即横坐标）n 以转差率 S 代替，这时的机械特性记作 $M=f(s)$。

已知三相异步电动机的电磁转矩 M 为

$$M=C_M\phi_1 I_2\cos\varphi_2$$

式中 ϕ_1——气隙每极磁通；

I_2——转子一相电流；

$\cos\varphi_2$——转子功率因数。

通过推导 ϕ_1、I_2 及 $\cos\varphi_2$ 与转差率 S 之间的关系，则可得

$$M=\frac{3PU_1^2\frac{r'_2}{S}}{2\pi f_1\left[\left(r_1+\frac{r'_2}{S}\right)^2+(X_1+X_2)^2\right]}$$

式中　P——定子的极对数；

U_1——定子相电压；

r'_1——定子电阻；

r'_2——转子折合电阻；

X_1——定子漏抗；

X_2——转子折合漏抗。

根据上述公式当其他已知参数不变时，可画出如图 3-47 所示的 $M=f(s)$ 曲线。

从图 3-47 中可以看出：

① 在 $0<S\leqslant 1$ 的范围内，电磁转矩 M 和转子的转速 n 都为正，电机处于电动机运行状态。气隙旋转磁密 B_δ 的转向与转子转向一致，仅 $0\leqslant n<n_1$。

② 在转差率 $S<0$ 时，B_δ 与转子方向一致，只是 $n>n_1$，电磁转矩 M 为负，n 为正，电机处于发电机工况，运行于制动状态。这种状态应用在电阻制动或再生制动工况。

③ 在转差率 $S=\dfrac{n_1+n_2}{n_1}>1$ 时，电磁转矩 M 为正，转速 n 为负，也是一种制动状态，叫作反接制动或电磁制动工况。

(1)三相异步电动机的稳定工作区

机械特性 $M=f(s)$ 或 $M=f(n)$ 曲线可以分成如图 3-48 所示的两个部分：在转速大于临界转速 n_k，即 $n>n_k$ 时，称为稳定运行区；在 $n<n_k$ 时，称为不稳定运行区。例如异步电动机的负载转矩为 M_z，它的机械特性有两个交点 a 和 b，当电机在 a 点工作时，若负载转矩发生了波动，如从 M_z 增加到 M'_z，必将导致异步电机转速的减小。

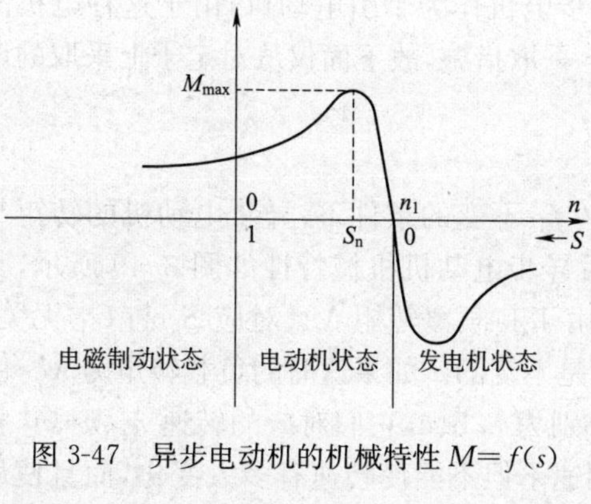

图 3-47　异步电动机的机械特性 $M=f(s)$

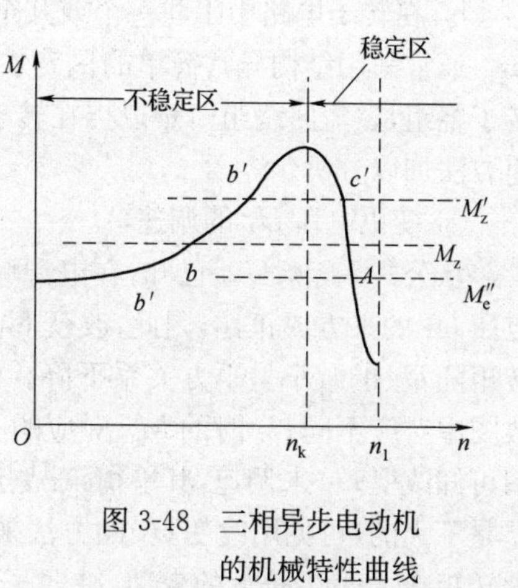

图 3-48　三相异步电动机的机械特性曲线

从机械特性看，随着 n 的减小，电机转矩增大，以适应负载的变化，由此可在新的工况点达到平衡。反之，若 M_t 减小，则转速上升，电机的电磁转矩也减小，也可达到新的平衡。所以说电机在 $n_k < n < n_1$ 范围内运行时是稳定的，可随负载变化建立新的平衡。假如异步电动机原有的工况在 b 点，则当负载由 M_z 减至 M_e''时，将使电机转速下降，结果电磁转矩也在下降，更小于负载转矩，这又进一步使电机转速下降，电机转矩也愈小，最终导致电机停转；反之，若 M_z 上升至 M'时，电机转速上升，转矩 M 也随之上升，这又进一步使电机加速，直到电机工况越过临界点而进入稳定工况区，并在稳定运行区建立新的平衡工况点。可见电机不能在 $0 < n < n_k$ 区段内稳定运行。

由上述情况可见，异步电动机正常工作范围只能在 $n_k < n < n_1$ 区段内。由于此区段内转速特性曲线比较陡峭，转速变化范围不大，所以异步电机正常运转的速度 n 很接近同步转速 n_1，其额定转差率很小，$S_a = 0.04 \sim 0.06$。正是由于这种硬特性，在它当作牵引电动机时，便会具有良好的防空转性能，因为即使异步电动机的负载转矩下降到零，其转速也上升甚少，不会像直流串励电动机那样，在空转时会使转速飞升。因此，交流电力传动车辆的防空转性能好，可以更充分地利用黏着重量。

(2)异步电动机驱动的电动列车调速，实际上对于异步牵引电动机的调速总体来说，异步电动机的调速可以从定子和转子两方面来采取措施。

① 从定子方面采取的措施有：

a. 变更加到定子上的电压 U_1；

b. 改变定子绕组磁极对数 p；

c. 改变电源频率 f_1。

②从转子方面采取的措施有：

a. 变更转子电路中的电阻；

b. 在转子电路中串联一个或几个附加电阻，即串级调速。

通常采用结构异常简单的鼠笼式异步电机作为牵引电动机，由于这种电机的转子绕组是“短路绕组”，难以再在转子上采取措施，故下面仅从对定子上采取的调速方法加以分析。

③ 变更电压 U_1 的调速

从公式 $M_{mx} \propto U_1^2$ 已知，在电源频率 f_1 不变的条件下，异步电动机的转矩与电压 U_1 的平方成正比，因此，改变 U_1 后异步电动机机械特性如图 3-49 所示，其转矩随 U_1 的减小呈平方关系下降。但由于其倾覆转矩 M_{mx}对应 S_k 与 U_1 无关，故图中对应不同 U_1 时的 M_{mx}对应的 n_k 是不变的。如果这时的负载转矩为 M_t，由图可知改变 U_1 来调速，其平衡工况点分别为 a、b、c，它们对应的转速 n_a、n_b、n_c 相差是不大的，可见用改变 U_1 的方法来调速不但不能使转速有多大变化，而且使最大转矩 M_{max}发生较大的变动，减弱了电机适应负载变化的能力，因此不宜采用单

独改变 U_1 的方法调速。

④ 变更磁极对数的调速

在电源频率不变时，异步电动机的同步转速 n_1 与磁极对数 p 成反比，所以变更定子绕组的磁极对数即可改变它的同步转速，也就可以改变转子的转速。定子绕组磁极对数只能一级一级跳变，可见其平滑调速性能差，故在电动列车的异步电动机调速上，基本不采用此方法。

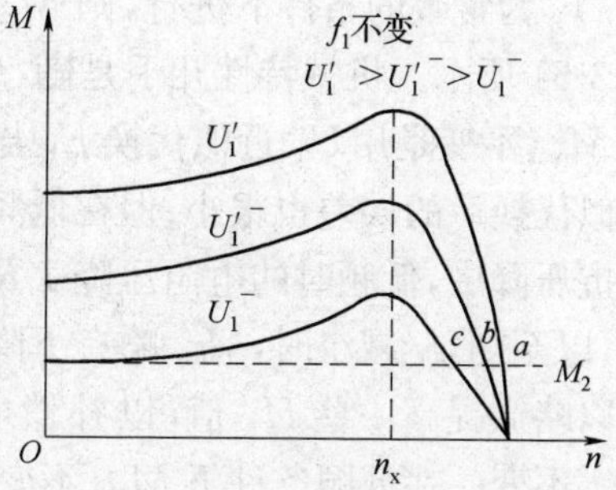

图 3-49　电机转矩与外加电压关系

⑤ 变频调速

在磁极对数一定条件下，如果能平滑地改变 f_1，就可以平滑地改变 n_1 及调节电动机的转速 n。f_1 的变化范围越大，n_1 变化范围也越大，异步电动机调速范围也越宽广，这就是可以满足电动列车牵引电动机从零到最大值的调速要求。

对于变频调速下异步电动机的机械特性形状都相似，呈马鞍形，但在不同 f_1 时其机械特性分布的转速范围和倾覆转矩 M_{mx} 的大小不同，这种变化可以用倾覆转矩 M_{mx} 即最大转矩 M_{max} 和对应的转速 n_k 来代表，根据已经推导出的倾覆转矩公式为

$$M_{mx}=C_m\frac{4.44K_2W_2}{4\pi L_2}\cdot\frac{{U_1}^2}{(4.44f_1K_1W_1)^2}=C_m'\frac{{U_1}^2}{{f_1}^2}$$

$$C_m'=C_m\frac{K_2W_2}{4\pi\times4.44{K_1}^2{W_1}^2L_2}$$

式中

K_2——转子绕组系数；

W_2——转子绕组匝数；

L_2——转子电感；

f_1——电源电压频率；

U_1——电源相电压有效值；

W_1——定子每相绕组匝数；

K_1——定子绕组系数；

C_m'——与电机结构有关的常数。

从公式可见，异步电机倾覆转矩 M_{max} 是与 $(U_1/f_1)^2$ 成正比的。如果变频调速是在 U_1 为常数的条件下进行，则 $M_{max}\propto1/f^2$ 或 M_{max} 随 f^2 成反比例变化，其机械特性的变化情况如图 3-50 所示。f_1 增大，M_{max}减小；f_1 减小，M_{max}增加。

这种变化规律可以满足电动列车恒功率牵引特性的要求，如果变频调速是在

U_1/f_1 为常数的条件下进行，则 M_{max} 将是一个常数，这时的机械特性变化规律如图 3-51 所示。机械特性几乎是随 f_1 的不同而平移。必须指出，U_1/f_1 为常数而使 M_{max} 不变是用 U_1 近似代换 E_1 与 U_1 间相差一个电抗压降的相对值较小，因此，近似代换后的误差也很小；但在低频时，E_1 本身就很小，而电抗压降相对突出，(在电抗压降中，低频时的电阻压降 I_1R_1 又相对突出)，致使上述近似代换有较大的误差，以至随 f_1 减小时，M_{max} 略有下降。为了弥补这一点，在低频时随着 f_1 的减小，可以略微提高一些 U_1 值，以补偿电抗压降的影响，使 E_1/f_1 保持不变，以维持 M_{max} 不变。在低频条件下 M_{max} 不变，基本上就可以满足电动列车低速起动时具有大而稳定不变的牵引力的要求。同理，利用 U_1/f_1 为常数的调节方法，可以获得电动列车运行中的恒转矩工况。

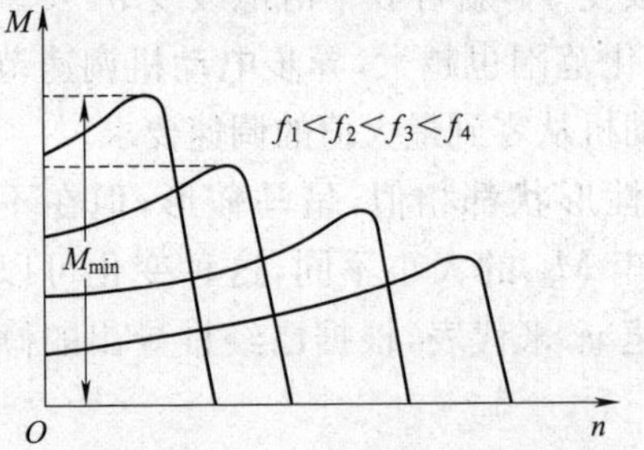

图 3-50 在 U_1 为常数时异步电机机械特性随 f_1 的变化关系

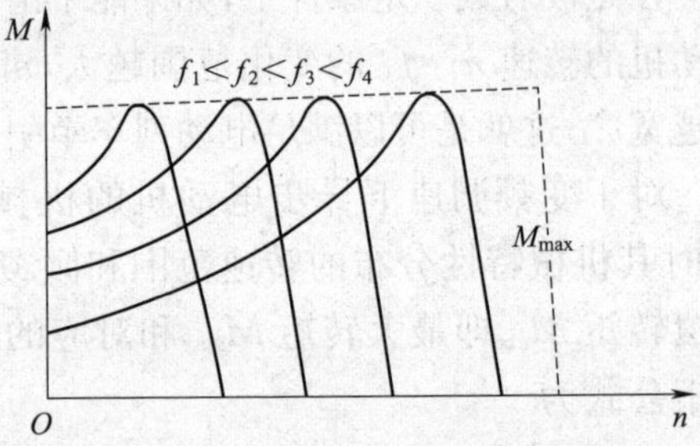

图 3-51 在 U_1/f_1 为常数时异步电机机械特性随 f_1 的变化关系

在 U_1/f_1 为常数的条件下，异步电动机旋转的气隙磁场每极磁通 Φ 是不变的，如果这时的磁通较接近于饱和状态，则可以认为异步电动机工作在全磁场工况；在 U_1 为常数条件下，气隙磁通 Φ 将随 f_1 的增加而减少，则可以认为异步电动机工作在磁场削弱工况。

对于不同的电动列车牵引性能的要求，例如恒转矩或恒功率控制等，则可按上述规律适当地配合运用，以获得满意的调速效果。

4. 四极三相异步电动机的技术参数

(1)机械数据

自通风	在 1 800 r/min 时 0.34 m^3/s
转子直径	307 mm
定子孔径	310 mm
铁芯长	180 mm
气隙	1.5 mm

(2)电气数据(连续操作测试点)

额定电压	1 050 V
额定电流	132 A
额定功率	190 kW
额定转速	1 800 r/min
功率因数	0.85
额定频率	61 Hz
温度等级	200 NI
绝缘电压	1 500 V
最高电压	1 403 V
最大电流	283 A
最高速度	3 642 r/min
接线	Y形
电流导线	每相 $1\times25\ mm^2$
标准	IEC 60349-2

(3)重量

总重	525 kg
转子重	170 kg
定子重	300 kg
附件重	55 kg

(4)轴承

D端轴承	深槽球轴承 DIN625-6016M/P65HVL0241
N端轴承	滚柱轴承 DIN43283-NU210ECM/C3HVA3091
抗磨轴承脂	Shell Retinax LX

3.3 牵引控制系统

城市轨道交通车辆控制电路主要由继电器、接触器、传感器和各种微机控制单元组成,其主要作用为接受司机操作,并将这些操作转化为控制信号,控制列车进行牵引、制动等动作。

3.3.1 控制电路的设计原则

(1)应尽量减少继电器数量,转而由微机控制单元取代继电器。上海地铁1号线的交流列车与直流列车相比,使用继电器数量大为减少,相应的控制电路的故障也大为减少。

(2)对于开关频繁、负荷较重的继电器应用场合,应根据其容量要求采用相应的镀金触点继电器或接触器。

(3)信号传输在考虑到可靠性和安全性的前提下,尽量用无触点的传输方式(通信总线)取代有触点的传输方式。如果列车控制需要传输10个信号的话,采用有触点的传输方式那么就需要10根信号线,而采用无触点的传输方式的话一般只要3根就足够了(目前使用的通信总线的物理形式一般为RS-485总线,其使用的信号线仅为3根)。信号线的减少,可相应地减少控制电路的故障。

(4)控制电路设计应考虑到导向安全,即一旦控制电路中的某一部分发生故障,其他部分也不会将故障的影响扩大。如制动信号的传输应采用高电平列车非制动,低电平列车制动的形式,这样即使列车制动信号的传输发生故障,列车也会因为未检测到高电平而实施制动操作,从而避免了列车由于未收到信号而不能制动的情况的发生。

(5)对于重要的信号线和控制部件,应有相应的冗余手段和旁路措施,以便尽量减小故障的影响范围。

(6)控制电路的布线设计应充分考虑到接地问题,由于地铁电动列车一般由多节车辆组成,而每节车辆内部又存在多个电气系统,这样极易造成由于各电气系统接地电平的差异而发生列车故障,甚至造成元器件的损坏。

(7)控制电路的布线设计和高压线路之间应有充分的电气隔离手段,以免由于某些意外因素导致控制电路出现高压串扰现象,造成元器件的损坏。

3.3.2 控制电路的检测和调试

1. 控制电路检测和调试主要形式

(1)独立模块的检测和调试。

(2)控制单元的功能检测和调试。

(3)控制电路的总体功能检测和调试。

其中,独立模块的检测和调试的操作对象为继电器、接触器、传感器以及各控制单元单体模块,该项操作的目的是检测单体部件的各项电气特性指标是否在允许的范围之内,并进行相应调整。

2. 各项电气特性指标

(1)继电器、接触器需要检查的电气特性指标包括:

① 线圈的阻值。

② 触点的闭合电阻。

③ 触点的吸合与分断时间。

④ 延时继电器的动作时间。

(2)传感器需要检查的电气特性指标包括：

① 是否能够正常工作。

② 输出和输入比例关系是否合乎要求。

③ 输出和输入比例关系的线性度是否合乎要求。

④ 是否能够长时间稳定地工作。

(3)对控制单元单体模块而言需要检查的电气特性指标包括：

① 模块是否可以正确收发总线信号。

② 模块是否可以将相应的输入转换为正确总线信号。

③ 模块是否可以正确执行总线信号，并将其转换为相应的输出。

④ 输出模块的输出是否可以满足目标负载的需要。

⑤ 各模块的工作电压和工作电流是否正常。

⑥ 电源模块的输出是否能达到设计要求。

(4)当各控制单元单体模块经过独立模块的检测和调试后，就需要进行组装，成为一个完整的控制单元，此时就需要对该完整的控制单元进行相应的功能检测和调试，该项测试主要包括：

①控制单元的各模块是否可以工作正常。

②控制单元是否可以接受输入并做出相应的反应动作。

③控制单元的输出是否可以满足目标负载的要求。

④电源模块的工作电压和工作电流是否正常。

⑤传感器工作是否正常。

(5)当独立模块和完成控制单元整体的检测和调试后，就需要进行控制电路的总体功能检测和调试，以便对整个控制电路的工作情况和系统功能进行检查和确认，并对其中可能存在的故障进行排除，该项测试主要包括：

①列车控制回路的电源情况。

②列车各控制单元是否工作良好。

③列车主回路各部件是否工作良好。

④列车的故障传输和显示。

⑤列车的故障保护功能。

⑥列车的牵引功能。

⑦列车的制动功能。

由于其中①～④主要在列车静止时进行操作，所以一般称之为静态调试，而⑤～⑦需要在列车运行时进行操作，所以称之为动态调试。

目前，在上海地铁列车的定修(年修)中只进行控制电路的总体功能检测和调试，而在架修(5 年修)和大修(10 年修)中将进行以上 3 项检测和调试操作。

3.3.3 保护电路

在电动列车运行时，由于外界因素或列车自身故障等原因，可能会影响到列车的安全运营，同时也可能对列车的元器件造成损坏。为了减少异常情况对列车影响。保护电路可在列车发生异常情况时，立即采取相应的补救措施，将这些异常情况的影响减少到最低程度，确保列车的安全运营，同时尽量减少对元器件的损坏。

1. 防滑防空转

为了保证地铁列车在各种轨道条件下，特别是在潮湿、涂油的轨道状态下，保证最大的电动机力矩和设备功率尽可能地转换成机车的有效牵引力，需要进行相应的列车防滑防空转操作。防滑防空转操作主要通过降低牵引力矩来使一个或几个轮对重新回到稳定的工作点上。但是防滑防空转操作不能够在轨面状态变化时持续、自动地使电动机发出转矩与之适应。下面我们将对地铁列车的防滑防空转操作的工作原理进行简要的介绍。

(1)空转打滑的识别

一般有以下方法可以用来识别，轮对的空转和打滑现象：

① 检测速度差 Δv；

② 检测加速度 $a=\mathrm{d}v/\mathrm{d}t$；

③ 检测加速度导数 $\mathrm{d}a/\mathrm{d}t$。

在以上方法中检测速度差 Δv 的方法有较大时间延迟，当 Δv 到达某一限值而进行防滑防空转操作时，空转已经比较严重，需损失更多的牵引力，才能制止空转。而轮轴加速度 a 同时与空转和列车正常加速相关，所以 a 不能用以完全确切地识别空转，通常需要和列车最大加速度一起参与识别和校正空转现象。但加速度 a 对打滑却起到重要作用，特别是在制动运行时，a 的负值将作为判断打滑现象的重要依据。在以上方法中识别空转最快的方法是检测加速度的导数$\mathrm{d}a/\mathrm{d}t$，而且此种方法具有与运行速度无关的特点。

(2)防空转打滑的调节

一旦发觉车辆出现打滑和空转现象，就需要通过降低牵引力矩或牵引电动机电流的方法加以制止。在出现空转时，牵引电动机的电流取决于加速度的导数 $\mathrm{d}a/\mathrm{d}t$ 和速度差 Δv。而在电气制动时，牵引电动机电流只根据加速度 $a=\mathrm{d}v/\mathrm{d}t$ 和速度差 Δv 进行削减。

一旦实施打滑和空转控制，牵引电动机的电流自动减少，然后电流将会重新缓慢上升，并寻求新的稳定的工作点。如果在电流上升过程中，重新发生打滑和空转，将再次削减电流，直到上升过程中不再出现空转为止。

(3)防空转打滑的调节实例

在上海地铁01A03型电动列车上，牵引控制系统利用01A03速度差Δv来识别空转和打滑现象，即

$$\Delta v = v_{ref} - v_{cal} - v_{slid}$$

式中，v_{ref}为列车的参考速度，该速度值为牵引控制单元根据当前的牵引参考值和列车运行情况进行运算的结果；v_{cal}为用于防滑运算的速度，一般取4个轮对速度中的最大值。v_{slid}为轮对防滑速度差值参考值，在参考速度低于8 km/h时为20 km/h，而在参考速度高于8 km/h时按$v_{cal} = v_{ref}^2/80+1$计算。

一旦发现$\Delta v>0$时，即认为车辆出现打滑和空转现象。牵引控制系统马上通过一个PI控制器来进行下降力矩运算，此时下降力矩的上限为防滑控制允许最大下降力矩。一旦Δv下降，下降力矩将随着Δv的减小而减小。直到Δv为0，表明轮对不再打滑后，下降力矩将变为0，轮对重新回到稳定的工作点。

2. 主回路电流故障保护构成和原理

地铁电动列车主回路的工作环境为大电流高电压，一旦外界的供电条件发生变化或内部元器件发生故障，极易引起主回路电流故障，从而造成列车部件的损坏，甚至影响运营安全。因此必须针对这些电流故障设计一套行之有效的保护机制，从而做到对电流故障早发现、早避免，减小因故障带来的危害。

地铁电动列车主回路主要有以下几种电流故障：

① 输入过流。

② 输出过流。

③ 制动时出现正向电流。

④ 输入线电流和接地线电流的差异过大。

⑤ 逆变器三相输出电流不平衡。

⑥ 两组直流电机电流不平衡。

(1)电流传感器工作原理

在地铁列车主回路中，执行电流检测的是电流传感器，一般采用LEM公司生产的LT系列闭环霍尔电流传感器。该类电流传感器的原理为：被测电流I_n流过导体产生的磁场，由通过霍尔元件输出信号控制的补偿电流I_m流过次级线圈产生的磁场补偿，当原边与副边的磁场达到平衡时，其补偿电流I_m即可精确反映原边电流I_n值，如图3-52所示。

该类电流传感器的输出形式为电流，目的是传感器离输出信号的接收者(牵引控制系统)的距离较远，同时信号传输线路中存在较多的接线排，如果采用电压输出方式，极有可能由于线路衰减导致牵引控制系统得到电压值存在误差(偏小)，从而导致系统控制的控制可能存在误差，另外电压输出形式也较易受到周围电气设

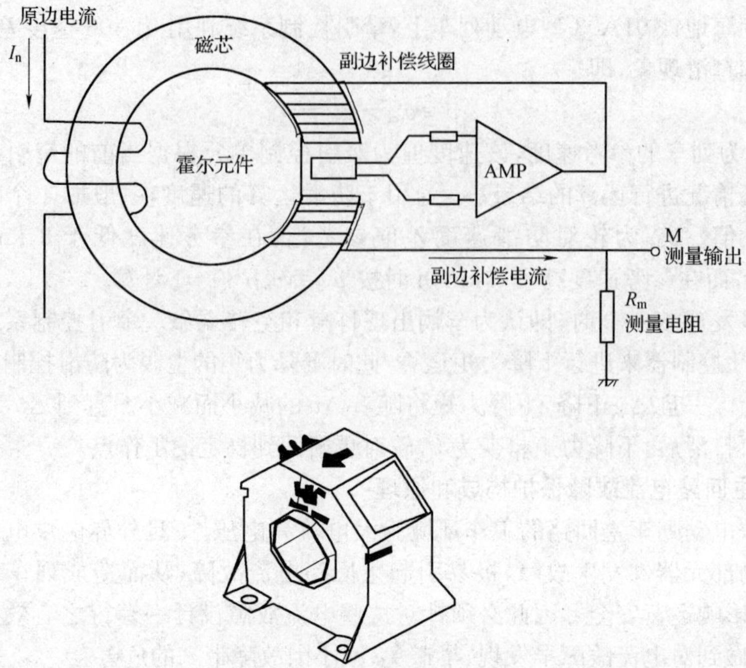

图 3-52　电流传感器及其工作原理

备的干扰，所以该种形式的输出一般只应用于近距离、干扰较少的范围中。反之如果采用电流为输出形式，其受线路阻抗和周围设备的影响远较电压输出为好。

(2)电流故障保护的实现机制

电流传感器的输出最终将输入到牵引控制系统的输入模块中，然后这些输入的模拟量将被牵引控制系统检测、计算和比较，一旦发现某些电流值和设定值之间的差值超过允许范围，控制系统将根据故障的危害程度决定如何处理该故障：继续工作、主回路锁闭并重试、主回路锁闭不再重试和主回路锁闭不再重试同时切断高速开关(图 3-53)。

(3)牵引控制单元对各类电流故障的判断和处理

① 输入过流

输入线电流过大可能表明主回路内部元器件存在击穿现象。一般对于该故障最先反应的是高速断路器，然后才是牵引控制系统。但是对于某些介于高速断路器动作电流和主回路封锁电流之间的电流值，最先采取动作是牵引控制系统：牵引控制发现输入线电流过大，超过最大允许限度，便立即切断主回路的工作，系统进入封锁状态，同时发出指令强行分断线路接触器和高速断路器。在某些早期的直

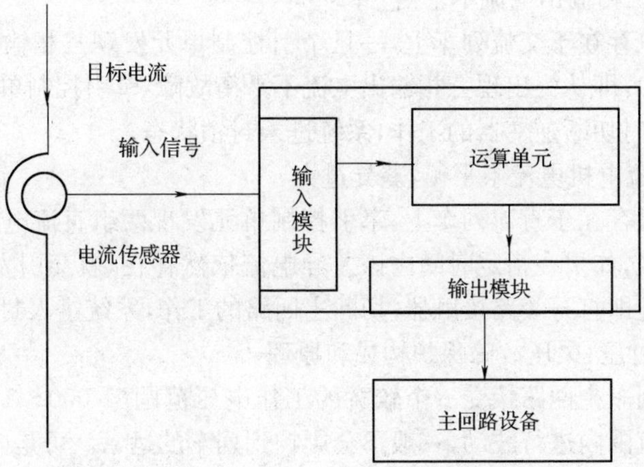

图 3-53　电流故障保护的实现机制

流电动列车中输入线电流是由两组直流电机的电枢电流相加获得的，而在目前的交流电动列车的设计中，直接存在一个输入线电流传感器进行该项参数的测量。

② 输出过流

如果输出电流过大超过某一极限值，表明主回路出现输出过流故障，在这种情况下，牵引控制单元首先通过关闭开关元件门极脉冲，用以降低电流输出，如果在一定时间内仍然存在过流现象，则立即打开线路接触器，封锁牵引箱。该种情况可能存在若干次重试过程，如果在若干次重试后仍然存在过流现象，则永久性地封锁牵引箱。

③ 制动时出现正向电流

再生制动时如果发现出现正向电流（和制动电流方向相反），说明可能供电网络电压过高，不能继续进行再生制动。牵引控制单元立即打开线路接触器，停止再生制动，同时将制动转为电阻制动。

④ 输入线电流和接地线电流的差异过大

该故障同时存于直流车和交流车上，出现该故障往往表明主回路中出现接地故障。该故障的输入有两种形式：通过一个电流差动传感器直接对输入线电流和输出线电流进行比较，输出为该两个电流的差异值；输入线电流和接地线电流分别用两个电流传感器来检测，输出为该两个电流的具体数值，电流差异的比较操作将由牵引控制单元来进行。一旦牵引控制单元发现该电流差异大于指定值，如果在指定时间内该差异电流依然存在，就会引发上述故障，牵引控制单元将立即打开线路接触器，切断主回路的工作，系统进入封锁状态。

⑤ 逆变器三相输出电流不平衡

该类故障只存在于交流列车上,一旦牵引控制单元发现三相输出电流的总和过大(应该为零),即认为出现三相输出电流不平衡故障,牵引控制单元将立即打开线路接触器,同时切断逆变器的工作,系统进入封锁状态。

⑥ 两组直流电机电流不平衡,差异过大

该类故障只存在于直流列车上,牵引控制单元发现两组直流电机的电枢电流差异大于指定值,如果在指定时间内该差异电流依然存在,就会引发上述故障,牵引控制单元将立即打开线路接触器,切断主回路的工作,系统进入封锁状态。

3. 主回路过压、欠压故障保护构成和原理

地铁电动列车主回路接受一个较宽的工作电压范围(1 000~1 800 V),供电网络电压在该范围内进行波动,一般不会影响到列车的运营。可是,一旦由于某些原因致使供电网络电压的波动超出上述范围,极有可能会对列车主回路系统损害,甚至影响运营安全。因此必须对其进行监控,从而在最大程度减少由于无效供电网络电压带来的危害。

对于地铁电动列车来说,常见的电压故障一般有雷击、制动欠压、牵引欠压、牵引过压、制动过压 5 种。

(1)电压传感器工作原理

在地铁列车主回路中,执行电压检测的是电压传感器,一般采用莱姆(LEM)公司生产的 LV 系列闭环霍尔电压传感器。该类电压传感器的原理如下:被测电压 U_n 流过 R_1 的电流通过导体产生的磁场,由霍尔元件输出信号控制的补偿电流 I_m 流过次级线圈产生的磁场补偿,当原边与副边的磁场达到平衡时,其补偿电流 I_m 即可精确反映原边电压值。与 LEM 公司生产的 LT 系列电流传感器的输出形式相同,该类电压传感器的输出形式也是电流,如图 3-54 所示。

(2)主回路过压、欠压故障保护的实现机制

电压传感器的输出最终将输入到牵引控制系统的输入模块中,然后这些输入的模拟量将被牵引控制系统检测、计算和比较,一旦发现某些电压值和设定值之间的差值超过允许范围,控制系统将根据故障的危害程度决定如何处理该故障:继续工作、主回路锁闭并重试、主回路锁闭不再重试(图 3-55)。

(3)牵引控制单元对各类电流故障的判断和处理

① 雷击

雷击事故将直接由避雷器进行防护。由于雷击事件出现的速度极快,且释放的能量很大,如果希望通过控制系统监测,并做出相应动作,在保护速度和分断容量上显然是达不到要求,所以对于雷击事件,一般还是采用避雷器进行放电处理。但是在避雷器动作以后,控制系统监测还是将监测到过压事件,并分断线路接触

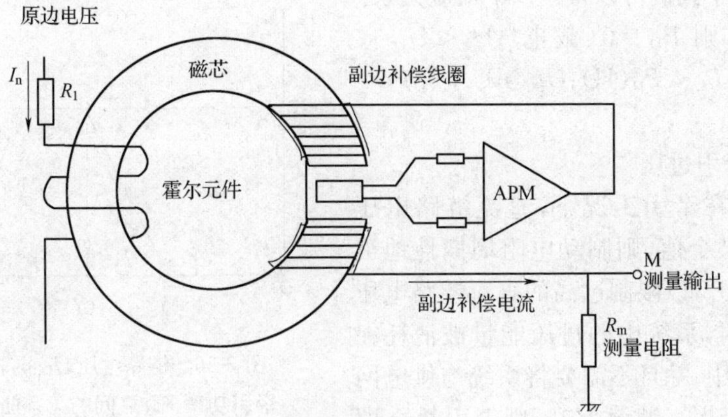

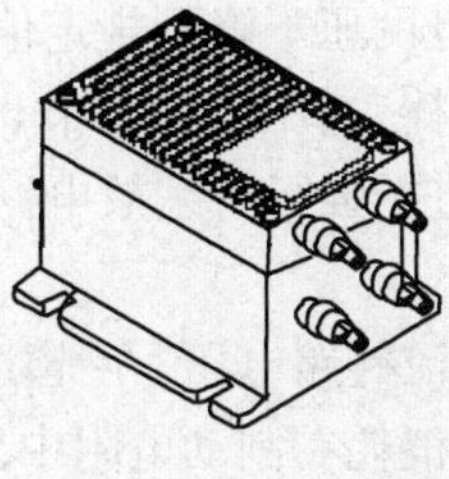

图 3-54　电压传感器及其工作原理图

器，封锁主回路。

② 制动欠压

如果在再生制动工况下直流链路电压 U_{DC} 跌到某个水平之下，则由再生制动转为电阻制动，制动功率被消耗在制动电阻中，并打开线路接触器。此时可以增加机械制动力以满足所需的制动力要求。

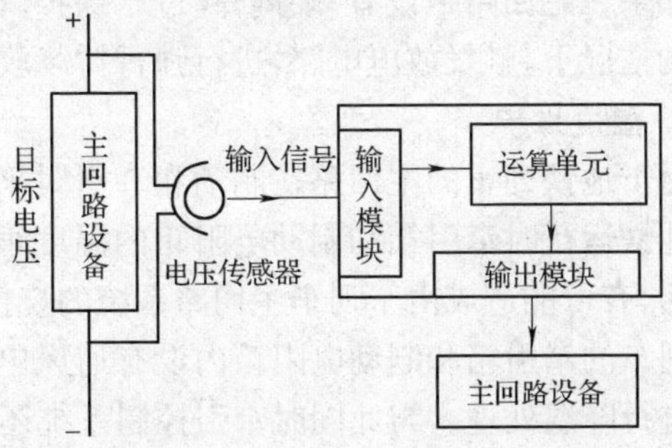

图 3-55　主回路过压、欠压故障保护的实现机制

③ 牵引欠压

一旦在牵引工况下，中间链路电压 U_{DC} 跌落到预先设定的牵引功率所要求的电压值以下，则可以借助于降低与电压呈线性关系的速度点来减少逆变器的输出牵引功率 P_D。如果 U_{DC} 达到临界电压值（最低链路电压），则逆变器被关断。图 3-56 是链路电压 U_{DC} 与输出牵引功率 P_D 之间的关系曲线图。图中的 P_D(H)为所要求的功率。

从图中我们可以得到以下对应关系：$U_{DC} \leqslant U_1$，则 $P_D = 0$（截止）；$U_1 < U_{DC} < U_2$，则 $0 < P_D < P_D(H)$；$U_{DC} \geqslant U_2$，则 $P_D = P_D(H)$。

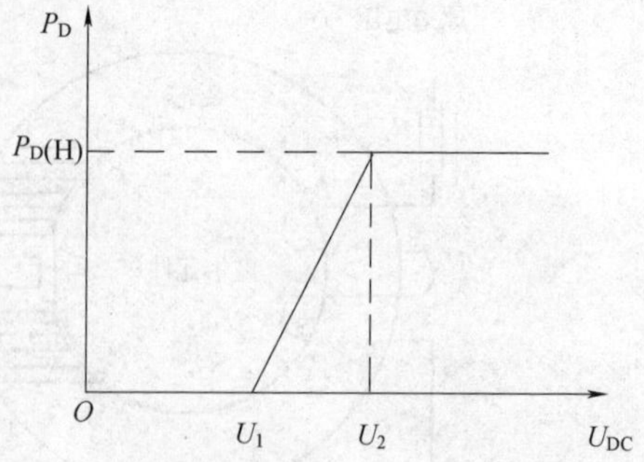

图 3-56　链路电压 U_{DC} 与输出牵引功率 PD 之间的关系曲线图

④ 牵引过压

一旦在牵引工况下，直流链路电压 U_{DC} 超过某个值，则制动电阻周期性地被接通与断开，以限制过高的直流链路电压 U_{DC}。此时，系统中的过压能量被消耗在制动电阻中，并且不需要将系统与供电网络分开，当 U_{DC} 继续上升，则牵引箱立即被封锁且打开线路接触器。一旦网压下降到规定值系统自动复位。

如果在主回路中设有“硬撬棒”过压保护环节，则在“软撬棒”放电仍不能消除过压的情况下，触发放电电路，进行强行持续放电。

⑤ 制动过压

一旦在再生制动工况下，直流链路电压 U_{DC} 超过某个值，则在再生制动的同时进行电阻制动，制动功率同时被消耗在制动电阻中。若网压持续高于某设定值，则断开线路接触器，完全依靠电阻制动消耗制动功率。

如果在主回路中设有“硬撬棒”过压保护环节，则在“软撬棒”放电仍不能消除过压的情况下，触发放电电路，进行强行持续放电。

4. 温度保护

由于地铁列车的主回路在制动和牵引时把大量的电能转换成热能，这就导致了在地铁运行时牵引箱和制动电阻箱的温度很高。如果不采取措施，听任热能积聚的话，有可能造成由于列车主回路系统的烧损，对列车的运营安全造成影响。所以在列车的牵引箱和制动电阻箱内设有通风电机，用风冷方式对牵引箱和制动电阻箱进行降温处理。与此同时牵引控制系统还对主回路的工作温度是否超过允许范围、冷却风机接触器、冷却风机保护开关以及制动电阻风机箱的通风风量进行监控，从而在技术手段上实现了温度保护的多重保险。

地铁列车上使用的温度监控元件一般有两种：温控开关和温度传感器。

(1)温控开关

地铁列车上使用的温控开关一般有以下两种：双金属温度开关和热敏磁性开关。

① 双金属温度开关

各种金属都有热胀冷缩的特性，而不同金属随着温度变化的膨胀系数不一样，双金属温度开关就是根据这个原理来工作的。解释如下:双金属片由一层“高锰合金”和一层“殷钢”组成。前者的膨胀系数是后者的好几十倍,分别称为“主动层”和“被动层”,在正常温度下的弹簧片的触点和主动层的触点是接触的,整个电路处在接通状态。温度升高时,主动层膨胀比被动层多,双金属片向下弯曲,温度升高到一定程度时,电路断开。冷却到一定程度双金属片伸直,电路接通。反之,同样可以解释温度降低的情况。

② 热敏磁性开关

热敏磁性开关利用热敏软磁铁氧体材料在居里点附近磁导率急剧变化的特性来控制干簧管的开闭,从而达到控温的目的。热敏磁性开关具有温控精度高,性能稳定、可靠、经久耐用及节能等优良特性。由于双金属片可能由于开关次数达到金属片的疲劳寿命,从而使得开关特性变差,所以目前世界各国已经广泛应用热敏磁性开关代替双金属片。

温控开关在监控回路中起到一个高电平信号开关的作用,常温下温控开关处于闭合状态,高电平就能够通过温控开关输入到牵引控制系统中,从而表明监控温度处于正常范围下;一旦温度到达设定的监控温度,温控开关发生动作,马上变为断开状态,高电平就不能通过温控开关输入到牵引控制系统中,这样就说明监控温度超过了允许范围。为了避免主回路反复过温,温控开关本身具有一个滞回特性:一旦牵引箱的温度小于设定的监控温度,温控开关并不马上恢复到闭合状态,只有温度继续下降到某一设定回复温度时,温控开关才会恢复到闭合状态,该回复温度和监控温度之间的差值称为回差。之所以设置回差目的是避免牵引箱在未充分冷却时恢复工作,导致主回路马上重现过温状态(图 3-57)。

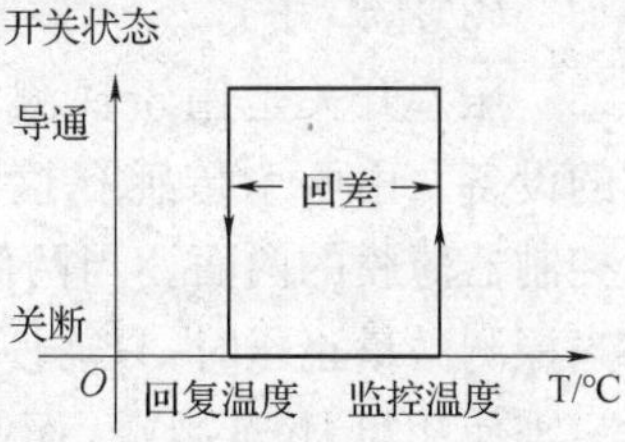

图 3-57 热敏磁性开关原理

(2)温度传感器

地铁列车上使用的温度传感器一般采用 Pt100 热电阻温度传感器(图 3-58)。热电阻是利用物质在温度变化时自身电阻也随着发生变化的特性来测量温度的。热电阻的受热部分(感温元件)是用细金属丝均匀地双绕在绝缘材料制成的骨架上。当被测介质中有温度梯度存在时,所测量的温度是感温元件所在范围内介质中的平均温度。热电阻大都由纯金属材料制成,目前应用最多的是铂和铜。由于金属铂优良的物理特性:电气性能稳定,温度和电阻关系近似于线性,精度高,使它成为制造热电阻的首选材料。它能够制造成体积微小的薄膜形式,或者缠绕在陶瓷和云母基板上制造出高稳定性的温度传感器,能够适应各种复杂的测温场合。一般在−200～+400 ℃的温度范围内,Pt100 热电阻温度传感器是首选测温元件。

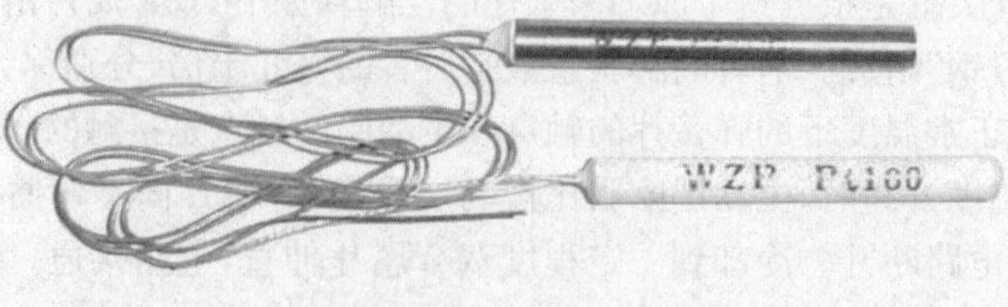

图 3-58　一种 Pt100 热电阻温度传感器的外观

热电阻的输入电路如图 3-59 所示，由 R_1、R_2、R_3 和被测电阻组成普通四臂电桥温度测量电路。当然考虑到铂热电阻的阻值较小，因此在某些精确度较高的场合应采用三线制测量电路，从而消除引线电阻的影响。温度传感器的输出为模拟量，而不像温控开关那样输出的是一个开关量，只要将“$U+$”和“$U-$”之间的差值乘上一个系数再加上常数：$T=$（“$U+$”－“$U-$”）×A＋B，便可以测得目标物体的具体温度。

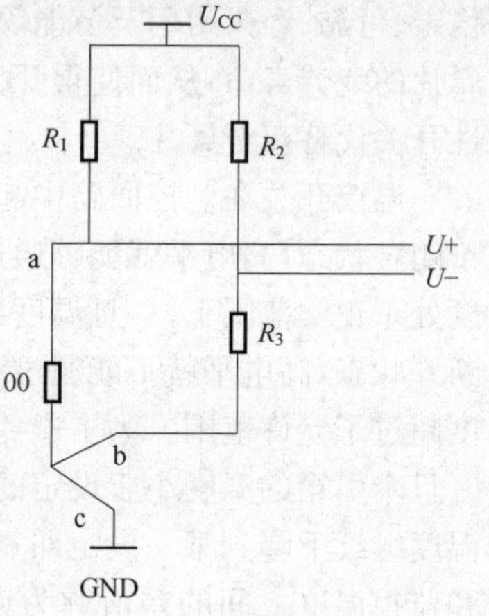

图 3-59　热电阻温度传感器原理

地铁列车上对制动电阻箱的通风风量监控一般采用压差开关和温度传感器，前者的探测对象是制动电阻风机的风量，而后者探测的是制动电阻风机的出风温度。

(3)压差开关

压差开关是用于探测空气压力、空气压差的设备。由两个传感孔检测到的压差，作用于控制器薄膜的两面。当两侧压差大于设定值，弹簧承托的薄膜移动并启动开关。当探测微量正压时，只需使用高压连接端而不用低压连接器，若探测真空度时，便只需使用低压连接端，而高压连接端则连通大气。由于在地铁列车上该压差开关是用来测量制动电阻风机的风量，所以只需将高压连接端和风机风道相连，而低压连接器不连接任何管线，直接和外界大气接触，所以在这里压差开关测量的对象为制动电阻风机风道内的大气压强和外界的大气压强之差。如果实际压差小于设定值，触点 NC-C 导通；反之，若实际压差大于设定值，触点 NO-C 导通，所以和温控开关一样，压差开关的输出也是一个开关量（图 3-60）。

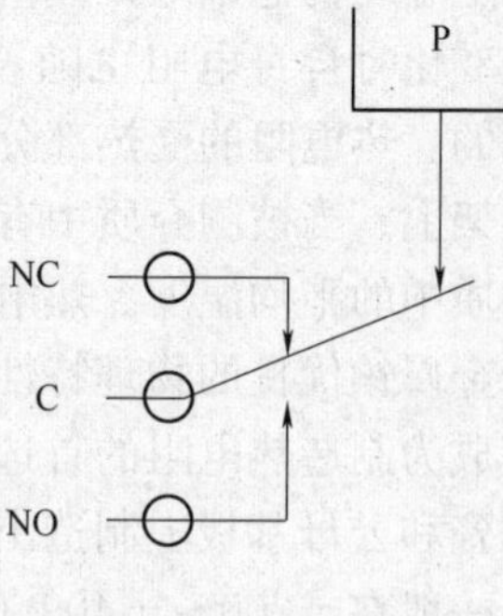

图 3-60　压差开关原理

(4)冷却风机接触器和冷却风机保护开关监控

冷却风机接触器和冷却风机保护开关监控采用是利用辅助触点向牵引控制系统反馈信号的方式来实现的。如果这两个装置工作正常,则辅助触点闭合,牵引控制系统能收到反馈的高电平信号,反之则不能收到该信号。牵引控制系统就是通过这些反馈信号来判断冷却风机是否工作正常,并采取相应措施。

(5)地铁列车温度保护机制

如前所述,在牵引箱中一般安装的是温度传感器或温度开关:在每一个牵引模块或制动模块上一般都会安装有温度传感器,用以指示每个模块的温度是否在允许范围之内;而在牵引箱箱体的其余空间中安装有温度传感器或温度开关,用以指示箱体温度是否在允许范围之内。而在制动电阻箱内则分别安装有压差传感器(风速传感器)和温度传感器,前者用来检测制动电阻箱通风的通风风量是否正常,而后者则是检测制动电阻箱的温度是否超过允许范围。而冷却风机接触器和冷却风机保护开关监控则是牵引箱和制动电阻箱的冷却风机上都存在的监控手段。一旦上述几个检测数据超出正常范围,牵引控制系统将马上做出反应,减少或封锁牵引箱的输出,直至检测数据恢复正常,回到正常范围内。

对于地铁列车主逆变器的模块,存在三个温度指标:

正常工作恢复温度 T_1,一旦逆变器从异常状态中恢复,其模块温度必须低于 T_1,逆变器才能正常工作;降低力矩输出温度 T_2,一旦逆变器模块温度大于 T_2,逆变器将减少输出力矩;封锁输出温度 T_3,一旦逆变器模块温度大于 T_3,逆变器的输出将被封锁。

根据这三个温度,主逆变器的工作状态在不同的情况下将有所不同:

① 在运行时,冷却风机出现故障,模块温度上升,但在到达降低力矩输出温度 T_2 前冷却风机恢复工作,则温度降到正常工作温度 T_0,系统工作无异常,如图 3-61(a)所示。

② 在运行时,冷却风机出现故障,模块温度上升,到达降低力矩输出温度 T_2,牵引控制单元减低了力矩输出,这样虽延迟了温度上升的速率,但在到达封锁输出温度 T_3 前冷却风机恢复工作,则模块温度开始下降,一直降到正常工作恢复温度 T_1,系统才恢复力矩输出,如图 3-61(b)所示。

③ 在运行时,冷却风机出现故障,模块温度上升,到达降低力矩输出温度 T_2,牵引控制单元减低了力矩输出,这样机延迟了温度上升的速率,但冷却风机并未恢复工作。这样,模块温度继续上升,直到封锁输出温度 T_3 后,牵引控制单元封锁逆变器输出。此时将重新执行若干次以下监控过程:如果发现模块温度下降到正常工作恢复温度 T_1 时,系统恢复力矩输出;一旦模块温度又上升到封锁输出温度 T_3,重新封锁逆变器输出,并对封锁逆变器次数进行计数,一旦到达指定计数值,牵引控制单元将彻底封锁逆变器输出,不再重试,如图 3-61(c)所示。

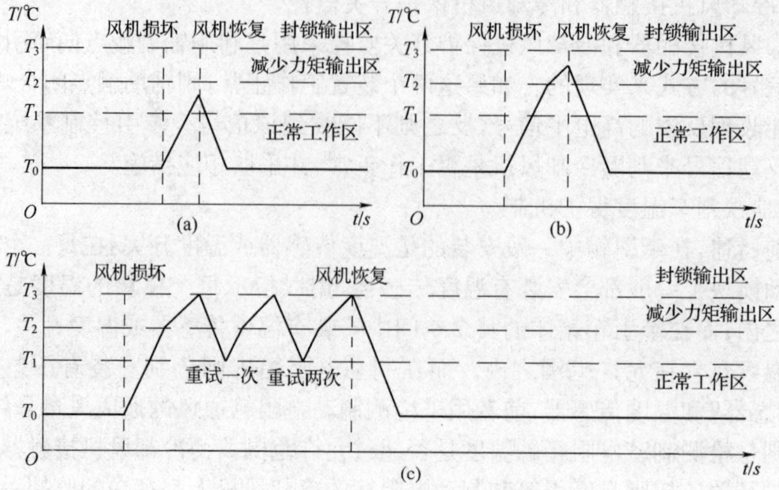

图 3-61 地铁列车温度保护机制

5. 主回路保护的实例

图 3-62 是一种交流电动列车主回路保护的实例。表 3-4 列出了各种保护装置的作用。

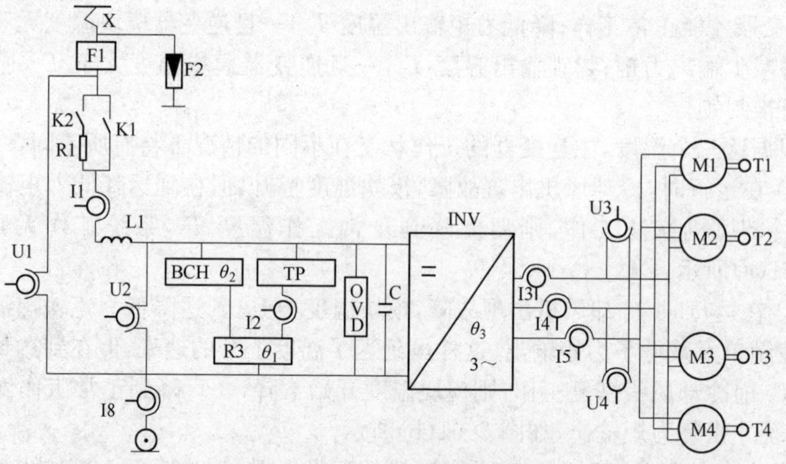

BCH—制动斩波器；C—线路滤波电容；OVD—中间回路过压监测器；F1—高速断路器；
F2—避雷器；I1—线路输入电流传感器；I8—接地电流传感器；I2—短路电流传感器；
I3、I4、I5—电机电流传感器；K1—线路接触器；K2—预充电接触器；
M1、M2、M3、M4—交流异步牵引电机；INV—牵引逆变器；R3—制动电阻；
R2—预充电电阻；T1、T2、T3、T4—牵引电机速度传感器；TP—保护晶闸管；
U1—线路电压传感器；U2—中间电路电压传感器；U3，U4—电机电压传感器；
θ_1、θ_2、θ_3—Pt100 温度传感器。

图 3-62 一种交流电动列车主回路保护的实例

表 3-4　各种保护装置的作用

保护装置名称	保护装置作用
短路电流传感器 I2	检测放电回路的电流，牵引控制系统以此计算放电过程是否结束
电机电流传感器 I3～I5	检测交流牵引电机的电压，牵引控制系统以此计算三相输出电流是否不平衡
接地电流传感器 I8	检测接地出电流，牵引控制系统以此计算接地电流是否过流，同时和 I1 一起作为判断主回路接地故障的依据
线路输入电流传感器 I1	检测车辆线路输入电流，牵引控制系统以此计算线路输入电流是否过流，同时和 I8 一起作为判断主回路接地故障的依据
高速断路器 F1	在主回路发生过流过压的情况下，切断主回路和外界供电网络之间的联系，从而杜绝故障的扩大和加重
避雷器 F2	在车辆被雷电击中时，将雷击电流向大地释放，从而减少雷击对主回路元件的损伤
中间回路过压监测器 OVD	相当于“硬撬棒”，一旦发现中间电路电压超过设定值，立即打开保护晶闸管 TP，向制动电阻 R3 消耗过压能量
制动电阻 R3	一旦出现过压，通过制动电阻 R3 消耗过压能量
预充电电阻 R2	在主回路接上外界供电网络时减少主回路元件所受的冲击
保护晶闸管 TP	一旦出现过压，随即导通向制动电阻 R3 消耗过压能量
线路电压传感器 U1	检测供电网络电压，牵引控制系统以此判断供电网络电压是否过高
中间电路电压传感器 U2	检测中间电路电压，牵引控制系统以此判断中间电路电压是否过高
电机电压传感器 U3，U4	检测交流牵引电机的电压，牵引控制系统以此判断逆变器输出是否过压
Pt100 温度传感器 θ_1	检测制动电阻 R3 的温度，牵引控制系统以此判断制动电阻是否过温
Pt100 温度传感器 θ_2	检测制动斩波器的温度，牵引控制系统以此判断制动斩波器是否过温
Pt100 温度传感器 θ_3	检测牵引逆变器相模块的温度，牵引控制系统以此判断逆变器相模块是否过温
牵引电机速度传感器 T1～T4	检测牵引电机速度传感器，牵引控制系统以此判断列车打滑和空转

3.3.4　控制单元

1. 牵引控制单元

牵引控制单元(TCU)，安装在每个牵引箱内。一个 SIBAS 一体化牵引控制单元用于监控和控制 PWM 逆变器。

TCU 是一个控制牵引的电子设备，由一个机架组成，采用 SIBAS-32 微处理技术，由不同的 SIBAS-32 模块系统组成，它能进行完整的闭环牵引控制和对电流、电压及温度的实际状态的监控。SIBAS-32 由一个协同处理器系统进行操作，该处理器系统有清晰的分级的任务配置，一个带 32 位处理器的中央计算机用于更高一级的功能，所有时间处理功能由信号处理系统来完成，为中央计算机的从属系统工作。TCU 的主要功能是控制牵引和制动力。

(1)模块组成

① 风扇部件(BLOW):风扇部件的作用是起到对 TCU 部件进行强制冷却。

② 电源变压器(PCS):对 TCU 的不同部件进行供电。

③ 中央处理器(CPU):整个 SIBAS-32 系统处理中心,芯片为 80386。

④ 启动电源单元(PSU110):对输入/输出欠电压作监测,同时也控制 TCU 的启动和关闭。

⑤ 串行接口(RS-485):RS-485 通过列车总线或车辆总线使得各个设备之间得以通信。

⑥ 信号处理单元(SPU):SPU 在 SIBAS-32 系统中是一个高速处理单元。

⑦ 电压/频率输入(IVF):IVF 是把电压信号转换成频率信号。

⑧ 110 V 二进制输入变压器(ICBP 110 V):ICBP 110 V 是用 110 V 电压作为二进制输入的。

⑨ 110 V 二进制输出(BOCD 110 V):BOCD 110 V 是用 110 V 电压作为二进制输出。

⑩ 模拟量/数字量接口(ABIF):ABIF 模块是被用作为 CPU 和模块输入/输出之间的接口。

⑪ 模拟输入/输出(IOA):IOA 模块用于处理模拟量信号的输入和输出控制,并将处理好的数据传到车辆总线上。

⑫ 电源接口(APCS):APCS 模块是把面板前的电源变压器模块所生成的电压供给到机架后部。

⑬ 逆变监测(INVM):INVM 模块是监测、控制逆变器的。这个模块是连接在触发设备和实际控制量(门信号之间的)。

(2)功能

① 扭矩控制,由 ATO/司机控制。

② 牵引和制动逻辑关系。

③ 防滑/防空转保护。

④ 冲动限制。

⑤ 监测功能(电流、电压、电机速度、温度等,会引起限速、封闭等现象)。

⑥ 诊断系统。

⑦ 用户功能(测量制动距离等)。

(3)工作过程

① 在电源接通后,程序模块开始对系统初始化。

② 处理系统和其他的硬件开始初始化,包括对 RAM 内存写入数据、时间的

参数化、中断控制器和串行接口。

③ 牵引/制动的控制信号为数字信号，由 TCU 读取，调压（导通角）和频率是连续变化的，在门极单元中将这两个参数的组合来作为脉冲形式。门极单元产生触发脉冲，然后由放大器放大后将其传送给 GTO 模块，从而驱动电动机工作，同时检测从模块处发生的检查返回信号来确认导通指令已被执行。

(4)主要保护功能

① 电压监控：TCU 在直流连接电压中对牵引逆变器进行过压保护。

② 电流监控：除了闭环电流控制器外，TCU 还包括一个实施三级过流保护的模块，该模块与软件无关。

③ 温度监控：温度传感器用于监控温度，TCU 将其测得的实际值与存储的极限值进行比较，如果超过极限值，则产生相应的反应。

④ 牵引箱内设备风机的监控：TCU 检查数据来确认设备风扇是否损坏。

(5)面板组件，如图 3-63 所示。

图 3-63　面板组件

(6)控制流程图，如图 3-64 所示。

2. 中央控制单元

中央控制单元(central control unit，CCU)，对运行的列车和车载部件具有控制、监测功能。它位于每节 B 车的电子柜内，其控制系统为 SIBAS 32 系统软件。6 节编组列车共有 2 个 CCU。

列车故障数据将通过总线送至 CCU 用于记录，包括记录 CCU 的内部故障。读取故障则需要运用 SIBAS 32 MONITOR 软件。

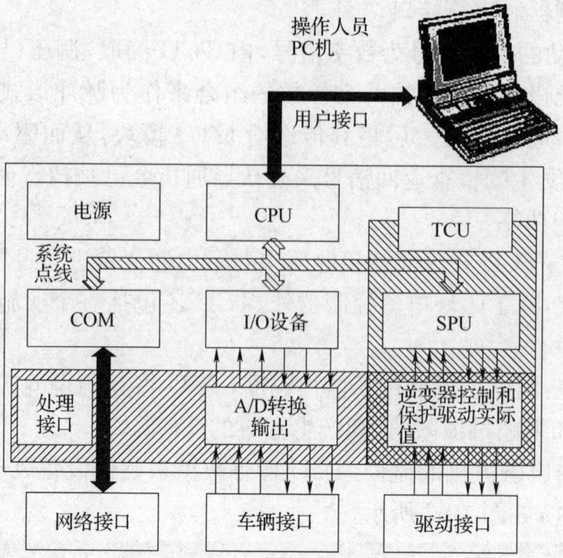

图 3-64 控制流程

(1)功能

① 负载管理。

② 数据记录功能。

③ 发出故障信息。

④ 控制子系统。

a. 以故障发生顺序记录故障及其相应的时间和环境，且向显示器发送，并做出故障等级评估。评估等级如下：

1 级(严重故障)：大故障，乘客必须在下一站下车。

2 级(中级故障)：影响运营的故障，列车应在线路的终点退出运营，即运营一圈后回至车辆段。

3 级(小故障)：不影响运营的故障，在下次日检时，列车应在车辆段进行检查。

b. 通过显示器和显示器内部的蜂鸣器向司机报告，司机可用屏幕上的按钮确认出现的故障。

c. 如果此 CCU 位于列车中控制端的三节车单元中，应自动地执行主控任务。

d. 监测指定的车辆部件(以维护和调试为目的)。

e. 当司机操纵台得电，在此操纵台上的显示器即处于工作状态。

f. 对列车总线、车辆总线具有主控功能。

(2)总线系统组成

①连接 KLIP 分站到 CCU 的分站控制总线(KLIP 总线)。CCU 接口总线：提

供一个 CCU 与外部 PC 的接口，用于监测 CCU 内部数据。

②用于将三节车单元中的智能型部件连接在一起的车辆总线（DIN 总线），包括 KLIP、CCU、TCU、BECU、DDU。

(3)每节 Mp 车的 CCU 中包含一个中央故障存储单元，其主要功能如下：

① 以故障发生顺序记录故障及其相应的时间和环境，并向显示器发送。

② 通过显示器内部的蜂鸣器向司机报告。司机可用屏幕上的按钮确认出现的故障。

③ 如果此 CCU 位于 6 节编组列车中操纵端的 3 节车单元中，应自动地执行主控功能。

④ 监控指定的车辆部件（以维护和调试为目的）。

⑤ 当司机操纵台得电，在此操纵台上的显示器即处于工作状态。

⑥ 对列车和车辆总线具有主控功能。

(4)故障评估

列车的故障诊断系统由 CCU 控制，列车上的各种系统和 CCU 相连，故障时，发送专用信号给 CCU。

(5)CCU、TCU、BFCU 控制示意（图 3-65）

3. 制动电子控制单元

每节车有一个制动电子控制单元（BECU），该单元提供制动力指令和防滑的部分控制。

(1)构成

BECU 由 482.6 mm（19 英寸）的电子机架组成，包括 1 个插件板中央处理单元、1 个插件板诊断器、1 个插件板电源、1 个插件板串行接口、9 个插件板接口。

(2)操作模式

插件板的中央处理单元（CPU）控制所有的制动控制信号处理及防滑系统的信号处理，根据输入信号，CPU 计算制动力指令值，并将其传给电子—气动模拟转换器。模拟转换器将制动力指令值转换成带有冲击限制及负荷控制的预控压力，由位于模拟转换器内的压力传感器提供反馈电路，用闭环控制来控制输出压力。

BECU 包括干扰和瞬态保护，形成电子电路所需的各种电压的电压模块，用于电磁线圈的施加和释放及故障监控的控制模块的操作。

(3)负载校正

负载校正（负载重量）是由气制动指令信号乘以负载正比系数而得到的，该系数是通过测量实际的常用空气弹簧压力和将该压力转换成相应的电信号得到的。

负载压力从气垫处得到，并传给负载—压力限定阀及压力传感器，这个压力传感器产生正比于负载的电压信号，将其传给 BECU。

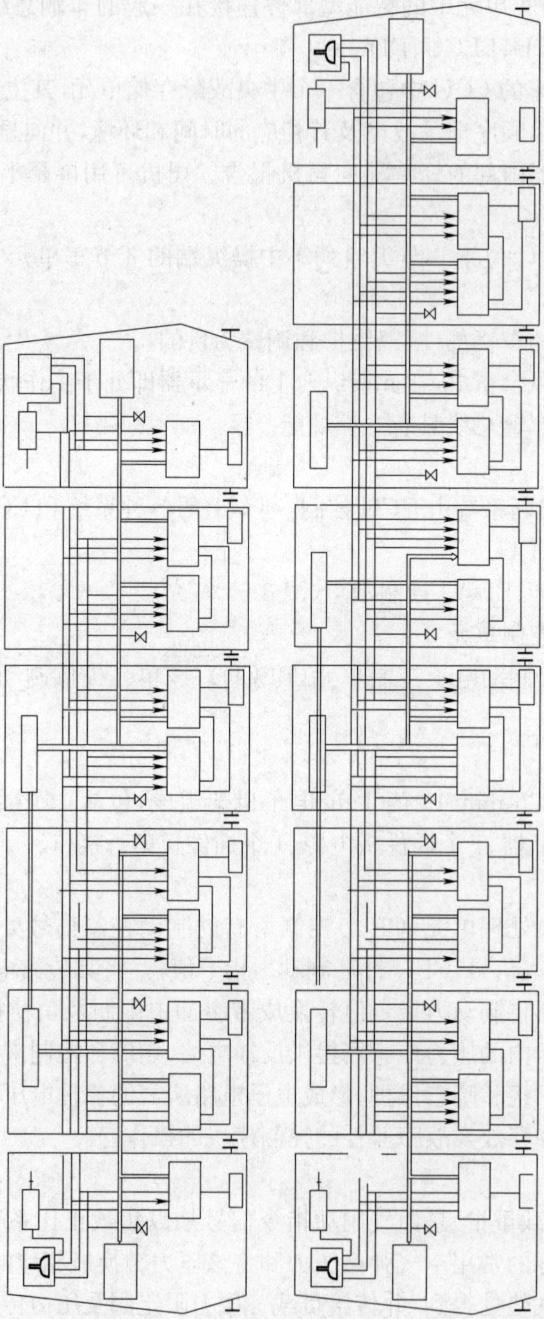

图 3-65 CCU、TCU、BFCU 控制示意

(4)监控

电子信号的转换允许大量不同种类的监控参与介入系统，包括对制动控制系统的各种故障的监控，但不会自动地切除整个系统，这样在受少量的操作限定及条件限制的情况下，仍可以进行降低性能的运行。

(5)故障显示

上述的监控由插件板的诊断部分来完成。该插件板上有一个两位数字的显示，输入电路、信号处理、输出电路及 CPU 自诊断的故障信号均被存储显示在两位数字的显示器上。如果存在几个故障，当钥匙打开后，则全部故障按照 3 s 一个的顺序来显示。如果中断电源，故障仍然存储着。当故障显示器可以进行快速诊断并确认任何故障，所有的故障同时也通过 CCU 传给司机室内的彩色显示屏，在彩色显示屏上，它是以故障文字形式显示，且有针对司机的相关的建议处理方法。

第4章 辅助系统

城市轨道交通车辆辅助系统主要为除牵引系统以外的所有用电系统供电，主要负载有：列车空调、客室照明、设备通风冷却机、电气电子装置、蓄电池充电等。整个辅助电路由逆变器、蓄电池及相应的部件组成。在整列车的动车和拖车中都有辅助电路，它的工作状态正常与否直接影响整列车的功能。

4.1 辅助系统的基本组成

城市轨道交通车辆辅助系统的供电网络主要由辅助逆变器（给 AC 中压和 DC 低压供电）、蓄电池、中压总线、低压总线、所有控制器、断路器、继电器、接触器等组成。

4.1.1 直流高压电的传输 DC /AC

辅助系统由 DC 1 500 V 接触网供电，经受电弓传输到列车总线，在线网电压正常情况下，受电弓将高压直流电通过列车总线同时传输给每节车的辅助逆变器。每节车的辅助逆变器处于并联工作状态，这样即使只有一台受电弓工作，所有逆变器都能正常工作，每个辅助逆变器是由接触网提供的 DC 1 500 V 列车线经二极管供电的。在线网电压小于 DC 1 100 V 情况下，为了避免逆变器在不正常情况下工作，此时逆变器将停止工作，如线网电压上升至大于 DC 1 100 V 并持续 3 s 以上时，逆变器重新启动工作。

当电动列车在检修时需做某些测试工作，如空调试验等，考虑工作时的人身安全，此时 DC 1 500 V 接触网断电，采用车间外接电源供电，车间外接电源只有在受电弓落弓条件下，才能接通负载而得电，它们之间的连锁由所有受电弓落弓继电器完成，或由高压电源开关来选择电源（受电弓或车间电源插座）。图 4-1 中，受电弓供电接触器与车间电源供电接触器的电源互相连锁，在受电弓升弓情况下，2K7 和 3K14 闭合，受电弓供电接触器得电吸合，接触网 1 500 V 直流电通过图 4-2 中的受电弓供电接触器主触头送到各台逆变器上；当电动列车在静调线静调时，接触网就要断电，受电弓落弓，此时图 4-1 中的 7K8 闭合，车间外接电源接上后，车间电源短接线处相连，车间电源供电接触器吸合，车间 DC 1 500 V 电送到各台逆变器上。

AC电源为三相AC 380 V/50 Hz有电隔离的交流中压，为下列设备提供电源：

(1)电机一压缩机单元。

(2)客室和司机室空调。

(3)牵引设备的通风机。

(4)辅助逆变器的通风机。

在每个司机室和每列车的电气柜中都设置有一个单相AC 230 V/50 Hz的方便插座，为维修人员的检测设备提供电源。

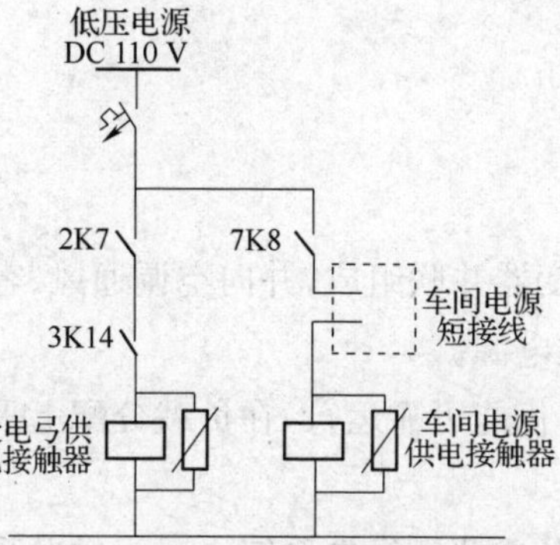

图4-1 受电弓供电接触器与车间电源供电接触器

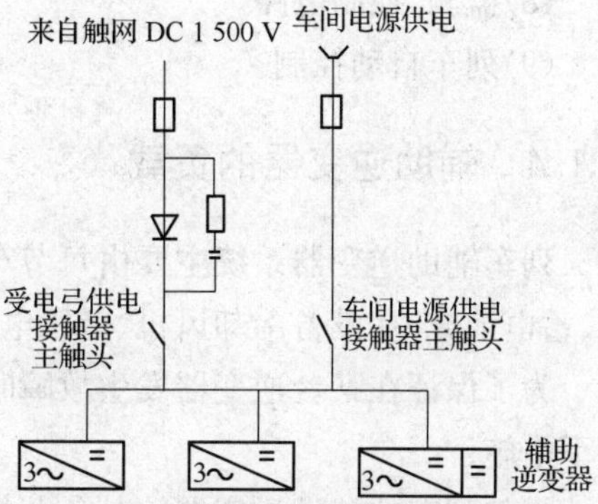

图4-2 接触网与车间电源供电

4.1.2 中压总线(AC 380 V)和低压总线(DC 110 V)

列车内辅助设备负载时是在交叉的AC网络间分配的，整列车一半的AC负载是由两个AC网络中的一个供电。当一个AC网络发生故障时，由它提供电源的一些重要AC负载会自动切换至另一AC网络，保证这些AC负载能继续工作(如牵引箱的通风冷却风机等)。

蓄电池部件提供紧急电源，每个蓄电池设备以浮充电模式与一个蓄电池充电器相连，列车上的所有蓄电池通过二极管与负载反向隔离，在失去高压的情况下，给主要的直流负载、客室通风和紧急照明供电45 min。

4.1.3 DC/AC逆变器

DC网络的电源是由带蓄电池充电设备的AC/DC蓄电池充电器通过二极管来提供的。蓄电池充电器内AC/DC变换器提供蓄电池充电和DC电源。

DC 蓄电池充电器提供额定 DC 110 V 电源，直接提供至：

(1)内部紧急照明。

(2)外部照明(包括 DC 24 V/DC 变换器)。

(3)其他司机室设备。

(4)控制电路(牵引/制动，静止逆变器，车门等)。

(5)蓄电池充电。

(6)通信系统。

(7)维护和诊断系统。

(8)监测/控制电路。

(9)列车自动控制。

4.1.4 辅助逆变器的负载

列车辅助逆变器系统主要由每节车的逆变器并联组成，并向空调通风、客室照明、蓄电池充电、设备冷却风机、低压电源提供电源。

为了保证在某台逆变器发生故障时，列车仍能可靠运行，在负载分配上采取了以下措施：

将整列车的辅助逆变器按其负载的性质分成两组供电系统。一组供电系统为整列车的空调提供电源，这组供电系统由整列车中的几台辅助逆变器并联组成，分别提供本单元每节车辆一台空调(每节车有两台空调系统)的电源，这样当一台逆变器发生故障时，能保证在每一节车辆上有一台空调系统能得电工作，从乘客的乘坐舒适性及必需的车厢通风考虑，这种负载分配方式是必要的。

另一组供电系统由存余的几台(一般为两台)辅助逆变器组成，它为整列车的内部照明、外部照明、司机室设备(除空调)、控制电子、蓄电池、通信系统、维护及诊断系统、监控/控制回路、自动列车控制、主要电气设备冷却通风等设备提供电源。

在正常工作状态时，该组供电系统内的几台辅助逆变器承负担全列车一半的冷却通风负载。当有一台辅助逆变器发生故障后，该逆变器所承担的负载自动切换至另一台逆变器承担，以保证整列电动列车主要电气设备的冷却通风正常工作。如图 4-3 为上海地铁 01A01 型电动列车负载分配。

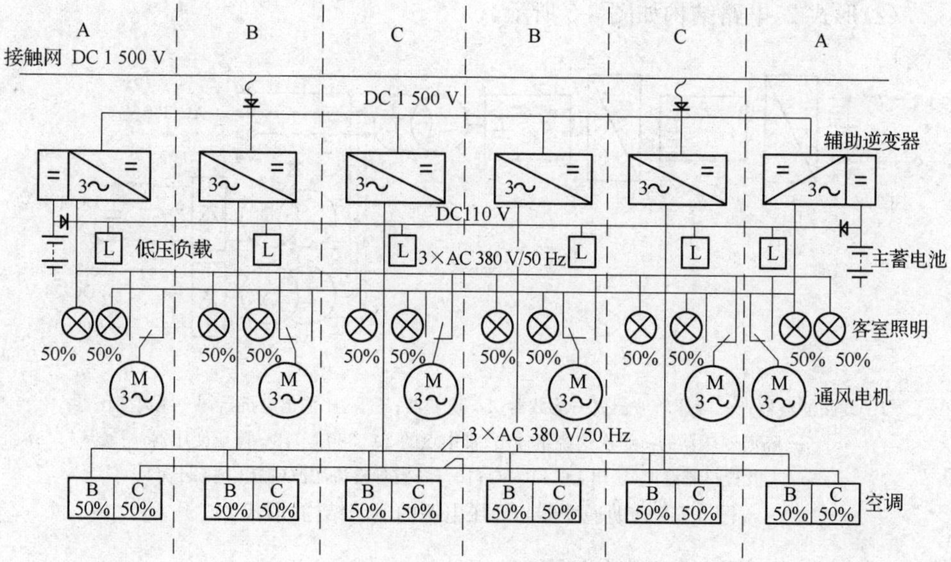

图 4-3　上海地铁 01A01 型电动列车负载分配

4.2　辅助逆变器

辅助逆变器是辅助系统中的重要部件，给 AC 中压和 DC 低压供电。

4.2.1　辅助逆变器的主电路结构

1. 辅助逆变器与低压电源的电路结构

目前在城市轨道车辆中应用的辅助逆变器系统有以下四种结构形式。

(1)形式 1：电路结构如图 4-4 所示。

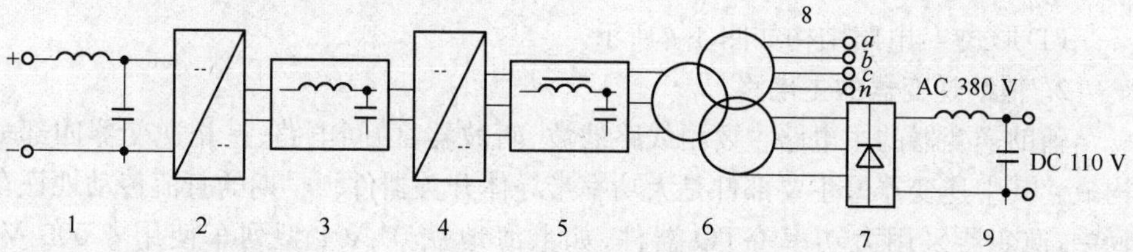

1—线路滤波器；2—升/降压斩波器；3—滤波器；4—逆变器；5—三相输出电抗器；
6—隔离变压器；7—隔离变压器的一组次边绕组输出(带中点的 AC 380 V)；
8—另一组次边绕组输出(带二极管整流桥)；9—滤波器(输出 DC 110 V)。

图 4-4　辅助逆变器与低压电源的电路结构(形式 1)

(2)形式 2:电路结构如图 4-5 所示。

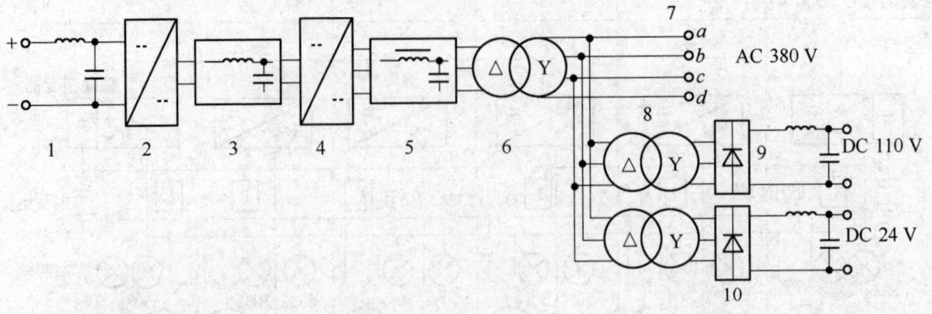

1—线路滤波器;2—降压斩波器;3—滤波器;4—逆变器;5—三相输出电抗器;6—隔离变压器;
7—隔离变压器的一组次边绕组输出(带中点的 AC 380 V);8—降压变压器;
9—二极管整流滤波(输出 DC 110 V);10—二极管整流滤波(输出 DC 24 V)。

图 4-5 辅助逆变器与低压电源的电路结构(形式 2)

(3)形式 3:电路结构如图 4-6 所示。

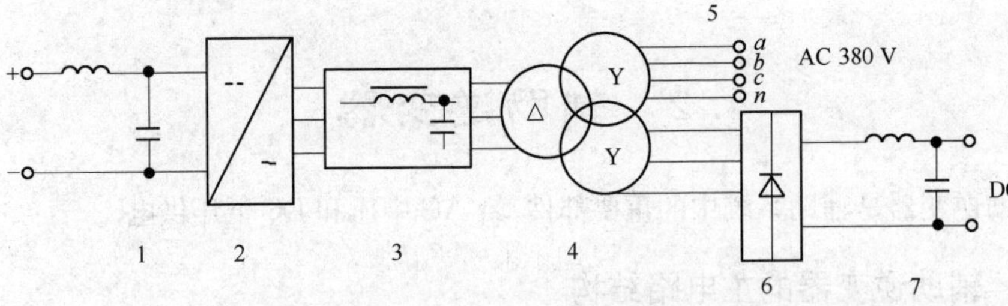

1—线路滤波器;2—逆变器;3—三相输出电抗器;4—隔离变压器;
5—隔离变压器的一组次边绕组输出(带中点的 AC 380 V);
6—另一组次边绕组输出(带二极管整流桥);7—滤波器(输出 DC 110 V)。

图 4-6 辅助逆变器与低压电源的电路结构(形式 3)

(4)形式 4:电路结构如图 4-7 所示。

2. 辅助逆变器的主电路

辅助逆变器的主电路主要由线路滤波、斩波器、中间电路、三相逆变器四部分构成。其中逆变器最主要部件是大功率半导体开关器件。早期的直流传动地铁车辆中,逆变器采用大功率 GTO 器件,如上海地铁 01A01 型列车使用 4 500 V/600 A 的 GTO。随着技术的进步,大功率的 IGBT 及 IPM 问世,在新建的地铁或轻轨列车都使用 IGBT 器件。

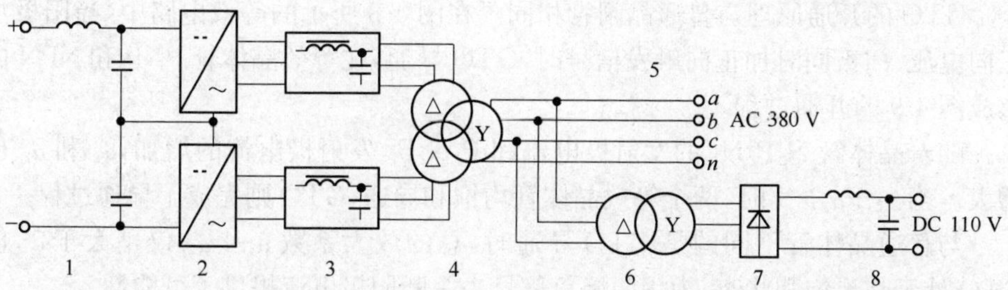

1—线路滤波器；2—两台串联的逆变器；3—两台独立的三相输出电抗器；4—隔离变压器；
5—隔离变压器的一组次边绕组输出(带中点的 AC 380 V)；6—另一组次边绕组经降压变压器；
7—相控整流器；8—滤波器(输出 DC 110 V)。

图 4-7　辅助逆变器与低压电源的电路结构(形式 4)

(1)GTO

GTO 是一种通过门极来控制器件导通和关断的电力半导体器件。GTO 耐压高，电流大，耐浪涌能力强，价格便宜，同时又具有自关断能力，无需辅助关断电路，使用方便的优点。目前 GTO 的生产水平已达到 6 000 V、6 000 A，频率为 1 kHz。其研制水平可达到 9 000 V、8 000 A。GTO 广泛应用于电力机车的逆变器和大功率直流斩波调速等领域。

GTO 的结构与工作原理：GTO 结构原理与普通晶闸管相似，为 PNPN 四层三端半导体器件，其结构、等效电路及符号如图 4-8 所示。图中 A、G 和 K 分别表示 GTO 的阳极、门极和阴极。其等效电路中的 PNP 和 NPN 晶体管共基极电流放大系数为 α_1 和 α_2。

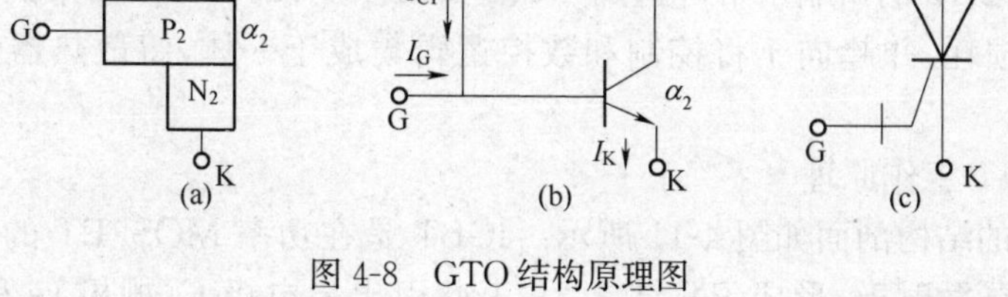

图 4-8　GTO 结构原理图

GTO 的外部引出三个电极，但内部却包含数百个共阳极的小 GTO，这些小 GTO 称为 GTO 元。GTO 元的阳极是共有的，门极和阴极分别并联在一起。这是为实现门极控制关断所采取的特殊设计。

GTO的开通原理与普通晶闸管相同。在图4-8所示的等效电路中，当阳极加正向电压、门极同时加正向触发信号时，GTO导通，在等效晶体管PNP和NPN内形成图4-9的开通过程。

随着晶体管$N_2P_2N_1$的发射极电流和$P_1N_1P_2$发射极电流的增加，α_1和α_2也增大。当$\alpha_1+\alpha_2>1$时，两个等效晶体管均饱和导通，GTO则完成了导通过程。

与普通晶体管不同的是GTO导通时，总的放大系数$\alpha_1+\alpha_2$仅稍大于1，使GTO处于临界饱和状态，为用门极负信号去关断阳极电流提供了可能性。

GTO的关断机理及关断方式说明如下：图4-10所示为GTO关断过程等效电路。关断GTO时，将开关S闭合，门极加上负偏置电压E_G，晶体管$P_1N_1P_2$晶体管的集电极电流I_G被抽出，形成门极负电流$-I_G$。由于I_{C1}的抽走，使$N_1P_2N_2$晶体管的基极电流减小，进而使I_{C2}也减小，引起I_{C2}进一步下降。如此循环，最后导致GTO的阳极电流消失而关断。

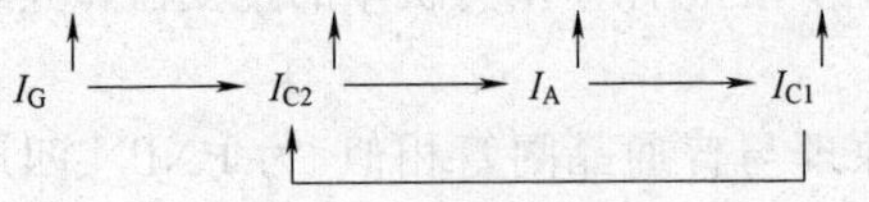

图4-9　开通过程图

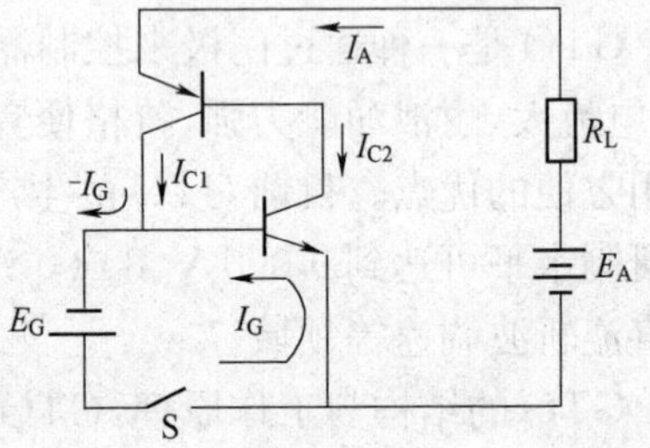

图4-10　GTO关断过程等效电路图

(2)IGBT

IGBT是20世纪80年代出现的新型复合器件。它将MOSFET和GTR的优点集于一身，既具有输入阻抗高、工作速度快、热稳定性好和驱动电路简单的特点，又有通态电压低、耐压高和承受电流大等优点，因此发展很快。

目前，IGBT的研制水平可达到4 500 V、2 500 A。IGBT未来的发展趋势是高电压、低损耗，并趋向于将控制和数控逻辑集成于一体，将散热器也引入功率模块。

① IGBT工作原理

IGBT的结构剖面如图4-11所示。IGBT是在功率MOSFET的基础上增加了一个P^+层发射极，形成PN结J_1，并由此引出集电极C、栅极G和发射极E。IGBT的图形符号如图4-12所示。

IGBT的开通和关断是由栅极电压来控制的。栅极施以正电压时，给PNP晶体管提供基极电流，从而使IGBT导通。在栅极上施以负电压时，PNP晶体管的基极电流被切断，IGBT即为关断。

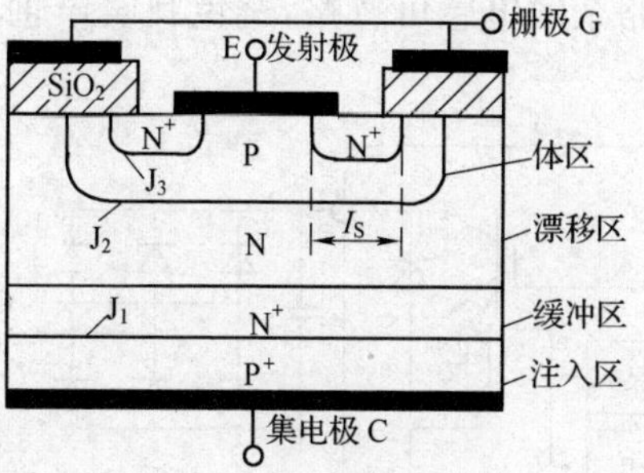

图 4-11 IGBT 结构剖面

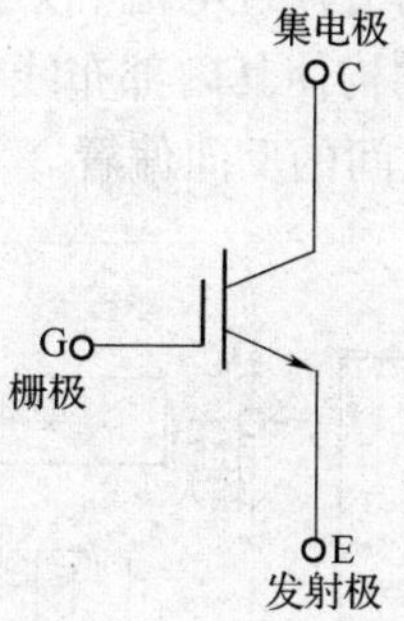

图 4-12 IGBT 的图形符号

② IGBT 的栅极驱动电路

根据 IGBT 的特性，其对驱动电路的要求如下：

a. 提供适当的正反向输出电压，使 IGBT 能可靠地开通和关断。当正偏压 $+U_{GE}$增大时，IGBT 通态压降和开通损耗均下降，但若 U_{GE}过大，则负载短路时其 I_C随 U_{GE}增大而增大，对其安全不利，一般 $+U_{GE}$选 +12～+15 V 为最佳；负偏电压 $-U_{GE}$可防止由于关断时浪涌电流过大而使 IGBT 误导通，但其受 G、E 极间最大反向耐压限制，一般取 −5～−10 V。

b. IGBT 的开关时间应综合考虑。快速开通和关断有利于提高工作频率，减小开关损耗。但在大电感负载下，IGBT 的开关时间不宜过短，原因在于高速开通和关断会产生很高的尖峰电压，极可能造成 IGBT 自身或其他元件击穿。

c. IGBT 开通后，驱动电路应提供足够的电压、电流幅值，使 IGBT 在正常工作及过载情况下不至退出饱和而损坏。

d. 驱动电路应具有较强的抗干扰能力及对 IGBT 的保护功能。IGBT 为压控型器件，当集射极加高压很容易受外界干扰，使栅射电压超过 U_{GE}引起器件误导通。为了提高抗干扰能力，除驱动 IGBT 的触发引线应尽量短且应采用双绞线或屏蔽线外，在栅射极间并联栅射电阻。信号控制电路与驱动电路之间应采取抗干扰能力强、传输时间短的高速光电耦合器件加以隔离。

(3)IPM

IPM 是 IGBT 智能化功率模块，它将 IGBT 芯片、驱动电路、保护电路和箝位电路等封装在一个模块内，不但便于使用而且大大有利于装置的小型化、高性能化和高频化。

IPM 的结构如图 4-13 所示，这是由两个 IGBT 组成的桥路，集射极间并有续流二极管。IGBT 为双发射极结构，其中小发射极是专为检测电流而设的，流过它的电流为集电极电流的 1/20 000～1/1 000，取样电阻 R 上的电压作为电流信号，该信号分别引入过电流和短路保护环节，从而精确可靠地保护 IGBT 芯片。另外 IPM 模块结构使其内部布线短且合理，故线路杂散电感可忽略，避免其误导通，而无需栅射极间的反向偏置。

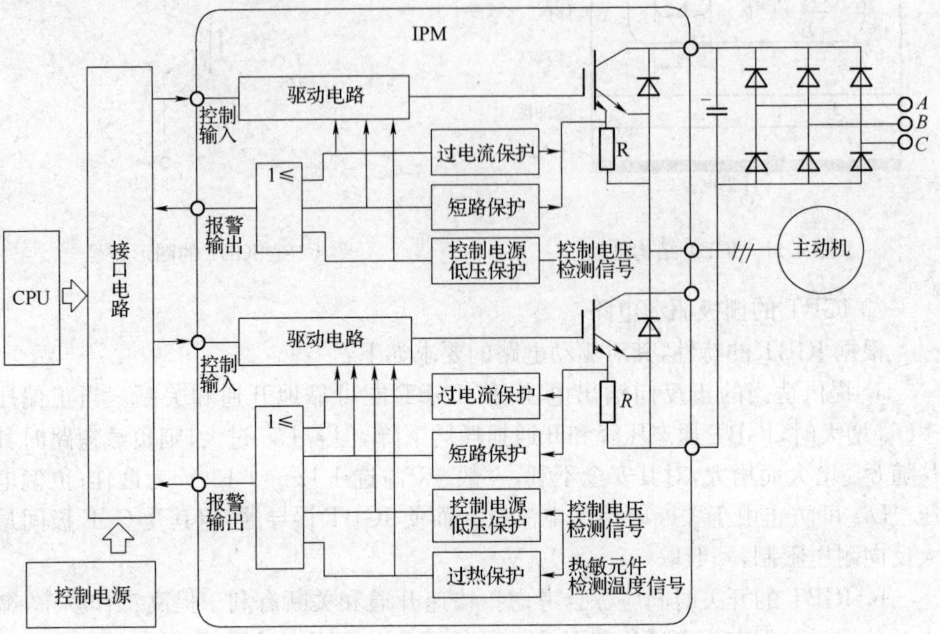

图 4-13　IPM 的结构

IPM 设有过流和短路保护、欠电压保护，当工作不正常时，通过驱动电路封锁 IGBT 的栅极信号同时发出报警信号；过热保护是通过设置在 IPM 基板上的热敏器件检测 IGBT 芯片温度，当温升超过报警额定值时，通过驱动电路封锁栅极信号并报警。

控制系统和 IPM 的接口一般采用光电耦合器隔离，为了防止干扰产生的误动作，模块还设有干扰滤波器。

IPM 的容量主要由模块中的 IGBT 决定的，目前 IPM 的电流容量可达到 10～600 A，电压有 600 V 和 1 200 V，能控制 100～100 kW 的电动机。

(4)线路滤波

辅助逆变器是经过受电弓直接和线网相连的，线网上的电压波动及电流脉动分量都会对辅助逆变器的电源输入端产生影响，同时在辅助逆变器的电路中采用了开关频率很高的大功率电力电子器件，它们工作时会产生高次谐波，因此在辅助逆变器的电源输入端要接有线路滤波器。线路滤波器包括线路滤波电抗器和线路滤波电容器。

① 线路滤波器的作用

a. 滤平输入电压；

b. 抑制电网侧发生的过电压对逆变器的影响。例如变电所的操作过电压、雷击过电压等；

c. 抑制逆变器因换流引起的尖峰过电压；

d. 抑制电网侧传输到逆变器直流环节的谐波电流，抑制逆变器产生的谐波电流对电网的影响；

e. 限制变流器的故障电流。

② 线路滤波电抗器和线路滤波电容器

电抗器用于直流回路，为保证电感在任何电流值时均恒定，因此均采用空心线圈结构。

电抗器的电感量各生产厂家采用的值不同，须与线路电容器的电容量相匹配。电感与电容构成谐振电路。在确定这两个参数时，必须验算它们的谐振频率，要求谐振频率与信号系统的调制频率有一定的差值，以免造成对信号系统的影响。谐振频率按 $f=1/(2\pi\sqrt{LC})$ 计算。

对于网压为DC 1 500 V的城市轨道车辆，逆变器容量在1 000 kV·A以上的系统来说，电感一般为5～8 mH。

线路滤波电容器是一种非常特殊的直流电容器。从功能上，由于它用于逆变系统的直流环节（DC Link），因此称作“支撑电容器”。从性质上，由于要求它能承受很大的谐波电流，因此称作“直流脉冲电容器”。

(5)斩波器

辅助逆变器的主电路采用先降压斩波后逆变，目的是使逆变器输入电压稳定，即使在负载变换时，也保证斩波器有稳定的输出电压，另外它的优点可使逆变器使用低电压的IGBT元件。

① 斩波器的工作原理

基本斩波器的原理电路如图4-14(a)所示，Q为斩波开关，R为负载。斩波开关可用普通晶闸管、可关断晶闸管或自关断器件来实现。若采用普通晶闸管，需设置使晶闸管关断的辅助电路；采用自关断器件，则省去了辅助电路，有利于提高斩波器的频率，这是斩波开关发展的方向。

通过连续地接通和关断斩波开关，使直流电源电压间断地接到负载上。当开关Q合上时，直流电压加到R上并持续t_{on}时间；当开关切断时，负载上电压为零并持续t_{off}时间。斩波器的输出波形如图4-14(b)所示，$T=t_{on}+t_{off}$为工作周期，$\alpha=t_{on}/T$定义为占空比，可以看出负载电压的平均值为

$$u_0=(t_{on}/T)U_d=\alpha U_d$$

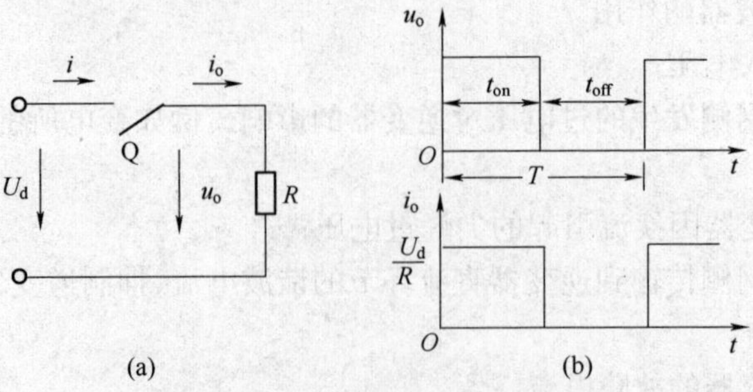

图 4-14 基本斩波器的原理电路

可见只要调节 α 就可以调节负载的平均电压。通常斩波器的工作方式有两种:脉宽调制(PWM、改变 t_{on},维持 T 不变)和频率调制(PFM、改变 T,维持 t_{on} 不变)。脉宽调制工作方式应用较普遍。

在地铁列车辅助逆变器中一般采用降压式斩波电路和升压式变换电路,下面就这两种电路的原理进行说明。

a. 降压式斩波电路(BUCK 电路)

BUCK 电路如图 4-15(a)所示,因为其输出电压平均值 U_0 总是小于或等于输入电压平均值 U_d。它是一种降压斩波电路。通过控制 VT 导通时间的占空比,可以在 $0\sim U_d$ 之间控制输出电压。该电路图工作原理是:当 VT 导通时,U_d 通过电感 L 向负载传递能量,此时 i_L 增加,电感储能增加,等效电路如图 4-15(b)所示。在电感足够大,电感电流连续条件下,此时 VT 断开,由于电感电流 i_L 不能突变,故 i_L 通过二极管 VD 续流,电感上的能量逐步消耗在电阻 R 上,i_L 降低,L 上储能减小,等效电路如图 4-15(c)所示。

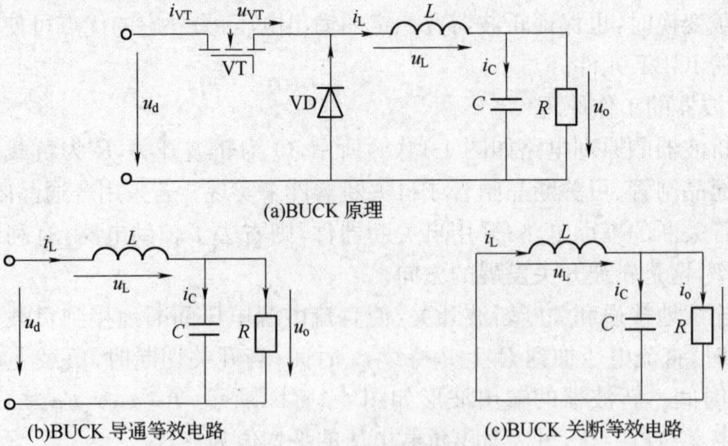

图 4-15 降压式斩波电路

b. 升压式变换电路(BOOST 电路)

BOOST 电路如图 4-16(a)所示,因为其输出电压平均值 U_0 总是大于或等于输入电压 U_d,它是一种升压斩波电路。通过控制 VT 导通时间的占空比,可以在 U_d 之上控制输出电压。该电路图工作原理是:VT 导通时,$U_L = U_d > 0$,i_L 增加,电感储能增加,同时负载由 C 供电,负载电路与输入隔离,等效电路如图 4-16(b)所示。在电感足够大,电感电流连续条件下关断 VT,因电感电流不能突变,i_L 通过 VD 向电容 C 和负载供电,电感上储存的能量传递到电容、负载侧,此时 i_L 减小,L 上感应电势 $U_L < 0$,故 $U_0 > U_d$,等效电路如图 4-16(c)所示。

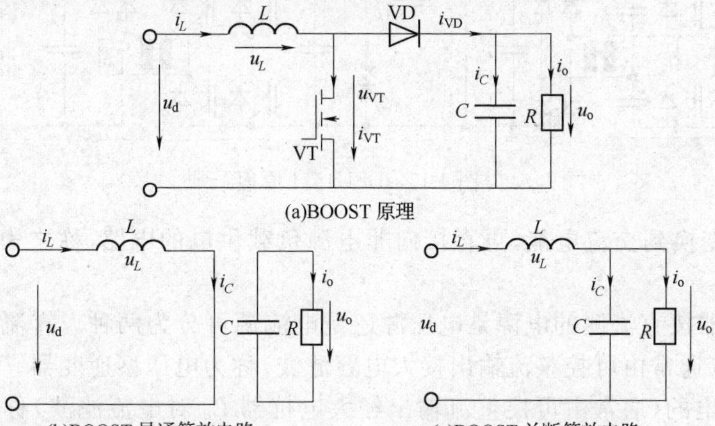

(a)BOOST 原理

(b)BOOST 导通等效电路

(c)BOOST 关断等效电路

图 4-16 升压式斩波电路

c. 降压式斩波电路和升压式变换电路的运用

在上海地铁 01A02 型列车的辅助逆变器 DBU15.1 中同时采用了降压式斩波电路和升压式变换电路。如图 4-17 所示,在 A14 的虚框中,采用的是典型的升压式变换电路,其把前端未经调节的输入电压 DC 300～600 V 升压变换为 DC 620 V,然后经过三相逆变,输出三相 AC 380 V,为列车客室照明,设备通风机等提供电源。在 A13 的虚框中,采用的是降压式斩波电路,其把前端未经调节的输入电压 DC 300～600 V 降压斩波为 DC 280 V,然后变换为 DC 110 V,为蓄电池和低压电源等供电。

(6)三相逆变器

通常把交流电能变换成直流电能的过程称之为整流,相控整流为最常见的交直变换过程;而把直流电能变换成交流电能的过程称之为逆变。在逆变电路中,把直流电能经过直交变换,向交流电源反馈能量的变换电路称之为有源逆变电路,相应装置称为有源逆变器。相控角大于 90°的相控整流器为常见的有源逆变器。把

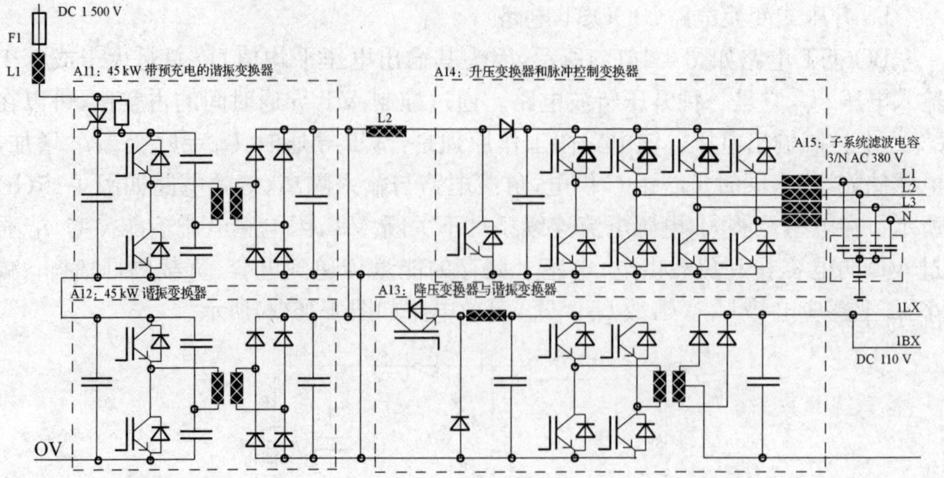

图 4-17　DBU15.1 原理

直流电能变换到交流电能，再直接向非电源负载供电的电路，称之为无源逆变电路。

逆变器按直流侧的电源是电压源还是电流源可分为两种。直流侧是电压源供电的（通常由可控整流输出接大电容滤波）称为电压型逆变器。直流侧是电流源供电的（通常由可控整流输出经大电抗器 L_d 对电流滤波）称为电流型逆变器。

电压型三相逆变器工作原理如图 4-18 所示，这是一种最基本的逆变电路。通常大功率的应用均采用三相逆变电路，当对波形有较高要求时，则采用此基本线路进行 PWM 控制方法，以抑制较大的高次谐波。地铁列车的辅助逆变器的三相逆变部分一般采用的是两点式（两电平）三相桥式的结构。其逆变电路的控制方式，一般可分为 180°导通电压型六拍逆变器和 PWM 电压型逆变器。

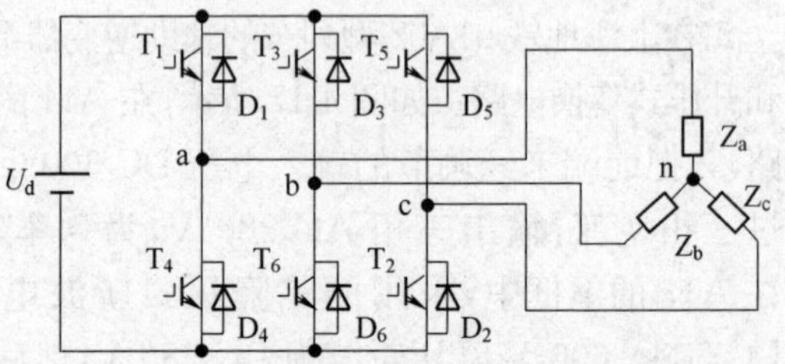

图 4-18　电压型三相逆变器工作原理

① 180°导通电压型六拍逆变器的工作原理

它的基本工作原理是：当 T_1 导通时，节点 a 接于直流电源正端；当 T_4 导通时，节点 a 接于直流电源负端。同理，b 和 c 节点也是根据上下管导通与否决定其电位的。按图 4-18 中依次标号的开关器件，其驱动信号彼此间相差 60°。根据各导通时间的长短，分 180°导电类型和 120°导电类型两种。

在180°导电类型中，每个开关管的驱动信号持续180°，在任何时刻都有三个开关管导通。开关管导通顺序详见表4-1，从而获得图4-19所示输出电压波形，即$U_{ab}=U_{an}-U_{bn}$，$U_{bc}=U_{bn}-U_{cn}$，$U_{ca}=U_{cn}-U_{an}$，其基波分量彼此之间相差120°。

表4-1　开关管导通顺序表

t	T_1	T_2	T_3	T_4	T_5	T_6
0～π/3	●				●	●
π/3～2π/3	●	●				●
2π/3～π	●	●	●			
π～4π/3		●	●	●		
4π/3～5π/3			●	●	●	
5π/3～2π				●	●	●

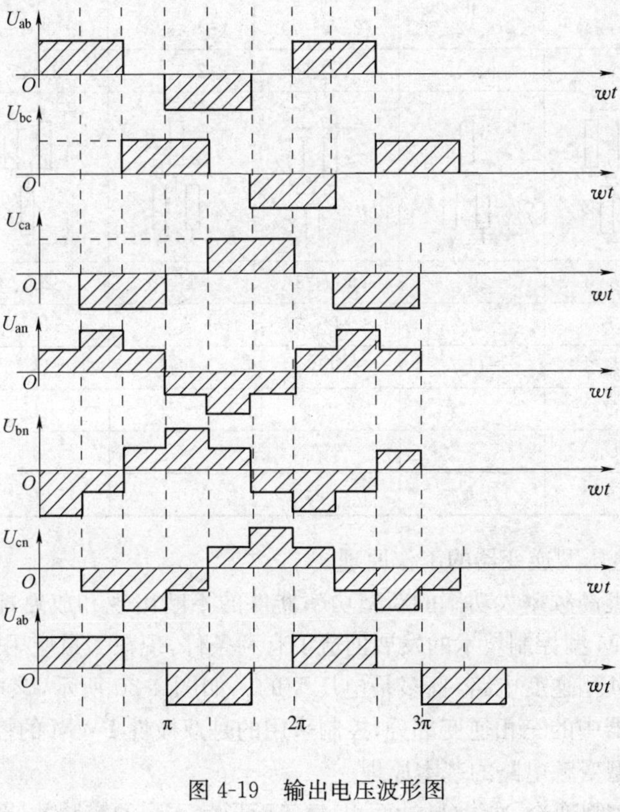

图4-19　输出电压波形图

逆变器的负载可以按星形或三角形连接。当负载为三角形连接时，相电流根据负载的性质很容易求得，线电流由相电流计算而得。当负载为图4-19所示的星形接法时，须先求出负载的相电压，才能求出线电流。在 180°导电类型中，一个周期有 6 种导电模式(开关状态)，详见表 4-2。模式Ⅰ表明 T_5、T_6、T_1 同时导通的情况，Z_d 与电源负极接通，Z_a 和 Z_c 与电源正极接通；故 $U_{bn}=-2/3U_b$，$U_{an}=U_{cn}=1/3U_b$。模式Ⅱ表明 T_6、T_1、T_2 同时导通的情况，Z_a 与电源正极接通，Z_b 和 Z_c 与电源负极接通；故 $U_{an}=2/3U_b$，$U_{bn}=U_{cn}=-1/3U_b$。模式Ⅲ表明 T_1、T_2、T_3 同时导通的情况，Z_c 与电源负极接通，Z_a 和 Z_b 与电源正极接通，故 $U_{cn}=-2/3U_b$，$U_{an}=U_{bn}=1/3U_b$。以此类推，每一种导电模式都对应着一个导电区间。不论负载为阻性、感性还是容性，相电压 U_{an}～U_{cn}在一个周期中每 60°就发生一次电平的变化，形成更加接近正弦的六阶梯波。上海地铁 01A01 型电动列车中的三相逆变部分就采用了该控制方式。

表 4-2　6 种导电模式(开关状态)

模　式		Ⅰ (0～π/3)	Ⅱ (π/3～2π/3)	Ⅲ (2π/3～π)	Ⅳ (π～4π/3)	Ⅴ (4π/3～5π/3)	Ⅵ (5π/3～2π)
导通管号		5、6、1	6、1、2	1、2、3	2、3、4	3、4、5	4、5、6
等值电路		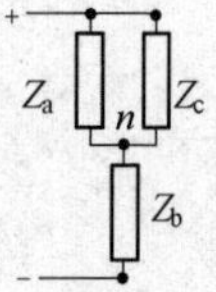	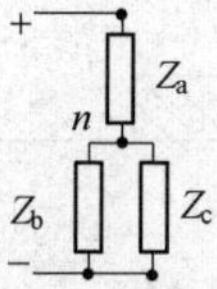	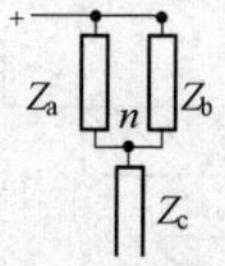	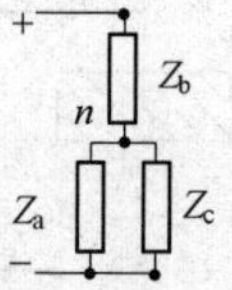	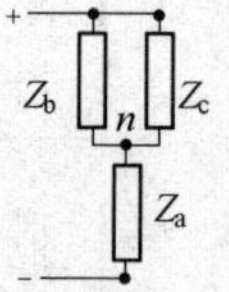	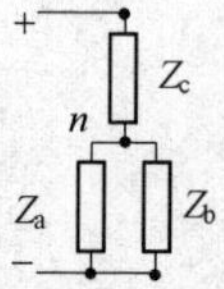
相电压	U_{an}	$+U_d/3$	$+2U_d/3$	$+U_d/3$	$-U_d/3$	$-2U_d/3$	$-U_d/3$
	U_{bn}	$-2U_d/3$	$-U_d/3$	$+U_d/3$	$+2U_d/3$	$+U_d/3$	$-U_d/3$
	U_{cn}	$+U_d/3$	$-U_d/3$	$-2U_d/3$	$-U_d/3$	$+U_d/3$	$+2U_d/3$
线电压	U_{ab}	$+U_d$	$+U_d$	0	$-U_d$	$-U_d$	0
	U_{bc}	$-U_d$	0	$+U_d$	$+U_d$	0	$-U_d$
	U_{ca}	0	$-U_d$	$-U_d$	0	$+U_d$	$+U_d$

②PWM 电压型逆变器的工作原理

随着全控型高频率大功率的新型功率器件的不断出现和成熟，以及微机控制的发展，为 PWM 型控制技术的发展创造了有利条件，现在大量应用的逆变电路中多数都是 PWM 型逆变电路，且多是电压型的。如图 4-20 所示，该电路图就是典型的辅助逆变器中的三相逆变部分，控制采用的是双极性 PWM 的控制方式。

a. PWM 型变频电路的基本原理

根据采样控制理论，冲量(脉冲面积)相等而形状不同的窄脉冲(图 4-21)分别加在具有惯性的环节上时，其输出相应波形基本相同，也就是说，尽管脉冲形状不同，但只要脉冲面积相等，其作用的效果基本相同。这就是 PWM 控制的重要理论依据。

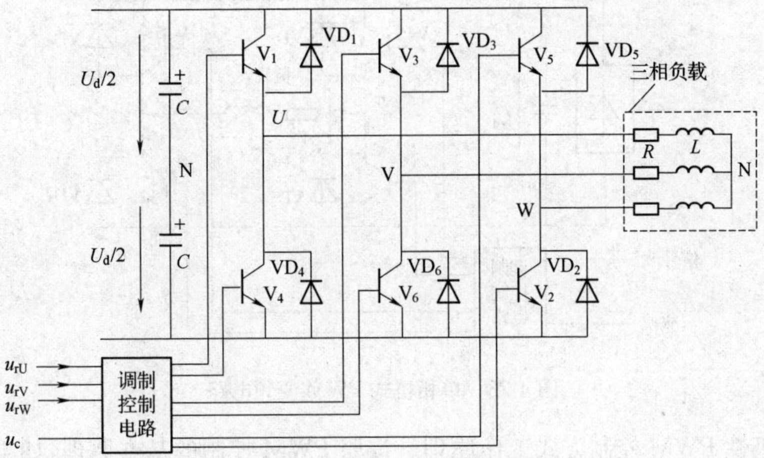

图 4-20　典型三相逆变原理

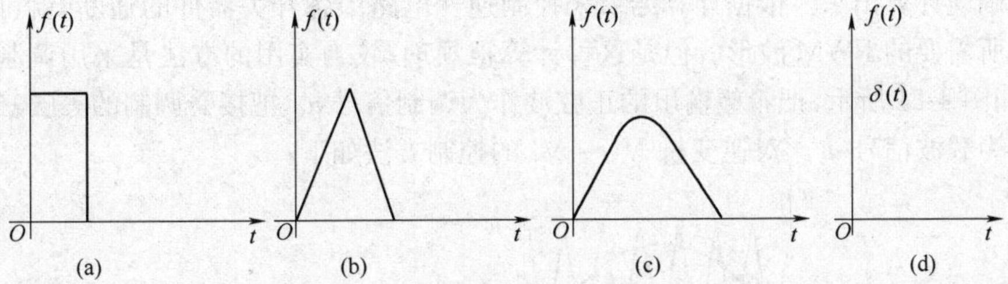

图 4-21　PWM 型变频电路的基本原理

如图 4-22 所示，将一个正弦半波划分成等宽的 7 块，然后用一列脉冲列来等效。该脉冲列的幅度相同，但宽度不一，面积与所对应的正弦半波面积相等，其作用效果基本相同；对于正弦负半波，用同样方法可得到 PWM 波形来取代正弦负半波。如果要获得不同的输出电压（即正弦波的幅值），只要按同一比例改变脉冲的宽度即可。

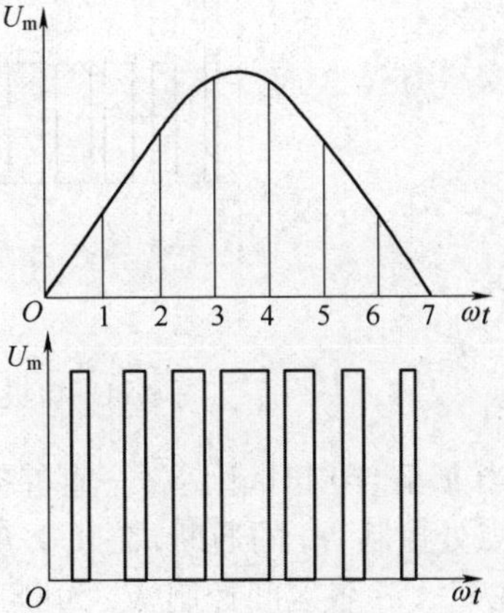

图 4-22　PWM 型变频电路的作用效果图

b. 单相桥式 PWM 变频电路工作原理

电路如图 4-23 所示。设负载为电感性，控制方法可以有单极性和双极性两种。

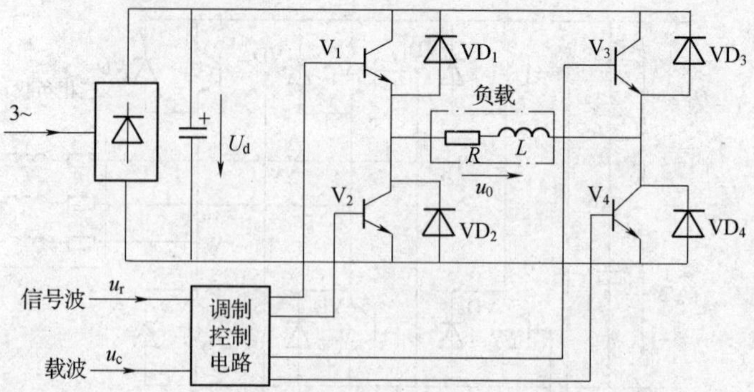

图 4-23　单相桥式 PWM 变频电路

单极性 PWM 控制方式工作原理。按照 PWM 控制的基本原理，如果给定了正弦波频率、幅值和半个周期内的脉冲个数，PWM 波形各脉冲的宽度和间隔就可以准确地计算出来。依据计算结果来控制逆变电路中各开关器件的通断，就可以得到所需要的 PWM 波形。但是这种计算很烦琐，较为实用的方法是采用调制控制，如图 4-24 所示，把希望输出的正弦波作为调制信号 u_r，把接受调制的等腰三角形作为载波信号 u_c。对逆变桥 V_1～V_4 的控制方法如下：

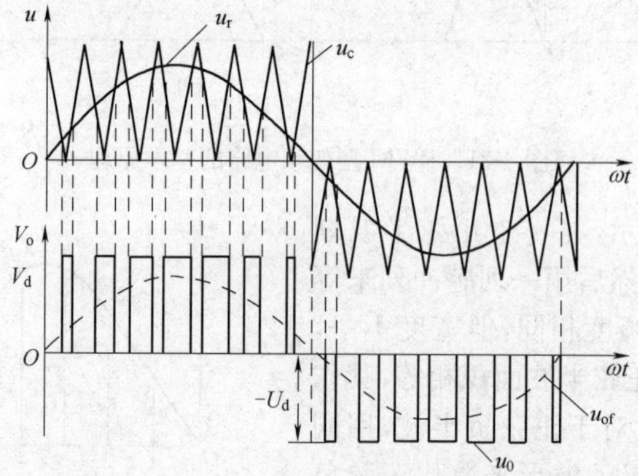

图 4-24　单极性 PWM 控制方式工作原理

当 u_r 正半周时，让 V_1 一直保持通态，V_2 保持断态。在 u_r 与 u_c 正极性三角波交点处控制 V_4 的通断，在 $u_r > u_c$ 各区间控制 V_4 为通态，输出负载电压 $u_0 = U_d$；在 $u_r < u_c$ 各区间控制 V_4 为断态，输出负载电压 $u_0 = 0$，此时负载电流可以经过 VD_3 与 V_1 续流。

当 u_r 负半周时，让 V_2 一直保持通态，V_1 保持断态。在 u_r 与 u_c 负极性三角波交点处控制 V_4 的通断，在 $u_r < u_c$ 各区间控制 V_3 为通态，输出负载电压 $u_0 =$

$-U_d$；在 $u_r>u_c$ 各区间控制 V_3 为断态，输出负载电压 $u_0=0$，此时负载电流可以经过 VD_4 与 V_2 续流。

逆变电路输出的 u_0 为 PWM 波形，如图 4-25 所示，u_{of} 为 u_0 的基波分量。由于在这种控制方式中 PWM 波形只能在一个方向变化，故称为单极性 PWM 控制方式。

双极性 PWM 控制方式工作原理。电路仍然是图 4-24，调制信号 u_r 仍然是正弦波，而载波信号 u_c 改为正负两个变化的等腰三角形，如图 4-25 所示。对逆变桥 $V_1\sim V_4$ 的控制方法如下：

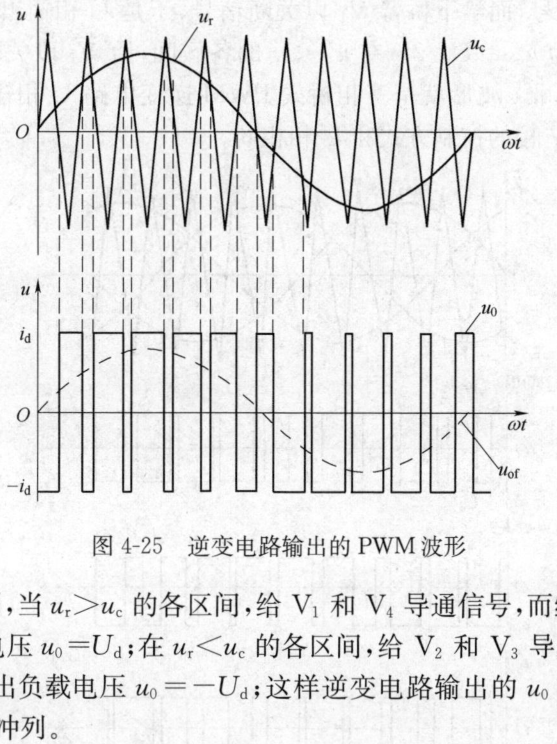

图 4-25　逆变电路输出的 PWM 波形

在 u_r 正半周，当 $u_r>u_c$ 的各区间，给 V_1 和 V_4 导通信号，而给 V_2 和 V_3 关断信号，输出负载电压 $u_0=U_d$；在 $u_r<u_c$ 的各区间，给 V_2 和 V_3 导通信号，给 V_1 和 V_4 关断信号，输出负载电压 $u_0=-U_d$；这样逆变电路输出的 u_0 为两个方向变化等幅不等宽的脉冲列。

在 u_r 负半周，当 $u_r<u_c$ 的各区间，给 V_2 和 V_3 导通信号，而给 V_1 和 V_4 关断信号，输出负载电压 $u_0=-U_d$；在 $u_r>u_c$ 的各区间，给 V_1 和 V_4 导通信号，给 V_2 和 V_3 关断信号，输出负载电压 $u_0=U_d$。

双极性 PWM 控制的输出 u_0 波形如图 4-25 所示，为两个方向变化等幅不等宽的脉冲列。这种控制方式特点是：

同一半桥上下两个桥臂晶体管的驱动信号极性恰好相反，处于互补工作方式。

电感性负载时，若 V_1 和 V_4 处于通态，给 V_1 和 V_4 关断信号，则 V_1 和 V_4 立即关断，而给 V_2 和 V_3 以导通信号，由于电感性负载电流不能突变，电流减小感生

的电动势使 V_2 和 V_3 不可能立即导通，而是二极管 VD_2 和 VD_3 导通续流，如果续流能维持到下一次 V_1 和 V_4 重新导通，负载电流方向始终没有变，V_2 和 V_3 始终未导通。只有在负载电流较小无法连续续流情况下，在负载电流下降至零，VD_2 和 VD_3 续流完毕，V_2 和 V_3 导通，负载电流才反向流过负载。

c. 三相桥式 PWM 变频电路的工作原理

三相调制信号 u_{rU}、u_{rV} 和 u_{rW} 为相位依次相差 120°的正弦波，而三相载波信号是共用一个正负方向变化的三角形波 u_c，如图 4-26 所示。U、V 和 W 相自关断开关器件的控制方法相同，以 U 相为例：在 $u_{rU}>u_c$ 的各区间，给上桥臂电力晶体管 V_1 以导通驱动信号，而给下桥臂 V_4 以关断信号，于是 U 相输出电压相对直流电源 U_d 中性点 N′为 $u_{uN'}=U_d/2$。在 $u_{rU}<u_c$ 的各区间，给 V_1 以关断信号，V_4 为导通信号，输出电压 $u_{uN'}$ 波形就是三相桥式 PWM 逆变电路 U 相输出的波形（相对 N′点）。V 相和 W 相的控制方式和 U 相相同。

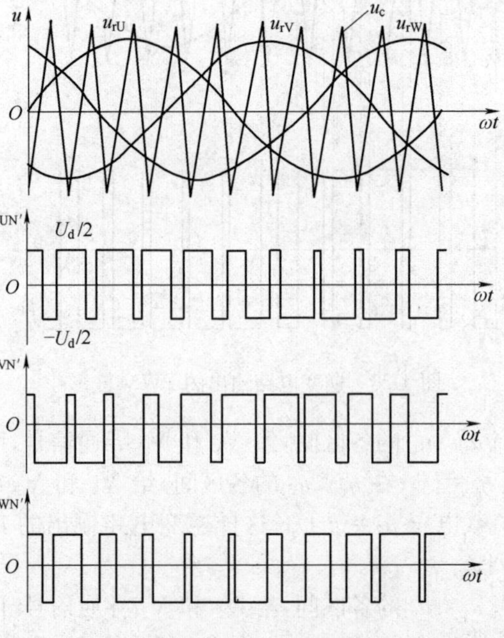

图 4-26　三相桥式 PWM 变频电路的工作原理

逆变器在运行过程中由于某部件的损坏或外界因素的原因会产生一系列故障，在故障产生的同时，为保护其他元器件不受损坏，逆变器有快速保护功能，将整个逆变器系统全面封锁，使逆变器的损坏程度降到最低。如在电网输入端接有熔断器，当逆变器电路产生过载或短路故障时，熔断器先行熔断，保护电路和电气元件。还可通过电压传感器监控输入网压，进行欠压和过压保护。此外还有霍尔电流传感器对输出电流进行监控，如果故障电流大于最大限制电流，就封锁逆变器进行保护。

4.2.2　上海地铁列车典型辅助逆变器

静态逆变器 DBU15.1 将接触网供给电压转变为三相电压(AC 380 V/50 Hz)和充电电压。2 个 DBU15.1 独立对 2 个三相四线电源系统供电。照明系统、插头等均与这 2 个电源连接。如 1 个 DBU15.1 故障，另一个逆变器为所有用电器供电(电压受限)。DBU15.1 还产生 DC 110 V 电源，用于对车载蓄电池充电并为其他车载 DC 负载供电。

静态逆变器 DBU15.2 将接触网电压转变为三相交流电压。

DBU15.2 各自形成三相供电网络(AC 380 V/50 Hz)，负责对空调系统供电。

1. A 车静态逆变器的高压回路(DBU15.1)

静态逆变器 DBU15.1 产生三相 4 线 AC 380 V/50 Hz 电压和 DC 110 V 电压，如图 4-18 所示。

DC 1 500 V 通过输入过滤器与 2 个串联的谐振变换器(A11，A12)连接。谐振变换器与外界隔离。

谐振变换器的输出电压 UD1X 是未经调节的：

① UD1X 由 A14(升压变换器)的升压斩波器进行调节，并作为 DC 电压 UD2X。调节后的电压通过 A14 的中心线对脉冲控制逆变器(PWR)供电。

② UD1X 由 A13(降压变换器)的降压斩波器进行调节，并作为 DC 电压 UD3X。调节后的电压通过另一个隔离谐振变换器为车辆提供低压电源并向主蓄电池(DC 110 V)充电。

(1)模块简述

主回路的重要部件参照结构如图 4-29 所示。

(2)谐振变换器(A11，A12)

A11：45 kW 带预充电的谐振变换器，谐振变换器带有预充电装置(电阻和晶闸管)；

A12：45 kW 谐振变换器；

两个谐振变换器(A11，A12)的连接方式为串联输入并联输出；

模块装有变换器和线路电容(0.8 mF)；

开关频率：约 20 kHz；

未经调节的输出电压：DC 300～600 V；

软切换，切换损失小。

(3)降压变换器与谐振变换器(A13)

① 降压变换器

未经调节的输入电压:DC 300~600 V;

调节后的 DC 电压:约 DC 280 V;

开关频率:约 5 kHz;

模块上装有 DC 连接电抗器。

② 谐振变换器

输出电压:DC 124 V;

名义电压下的输出功率:22 kW;

10 min 短时功率:30 kW;

调节后的输入电压:约 DC 280 V;

模块上装有变换器;

开关频率:约 20 kHz;

软切换,切换损失小。

③ 输出电流

DC 180 A 持续输出;

10 min DC 240A。

(4)升压变换器和脉冲控制逆变器(A14)

① 升压变换器

未经调节的输入电压:DC 300~600 V;

经过调节的 DC 连接电路电压:DC 620 V;

开关频率:5 kHz;

升压变换器的电感位于冷却风道内。

② 脉冲控制逆变器

输出三相四线电压:AC 380 V;

正弦波脉宽调制;

开关频率:约 6 kHz;

模块上装有四相滤波电感。

(5)应急电池(A16)

每个 DBU15.1 均有一组应急电池(图 4-27),以备车载蓄电池匮电时启动。这组电池由 9 个 12 V 蓄电池构成。

这组电池通过 R1 充电,通过二极管 V1 供电。这个回路布置在控制单元(A101)的背面。

插头 X3 是控制单元的接头,插头 X1 是单元的外部插头。输出端 NS110 V 向用电器供电,包括逆变器控制单元在内总输出功率不超过 150 W。

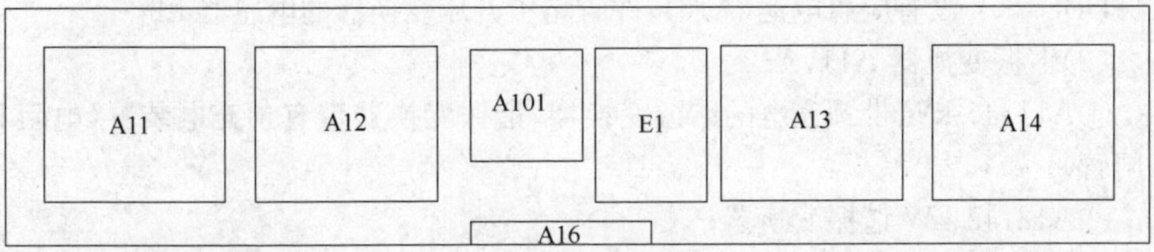

图 4-27　应急电池

(6)其他部件

A15:子系统滤波电容;

A17,U1:电流传感器用于车载电池充电监控;

A18,U1:输入电压传感器;

A101:逆变器控制单元;

E1:单元风扇;

F1:160 A 主熔断器;

L1:5 mH 线路电感;

L2:升压变换器电感(只用于 DBU15.1)。

2. B/C 车静止逆变器的高压回路(DBU15.2)

静态逆变器 DBU15.2 产生三相 AC 380 V/50 Hz,如图 4-30 所示。

DC 1 500 V 经过输入过滤器,进入串联的两个谐振变换器(A11,A12)。谐振变换器相互绝缘。谐振变换器的输出电压 UD1X 未经调节,由 A13 的升压变换器调节为 DC 电压 UD2X。调节后的电压输入到脉冲控制逆变器(A14)。

(1)模块简述

主回路的重要部件结构如图 4-28 所示。

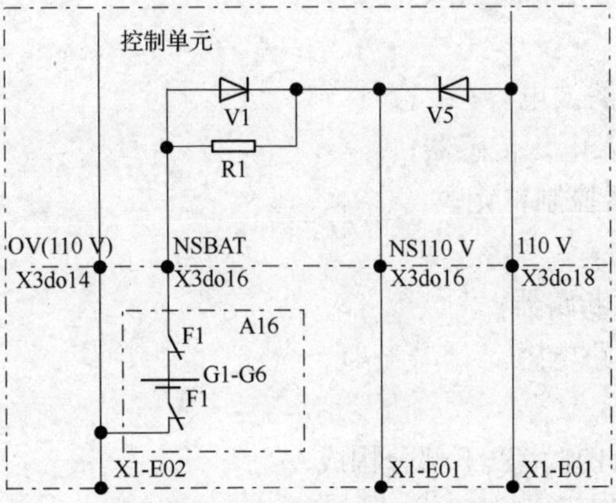

图 4-28　主回路的重要部件结构示意

DBU15.2 没有应急电池(A16),并省略了升压变换器的电感器 L2。

(2)谐振变换器 A11,A12

①A11:45 kW 带预充电的谐振变换器,谐振变换器带有预充电装置(电阻和晶闸管);

②A12:45 kW 谐振变换器;

③两个谐振变换器(A11,A12)的连接方式为串联输入并联输出;

④模块装有变换器和线路电容(0.8 mF);

⑤开关频率:约 20 kHz;

⑥未经调节的输出电压:DC 300~600 V;

⑦软切换,切换损失小。

(3)升压变换器 A13(90 kW)

①两个并联的升压变换器;

②未经调节的输入电压:DC 300~600 V;

③经过调节的 DC 连接电路电压:DC 620 V;

④开关频率:约 5 kHz;

⑤升压变换器带有电感。

(4)脉冲控制逆变器 A14(90 kV·A)

脉冲控制逆变器三相 AC 380 V;

①调节后的输入电压:DC 620 V;

②输出电压:三相 AC 380 V;

③正弦波脉宽调制;

④开关频率:约 6 kHz;

⑤模块上装有三相滤波电感。

(5)其他部分

①A15:子系统滤波电容;

②A18,U1:输入电压传感器;

③A101:逆变器控制单元;

④E1:单元风扇;

⑤F1:160 A 主断路器;

⑥L1:5 mH 线路电感。

3. 控制单元

(1)控制单元 A101 由以下部分构成

①1 块 PCB　CCU2;

②用接收和传输信号的线路板;

③带有电池的 DC/DC 变换器；

④与控制单元联络用显示屏；

⑤电源：

电压	三相 AC 380 V
名义电压 U_B	DC 110 V
最小电压 $U_{B,\min}$	DC 77 ×(1－0.3)V
最大电压 $U_{B,\max}$	DC 137.5 ×(1＋0.25)V

控制单元使用 DC 110 V 电压，功率小于 100 W。这样当 U=77 V 时，它的最大输入电流为 1.3 A。另外，对 DBU15.1 而言，还有一个向应急蓄电池充电的电流。

(2)控制单元控制内容包括：所有半导体器件通过光缆触发、检测所有的模块的电流和电压、检测并传输外部信号、按故障规格记录故障、通过接口 RS-232 处理过程数据和故障记录。

控制单元的核心由不同的集成电路构成，每个集成电路完成不同的功能。微控制器 80C167 控制静止逆变器的工作，限定调节的数值，记录过程数据并产生三相变换器的控制信号。逻辑网络序列(LCA)可提供快速保护并产生谐振变换器的控制信号。数字信号处理器(DSP)对升压和降压变换器进行调节。软件可以下载到相应的快速存储器内。

(3)控制单元具有 6 个彼此绝缘的数字量输入通道、6 个不绝缘的数字量输入通道、4 个彼此绝缘的数字量输出通道(继电器)、4 个不绝缘的数字量输入通道、24 个由光缆控制的数字量输出通道、14 个电流和电压传感器的输入通道。

(4)DBU 软件

DBU15.1 和 DBU15.2 的控制单元的部件和应用软件是相同的。启动时控制单元检测 DBU 的 X1 插头是否有信号。“H”表示选择与输入信号对应的 DBU；“H”和“L”同时输入会导致 1 个持续性故障。

DBU15.1 与 DBU 15.2 的软件在 LCA 程序和 80C167 的程序结构上有差别，控制脚分别为 X2：A24 和 X2：A26。

(5)DBU 与列车控制间的信号

列车控制和联络系统通过信号线连接。信号线主要传输的信号类型详见表 4-3。

表 4-3　信号线主要传输的信号类型

类　型	名　称	含　义	控制输入脚	备　注
输入	ON	DBU 运行	X3：C02	
输出	/MSTOE	故障信号	X3：A10/A12	
输出	MLF	加载信号	X3：A06/A08	
输出	/BSTOE	电池故障	X3：A14/A16	只用于 DBU15.1

① 启动指令(Command On)

"Command On"指令为"H"时，控制器得电。当控制器得电并且内部启动过程完成，控制器释放，单元平稳启动。

信号一旦中断，升压变换器的输入谐振变换器、降压变换器和电池谐振变换器(Rescon)的控制脉冲就都被屏蔽，DBU 就被关闭。而三相 AC 逆变器将继续工作以降低 DC 线路的电压。

DBU 切断 4 s 后，内部监控功能才会恢复到初始状态，启动信号才会被接收。如启动信号是"H"，那么 DBU 就启动。如启动信号是"L"，那么 DBU 就会切断。只有当 UD2X 低于 UD2-M1N 时，脉冲控制逆变器才会被切断。

② 信息

a. /MSTOE：DBU 产生了一个连续性故障就会发出这个信号。同时逆变器前部的控制灯 H1 会熄灭，控制单元 A101 的线脚 X1：E24 中断。过程：正常操作时，继电器触头闭合；故障时，继电器黏滞。

b. MLF：PWR 完成启动过程后，得到可以加载信号。当电压 UD2X 低于 UD2—MLF—AUS，MLF 关闭。过程：当电压超过 UD2—MLF—AUS 时，继电器动作。

c. /BSTOE：任何与蓄电池充电器 A13 有关的故障，均可引发此信号。过程：正常操作时，继电器触头闭合；故障时，继电器黏滞。

③ 命令和信号的处理过程

在不同的操作状态、指令和命令(/MSTOE，MLF，ON)下，系统的描述也是不相同的。当系统没有故障时，继电器触头/MSTOE 和/BSTOE 闭合，这样就可以检测电路是否中断。电池故障信号/BSTOE 没有显示，因为/MSTOE 时，控制单元开启后，故障信号切换到"H"，表明系统没有故障(图 4-29)。

时间段说明：

t_1：DBU 控制器初始化。DBU 处理所有的内部过程，清除或处理故障信号。T_1 时间段后，信号"ON"输出；

t_2：DBU 开始输出电压；

t_3：三相输出电压达到触发值；

t_4：DBU 的启动过程完成；

t_5：UD3X 达到触发值，延时继电器动作，MLF 触点闭合；

t_6：逆变器延时关闭。

DBU 故障导致连续性故障，继电器/MSTOE 释放(图 4-30)。

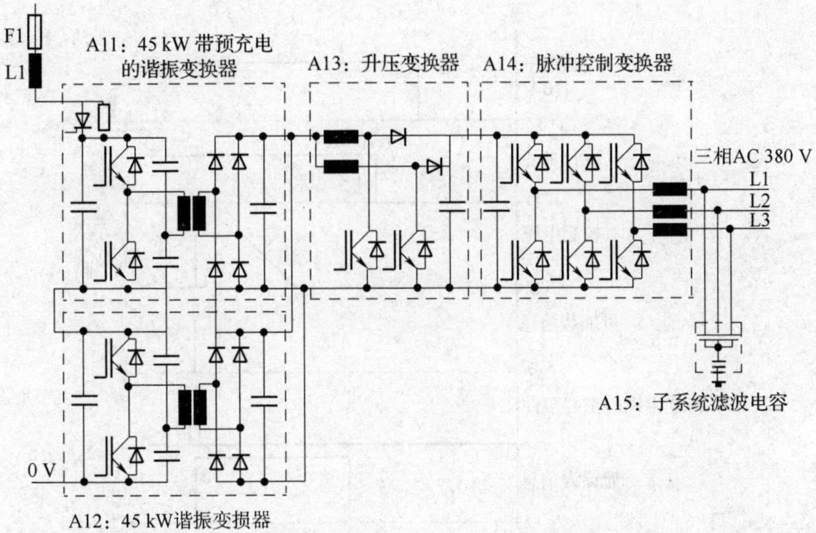

图 4-29　DBU15.2 结构

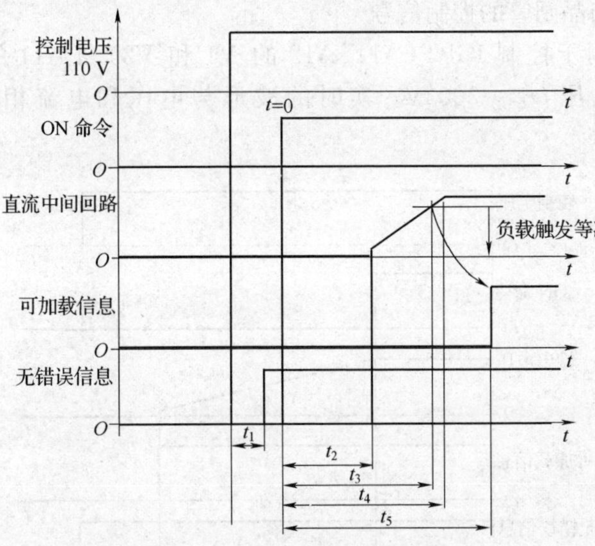

图 4-30　命令和信号的处理过程(一)

指令 ON 与 DBU110 V 控制电源切断的时间差，是 DC 电路放电时间。T_6 与负载有关(图 4-31)。

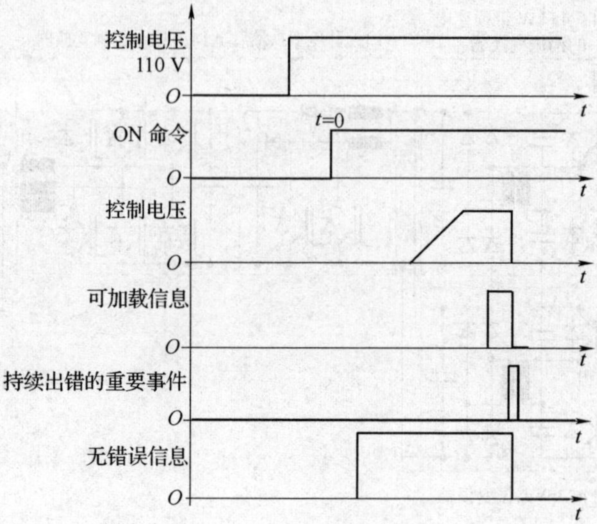

图 4-31 命令和信号的处理过程(二)

(6)IGBT 与晶闸管的控制信号

控制信号用于控制 IGBT(A11、A12 的 V1 和 V2)和 A11 的晶闸管 V3。IGBT 的脉冲电压 $U_E=200$ V。实时的波形与电压和电流相关(图 4-32～图 4-37)。

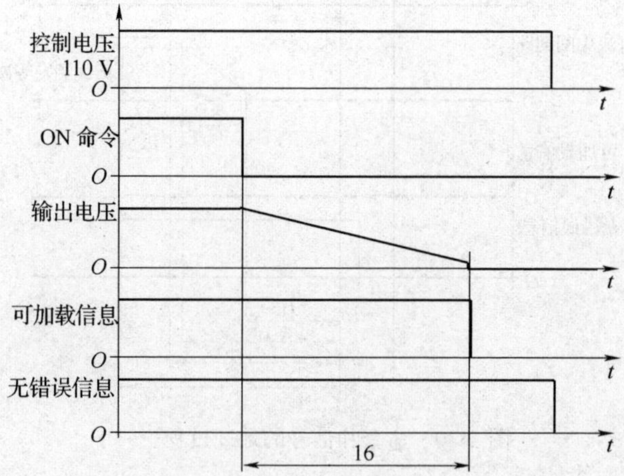

图 4-32 IGBT 与晶闸管的控制信号(一)

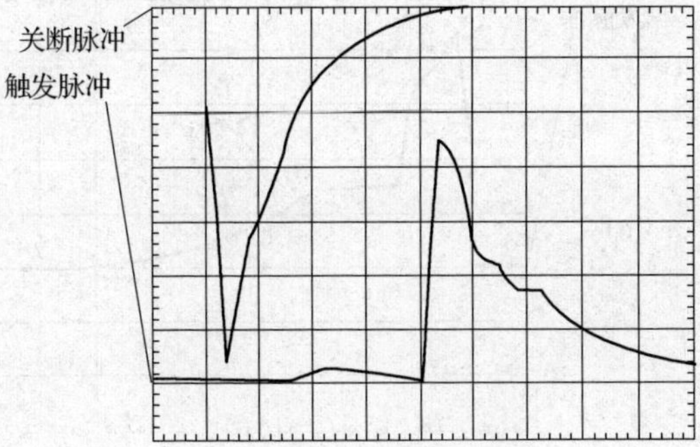

图 4-33 IGBT 与晶闸管的控制信号(二)

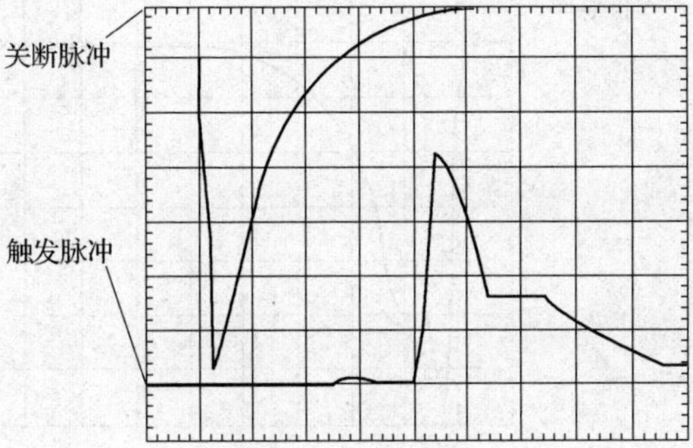

图 4-34 IGBT 与晶闸管的控制信号(三)

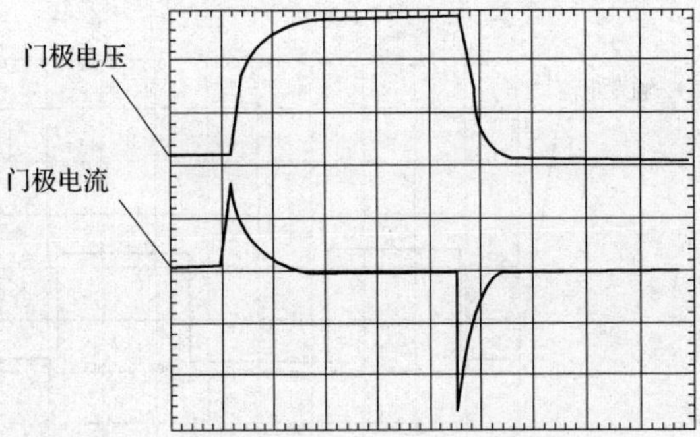

图 4-35 IGBT 与晶闸管的控制信号(四)

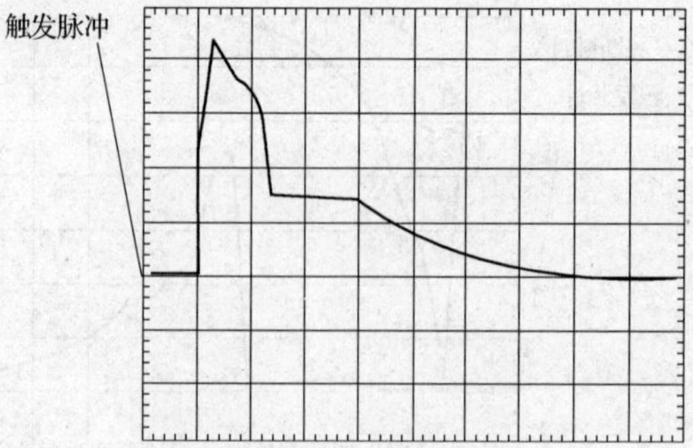

图 4-36 IGBT 与晶闸管的控制信号(五)

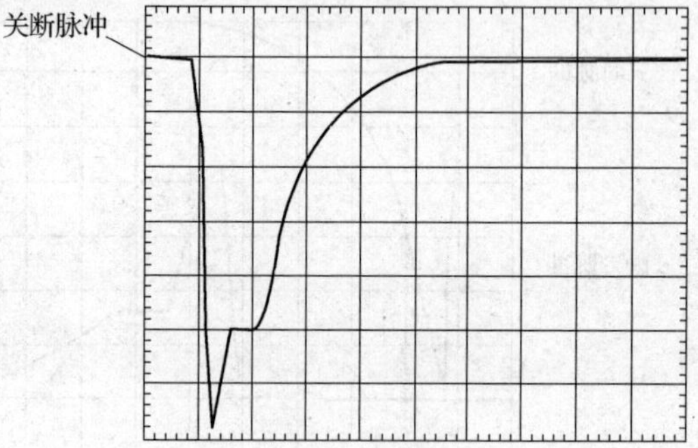

图 4-37 IGBT 与晶闸管的控制信号(六)

(7)逆变器内的电流波形(图 4-38)。

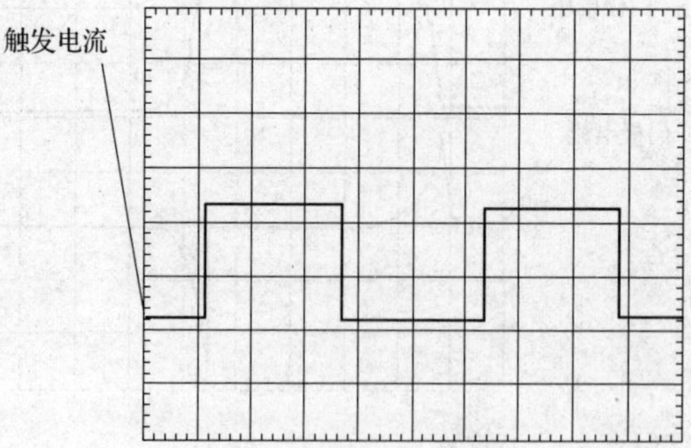

图 4-38 逆变器内的电流波形

(8)控制与调节过程

谐振变换器的控制与调节过程:19.5 kHz 的高频脉冲只用来降低半导体的电流。因此,谐振变换器无任何调节功能。

① 升压变换器的控制与调节过程

升压变换器是通过触发器对 UD2X 的输出进行控制,向三相逆变器功能块供电的。

DC 连接电路调节器(包括 DC 连接电路电压控制器和辅助 DC 连接电路电流调节器)。

DC 连接电路控制器使三相逆变器的输入电压保持恒定。升压变换器将电压调节到 UD2W。

串联的电流控制器限制升压变换器的电流 1H-MAX1。DBU15.1 的电流限定值为 1HX,DBU15.2 的电流限定值为 1H1X、1H2X。

② 降压变换器的控制与调节过程(降压变换器只用于 DBU15.1)

降压变换器是蓄电池充电的触发器。控制过程如图 4-39 所示。

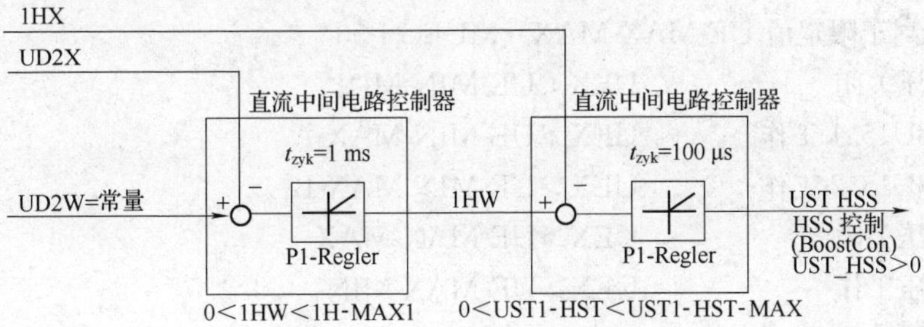

图 4-39 降压变换器控制过程

车辆电池充电时满负荷电流 ITX 和电池充电电流 IBX 受限,在 T-IT-MAX1 时许用的电流为 IT-MAX-KZ 与 IB-MAX-KZ。此后电流限制为 IT-MAX-DA、IB-MAX-DA(电池电流控制器)。蓄电池充满后(电流 ITX、IBX 小于相应的限定值),蓄电池控制器动作,保持 DC 输出电压恒定。蓄电池充电电压为 UBW。

4. 保护和监控

在保护措施作用下,所有的半导体元件一直处于截止状态,直到变换器的控制器重新启动。这时,变换器截止信号通过一个断开触点/MSTOE 传向车辆控制器。

当 DC 线路电压高于接触电压时,三相 AC 逆变器继续工作,这样就可以完成对 DC 线路电容的放电。

故障发生时,系统会记录下故障代码和时间。

(1)充电电阻的监控

线路电容通过充电电阻充电，这样与电路连接时，就可以防止线路电压过高造成损坏。充电完成后，充电电阻被晶闸管短接。充电电阻的短接控制取决于充电电压和时间。当电压处于允许范围内，T-TH 时间段后晶闸管就会触发。这样就可以产生输入谐振变换器的触发脉冲。

(2)输入电压监控(线路电压)

电压传感器监控输入电压 UEX，以确保处于允许范围。否则，逆变器所有半导体元件都会被截止。

① UEX 满足以下条件，逆变器自动启动：

a. TUEX-MIN 内，超过限定值 UE-MIN-MAX；

b. TUEX-MAX 内，低于限定值 UE-MAX-MIN。

② UEX 满足以下条件，逆变器自动关闭：

a. 低于限定值 UE-MIN-MIN＝MUKE－50；

b. DBU15.2 中，T-UEX-MIN-B 内，低于限定值 UE-MIN-MAX-B。

c. 高于限定值 UE-MAX-MAX＝MUEG＋50

欠压关闭	UEX＜UE-MIN-MIN
DBU15.1 工作	UEX＞UE-MIN-MAX-A
DBU15.2 工作	UEX＞UE-MIN-MAX-B
过压关闭	UEX＞UE-MAX-MAX
过压工作	UEX＞UE-MAX-MIN
故障代码 E110	UEX 过压

(3)输入谐振变换器的保护功能

静态逆变器的启动阶段，IGBT 触发信号的脉宽缓慢加宽，以平稳启动。否则由于电压 UD1 过低，会使得电流增大。

为了减小线路干扰，A12 的 IGBT 触发信号与 A11 的相差 90°。

A11/A12 的初级变换电流 ITR1X 和 ITR2X 由电流传感器测量。当电流超过 ITR-MAX 限定值，静态逆变器就会被封锁。而后系统自动重新启动。如果在时间 T-ITR-MAX 内重启次数超过 N-ITR-MAX，所有半导体被截止，系统必须重启。

故障代码 E112：谐振变换器 1 过流

故障代码 E113：谐振变换器 2 过流

(4)三相 AC 输出的保护功能

如果三相 AC 逆变器或升压变换器的监控系统有响应，DBU15.1 的 DC 输出不会立即被影响。只有发生 1 个持续性故障，静态逆变器才会完全被封锁。

① 升压变换器的保护功能

a. 过流监控

升压变换器的输入电流(DBU15.1 的 IHX;DBU15.2 的 IH1X 和 IH2X)由电流传感器监控。如果电流在 2 ms 内有 6 次超过 IH-MAX2,升压变换器会屏蔽 100 ms。

如果电流在 T-IH-MAX2 时间段内发生次数超过 N-IH-MAX2,所有半导体元件会截止,直到控制单元重启。

当 T-IH-MAX3 时间段内,电流 IH1X 或 IH2X(不是 DBU15.1 的 IHX)超过 IH-MAX3,所有的半导体截止,直到控制单元重启。

故障代码 E123:IHX 过流(DBU15.2 的 IH1X)

故障代码 E124:IH2X 过流(DBU15.2)

故障代码 E125:IH1X 持续过流(DBU15.2)

故障代码 E126:IH2X 持续过流(DBU15.2)

b. 过压监控

升压谐振变换器的输入电压 UD1X 由电压传感器监控。监控系统会显示 UD1X 是否高于 UD1-MAX。如果发生故障,2 个输入谐振变换器的控制脉冲会中断 100 ms。如果在 T-UD1-MAX 时间段内故障发生次数超过 N-UD1-MAX,所有半导体元件将截止,控制单元需要重新启动。

升压谐振变换器的输出电压 UD2X 由电压传感器监控。监控系统会显示 UD2X 是否高于 UD2-MAX。如果发生故障,2 个输入谐振变换器的控制脉冲会中断 100 ms。如果在 T-UD2-MAX 时间段内故障发生次数超过 N-UD2-MAX,所有半导体元件将截止,控制单元需要重新启动。

故障代码 E114:UD1X 电压过高

故障代码 E115:UD2X 电压过高

② 脉冲控制变换器的保护功能:

当控制单元存在短路时,IPM 会自动切断输出电流。

(5)DC 输出的监控功能

只有 DBU15.1 才具有 DC 输出的监控功能。

如果降压变换器或电池谐振变换器监控系统有响应,三相 AC 输出不会立即受到影响。只有发生一个持续性故障,静态逆变器才会完全被关闭。

① 降压变换器的保护功能

a. 过流监控

降压变换器的输出电流 ITX 由传感器探测。如电流在 2 ms 内 6 次超过 IT-MAX2;降压变换器的控制脉冲将屏蔽 100ms。如在 T-IT-MAX2 内这种屏蔽发生次数超过 N-IT-MAX2,所有半导体元件被屏蔽,控制单元需要重启。

b. 过压监控

降压变换器的输出电压 UD3X 由传感器探测。监控系统会显示 UD3X 是否超过 UD3-MAX，如果发生该故障，降压变换器的控制脉冲将屏蔽 100 ms。如在 T-UD3-MAX 内这种屏蔽发生次数超过 3 次，所有半导体元件被截止，控制单元需要重启。

故障代码 E119：UD3X 电压过高

② 电池的保护功能

a. 电池充电电压过低

电流传感器检测电池充电电流 IBX，监控系统判断 IBX 值是否超过最大充电电流 IB-MAX（参照“控制与调节过程”的“降压变换器的控制与调节过程”）。如果电池的充电电流大于 IB-MAX，充电时间超过 T-UB-MIN1 并且电池电压没有达到 UB-MIN1，电池谐振变换器将被屏蔽，充电过程中断，变换器需要重启。

电压传感器检测充电电压 UBX 在时间 T-UB-MIN2 后，是否低于 UB-MIN。如果发生这种情况，所有半导体元件被截止，逆变器需要重启。

b. DC 输出全部电流

降压变换器输出端的电流传感器监控输出电流 ITX 在时间 T-IT-MAX3 内是否超过时间 T-IT-MAX3。如果发生这种情况，降压变换器将被屏蔽10 s。如果 120 s 内这种屏蔽发生的次数超过 N-IT-MAX3，所有半导体元件将被截止，控制单元需要重启。

故障代码 E130：ITX 持续过流

(6)温度监控 TA11 和 TA12

谐振变换器 A11 和 A12 使用温度开关进行监控。当温度在规定范围时，信号为“H”；当温度超过(85±3)℃范围时，信号为“L”。发现温度故障时，DBU 会显示一个持续性故障（表 4-4）。

表 4-4 温度故障信号及显示

信　号	控制器输入脚	故障代码
TA11	X1：A24	E201：TA11 温度过高
TA12	X1：A26	E202：TA12 温度过高

IPM 的温度监控被安装在半导体元件内。

(7)熔丝 F1 的监控

正常情况下，熔丝 F1 输入到控制脚 X1：A28 的信号为“H”。如果熔丝故障，信号变为“L”。静态逆变器显示一个持续性故障，并记录下相应代码。

(8)电机保护开关Q1的监控

正常情况下,Q1输入到控制脚X2:A30的信号为“H”。如果电机保护开关故障,信号变为“L”。静态逆变器显示一个持续性故障,并记录下相应代码。

(9)接地故障指示器

DBU15.1和DBU15.2的A14中装有“接地故障检测”线路板,用于监控主电路对地的绝缘和输出电压是否准确。

三相逆变器输入端的电压均分器和输出端的星形电路连接电阻产生两个虚拟零位。三相AC逆变器输出端的虚拟零位与箱体连接。接地故障与这两个零位有区别,可以通过电压传感器测量。测量得到的电流IESX显示一个接地故障或相位故障。

一旦电流IES-MAX超过关断极限,就可能会引发两个故障[相位故障,接地故障(与接地故障的位置有关)]:

①电流不小于IES-MAX;

②正弦曲线电流故障,电流低于或超过IES-MAX。

这两个故障均会被记录下来,并关断静态逆变器。

(10)静态逆变器启动的监控

静态逆变器启动并产生UD1电压的同时发出电流源开关的控制信号。切断限定值IES-MAX必须达到,如果没有检测到这个信号,整个静态逆变器将被关闭。

(11)半导体元件的监控

IGBT和IPM作为半导元件被用于静态逆变器中。半导体元件的保护功能由IPM执行,而IGBT的保护功能由相应的门极控制单元执行。半导体元件发生故障将强行关闭DBU单元。

IGBT和IPM的门极控制单元均向控制器传输110 kHz的信号。如果发生故障,信号将被中断。不同类型的故障采用不同波特率的中断,这样控制单元将可以检测到发生故障的半导体。

被监控的半导体元件详见表4-5。

表4-5　被监控的半导体元件

模　块	静态逆变器	半导体型号	半导体的类型
A11,A12	DBU15.1,DBU15.2	V1, V2	IGBT
A13	DBU15.1	V1, V3, V4	IPM
A14	DBU15.1	V1, V3, V4, V5, V6	
A13	DBU15.2	V1, V2	P
A14	DBU15.2	V1, V2, V3, V4, V5, V6	M

① IGBT 的监控

输入模块谐振变换器(A11 和 A12)均装有 IGBT。IGBT 具有过电流监控和供电电压监控功能。

任何监控功能的响应,IGBT 均会引起相应的半导体元件 IGBT 的截止,并中断校验返回信号。如果有上述信号发生,所有的半导体元件被截止,直到控制单元重启。

② IPM 的监控

模块 A13 和 A14 上的升压变换器、三相 AC 逆变器、降压变换器和电池谐振变换器都装有 IPM。IPM 具有过电流监控(校验返回信号中断时间 1 ms$<t<$2 ms)、温度监控(校验返回信号中断时间$>$2 ms)、供电电压监控(校验返回信号中断时间$>$2 ms)功能。

如果任何监控功能有响应,相应的半导体元件就会自动截止。

如果升压变换器或三相 AC 逆变器发出上述信号,该逆变器就会被切断,5 s 后重启。如果信号不能重新设定或在时间 T-IPM-AC 内这种屏蔽发生的次数大于 N-IPM-AC 次,所有的半导体都被截止,控制单元需要重启。

如果降压变换器或电池谐振变换器发出上述信号,该逆变器就会被切断。5 s 后重启。如果信号不能重新设定或在时间 T-IPM-DC 内这种屏蔽发生的次数大于 N-IPM-DC 次,所有的半导体都被截止,控制单元需要重启。

(12)控制单元自检

① 控制单元的启动

启动控制单元前,中央处理单元必须正确启动并且程序化元件 LCA 和 DSP 处于待机状态。

a. 编码测试

启动时,控制器检测 DBU(15.1 或 15.2)插头 X1 的信号。如果是"H"就启动相应的 DBU。

b. LCA 测试

启动时会检查 LCA 程序下载是否准确。任何故障均会导致持续性的闭锁。

c. DSP 的测试

启动时会检测 DSP 的联络功能。任何故障均会导致持续性的闭锁。

② 周期性自我监控

周期性自我监控由一个每秒触发的"监控器"实现。如果触发故障(如:闭循环时程序丢失或程序子循环时间过长),控制器会产生一个持续性闭锁。重新启动只有将控制器切断并重新闭合。

③ 实际数值可能性判别

在工作时,测得的数值会进行比较。如果数值偏差过大,静态逆变器就会被永久锁闭。这样可以检测到传感器的故障。

较实际数值 UD2X 与所需数值 UD2W。如 UD2X 与 UD2W 在时间 T-DELUD2XW12 内差异大于 12%,或 UD2X 与 UD2W 在时间 T-DELUD2XW6 内差异大于 6%,逆变器会被关闭。

UEX 和 UD1X:按一定的变换比连接,UEX=nueud1 * UD1X。

允许差异:DelUeUd1 用于时间 T-DelUeUd1。

谐振变换器启动后就进行监控,全程监控。

UDIX 和 UD2X:谐振变换器启动,升压变换器还没启动前两个数值应相等,监控系统在谐振变换器工作后运行,降压变换器工作前停止。其工作时间不长。

允许差异:DelUd2Ud1 用于时间 T-DelUd2Ud1。

DU3X 和 UBX(DBU15.1):按一定的变换比连接。UD3X 启动后,UBX 有所增加。只有在 UBX>115 V 或 UD3X>276 V 时才进行监控,UD3X=nud3ubXUB。

允许差异:DelUd3Ub 用于时间 T-DelUd3Ub。

降压变换器启动后进行监控,降压变换器和电池谐振变换器启动后全程监控。

(13)控制器屏蔽

"控制器屏蔽"是一个主要的信号。当下列情况发生能时,控制器屏蔽通常设置为"H":

DBU 无故障,输入电压超出公差范围。当电压恢复时逆变器会立即启动。

检测到故障,DBU 被切除。只有在故障被清除,逆变器不存在控制器持续性屏蔽后,逆变器才可重启。

控制器屏蔽时,控制单元和逆变器的故障均会记录下故障发生时间。

如果故障导致控制器屏蔽不能消除,就会设置一个"控制器持续性屏蔽",并且切断 DBU。

5. 冷却保护

(1)辅助逆变器

辅助逆变器的主电路及控制单元中的半导体元器件在工作中会产生热量,引起逆变器箱内的温度升高到逆变器设计时的最高温度,为了保护逆变器中的元器件,逆变器将自动关断。为了使逆变器能正常、可靠的工作,在设计逆变器箱时,充分考虑了通风冷却、通风风道的布置及冷却风扇的控制,使其工作在允许的工作温度中。

逆变器的冷却是采用冷却风扇强迫对流冷却方式,外部空气通过进风口进入箱中,水分离器是进风口的一个组成部分,防止水和雨滴进入逆变器箱。空气流经散热器各模块同时进行冷却,空气流经模块后,进入中心风道,风扇将空气从箱体后部排出。

逆变器内部元件是密封的，只有热交换模块的电磁部件和风道是与外部空气接触器、散热元件安装在散热器表面。电磁元件由流经的空气冷却，这样保证了逆变器内元器件的冷却，同时又保证了内部元件的清洁。

逆变器冷却风扇的工作电源为三相 AC 380 V/50 Hz。

(2)制动电阻通风风扇

制动电阻通风风扇的作用是降低制动电阻箱内的温度，使制动电阻在制动电阻风扇强迫通风方式下正常工作。在每节动车上各有一台制动电阻箱及制动电阻风扇。

制动电阻风扇的工作电源为三相 AC 380 V。

制动电阻通风风扇的监控是由风量监控压力传感器和制动电阻出口温度监控传感器组成。

风量监控压力传感器、监控通风风扇的进风口与出风口间压差来确认风扇的工作状态是否正常。当压差小于设定值时，本车 TCU(牵引控制单元)被封锁。通风风扇故障产生的原因可能是由于灰尘挡住了风口或是由于风扇电机转速未达到额定状态。

电阻出口温度监控传感器监控制动电阻箱的出口温度，以确认风扇的工作状态是否正常。当检测到出风口温度大于设定值时，TCU 被封锁。

4.2.3 DC 充电机

1. 充电机的工作原理

充电机作为列车 DC 110 V 的供电设备，其主要有两个功能：

(1)在 1 500 V 高压有效时，为列车所有 110 V 负载进行供电。负载主要有各系统控制单元、网络设备、继电器等。

(2)在 1 500 V 高压有效时，为蓄电池进行恒流充电和浮充电，确保蓄电池长期处于可使用状态。

充电机的功率元件都采用 IGBT 技术，其控制、调节、保护等功能采用微处理器技术，应保证在规定条件下，输出电压和电流稳定，不出现振荡。

充电机容量应满足列车正常运行状态下的用电要求。在一半充电机发生故障时，另一半充电机应能不受约束的满足整列车的运营，并能提供 10%的额外冗余。

充电机以所设置均充充电电流的一定值(根据具体充电机特性和蓄电池特性进行制定)作为均充—浮充转换的判别阈值，大于阈值处于均充状态，小于阈值处于浮充状态。

具体充电过程为：充电早期以所选的充电电流对蓄电池进行恒流充电；当蓄电池电压到达充电机所设定的均充稳压值时，自动转为定压减流充电；当电流减小至均充/浮充的转换阈值时则自动转为浮充电。如蓄电池组端电压等于充电机的稳压值,充电电流为零;一般可认定此时蓄电池已充满,完成充电。若此时继续充电,经过一段时间后,会逐渐出现维持浮充状态的涓流。一般在设计充电机时,先以较高的定流充(均充),使蓄电池组的每节电池都能够较快地充分地充满电,继而以较低的定压充(浮充)维持电压使蓄电池避免过充电。

一般浮充电压的设定,需要与蓄电池的自放电特性曲线来制定。蓄电池在不同温度下,其自放电的情况是不同的,因此需要根据温度的变化,升高或降低浮充电压,以保证浮充时不过充、不欠充。

2. 充电机的安装位置

目前地铁列车充电机的安装,有"与辅助逆变器集成在一个箱体内"和"充电机独立箱体"两种方式。无论哪种方式,充电机都需与蓄电池配置在同一节列车上。

4.3 蓄 电 池

电动列车的主蓄电池是由一些 DC 110 V 镍镉可充电电池单体相互串联组成,一般由 80 只或 84 只单体组成一组电池组。6 节编组列车一般在头尾两节车厢各设置一组蓄电池,8 节编组列车由于负载较多,除头尾两节车厢外,在中间动车需额外增加一组蓄电池。在国内已运行的列车中,蓄电池按容量分为 60 A·h、120 A·h、140 A·h、160 A·h、520 A·h 等多种。蓄电池容量的选择是由列车在紧急状态(接触网断电)时的直流负载和是否有自牵引需求所决定的。

按组分为每列车两组和四组蓄电池两种。每个电池组以浮充电模式与逆变器充电器相连接,每一蓄电池组装在蓄电池箱内,采用充足的自然通风(图 4-40)。

蓄电池为列车的起动及紧急状况(无高压电源)时列车的直流负载提供电源。

图 4-40 蓄电池箱

4.3.1 蓄电池的放电倍率

电池放电电流的大小常用“放电倍率”表示(简称“放电率”)。

$$放电倍率=\frac{额定容量(A\cdot h)}{放电电流(A)}$$

换言之,电池的放电倍率以放电时间来表示。或者说,以一定的放电电流放完额定容量所需的小时数来衡量。如,某电池额定容量为 20 A·h,若用 4 A 电流放电,则放完 20 A·h 额定容量需用 5 h,也就是说以 5 h 率放电,用符号“C/5”或“0.2C”表示;若以 0.5 h 率放电,就是用 40 A 电流放电,用符号“C/0.5”或“2C”表示。由此可见,放电倍率所表示的放电时间越短,即放电倍率越高,则放电电流越大。

根据放电倍率的大小,电池可分为低倍率、中倍率、高倍率和超高倍率 4 类。有时,也习惯于不区分高倍率还是超高倍率,而统称为高倍率电池。

其区分标准大致如下:

(1)<0.5C,低倍率;

(2)0.5~3.5C,中倍率;

(3)3.5~7C,高倍率;

(4)>7C,超高倍率。

放电倍率对电池放电容量的影响很大,放电倍率越大,即放电电流越大,电化学极化和浓差极化急剧增加,使电池放电电压急剧下降,电极活性物质来不及充分反应,电池容量会减少很多。

4.3.2 蓄电池的化学原理

镍镉电池充放电反应可表述如下:

负极:$Cd+2OH^- \underset{充电}{\overset{放电}{\rightleftharpoons}} Cd(OH)_2+2e$

正极:$2NiOOH+2H_2O+2e \underset{充电}{\overset{放电}{\rightleftharpoons}} 2Ni(OH)_2+2OH^-$

总反应:$Cd+2NiOOH+2H_2O \underset{充电}{\overset{放电}{\rightleftharpoons}} 2Ni(OH)_2+Cd(OH)_2$

4.3.3 镍镉电池的类型及性能特点

镍镉电池具有使用寿命长(充放电循环周期高达数千次),机械性能好(耐冲击和振动),自放电小,低温性能好(−40 ℃)等优点,被广泛应用在各个领域。

镍镉电池的类型,主要以正负电极极板的制造工艺来分类,有袋式极板、纤维镍极板、烧结极板三种。

1. 袋式极板

袋式极板是镉镍蓄电池问世后最初的极板结构形态，是通过包块机将正、负极物质分别包在镀镍钢带做成的袋状极板条内。袋式极板主要用于电信基站、UPS、电站、地面信号电源等，目前地铁行业内应用较少。

2. 纤维镍极板

纤维镍极板(FNC)，其工艺是在塑料纤维上化学镀上镍，然后在纤维镍骨架上涂布活性物质，即活性物质直接采用机械方式载入到纤维基板上。纤维镍极板的微观结构如图 4-41 所示。

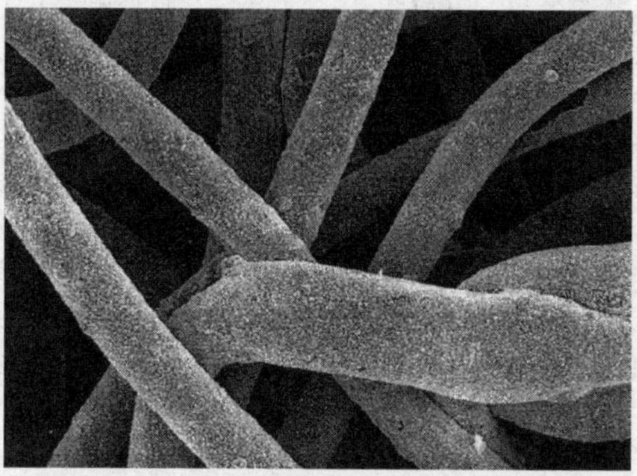

图 4-41　纤维镍极板微观结构(100 μm)

该种极板的生产工艺简单且成本较低，极板厚度可在 0.5～10 mm 之间，单位面积容量大。缺点是极板在蓄电池使用过程中发生伸缩，且活性物质是靠机械方式填充，因此可能发生活性物质脱落造成短路。同时，该极板结构制成的蓄电池内阻大，不适用大功率放电，因此有自牵引功能要求的列车，纤维镍工艺的极板无法满足需求。

3. 烧结极板

烧结极板的工艺关键在烧结工序以及浸渍工序。纳米级进口羰基镍粉在高温(1 000 ℃左右)烧结成多孔状的基板，然后在 85 ℃的真空环境下，将活性物质通过化学浸渍负载在微孔内，形成蓄电池极板。具体工艺流程如图 4-42 所示。

烧结技术制造的极板具有以下优势：

(1)烧结而成的纳米级镍金属骨架作为基体，具有超强的机械稳定性和强度。

(2)镍金属骨架具有极强的导电性，极板内阻低，蓄电池适合大功率放电且低温性能优越。

(3)烧结而成微孔纳米级微孔使得极板具有较高的比表面积，有利于增大活性物质与电解液的接触面积。

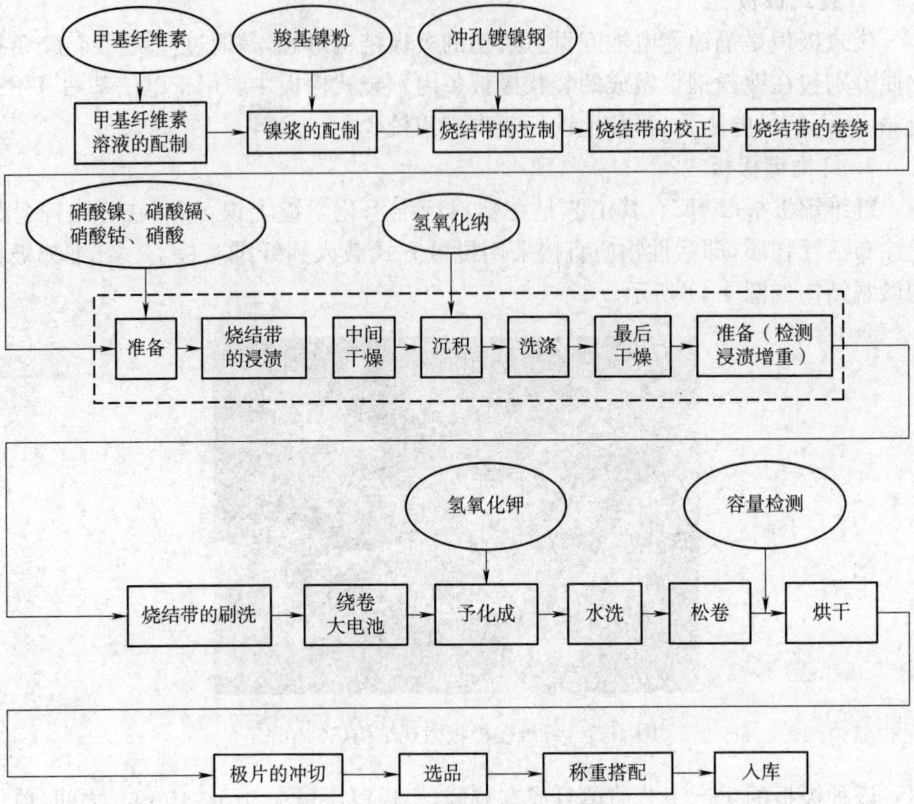

图 4-42 烧结极板生产工艺

(4)活性物质通过化学反应负载在微孔表面,结合强度高,不易脱落,极板循环寿命长。

(5)极板厚度薄,蓄电池体积小,重量轻。

4.3.4 电池的活化处理

电池的活化处理(也称电池性能调节)是镍镉电池使用维护不可缺少的重要环节之一。电池长期处于浮充电状态或其他恒压电压充电使用状态,会出现电池容量不足和单体电池之间容量不均匀等问题,要求每年进行一次活化。实际上,就是进行1～3次深充电、深放电,使电池的电化学活性“复活”,电容量恢复到一定的水平。

具体的活化处理步骤如下:

(1)先对电池以0.1C率电流充电8～14 h,停置1 h,以0.2C率电池放电。放电终止电压为1.0 V,记录放电时间,计算电池容量。若与初期容量差不多,可再通过1～2次充电放电循环得到恢复。若容量相差较大，则须按下列步骤处理。

(2)再用0.1C率电池充足电后，以0.2C率电流放电到每个电池平均电压约0.5 V，分别将每个电池的正、负极接短路12 h以上。

(3)拆除短路导线，以0.1C率电流充电，充电5 min后检查测量单体电压。如高于1.50 V则认为电池内阻大，应补加蒸馏水，10 min后再次测量电池电压，将高于1.55 V和低于1.20 V的电池取出另外处理。

(4)连续充电14～16 h，测量并记录单体电压。如电池电压低于1.50 V，则认为该电池不正常，必须更换。

(5)以0.2C率电流放电，放电终压为1.0 V，记录放电时间并计算电池容量。

(6)若放电容量不足，可重复步骤(2)～(5)，直到恢复一定容量为止。如活化多次仍达不到额定容量的70%，则认为电池已失效。

4.3.5　在使用维护镍镉电池前的注意事项

(1)不要敲拆、砸毁或焚烧电池，否则会飞溅出腐蚀性碱液体伤人或引起爆炸。

(2)不允许在电池上放置金属工具或其他器具，否则会使电池急放电而过热，损坏电池。

(3)充电前打开气塞盖或将闷塞换成通气塞，带有闷塞的电池充电会发生气胀而有可能引起电池爆炸。

(4)充电场所应保持通风，防止氢氧气体积累发生爆炸事故。

(5)不允许有明火接近充电的电池。

(6)电解液是腐蚀性较强的碱性溶液，手或其他皮肤接触电解液时，应立即用硼酸水冲洗。

4.3.6　电池的失效

尽管镍镉电池使用寿命很长，但使用时间久了总会出现不能正常工作甚至完全不能工作的失效现象。

镍镉电池的失效分两类：可逆失效和不可逆失效。当电池符合规定的性能要求，通过适当的活化处理能恢复到可用状态，就称为“可逆失效”。当电池通过活化或其他方法仍不能恢复到可用状态，就称为“不可逆失效”或“永久失效”。

(1)可逆失效

当电池以恒电流充放电和固定时间反复循环时，可能受到可逆的容量损失。这种效应就称为“记忆效应”。无论大电流放电到较低的终止电压或小电流放电到较高的终止电压，其效应相同。容量衰减的基本原因就是浅度放电。电池在重复浅放电循环中，由于放电平均电压降低而导致电池容量减少，如图4-43所示。从

图 4-43 可知，第 5 次循环电压平段位 1.25 V；而 500 次循环后，电压平段位 1.15 V。这种放电电压损耗，多数可通过几次深充放循环后恢复。

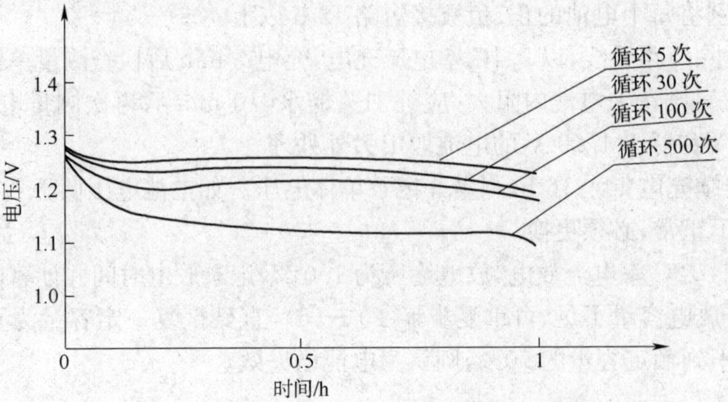

图 4-43　电池以 0.2C 率循环放电 1 h 的电压曲线

长期过充电也可使电池发生可逆失效，尤其在高温下更是如此。如图 4-44 所示，由于长期过充电引起放电快终止时的“过渡阶梯”，虽容量仍可适当利用，但工作电压比较低。这也是可逆失效。通过几次深充放电循环后可恢复到额定电压和期望的容量。

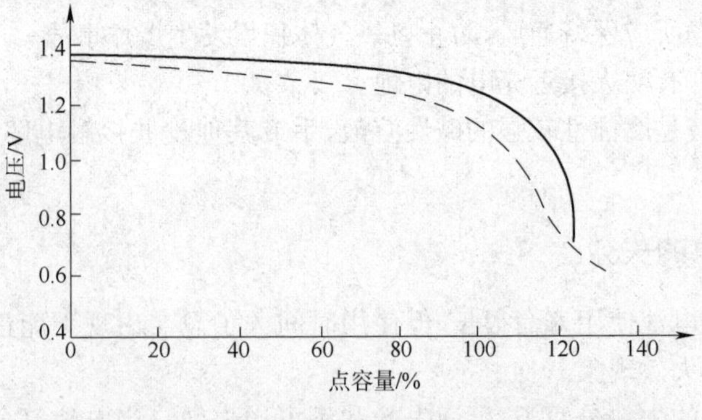

图 4-44　电池以 0.1C 率长期过充电后(虚线)放电的电压

(2)不可逆失效

密封圆柱电池永久失效的主要原因是短路和电解液干涸。电池内短路，导致电池无使用价值。

电解液若稍有损耗即会引起容量减少。容量损耗与电解液减少成正比。电池反复反极、高温下高倍率充电，直接短路等都会引起电解液损耗。由电解液损耗所引起的容量减少在高倍率放电时更为明显。

高温会降低电池寿命。温度较高会促使隔膜受损并增加短路的可能。较高温度还会使水通过密封圈迅速蒸发。尽管这种影响是长期的,但温度越较高电池损坏率越高。

(3)电池失效现象

① 电池短路

a. 低电阻短路:电池开路电压为 0,以 0.1C 率电流充电 20 h,充电终止电压仍低于 1.25 V。

b. 高电阻短路:电池充电终压大于 1.25 V,充电后立即放电也能放出部分容量,但长时间搁置又降至 0(称为微短路)。

c. 间隙短路:这种电池受到振动后,电压忽有、忽无或忽高、忽低。

② 电池断路,由于制作厂商工艺控制不严,电池内部焊接脱开或螺纹松动,充电控制失调,使用维护不正确等造成电池无电能输出。

a. 电池膨胀。由于充电电压高,电池常处于过充电状态,造成半烧结电池的负极膨胀、壳体变形。圆柱电池也会发生电池膨胀问题。

b. 气体阻挡层失效。这是由于过充电电流过大,过充电温度过高或电解液液面低时的高倍率放电所引起的。

c. 热失控。这是气体阻挡层失效的电池在恒电位充电场合所引起的后果。镍镉电池的电压与温度成反比。环境温度升高时,电池电压则下降。过充电时电能部分转变成热能。产生的热量使电池温度升高。随着温度上升,电池电压则下降。若采用恒电压充电,就会造成充电电流增加,致使过充电量也增加。循环往复,使电池温度进一步升高,电压进一步下降,出现热失控。热失控可使电解液温度达到沸腾的程度,使隔膜受到严重损坏,直至电解液耗干,电池内部短路。

4.3.7 主蓄电池在电动列车上的功能

主蓄电池的外壳是由防火塑料制成,并放置在不锈钢框架内。电解液的液面可以在框架外以目测方法方便地检测。电池单元可以分别取出,蒸馏水的添加间隔一般在 90 天以上。

列车起动时,主蓄电池为列车起动时的电气设备提供直流电源,直至列车辅助逆变器正常工作,主蓄电池处于浮充电状态。

在列车运行过程中,若整列车失去高压电源时,主蓄电池的容量也能够为紧急负载提供 45 min 的电能。紧急负载设备包括:

(1)全部紧急照明。

(2)全部客室内、外部的指示灯。

(3)全部头灯和尾灯。

(4)司机室照明。

(5)客室和司机室的紧急通风。

(6)左右开关门至少各一次。

(7)所有与安全有关的控制系统。

(8)列车通信及广播系统。

(9)乘客信息及视频监控系统。

(10)无网压后视频监控摄像头连续记录 2 h,视频播放 LCD 继续运行 6 min。

(11)列车无线通信设备。

(12)列车 ATC 系统。

(13)列车接近提示系统。

有自牵引需求的列车,蓄电池设计时标称容量,除了保证满足紧急负载工作 45 min 后一次蓄电池应急牵引要求供电外,为以后可能增加负载而提供 15%的额外裕度。这样列车在失去高压的紧急状况下,主蓄电池保证了列车上的必要设备能继续工作,保障了列车的安全性能。

4.3.8 电池的保护

(1)隔离保护

电池通过手动开关和低压网络隔离,在没有高压且蓄电池已放电 45 min 后,如电池电压降至最低值时(84 V),此时由电压继电器控制的接触器将蓄电池与载荷隔离。

(2)过热保护

通过一个温度传感器来监控蓄电池充电,保护蓄电池因过热引起故障。

(3)回流保护

在辅助逆变器的输出端接一个二极管,以避免从 DC 110 V 网络回流至蓄电池。

(4)蓄电池熔断器保护

在蓄电池的正极和负极上都设有熔断器,以保护线路。

4.4 中压并网供电技术

并网供电技术在供电行业已运用多年。随着列车运营可靠性等级的不断提高和乘客对舒适度要求的不断增加,原有中压供电技术已无法完全适应现有的技术要求,随着中压供电技术的引进,中压供电系统的可利用率得到大幅提升。

在短短 4 年内,西门子、阿尔斯通和日立等三大整车供应商先后开发了各有特色的中压并联供电网络，同时配合列车控制系统（TCMS），从技术层面很好地解决了并网供电中的不稳定因素，并对各降级模式下的应急处理模式也有了更为合理的定义。

和原有中压供电模式相比，并网供电技术的最大优势在于供电系统在降级模式下可以配合 TCMS 使负载的利用率达到最高。尤其在夏、冬两季当单个辅助逆变器故障时，仍可通过其余辅助逆变器的容量确保所有空调系统的完好运行，使乘坐舒适性得到进一步的保证。

4.4.1　原有中压供电模式状况分析

1. 交叉供电模式（图 4-45）

交叉供电网络是中压供电系统中一种常用供电模式，该模式一般由两台辅助逆变器和两条中压母线组成，每台辅助逆变器独立连接在一条中压母线上，即该中压母线上的负载供电全部依赖于该辅助逆变器。

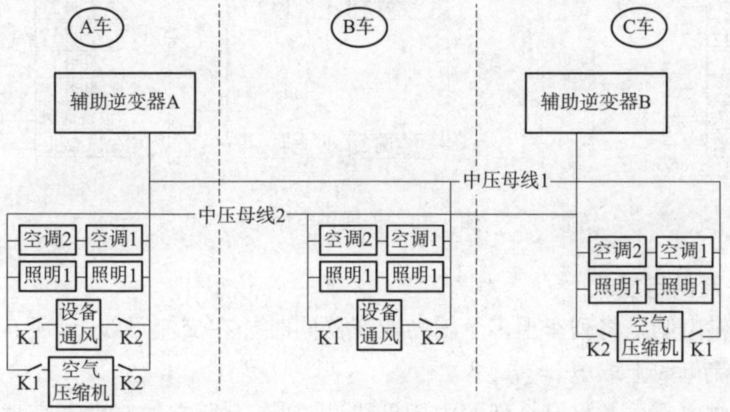

图 4-45　交叉供电网络

这种供电模式单从连接和控制方式来看，都非常简便，无需 TCMS 配合便可独立完成各自区段的供电任务。然而这种供电模式在原有列车中的应用已不能完全满足现有的要求，当辅助逆变器出现故障时，相关供电区域的负载设备都将无法工作。尤其是空气压缩机的损失会对列车的可靠运行产生严重影响；而在夏、冬两季，空调系统的损坏概率也相当之高，乘坐舒适度会有明显下降。

2. 扩展供电模式（图 4-46）

扩展供电网络是中压供电系统中另一种常用供电模式，该模式一般由两台辅助逆变器、两条中压母线和一部中压母线接触器组成。每台辅助逆变器都连接在各自中压母线上，在正常模式下，中压母线接触器处于分断位，即两台辅助逆变器独立在各自供电区段中对负载进行供电；当任何一台辅助逆变器故障时，TCMS 会驱动中压母线接触器闭合，使两条中压母线连通，同时配合 TCMS 对负载进行减载分配，剩余的辅助逆变器可对全列车范围内关键系统的负载进行供电。减载的主要方式为减去一半的空调负载，虽然对列车行驶不会造成影响，但是会降低乘客舒适度。

这种供电模式其实是并网供电模式的反逻辑，平时各自独立供电，无需并网过程，控制简便，然而该供电模式在辅助逆变器发生故障时，负载受到的冲击较大，会经历一个非常规的启停过程，设备比较容易损坏。

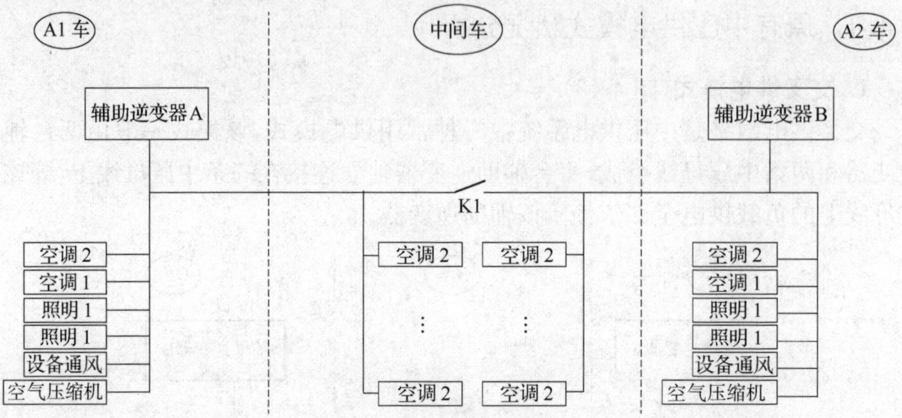

图 4-46　扩展供电网络

3. 并网供电模式

并网供电则是将列车上多个辅助逆变器同时挂在交流母线上，所有交流用电设备从交流母线上取电。

并网供电有一条贯穿全列的中压母线，即列车上所有的辅助逆变器并联在中压母线上同时向全列车的中压负载供电。辅助逆变器内部有输出接触器，几台辅助逆变器顺序启动，第一台为随机启动，第二台开始，需要通过辅助逆变器输出端的传感器检测母线上三相电的幅值和频率，若一致将开始闭合输出接触器，该辅助逆变器接入到母线上。正常情况下，所有辅助逆变器处于并联供电模式；若一个辅助逆变器故障，该辅助逆变器输出接触器将断开，辅助逆变器停止输出。因此一个辅助逆变器故障，不会对列车性能和乘客舒适性造成任何影响。

4.4.2　各种供电模式技术状况对比

1. 负载状况对比

以 6 节编组列车(4 台辅助逆变器)为例，当 2 台辅助逆变器故障时，通过下列不同供电模式负载状况比对，可以清晰看出各种供电模式的优劣所在。

(1)交叉供电模式

表 4-5 表明，交叉供电模式在 2 台辅助逆变器故障时，损失半组列车的所有中压负载，其中主要包括空调、空气压缩机和设备通风等，降级模式下工况相对比较恶劣。

表 4-5　交叉供电负载分配表

负载/(kV·A)	功　耗	A 车	B 车	C 车	C 车	B 车	A 车
		数量	数量	数量	数量	数量	数量
照明	0.05	0	0	0	20	20	20
客室空调压缩机	21.50	0	0	0	2	2	2
客室空调风机	6.00	0	0	0	2	2	2
空气压缩机	9.60	0	0	0	1	0	0
设备通风	4.50	0	0	0	1	1	0
其他（插座等）	2.00	0	0	0	1	1	1
功耗汇总/(kV·A)		0	0	0	72.1	62.5	58
总功耗/(kV·A)		0			192.6		
辅助逆变器容量/(kV·A)		0		0	130		130
辅助逆变器总容量/(kV·A)		0			260		
辅助逆变器余量/(kV·A)		0			67.4		

(2)扩展供电模式

表 4-6 表明，分段供电模式在 2 台辅助逆变器故障时，损失 9 台空调机组，其他设备完好，降级模式下工况较之交叉供电有很大改善。

表 4-6　扩展供电负载分配表

负载/(kV·A)	功　耗	A 车	B 车	C 车	C 车	B 车	A 车
		数量	数量	数量	数量	数量	数量
照明	0.05	20	20	20	20	20	20
客室空调压缩机	21.50	0	0	0	0	1	2
客室空调风机	6.00	2	2	2	2	2	2
空气压缩机	9.60	0	0	1	1	0	0
设备通风	4.50	0	1	1	1	1	0
其他（插座等）	2.00	1	1	1	1	1	1
功耗汇总/(kV·A)		15	19.5	29.1	29.1	41	58
总功耗/(kV·A)		31.8		31.8	64.05		64.05
辅助逆变器容量/(kV·A)		0		0	130		130
辅助逆变器总容量/(kV·A)		130					130
辅助逆变器余量/(kV·A)		2.35					65.95

(3)并网供电模式

表 4-7 表明，并网供电模式在 2 台辅助逆变器故障时，损失 6 台空调机组，其他设备完好，降级模式下工况较之扩展供电又有了进一步提升。

2. 其他性能对比

除了供电冗余能力外，也可从控制、故障处理能力和维护等多角度比较各供电模式的优劣所在。

从表4-8中不难看出，并网供电由于引入了TCMS共同参与并网过程，从控制难度来讲，相对交叉供电和扩展供电有不小的提升；故障处理能力，由于并网供电和分段供电是组反逻辑关系，难度相当；而生产和维护方面，并网供电模式的优势又有所体现，尤其和交叉供电相比，整整少了一根列车线，生产和维护难度大大降低。

表4-7 并网供电负载分配表

负载/(kV·A)	功　耗	A车	B车	C车	C车	B车	A车
		数量	数量	数量	数量	数量	数量
照明	0.05	20	20	20	20	20	20
客室空调压缩机	21.50	1	1	1	1	1	1
客室空调风机	6.00	2	2	2	2	2	2
空气压缩机	9.60	0	0	1	1	0	0
设备通风	4.50	0	1	1	1	1	0
其他（插座等）	2.00	1	1	1	1	1	1
功耗汇总/(kV·A)		36.5	41	50.6	50.6	41	36.5
总功耗/(kV·A)		256.2					
辅助逆变器容量/(kV·A)		[redacted]		[redacted]	130		130
辅助逆变器总容量/(kV·A)		260					
辅助逆变器余量/(kV·A)		3.8					

表4-8 各种供电模式性能对比

性　　能	定叉供电方式	分段供电方式	并联电方式
冗余能力	★	★★	★★★
控制简便	★★★	★★	★
故障处理能力	★★★	★★	★★
生产维护易用性	★	★★	★★★

4.4.3 不同中压并网供电技术介绍

1. 西门子中压并网供电技术

(1)列车配置

所有车配备一台辅助逆变器并连接在一条贯穿全车的中压母线上并列运行，以6节编组列车为例，共配备6台辅助逆变器，所有辅助逆变器的硬件配置及控制方式一致，启动顺序为“随机”，所有逆变器不分主从，出于多种考虑，中压母线上没有配备接触器，即各个供电区间不能分开，永远并联在中压网络上。

西门子推荐的并网供电方案中，所有辅助逆变器均为电压控制型，即通过输出电压传感器采集并联中压网络上的电压进行并网同步及反馈闭环控制，并且各个逆变器相互独立，不分主从。

(2)并网过程

一旦满足启动条件，所有逆变器开始自检，自检通过后开始并网过程。

并网过程简单分为两种情况，逆变器检测中压母线是否存在电压，如无电压，则该逆变器立即合上输出接触器，决定中压网络电压情况；如有电压，则该逆变器立即通过检测母线情况进行内部同步，一旦达到并网条件立即合上输出接触器。逆变器的控制，包括同步控制、输出控制等都是独立由本机的控制单元 SIBMON 完成，各逆变器单元不需要进行信息交换。在这种控制方案下，单一或多个逆变器故障脱离网络响应极快，几乎不被察觉，负载的限制由列车控制系统自动完成。

从该方案中可以看出辅助逆变器的启动顺序是随机的，两次启动的顺序不同。一旦启动指令给出后，逆变器将随机启动。一般情况下，第一个逆变器启动到所有启动完成的时间小于 10 s(图 4-47)。

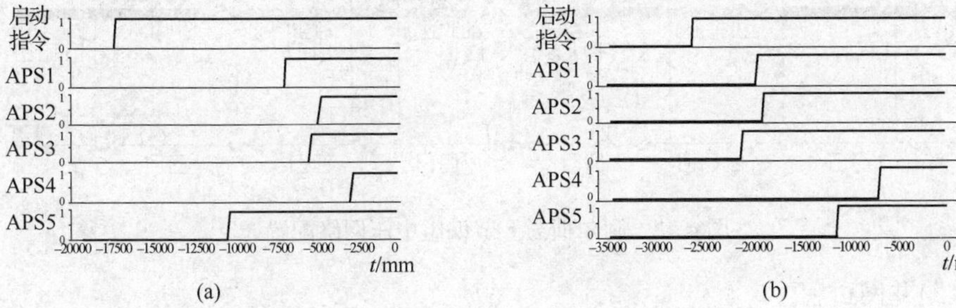

图 4-47　辅助逆变器启动顺序(西门子方案)

(3)故障检测

辅助逆变器中包括了单相接地故障的检测，在此情况下故障信息将送到司机显示器；如果系统中某个用电部件发生相间短路，保护器件(微型断路器、熔断器或电机保护接触器)将切除该短路部件；如果辅助逆变器控制检测到一个辅助逆变器发生相间短路，该受影响的辅助逆变器将通过其输出接触器从中压母线上被切除。

不过该方案有一个比较致命的缺陷，就是缺乏中压母线接触器，一旦中压母线发生短路故障，整个中压供电系统就将破坏，这是现有"6 改 8"列车在设计阶段所忽略考虑的问题，需在今后的项目中予以改进。

2. 阿尔斯通中压并网供电技术

(1)列车配置(图 4-48)

多台辅助逆变器连接在一条贯穿全车的中压母线上并列运行，所有辅助逆变器的硬件配置及控制方式基本一致，仅在启动顺序上有所区别，正常状况下，第一台辅助逆变器称为“主机”。以 8 节编组为例，中压母线根据辅助逆变器的数量分成 4 个供电区间，每 2 节车组成一个供电单元，2 个供电区间之间使用中压母线接触器连接。

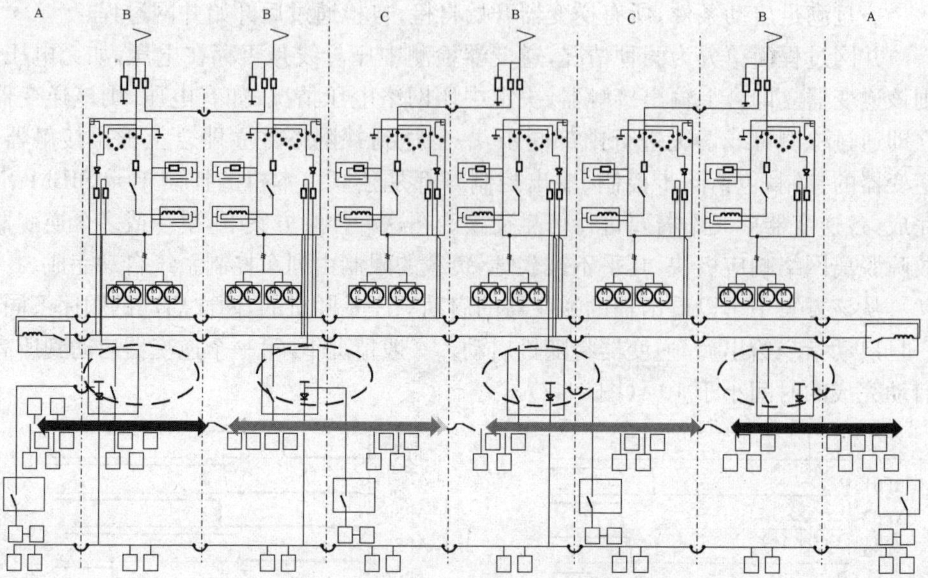

图 4-48　阿尔斯通 8 节编组中压网络配置

(2)并网过程

阿尔斯通推出的并网供电方案中，所有辅助逆变器均为电压控制型，即通过输出电压传感器采集中压母线上的电压，进行并网同步及反馈闭环控制；在最初启动阶段，所有中压母线接触器都处于打开状态。每台辅助逆变器进行自检并启动，同时三相输出接触器短暂闭合以检测自身供电区段是否存在短路情况，但此时 TCMS 仍控制负载不启动；当辅助逆变器自检完成后将开始同步过程。

所有逆变器自检通过后，第一台辅助逆变器自动成为“主机”，他的输出状况决定了中压母线网络的电压、相位与频率，其余的 3 台辅助逆变器将进行同步跟随。

母线接触器的闭合过程遵循“从左至右”原则(图 4-49)。主机 CVS1 三相输出后，闭合母线接触器 1；CVS2 同步后三相输出，闭合母线接触器 2；CVS3 同步后三相输出，闭合母线接触器 3；CVS4 同步后三相输出，实现并网。整个并网过程历时约 8 s。并网实现后，整个中压网络中的辅助逆变器地位同等(图 4-50)。

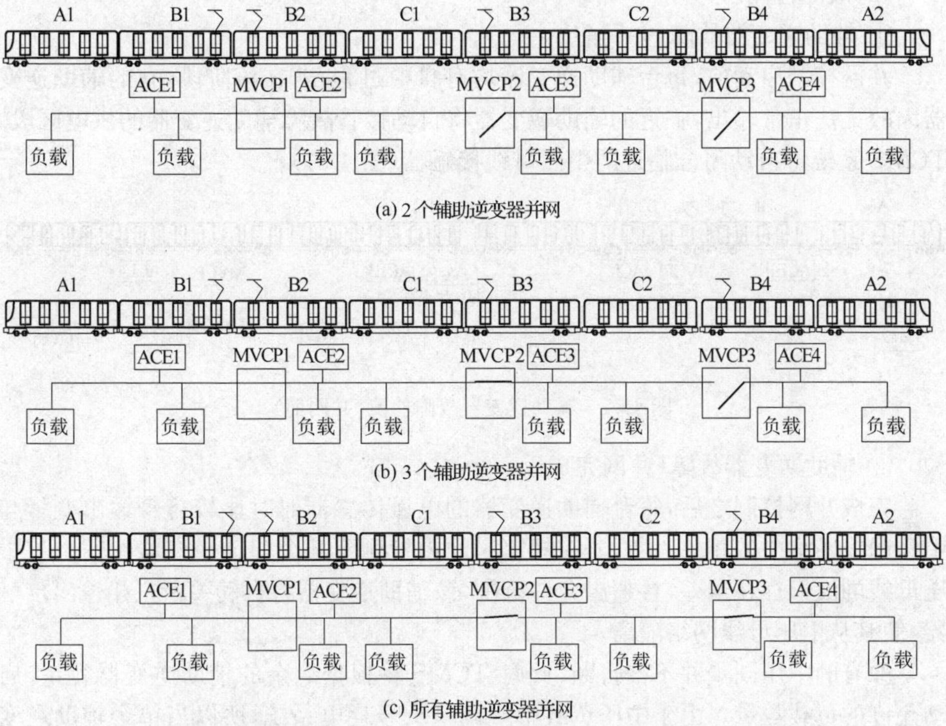

图 4-49　辅助逆变器启动顺序(阿尔斯通方案)

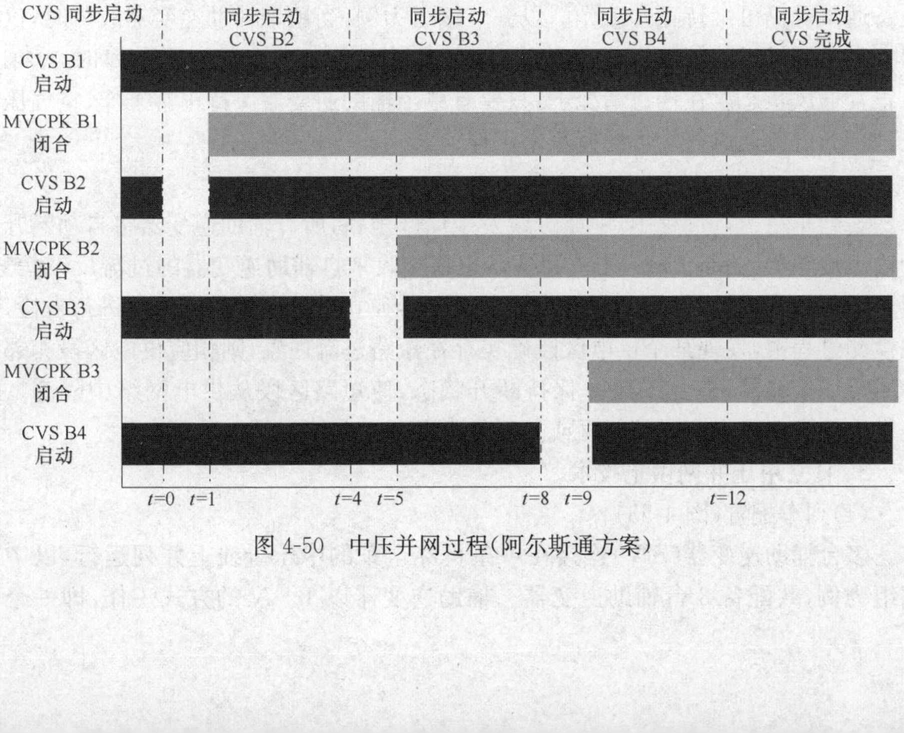

图 4-50　中压并网过程(阿尔斯通方案)

(3)故障检测

① 辅助逆变器故障(并网前)

并网控制启动前,每台辅助逆变器均有自检过程,若在该阶段,有的辅助逆变器因故无法正常输出,临近的辅助逆变器将自动接管故障辅助逆变器的供电区段,TCMS 系统将自动闭合临近的中压母线接触器(图 4-51)。

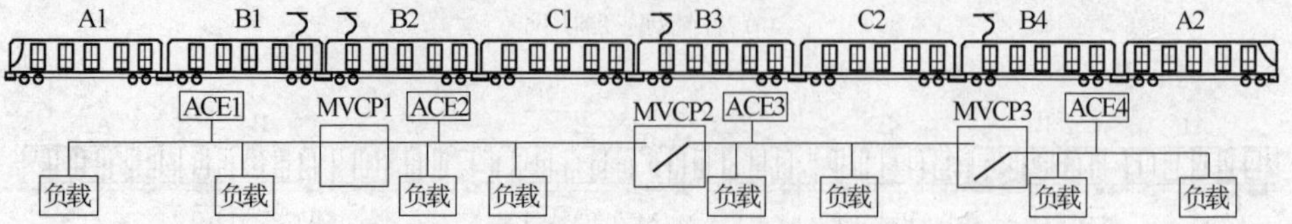

图 4-51 辅助逆变器故障检测(并网前)

② 辅助逆变器故障(并网完成后)

完成并网控制之后,每台辅助逆变器的电压传感器时时比较自身输出变量与中压母线网络中的相关参数,若在规定时间内检测到某个辅助逆变器的输出与中压母线的波形存在偏差,且超出允许范围,该辅助逆变器将自动关断三相输出接触器,使其从中压母线网络隔离。

原有的中压同步并不被打断,此时 TCMS 将根据剩余的辅助逆变器容量,启动允许的负载数量。由于中压负载中空调是头号耗电系统,所以当单个辅助逆变器发生故障时,TCMS 系统仅临时关断所有空调的压缩机,而空气压缩机、照明、设备通风等仍可维持正常工作。以 8 节编组为例,当单个辅助逆变器故障时,仅关闭一台空调机组的压缩机;2 个故障时,全车进入半制冷状态;3 个故障时,全车进入正常通风状态。在任意情况下,只要有单个辅助逆变器保持正常工作,空气压缩机、照明、设备通风等均可维持正常工作。

③ 中压母线短路(并网完成后)

若列车在运行过程中,中压母线发生局部短路,所有辅助逆变器将自动断开三相输出接触器,关断负载,同时 TCMS 也将接收来自辅助逆变器的过流反馈信号,断开中压母线接触器。之后,每个辅助逆变器独立对自身的供电区段进行自检,若在检测过程中,发现某个供电区段确实存在短路过流现象,则相应供电区段相邻的中压母线接触器,将由 TCMS 保持断开状态,使短路区段从供电网络中隔离。其余供电网络仍可实现局部并网或扩展供电(图 4-52)。

3. 日立中压并网供电技术

(1)列车配置(图 4-53)

多台辅助逆变器(SIV)连接在一条贯穿全车的中压母线上并列运行,以 7 节编组为例,共配备 3 台辅助逆变器。辅助逆变器以 $1+N$ 的方式工作,即一个主

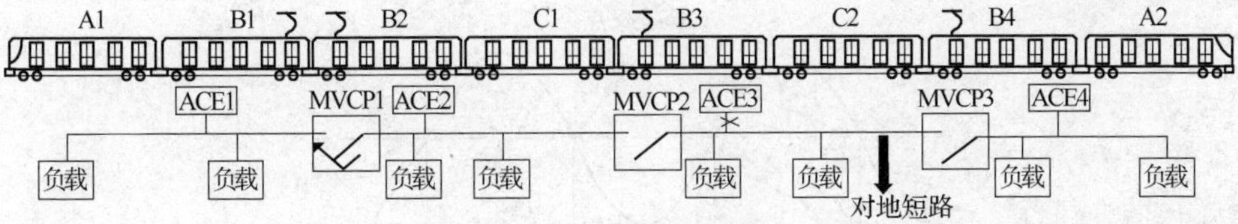

图 4-52　中压母线短路检测

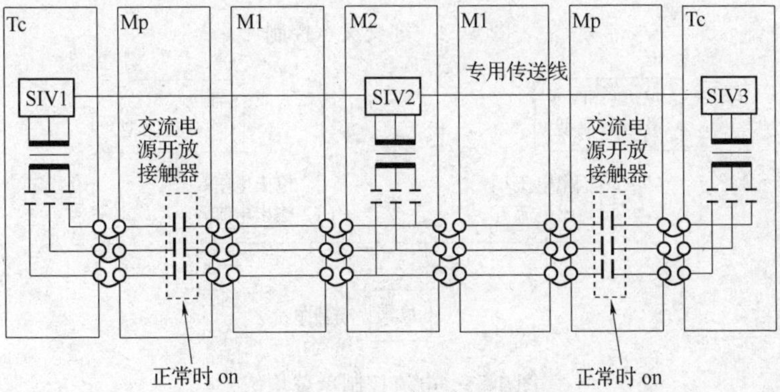

图 4-53　日立 7 节编组中压网络配置

机，N 个辅机，中压母线根据辅助逆变器的数量分成 3 个供电区间，2 个区间之间使用接触器连接，通过专用通信线，在辅助逆变器间进行并列控制需要的数据通信。

日立推出的方案中，主机为电压控制型，以母线电压作为反馈进行闭环控制；辅机为电流控制型，以主机的输出电流作为反馈进行闭环控制。主机决定中压母线的电压、频率和相位，通过专用通信线控制辅机使所有中压负载均等分摊到所有辅助逆变器。

(2)并网过程

中压网络上的所有接触器在正常状况下均保持闭合状态，主机先启动决定了网络电压。当辅机满足同步条件后，逐步并联到中压网络。

主机先启动，控制输出电压保持 380 V。辅机检测出主机的线间输出电压从负侧到正侧的极性反转点(零交叉点)。辅机检测零交叉点使输出电压的相位、频率与主机的输出一致(图 4-54)。

辅机通过 10 ms 的扫描周期确认输出电压的零交叉点输出脉冲，从而使主机的输出电压与辅机的输出电压的相位、频率始终保持一致(图 4-55)。

$U_1=Z\times I_1$，$U_2=Z\times I_2$。

主机：$U_1=380$ V(电压控制)。辅机：$I_2=I_1$(电流控制)。

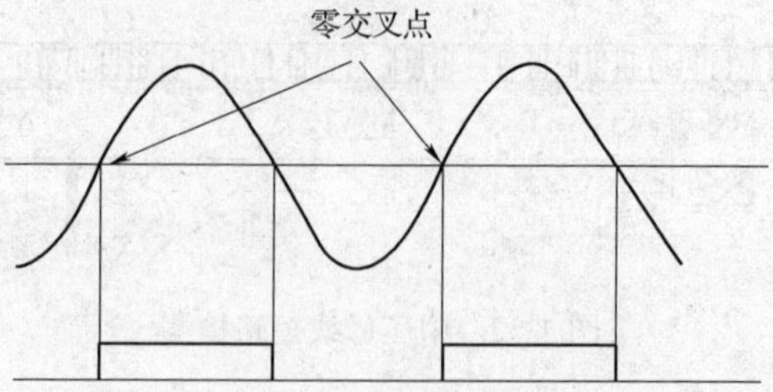

图 4-54 零交叉点控制

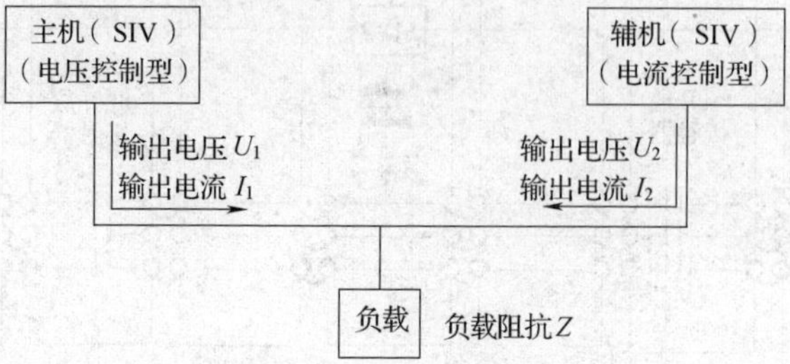

图 4-55 电流控制负载均衡

$U_2=Z\times I_2=Z\times I_1=U_1=380$ V。

辅机进行电流控制，因此实现主机与辅机的负载均等，同时能够实现辅机输出电压保持 380 V。

日立方案中采用顺序启动的时序，即主机先启动，而后辅机 1，再辅机 2。主机内部启动稳定后，三相输出接触器闭合，对母线输出中压，主机开始启动 5 s 后，辅机 1 开始启动，主机开始启动 10 s 后，辅机 2 开始启动。所有三台辅助逆变器启动共需约 12 s。接触器的闭合通常能够使三台辅助逆变器进行并列运行。

(3)故障检测

主机故障时，辅机电流控制型切换为电压控制型（即辅机 1 成为主机），控制输出电压保持一定，此时，断开主机，降低负载；辅机故障时，主机以电压控制进行常规控制，此时，断开辅机，降低负载。

如果电源线发生接地故障的情况，接触器将断开。

发生接地故障的辅助逆变器停止，另两台正常的辅助逆变器继续运行。

4.5 照明系统

列车照明系统主要是为乘客和司机提供光照服务。随着照明技术的不断进步，列车上的光源系统也有着较大的区别。

4.5.1 照明系统的设备

列车照明系统主要有以下几个部分：

(1)司机室及客室内部照明：为司机操作司机室各设备、乘客乘坐提供足够的亮度。

(2)列车头部照明：为司机行驶列车，提供前方道路照明以及警示。

(3)电器箱内维护照明：为司机或维护人员操作电器箱内设备时，提供照明。主要集中在存在空气断路器或者旁路开关的箱体内。

4.5.2 司机室及客室内部照明

主要包含司机室顶灯、司机室阅读灯、客室车厢照明、贯通道照明等。

1. 照度要求

按照目前上海地铁对于照明的统一要求，对司机室和客室各区域的照度值、均匀度和眩光值有着统一的要求，具体要求见表 4-9。

表 4-9 列车室内照明的照度、照度均匀度及眩光限值要求

类别	区域	平均照度/lx	照度均匀度	眩光限值	测试点位置
客室正常照明	客室座椅及残障人士轮椅摆放区	≥250	0.8～1.2	≤22	座椅侧边缘中心线与座椅靠背前 0.6 m 的交点、地板面 0.8 m 高处
	客室侧门区域	≥250	0.8～1.2	≤22	车门中轴线上与门页前 0.35 m 的交点、地板面 0.8 m 高处
	乘客站立区	≥250	0.8～1.2	≤22	车门中轴线及座椅 1/4 轴线、3/4 轴线与车体宽度中轴线交点、地板面 0.8 m 高处
客室紧急照明	逃生通道中心线	≥75	0.8～1.2	≤22	同乘客站立区
贯通道照明	贯通道	≥75	0.8～1.2	≤22	贯通道中轴线与贯通道中心及端部的交点处、地板面上
司机室照明	司机室内除司机驾驶台区域（开顶棚灯）	≥50	—	≤22；EN 13272* 5.1.3 附加要求	司机室地板面中央
	司机驾驶台区域（开顶棚灯）	≥75	—		驾驶台表面中央
	司机驾驶台区域（开阅读灯）	≥150	—		驾驶台表面上，阅读灯中心投影处

* 全称为：*Railway applications—Electrical lighting for rolling stock in public transport systems*.

2. 测量位置要求

(1)列车照度测点布置

列车照度测点布置应至少包含以下位置,其他需要增加测点的位置可由供应商根据项目需要自行增加。列车照度固定测点布置平面图,如图 4-56 所示。各区域的测点布置详细位置及规则详见各区域测点布置说明。

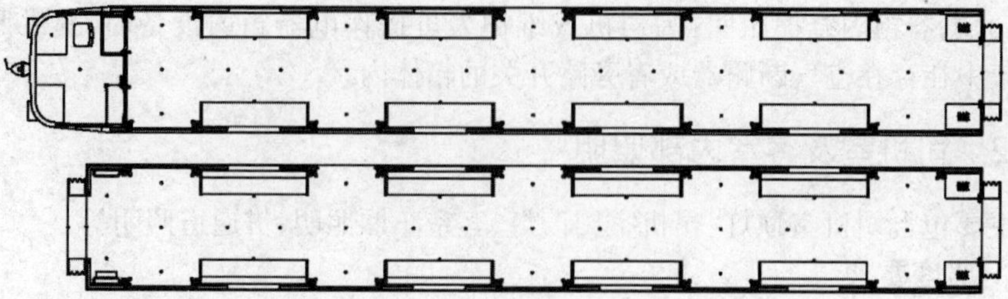

图 4-56　列车照度固定测点布置平面图

(2)客室座椅区测点布置

客室座椅区的测点布置于座椅侧边缘中心线与座椅靠背前 0.6 m 的交点、地板面 0.8 m 高处,具体位置的俯视图及侧视图如图 4-57 所示。

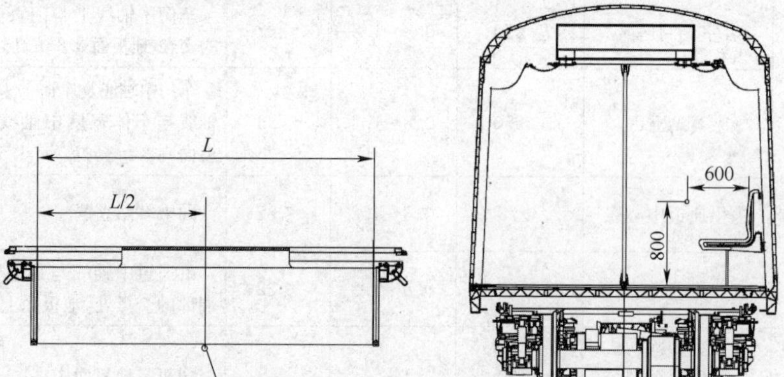

L—座椅宽度。

图 4-57　客室座椅区域照度测点布置图(单位:mm)

(3)残障人士轮椅摆放区测点布置

残障人士轮椅摆放区的测点布置与客室座椅区测点布置位置相同,应布置于座椅侧边缘中心线与座椅靠背前 0.6 m 的交点、地板面 0.8 m 高处,具体布置图如图 4-58 所示。

(4)客室侧门门区测点布置

客室侧门门区的测点布置于车门中轴线上、门页面向车厢侧前 0.35 m、地板面 0.8 m 高处,具体布置图如图 4-59 所示。

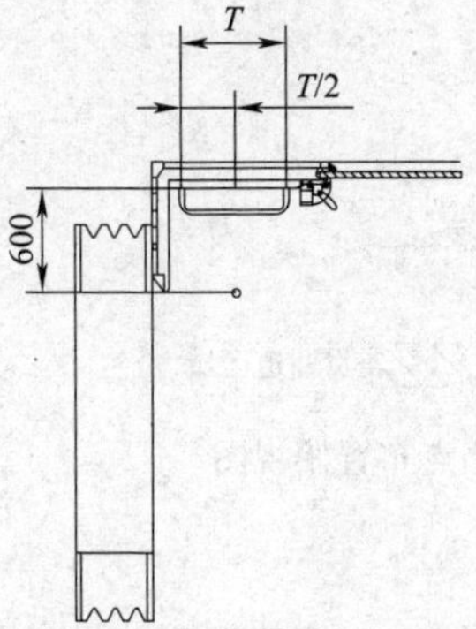

T—残障人士座椅摆放区域宽度。

图 4-58　残障人士座椅摆放区域照度测点布置俯视图(单位:mm)

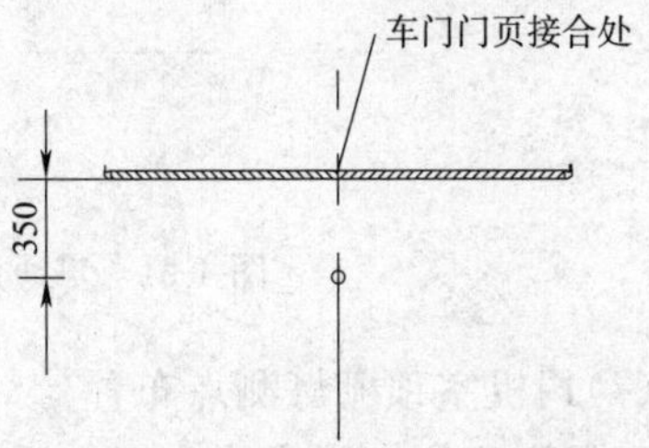

图 4-59　客室侧门门区的照度测点布置俯视图(单位:mm)

(5)乘客站立区测点布置

乘客站立区的测点布置于车体宽度中轴线与座椅侧边缘四分之一中心线、四分之三中心线和车门中轴线的交点、地板面 0.8 m 高处,具体布置图如图 4-60 所示。

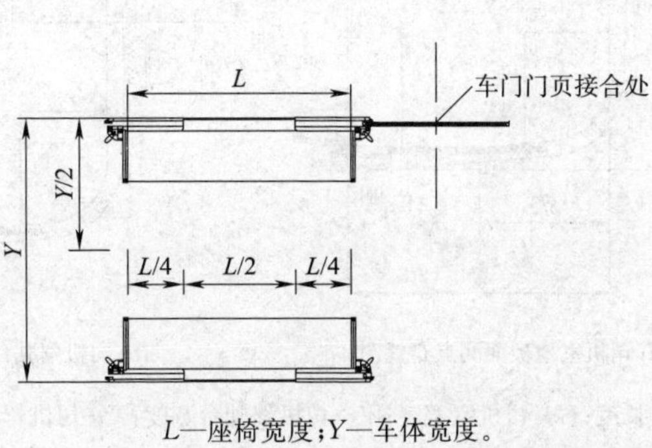

L—座椅宽度;Y—车体宽度。

图 4-60　乘客站立区域照度测点布置俯视图

(6)贯通道区测点布置

贯通道区域的测点布置于车体宽度中轴线与贯通道区域的中心和两端的交点、地板面 0.8 m 高处,具体布置如图 4-61 所示。

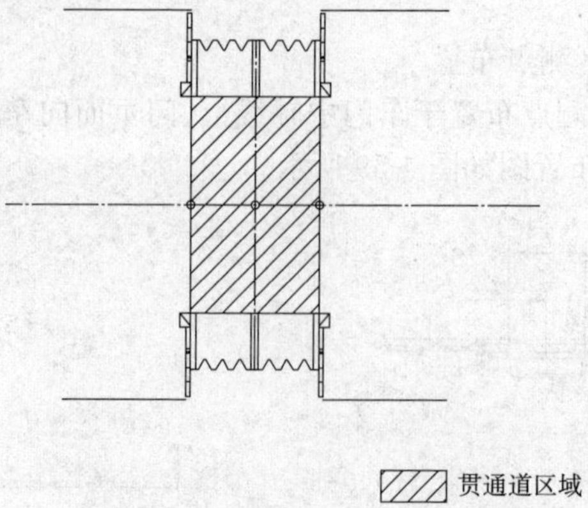

图 4-61　贯通道区域照度测点布置俯视图

(7)司机室顶棚灯测点布置

司机室顶棚灯开启时应至少设置两个测试点,一个布置于司机室地板面中心点处,布置图如图 4-62(a)所示。另一个布置于司机驾驶台中心点处,布置图如图 4-62(b)所示。

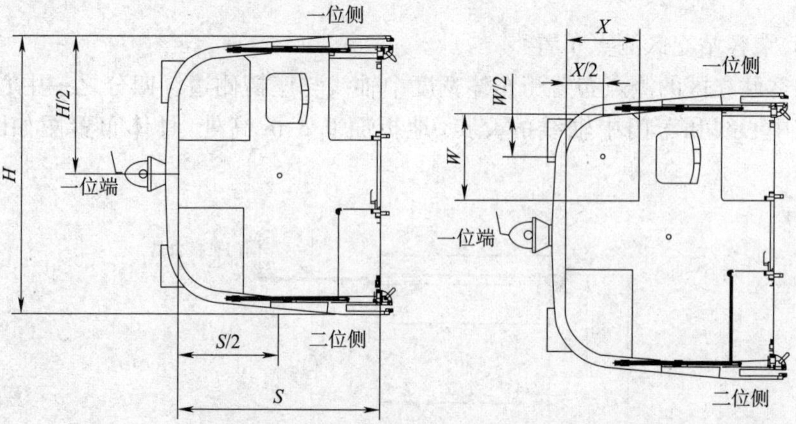

(a) 司机室地板面测点布置图　　(b) 司机驾驶台表面测点布置图

S—司机室长度;H—司机室宽度;W—司机驾驶台宽度;X—司机驾驶台长度。

图 4-62　司机室顶棚灯照度测点布置俯视图

3. 列车内部照明光源类型

(1)荧光灯管

早期的地铁列车,采用的为传统荧光灯管,作为司机室和客室的车厢内部主要照明光源。

灯管采用电源模块+灯管的组合方式进行工作。供电方式分为220 V交流供电和110 V直流供电两种形式。

220 V交流供电为客室照明的主照明供电，客室车厢内三分之二的照明采用此方式。由于220 V电源需要辅助逆变器提供，因此只有在列车1 500 V高压有效时，才会工作。

110 V直流供电为客室照明的应急照明供电，客室车厢内三分之一的照明采用此方式。1 500 V高压有效时由充电机供电，1 500 V高压无效时由蓄电池供电。因此应急照明，只要列车起动后，就能保证亮起。当正线触网失电或者受电弓及辅助逆变器异常，无法提供主照明供电时，应急照明可给乘客提供必要的照明需求。

对应不同的供电方式，荧光灯管的电源模块也会有不同的形式。日常维护时需根据不同的供电方式，领用对应的电源模块。

荧光灯管具有价格便宜、市场入门门槛低等优势，但有寿命短、能耗高、维护量大的缺点。因此荧光灯管的照明方式正在逐渐被LED所代替。

(2)LED光源技术

LED技术的不断成熟，LED光源的寿命不断增长，能耗相较荧光灯管有较大幅度的降低。因此地铁列车目前已逐步采用LED光源的模式，代替传统的荧光灯管。

目前主流的LED照明方式有两种：LED灯管和LED光源板。

① LED灯管

LED灯管使用的主要目的是代替已有列车上的荧光灯管。其电源采用灯管内置式，因此省去了传统荧光灯的外置式电源。同时电源采用AC 220 V和DC 110 V共用的供电模式，从而省去了现场区分备件形式的工作。灯管底座可完全借用原荧光灯管的底座，只需进行小幅度的接线调整，现场改造改动量不大。因此，LED灯管很适合目前老车的荧光灯换LED灯的改造工作。

但LED灯管虽能满足整体的照度要求，但由于是灯管形式，其外部结构注定无法满足目前最新的室内无暗区的要求。因此在新车设计时，主要采用LED光源板的形式。

② LED光源板

LED光源板系统，主要由调光控制器、驱动电源、感光器及灯具等部件组成，其系统框架如图4-63所示。

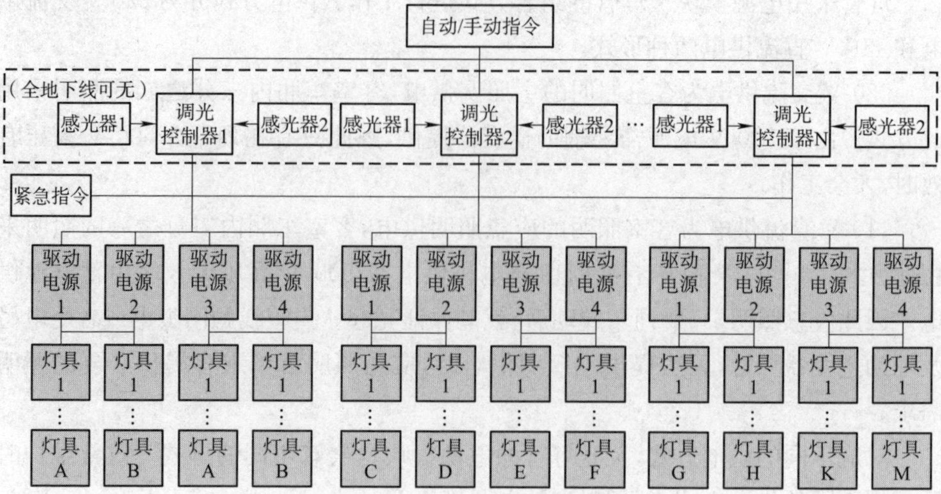

图 4-63 LED 光源板系统框架

4. 内部照明自动调光方式

为响应国家节能号召，上海地铁采用自动调光的方式，在高架线路和地下线路，以及白天晚上，使用区别化的照明。

(1)自动开关

自动开关的调光模式，主要应用于未采用 LED 光源板的老车型。上文介绍过，老车型的照明电源分 AC 220 V 供电的常用照明和 DC 110 V 供电的应急照明。

在每个司机室前端，安装照度采集传感器，该传感器采集列车外部的照度后，控制客室内常用照明和应急照明的打开与关闭。

如白天晴天，列车行驶到高架上，外部亮度较高时，控制客室照明只亮应急照明，常用照明关闭。晚间、白天阴雨天或者列车在隧道，外部亮度较低时，控制客室内应急照明和常用照明均亮起。

(2)自动调整亮度

此调光模式主要用于采用 LED 光源板的车型。由于 LED 光源板采用的是每节列车整体式供电，都由 DC 110 V 进行供电。亮度采集器安装于每节列车的客室车厢内，采集客室内部实际的亮度情况后，进行相应的调整，调整到指定的值。

调整的内容分为亮度和色温两种。根据四季的不同、白天晚上的日照时间特性，调整相应的亮度和色温值，见表 4-10。

表4-10　调光参考值

模　式	客室灯带		感光器
	色温/K	亮度/%	
春季模式(早/晚) (0:00—10:30/16:00—23:59)	4 000	10～100	工作
春季模式(中午) (10:30—16:00)	5 000	10～100	工作
夏季模式(早/晚) (0:00—10:30/16:00—23:59)	5 000	10～100	工作
夏季模式(中午) (10:30—16:00)	6 000	10～100	工作
秋季模式(早/晚) (0:00—10:30/16:00—23:59)	4 000	10～100	工作
秋季模式(中午) (10:30—16:00)	5 000	10～100	工作
冬季模式(早/晚) (0:00—10:30/16:00—23:59)	3 000	10～100	工作
冬季模式(中午) (10:30—16:00)	4 000	10～100	工作

第5章 网络控制系统

城市轨道交通列车控制是由列车通信网络上的多微机系统来实现的。该系统是城市轨道交通列车的中枢神经系统。

目前比较常见的控制系统有SIBAS系统、MITRAC系统、AGATE系统、TIS系统等。尽管存在不同的列车控制系统,但基本上所有的列车控制系统均采用模块化的功能配置,有利于增强电子控制系统的适应性和灵活性,以便能够快捷地、经济地满足不同需要。

网络控制系统主要由列车控制系统、车辆总线、输入输出模块、人机交互界面等组成,具有高精度、智能化、高可靠性和网络化的特点。

5.1 列车控制系统

不同制式的列车控制系统基本都具备牵引控制、制动控制、辅助逆变控制、车门控制、故障检测、诊断存储等功能模块。

1. SIBAS系统

SIBAS系统是德国西门子公司提供的列车控制系统,能够实现列车的牵引系统控制、信息传输、运行监控和诊断等全部控制任务。SIBAS系统目前主要使用的为SIBAS-32系统。

为了减少传统机车车辆布线,SIBAS-32系统设有智能外围设备连接终端,即SIBAS KLIP站。采用SIBAS KLIP站可以迅速综合信息和控制指令,并且通过一根串行总线传输给中央控制装置。SIBAS KLIP站可以很自由地分布在各类车辆上。SIBAS-32系统为上海地铁西门子车型的主要使用系统。

SIBAS-32系统特点如下:

(1)采用高集成度的芯片,如ASIC、LCA等,用于控制装置。

(2)采用网络技术,引入TCN标准的列车通信网络。

(3)提供更加完整方便的软件开发环境,全图形设计,开发了SIBAS G语言作为设计工具。

(4)提供完善的故障诊断和显示功能。

2. MITRAC系统

MITRAC系统是庞巴迪公司的系列化产品,其中包括MITRAC TC(IGBT

牵引逆变器)、MITRAC CC(列车控制系统)、MITRAC AU(辅助逆变器)和MITRAC DR(牵引驱动器)。

MITRAC列车控制系统的核心标准是《轨道交通电子设备　列车通信网络(TCN)》(GB/T 28029—2020),允许不同用户之间的互操作。交换信息使用的传输介质为屏蔽双绞线或者光纤,列车上所有MITRAC CC器件都连在同一个网络上,从而可以交换程序和诊断数据,很容易增加新的设备。

MITRAC CC系统特点如下:

(1)符合相关国际标准,具有开放接口。

(2)结构紧凑,电源直接由列车蓄电池提供。可以实现分布式安装,不需要额外的加热和制冷,器件配线最少,重量显著降低。

(3)用线少,通过冗余增强系统可用性,传感器的短距离连接和I/O设备接口减少了冲突。可测量性和模块化设计使得系统配置灵活,并可兼容和连接以前不同的列车控制系统。

(4)具有自诊断功能。

(5)支持远程无线数据恢复系统。

3. AGATE系统

AGATE系统是阿尔斯通公司开发的列车控制系统。AGATE系统主要由AGATE Traction(牵引控制)、AGATE Aux(辅助控制)、AGATE e-Media(乘客信息系统)和AGATE link(列车监控)4个部分组成。

(1)AGATE Traction

AGATE牵引控制系统主要是实现实时的机车牵引控制和产生制动命令。其主要特点包括:

① 模块化设计实现安全快速地操作。

② 主要功能的子装配系统标准化。

③ 采用World FIP总线网络,实现和主要数据网络(TCN、CAN、FIP、LON)的通信网关。

④ 具有自测试功能。

⑤ 使用EASYPLUG技术。

⑥ 包含了最新技术FPGA器件和PCI总线接口。

(2)AGATE Aux

AGATE辅助控制系统主要是实现对列车上静态逆变器和电池充电的控制,其主要特点是结构紧凑、模块化、低成本、低噪声和快速保护等。

(3)AGATE e-Media

AGATE e-Media乘客信息系统主要是在列车运行中,提供实时的多媒体信息和休闲娱乐，为乘客提供便利性和舒适性，同时还可以作为一种高效广告媒体，能带来新收益。

AGATE e-Media 主要功能如下：

① 用发音系统自动报站，并在屏幕上以有色信息显示，具有动力学线路地图，也可显示广告和新闻。

② 当系统突然中断或者意外情况发生的时候，优先直接向乘客广播实时信息。

(4)AGATE Link

AGATE Link 是管理和监视列车上在线的电子模块。是整列车辆维护的有效工具。通过监视列车各子系统的运行状况来提供迅速准确的列车故障诊断，从而减少了检查时间和成本，缩短了停工维护时间。

AGATE Link 的突出特点如下：

① 改善了列车生命周期成本(LCC)。

② AGATE Link 可根据应用需要对基本部件进行组合，如远程输出模块、司控台、GPS 定位模块、无线电数据传输模块和在线通信网络，系统易于扩展。

4. TIS 系统

TIS 系统(train control information management system)是日本新干线各型列车上装备的信息控制与传输系统。TIS 系统由列车通信网络、各车厢通信网和功能单元控制机组成。

在各车厢内设有一终端站，它是列车通信网络上的节点，也是本车厢信息传输的主站。各车厢内功能单元的信息均通过这个终端站(节点)向列车通信网络发送或从列车通信网接收信息。

TIS 系统的主要功能如下：

(1)司机操作向导。

(2)乘务员操作功能。

(3)维修支持功能。

(4)旅客服务功能。

(5)控制命令传送。

5.2 车辆总线

目前主流车辆总线的形式有：完全 MVB 总线、MVB＋WTB、以太网等。

1. MVB

多功能车辆总线(multifunction vehicle bus,MVB),用于连接可编程的站及简单传感器/执行器的车辆总线。MVB原是为需要互操作性和互换性的设备互连而设计的串行数据通信总线,但不排除用于其他场合。

MVB是将位于同一车辆或不同车辆中的标准设备连到列车通信网络上的车辆总线。它提供了两种连接:一是可编程设备之间的互连,二是将这些设备与他们的传感器和执行器互连。

MVB可寻址最多4095个设备,其中256个是能参与消息通信的站。

(1)MVB传送三种类型的数据

① 过程数据:源寻址数据的周期性广播,最小周期为1 ms。

② 消息数据:目的寻址的按需单播或广播。

③ 监视数据:实现三个目的的数据交换:事件解析、主权转移、设备状态传送。

MVB的传送特性见表5-1。

表5-1　MVB的传送特性

拓　扑	总线(电)、星形(光)
介质(可选)	电气短距离:双绞线,基于RS-485
	电气中距离:屏蔽双绞线,变压器耦合
	光纤:200/240 μm光纤及星形耦合器
物理冗余	A、B双通道
信号表示	曼彻斯特Ⅱ:9位帧起始分界符
信号速率	1.5 Mbit/s
地址空间	12位设备地址(0～255留给有消息数据能力的设备),12位过程数据(每个16～256位)逻辑地址
物理寻址	单播,广播
帧长度(有用的数据)	16、32、64、128、256位
完 整 性	每64位的CRC-8＋曼彻斯特编码,主帧和从帧采用不同的帧,起始分界符以防同步错位,接收时间窗口监视
介质分配	由集中式主设备分配
通　信	周期性(主要对过程数据),偶发性(主要对消息数据),监视性(对监视数据)
主权转移	通过令牌传递进行主权转移;多个总线管理器可依次成为主设备
主权冗余(可选)	冗余的总线管理器作为备份
链路层服务	链路过程数据接口:源寻址数据的广播
	链路消息数据接口:报文
	链路监视接口:链路层管理

列车控制系统各个单元通过车辆的本地网络耦合连接在一起，并相互交换信息和数据，该网络即称之为总线。总线包括列车级和车辆级两种类型。

完全 MVB 总线的概念为：一辆列车的列车级和车辆级总线，均采用 MVB 的总线形式，如图 5-1 所示。图中，MVB 中枢线为列车级的网络总线。每节列车上的 REP 中继器后连接着本节车各个系统的控制器，构成一个车辆级网络总线。同时，REP 连接在 MVB 中枢线上，在列车级网络总线和车辆级网络总线中起到一个桥梁的作用。

为解决在线路上传输的信号功率逐渐衰减造成信号失真而导致接收错误，在各微机控制单元和 MVB 总线之间设置中继器，完成信号调整和放大功能，以此延长信号传输的长度。REP-MVB 中继器为 MVB 各总线段必须经由的耦合器的一种，如图 5-2 所示。MVB 各总线段必须经由下述类型之一的耦合器相互连接：

① 连接不同介质的中继器。

② 将光纤汇入总线的星形耦合器。

(2)如果有互换性要求时，设备对电缆连接应按以下规则：

① 每个设备应使用两个 9 针 SUB-D 9 的连接器接入，使用 IEC 60807 频率低于 3 MHz 的矩形连接器标准的公制螺纹。两个连接器分别称为 Connector_1 和 Connector_2。

② 连接器应含有与电缆屏蔽层连接的可导电的屏蔽外壳，此屏蔽外壳在紧固时与插座有电气接触。

③ 应能使电缆连接器相互连接、紧固，以保证电缆和其屏蔽层的连续性。

④ 连接器(孔式或针式)的引脚功能应符合表 5-2。

⑤ EMD 连接器插座应标明“MVB-M1”(对于连接器 1)和“MVB-M2”(对于连接器 2)以表示其为 EMD 介质。

⑥ 一个电缆节应在其一端安装一个针式连接器，而另一端安装一个孔式连接器。

⑦ 连接器具有的极性和布置，如图 5-3 所示。

⑧ 连接器使用针式或孔式针脚(表 5-2)，其中 Connector_1 应在设备端使用针式，在电缆端使用孔式；Connector_2 应在设备端使用孔式，在电缆端使用针式。

2. WTB

绞线式列车总线(wired train bus，WTB)：适用于机车车辆经常连挂和摘挂(如 UIC 国际列车)的列车总线，如图 5-4 所示。WTB 原是为开式列车中车辆互连而设计的串行数据通信总线，但不排除用于其他场合。

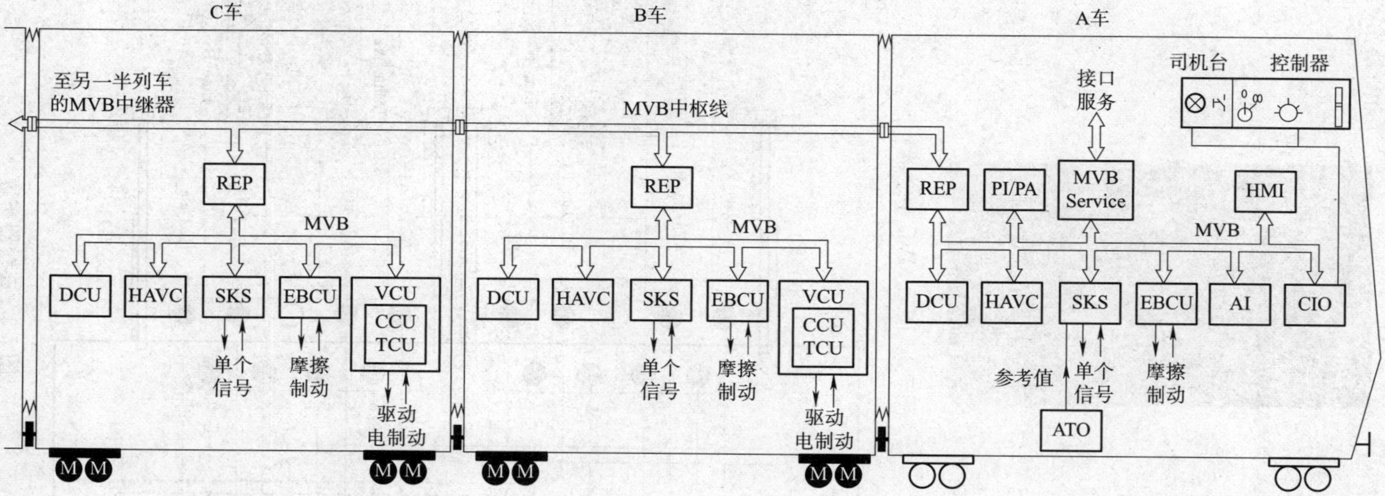

图 5-1 完全MVB总线拓扑结构

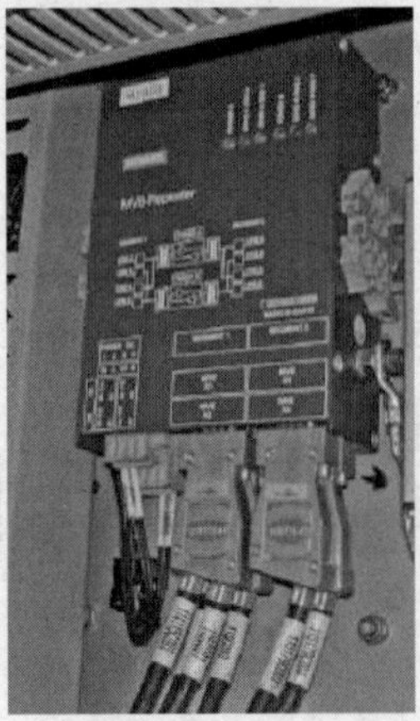

图 5-2　REP-MVB 中继器

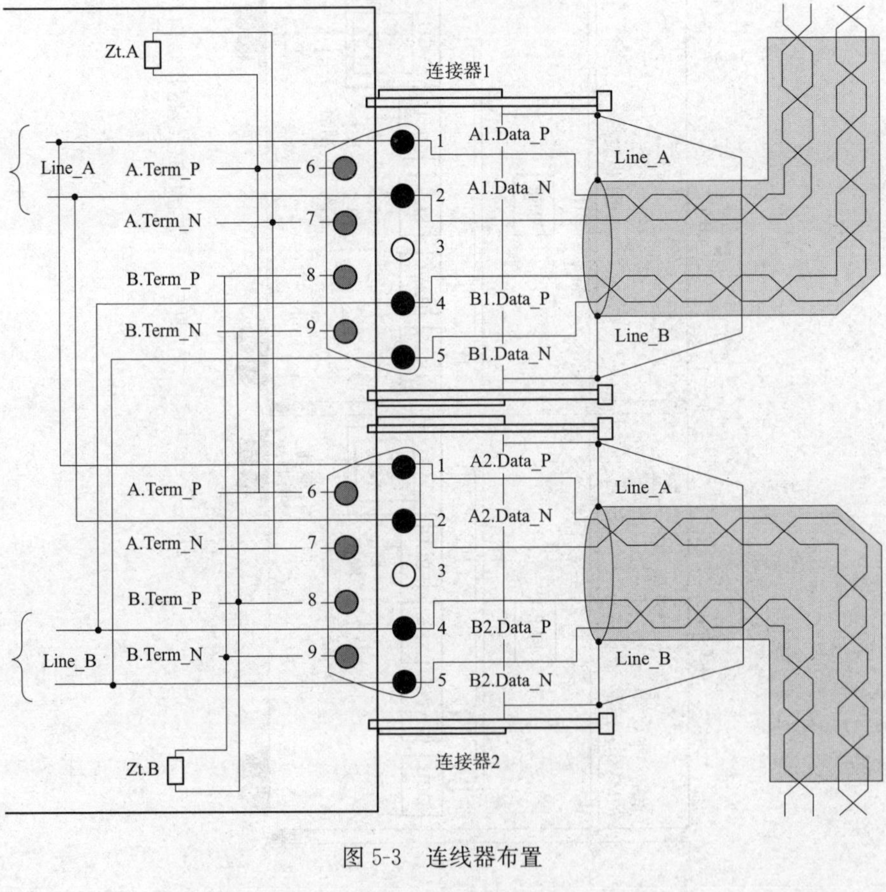

图 5-3　连线器布置

表 5-2　连接器的针脚排列

序号	针脚类型	序号	针脚类型
1	A. Data_P, Line_A 正线	6	A. Term_P, 端接器 Line_A 正线
2	A. Data_N, Line_A 负线	7	B. Bus_GND, 端接器 Line_A 负线
3	TxE 预留口	8	A. Bus_5 V, 端接器 Line_B 正线
4	B. Data_P, Line_B 正线	9	B. Bus_5 V, 端接器 Line_B 负线
5	B. Data_N, Line_B 负线		

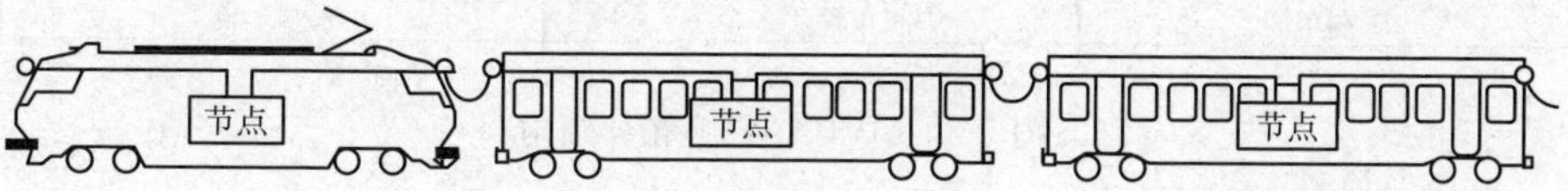

图 5-4　绞线式列车总线

这些互连车辆在每天作业中需要连挂和摘解，WTB 的传送特性见表 5-3。

表 5-3　WTB 的传送特性

拓　扑	构成总线的电缆节链
介　质	屏蔽双绞线，120 Ω
长　度	采用规定的电缆，860 m，32 节点；更长的距离、更多的节点(最多 62 个)也是可能的
物理冗余	双线物理介质
信号表示	带 16～32 位前导码的曼彻斯特编码
信号数据速率	1.0 Mbit/s
寻　址	单播，广播
帧 长 度	有效数据：每个 HDLC 帧 4～132 个八位位组
完 整 性	每帧 16 位帧校验序列，帧长度监视及曼彻斯特编码
介质分配	由一个主设备分配
通　信	周期性地(周期为 25 ms，对过程数据)；偶发性地(对消息数据和监视数据)
主　权	通过初运行每个节点都可成为主设备(应用命令、初始化或故障后的竞争)
主设备冗余	初运行后总线主权转移到其他节点
链路层服务	过程数据：源寻址的变量广播。消息数据：数据报文。监视数据：总线监视
链路层管理	链路管理接口
可 选 项	清洁连接器的线路加电清除电路

3. MVB＋WTB

MVB＋WTB 概念为：将两辆或多辆由 MVB 总线的列车通过 WTB 网络进行

连接,从而实现两辆或多辆列车的连挂重编集中控制的工作,如图 5-5 所示。

其优点为:通过 WTB 连接,在不限定具体车辆的情况下,实现列车与列车之间的快速连接和集中控制。

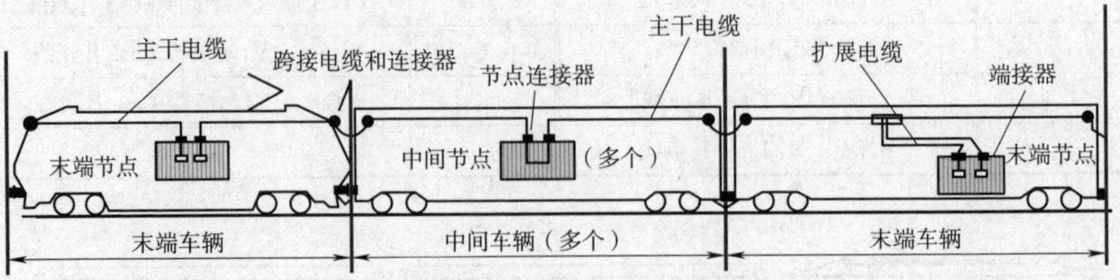

图 5-5 MVB+WTB 拓扑结构

4. FIP

FIP(Factory instrument protocol),是阿尔斯通等几家法国公司在原有通信技术的基础上根据用户的要求,专为自动化系统设计的现场总线网络协议,它提供系统底层(如传感器、执行器)和上层(如 PLC、控制器等)之间的连接。FIP 结构设计考虑了以下两个方面:

(1)经济角度:节省电缆,减少设计、安装和维护时的成本。

(2)技术角度:容易维护和完善,传感器和过程处理单元之间点与点连线的简单化,保证响应速度、安全性,容易采集变量值。

FIP 现场总线是国际现场总线标准之一,它除了提供一般现场总线所应具有的性质之外,物理层采用国际标准,提供双线冗余,以保证网络安全;可以互不干扰的同时传输临界时间变量和系统配置和诊断的报文服务。

这使用户在传输如报警数据、周期报表以及状态信息时可以不用升级系统,就可以同时精确地传输临界时间变量。

FIP 使用信息生产者和消费者的概念,每个生产者或消费者变量有一个地址。每个用户站可以有多个生产者、消费者变量。任何时候,生产者只能有一个,而消费者可以是一个或多个。FIP 按一定的时序,为每个信息生产者分配一个固定的时段,通过总线仲裁呼叫每个生产者,如果该生产者已经上网,应在固定的时间内应答。生产者提供必要的信息,同时提供一个状态字,说明这一信息是最新的,还是过去传送过的。消费者收到信息后,可根据状态字判断是否接收该信息。FIP 的传送特性见表 5-4。

FIP 现场总线支持三种类型的数据传输:周期变量,事件变量和报文。三种数据的特点和使用范围见表 5-5。

表 5-4　FIP 的传送特性

速　度	1 Mbit/s
最大节点数(带有中继器/不带有中继器)	256/6.4
最远传输距离(带有中继器/不带有中继器)	>10 km/2 km
调度方式	总线仲裁器
传输介质	工业级屏蔽双绞线
字节长度	1～128 字节
主要优势	分散数据库、高度精确性
主要应用	实时控制、过程控制、机械制造

表 5-5　三种数据类型的特点和适用范围

数据类型	场　合	特　点
周期变量	临界时间的闭环控制	总在传递,针对控制信号
事件变量	显示、报警	有要求或者状态改变时传递
报文	诊断、维护	非临界时间,针对住处服务

5. 以太网

列车以太网是分布式的网络架构,交换机作为网络中的节点,为以太网终端设备提供接入服务,同时承担着基于以太网的列车通信各种数据流(控制数据、媒体数据和诊断维护数据)的转发任务。以太网交换机可实现各种以太网管理协议,为上层应用程序提供一个高效的应用平台。

列车以太网通信是点对点的模式,传输带宽为 100 Mbit/s,支持全双工数据通信,网络拓扑结构采用环网或链路汇聚。

以太网传输线缆 Cat5 类以上的传输线,且带有铝箔和编织网的双屏蔽结构,两端的连接器外壳接 PGND,可以有效地屏蔽 EMC 干扰,传输距离不超过 100 m。

(1)基本参数

列车以太网通信通过以太网线缆将车辆上所有以太网通信设备连接起来,以太网线缆的连接器采用 M12 连接器,其物理介质采用屏蔽双绞线。以太网的基本参数如下:

①介质:屏蔽双绞线,双屏蔽结构。

②传输距离:100 m。

③最小传输周期:10 ms。

④最大数据帧长度:1 500 Bit,过程数据应用负载 1 432 Bit。

⑤最大传输延迟:10 ms。

⑥最大抖动:10 ms。

(2)数据传输

列车上的以太网控制数据传输,采用列车实时数据协议(train real-time data protocol, TRDP)。该协议用于传输过程数据和消息数据,位于 TCP/UDP 上层,采用专用的 TCP/UDP 端口。实时以太网通信协议模型如图 5-6 所示。

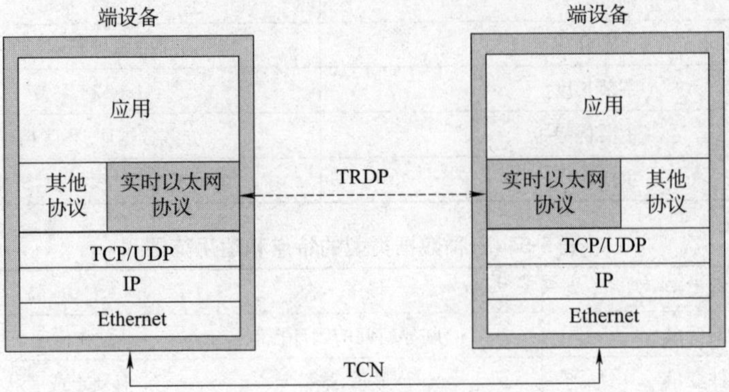

图 5-6 实时以太网通信协议模型

面向控制的应用数据通过过程数据封装后成为过程数据协议数据单元(PD-PDU),在发送和接收端之间采用无连接和无确认的方式进行传输。过程数据采用周期性传输,可以单点对单点进行单播通信,如图 5-7 所示;或者单点对多点进行多播通信,如图 5-8 所示。

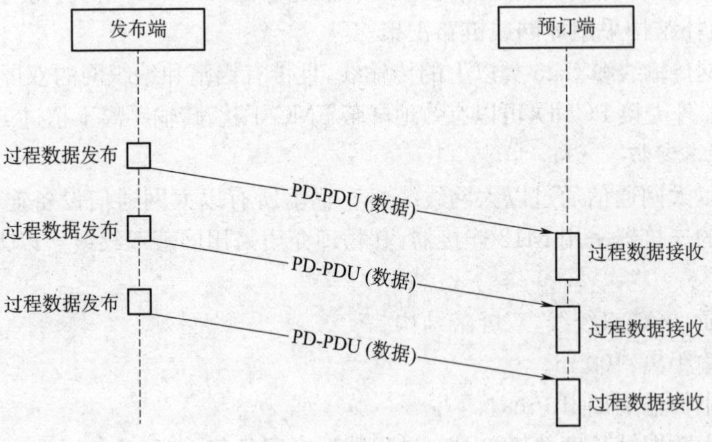

图 5-7 单点对单点

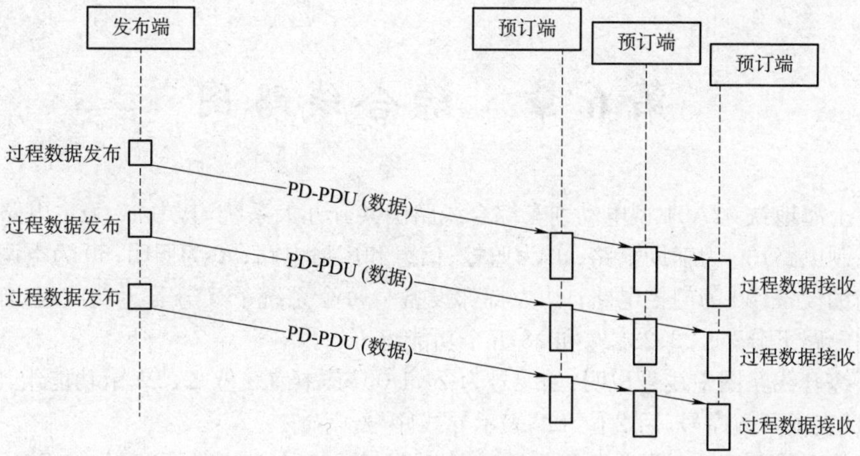

图 5-8　单点对多点

(3)以太网控车风险防护

以太网控车风险点主要是较大宽带媒体数据(PIS 数据)和广播风暴。媒体数据(PIS 数据)可能由于占用较大宽带导致以太网控制数据延时或者拥塞,或者由于设备本身原因或者设备故障导致网络形成广播风暴对控制网络产生影响。

采取的防范措施包括:划分 VLAN、广播风暴抑制功能、端口限速功能和服务质量(quality of service,QoS)支持等。通过以上措施可对以太网异常进行有效防护。

(4)端口限速

以太网交换机支持基于端口的速率限制功能,即可单独设置每个端口的出口与入口带宽,从而抑制终端设备可能由于网络数据过多造成 CPU 负荷过高。

(5)广播风暴抑制

广播风暴抑制的对象可以是目的 MAC 地址为全 0xFF 的纯粹二层广播报文,也可以是因为查寻地址失败而被当作广播报文被泛洪处理的二层单播或者组播报文。广播风暴抑制功能可以限制特定类型的数据包通过单个或多个以太网交换机端口的最大速率,从而对网络形成保护。

(6)服务质量

服务质量是用于解决网络延迟和阻塞等问题的一种技术。在网络过载或拥塞时,QoS 可保证重要业务量不受延迟或丢弃,同时保证网络的高效运行。

以太网交换机支持两种模式的 QoS 功能:基于 802.1p 优先级的 QoS 与基于 DSCP 优先级的 QoS。高实时性数据划分较高的优先级,实时性要求较低的数据划分相对低优先级,通过对不同的服务划分优先级,保证在网络拥塞时高优先级数据能优先传输,从而在网络拥塞的情况下依然保证控制数据的实时性。

第6章 综合线路图

上海地铁02A01型电动列车综合线路图共分九大系统，其中10为主电路；20为控制电路；30为辅助电路；40为监控、信息和广播电路；50为照明；60为空调；70为辅助设备；80为门控电路；90为特殊设备。每个系统下又分若干功能组，如20控制电路下分21、22、23、27和28五个功能组。

综合线路图中线号说明：如线号为21 1 09，其中前2位“21”表示功能组，第3位“1”表示页数序号，后2位“09”表示导线序号。

综合线路图中元器件位置和连接的说明：如21/1.1，其中前2位“21”表示功能组，第3位“1”表示页数序号，最后1位“1”表示在该页上的区域号。

综合线路图中元件编号说明：如21-K16，其中前2位“21”表示功能组，第3位“K”表示元件代号，后2位“16”表示序号。

在综合电路的设计中，有很多冗余和旁路的设计，以保证电路的可靠性。在原有回路失效的情况下，能通过冗余设备和冷备旁路使回路继续正常工作。

6.1 主电路

上海地铁电动列车主电路的主要作用是接受控制回路发出的牵引和制动的指令，完成电动列车的牵引和制动任务。主电路主要组成器件有受电弓、高速开关、牵引箱、牵引电机、制动电阻等。

6.1.1 主电路的主要工作原理

在牵引时，由受电弓从供电接触网上接收DC 1 500 V电压，经过牵引箱的作用，将DC 1 500 V电压转变为从0～1 050 V可调的三相交流电，继而驱动交流电动机，完成电能向机械能的转换，达到牵引列车的目的。在进行牵引控制时，牵引箱输出的交流电是受控制单元发出的牵引指令控制的，如果牵引指令发生改变，那么输出的电压和频率也会相应地改变，这种控制方式叫作变压变频控制(VVVF)。

在制动时，将牵引电机绕组快速旋转产生的交流电(压)经过牵引箱变换为直流电，再将输出的直流电反向向接触网供电或消耗在制动电阻上，从而完成机械能向其他能量的转换，达到制动的目的。上海地铁02A01型电动列车电气制动的方法有两种:向供电接触网供电和将直流电消耗在制动电阻上。对于前一种制动方式称之为再生制动(反馈制动),而对于后一种制动方式称之为电阻制动。

6.1.2 主电路线路介绍

动车分为B车和C车两种类型。由于B车和C车主电路结构绝大部分类似,所以这里只介绍B车主电路。

当列车进行牵引时,位于B车上的受电弓(11-X11)从供电接触网上接受DC 1 500 V,经由B车高速断路器(11-Q01)传送到B车牵引箱(11-A01),经过预充电接触器K110或主电路接通接触器K100,平波线圈,滤波电容等器件后,至三相逆变器的直流端,经过逆变后,三相逆变器输出三相交流电直接驱动并联的4台三相交流驱动牵引电动机(11-M01到11-M04)。这里需要说明的是先K110接通,当电容电压达到设定值后K100闭合,K110分断。

当列车进行制动时,三相逆变器处于整流状态,原来的输入端变为输出端,而原来的输出端变为输入端。这时三相交流牵引电动机改变为三相交流发电机,三相交流牵引电动机的机械能就转换成了电能,从三相逆变器的直流端输出。当三相逆变器的直流端输出电压高于接触网电压(1 500 V),主电路就向供电接触网供电进行再生制动。同时,与制动电阻相连的制动GTO导通(GTO为门极可关断晶闸管此时在牵引状态下是截止的),三相逆变器的直流端输出的直流电有一部分被消耗在制动电阻上,这样就达到了电阻制动的目的。

在B车受电弓旁装有避雷器,如果车辆在运营中遭受雷击,避雷器就会在极短的时间内(毫秒级)呈短路状态,在列车设备还未遭到破坏之前,将电流直接接地,从而起到保护乘客和列车设备的目的。

6.1.3 主电路接地装置介绍

在每节动车(B车和C车)上中央接地排被安装在牵引箱内。在动车转向架的每一根轴上安装了一个接地碳刷(11-X1到11-X4)。每一个接地碳刷被连接到相应的中央接地排上。牵引电机,构架和车体之间相互连接作为一个整体接地导体(PE)。整体接地导体(PE)和中央接地排之间通过一个接地电阻(11-A01-R140)相互连接。

在A车每个转向架的一根轴上安装了一个接地碳刷(11-X2和11-X3)。这些接地碳刷被连接在构架上。构架和电池箱之间相互连接作为一个整体接地导体(PE)。整体接地导体(PE)和中央接地排之间通过一个接地电阻32-A01-R2相互连接。

6.2 控制回路

6.2.1 高速电路断路器控制电路

高速电路断路器控制回路由蓄电池供电。

从蓄电池电源引出接头(A19)开始到车钩 71-Y4 为止,电路上依次连接有以下电器元件:受电弓高速开关工作控制电路输入空气开关(21-F01),司机室控制继电器(22-K01),紧急停车继电器(22-K08),高速电路断路器断开按钮(21-S01)和高速电路断路器接通按钮(21-S02)。

1. 接通高速电路断路器继电器(21-K01)线圈得电

如果要使接通高速电路断路器继电器(21-K01)的线圈得电,那么必须满足以下条件:

(1)受电弓高速开关工作控制空气开关(21-F01)必须闭合。

(2)司机室控制继电器(22-K01)的线圈必须得电,从而使得其常开触点 53-54 处于闭合状态。

(3)紧急停车继电器(22-K08)的线圈必须得电,从而使得其常开触点 13-14 处于闭合状态。

(4)高速电路断路器断开按钮(21-S01)不能被按下,从而使得它的常闭触点 21-22 处于闭合状态。

(5)高速电路断路器接通按钮(21-S02)必须被按下,从而使得它的常开触点 13-14 处于闭合状态。

(6)接通高速电路断路器的空气开关(21-F04)必须闭合。

在正常情况下,空气开关(21-F01)一直处于闭合位置,只有当电路出现异常情况(如短路等),可能要损坏高速电路断路器时,电路输入空气开关(21-F01)才会自动断开,以起到保护高速电路断路器的目的。

司机室控制继电器(22-K01)线圈的得电情况,是根据哪个单元作为控制单元(获得列车控制权)的情况来决定的。假设一单元作为控制单元(司机用行车钥匙打开司机控制台),那么处于一单元 A 车上的列车控制接通继电器(22-K01)线圈就得电,类似的。如果二单元作为控制单元(司机用行车钥匙打开司机控制台),那么处于二单元 A 车上的列车控制接通继电器(22-K01)线圈就得电。

紧急停车继电器(22-K08)线圈的得电情况,则是由列车是否进行紧急制动来决定的,如果列车进行紧急制动,那么紧急停车继电器(22-K08)线圈就会失电。

由以上介绍我们可以得出以下结论:当列车处于正常状态时,任意一个单元作为控制单元，获得列车控制权，我们只要按下高速电路断路器接通按钮（21-S02），同时保持高速电路断路器断开按钮（21-S01）位置状态不变，那么接通高速电路断路器继电器（21-K01）的线圈就会得电。同时，该拉手通过车钩传输给另一个单元的接通高速电路断路器继电器（21-K01）的线圈，使其得电。

在接通高速电路断路器继电器（21-K01）线圈得电的同时，SIBAS KLIP 分站 1（41-A1.04）检测到 A5 引脚上高速电路断路器接通按钮（21-S02）已经按下，待高速开关全部合上后，SIBAS KLIP 分站 1（41-A1.10）从 B11 引脚上输出一个高电平，使得高速电路断路器接通按钮（21-S02）的内置灯泡发光，提示司机按钮已被按下，接通高速电路断路器继电器供电线路已经接通。

2. 断开高速电路断路器继电器（21-K02，21-K03）线圈得电

如果要使 B 车断开高速电路断路器继电器（21-K02）和 C 车断开高速电路断路器继电器（21-K03）的线圈得电，那么应该符合以下条件：

（1）受电弓高速开关工作控制空气开关（21-F01）必须闭合。

（2）司机室控制继电器（22-K01）的线圈必须得电，从而使得其常开触点 53-54 处于闭合状态。

（3）紧急停车继电器（22-K08）的线圈不得电，从而使得其常闭触点 51-52 处于闭合状态。

（4）紧急停车继电器（22-K08）的线圈得电时，高速电路断路器断开按钮（21-S01）被按下，从而使其常开触点 13-14 处于闭合状态。

（5）断开高速电路断路器的空气开关（21-F05）必须闭合。

（6）B 车 TCU C095 板卡 B12 引脚输出高电平将会使断开 B 车高速电路断路器继电器（21-K02）线圈得电。

（7）C 车 TCU C095 板卡 B12 引脚输出高电平将会使断开 C 车高速电路断路器继电器（21-K03）线圈得电。

由此可以得出以下结论：

① 列车紧急停车时，所有断开 B 车高速电路断路器继电器（21-K02）和所有断开 C 车高速电路断路器继电器（21-K03）的线圈将会得电，使各动车高速断路器分断。

② 正常状态下，按下高速电路断路器断开按钮（21-S01），断开 B 车高速电路断路器继电器（21-K02）和断开 C 车高速电路断路器继电器（21-K03）的线圈得电，使各动车高速断路器分断。

③ B 车 TCU C095 板卡 B12 引脚或 C 车 TCU C095 板卡 B12 引脚输出高电平，使相应的断开高速电路断路器继电器的线圈得电，使各动车高速断路器分断。

在断开高速电路断路器继电器（21-K02，21-K03）线圈得电的同时，SIBAS

KLIP 分站 1(41-A1. 04)检测到 A7 引脚上高速电路断路器断开按钮(21-S01)已经按下，于是 SIBAS KLIP 分站 1(41-A1. 10)从 B15 引脚上输出一个高电平，使得高速电路断路器断开按钮(21-S01)的内置灯泡发光，提示司机按钮已被按下，高速电路断路器已经断开。

3. 高速电路断路器闭合过程

为了使高速电路断路器接通，必须满足以下条件(以 B 车为例)：

(1)允许高速电路断路器接通继电器(21-K20)的线圈得电。

(2)升弓继电器(21-K10)的线圈得电。

(3)B 车断开高速电路断路器继电器(21-K02)的线圈失电。

(4)接通高速电路断路器继电器(21-K01)的线圈得电。

(5)控制 B 车高速电路断路器的空气开关处于闭合状态。

当满足以上条件以后，接通 B 车高速电路断路器接触器 1(21-K08)的线圈得电，当线圈得电后，立刻将该接触器的常闭触点 31-32 断开，同时将该接触器的常开触点 13-14 闭合，这样该接触器线圈的供电线路中串接了一个限流电阻，减小了电流，保证该线圈可以长时间地安全工作。同时也保证了司机不必一直按着高速电路断路器接通按钮(21-S02)。

在接通 B 车高速电路断路器接触器 1(21-K08)线圈得电的同时，B 车高速电路断路器延时吸合继电器(21-K07)的线圈也将得电。由于它是延时吸合(延时 0.5～1 s)，在延时时间内其常闭触点 15-16 依然处于闭合状态，这样在这段时间内 B 车高速电路断路器接触器 2(21-K09)线圈也因此而得电。

从上面的叙述中可以知道在 B 车高速电路断路器延时吸合继电器 21-K07 的延时吸合时间，高速电路断路器接触器 1(21-K08)和高速电路断路器接触器 2(21-K09)的线圈都得电，这样 21-K08 的常开触点 1-2 和 3-4，21-K09 的常开触点 1-2 和 3-4 都处于闭合状态，B 车高速电路断路器(11-Q01)的主线圈的 S-R 得电，高速电路断路器处于接通状态。同时由于主线圈 S-R 得电，吸引内部机械装置移动到导通位置，高速电路断路器就处于导通状态。

当 B 车高速电路断路器延时吸合继电器(21-K07)的延时吸合时间到了以后，21-K07 的常闭触点 15-16 将会断开，高速电路断路器接触器 2(21-K09)的线圈因而失电，21-K09 的常开触点 1-2 和 3-4 随之断开。此时由于高速电路断路器断开按钮(21-S01)未被按下，B 车断开高速电路断路器继电器(21-K02)线圈保持失电。这样即使 21-K09 的常开触点 1-2 和 3-4 处于断开，B 车高速电路断路器(11-Q01)的主线圈 S-R 依然能够经 B 车高速电路断路器限流电阻(21-R02)，B 车断开高速电路断路器继电器(21-K02)的常闭触点 31-32 保持得电状态。之所以要设置这些定时装置，主要是为了对流经 B 车高速电路断路器(11-Q01)的主线圈 S-R 的保持电流进行限流，以免长时间大电流流过线圈导致线圈损坏。

当B车高速电路断路器(11-Q01)的主线圈S-R处于得电状态后，B车高速电路断路器(11-Q01)的常开触点D-C和H-G随之闭合，这样SIBAS KLIP分站1(41-A2.01)的引脚A5和TCU的C079板卡的引脚Z10将收到高速电路断路器已经合上的信息。

C车高速电路断路器接通过程与B车一致。

4. 高速电路断路器断开过程

当B车断开高速电路断路器继电器(21-K02)线圈得电以后，其常闭触点21-22和31-32就会断开，从而导致接通B车高速电路断路器接触器1(21-K08)线圈和B车高速电路断路器(11-Q01)的主线圈S-R失电，这样B车高速电路断路器就被分断了。由于此时B车高速电路断路器接触器1(21-K08)的常开触点13-14和高速电路断路器继电器(21-K01)的常开触点已经处于断开状态，所以即使此时司机放开高速电路断路器断开按钮(21-S01)，使其常闭触点21-22闭合，由于高速电路断路器接通按钮21-S02未被按下，则接通B车高速电路断路器接触器1(21-K08)线圈和B车高速电路断路器(11-Q01)的主线圈S-R处于失电状态，这就保证了司机不必一直按着高速电路断路器断开按钮(21-S01)。

当B车高速电路断路器(11-Q01)的主线圈S-R处于失电状态后，B车高速电路断路器(11-Q01)的常开触点D-C和H-G随之断开，这样SIBAS KLIP分站1(41-A2.01)的引脚A5和TCU的C079板卡的引脚Z10将收到高速电路断路器已经断开的信息。

C车高速电路断路器断开过程与B车一致，不再重复介绍。

6.2.2 受电弓控制

1. 升弓操作

(1)升弓继电器(21-K10)线圈得电

如果要进行升弓操作，首先要使升弓继电器(21-K10)的线圈得电，这样必须满足以下条件：

① 控制司机室继电器(22-K53)的线圈得电，从而使其常开触点23-24闭合。

② 紧急停车继电器(22-K08)的线圈得电，从而使其常开触点23-24闭合，常闭触点61-62断开。

③ 落弓按钮(21-S03)未被按下，从而使其常闭触点21-22闭合。

④ 升弓按钮(21-S04)必须被按下，使其常开触点13-14处于闭合状态。

⑤ 本车落弓旋钮开关(21-S05)未处于切除位置，从而使其常闭开关21-22和31-32处于闭合状态。

⑥ 蓄电池可以提供足够的电流，供与升弓有关的继电器和控制阀维持其工作。

当以上条件满足以后，升弓继电器(21-K10)的线圈就会得电，从而使升弓继电器(21-K10)的常开触点 13-14 和 23-24 闭合，由于常开触点 13-14 的闭合，加之落弓继电器(21-K12)的常闭触点 21-22 和本车落弓开关(21-S05)的常闭开关 21-22 处于闭合状态，升弓继电器(21-K10)就得以实现自保持状态，使其线圈可以在升弓按钮(21-S04)被释放的情况下依然保持得电状态。

当然还有另外一种途径可以使升弓继电器(21-K10)的线圈得电，即按下逆变器紧急启动按钮(31-S01)，如果这样操作的话，那么升弓继电器的供电线路将改为从逆变器紧急启动电源出发，经过逆变器紧急启动按钮(31-S02)的常开触点 13-14 和 43-44，到达 A 车 B 车之间的车钩(6-7)，然后再通过保护二极管(21-V06)，本车落弓开关(21-S05)的常闭开关 21-22，最终到达升弓继电器(21-K10)的线圈。当然此时升弓继电器(21-K10)的自保持状态没有任何用处，为了使升弓继电器的线圈保持得电，就必须一直按下逆变器紧急启动按钮(31-S02)。

一旦升弓按钮(21-S04)被按下，SIBAS KLIP 分站 1(41-A1. 04)从 A1 引脚上将检测到一个高电平，从而可以判断出升弓按钮已被按下。

一旦升弓继电器(21-K10)的线圈得电，那么受电弓供电延时吸合继电器(21-K11)的线圈也同时得电，由于 21-K11 是一个延时吸合继电器，所以在其线圈得电(也就是升弓继电器线圈得电)以后大约 8 秒，它的常开触点 15-18 才会闭合(此时升弓继电器 21-K10 已处于自保持状态)，这样受电弓供电继电器(21-K15)的线圈就会得电，于是由其常开触点 13-14 供电的受电弓供电接触器(31-A02-K02)的线圈就会得电，从而使车辆控制系统可以判断现在车辆进入受电弓供电状态，非车间电源供电状态。

(2)受电弓工作控制阀(21-Y01)线圈得电

受电弓工作控制阀(21-Y01)线圈得电的条件是升弓继电器(21-K10)线圈得电，但在逆变器应急启动下，(21-Y01)和(21-K10)是同时得电的。

当升弓继电器(21-K10)的线圈得电后，其常开触点 23-24 闭合，由于此时落弓继电器(21-K12)的常闭触点 31-32 和本车落弓开关(21-S05)的常闭开关 31-32 也都处于闭合状态，于是受电弓工作控制阀(21-Y01)线圈得电，这样该控制阀将使受电弓气缸向升弓方向运动，直到受电弓完全升起为止。

(3)升弓操作的限制条件

在以下几种情况下，升弓操作将不能进行：

① 蓄电池不能提供足够的电流，使升弓所需的继电器和控制阀的线圈保持在得电状态；

② 落弓按钮被按下；

③ 本车落弓开关被拨到切除位置；

④ 车辆处于紧急停车状态；

⑤ 本单元不是受控单元。

2. 落弓操作

车辆落弓操作有三种方法：按落弓按钮(21-S03)、切换本车落弓开关(21-S05)到切除状态、紧急停车。其原理基本相似：使升弓继电器(21-K10)和受电弓工作控制阀(21-Y01)的线圈失电。

(1)按落弓按钮进行落弓操作

要使用按落弓按钮来实现落弓操作，必须具备以下条件：

① 控制司机室继电器(22-K53)的线圈得电，从而使其常开触点 23-24 闭合。

② 紧急停车继电器(22-K08)的线圈得电，从而使其常开触点 23-24 闭合。

③ 落弓继电器保护空气开关(21-F08)闭合。

当满足以上条件以后，司机只要按下落弓按钮，马上就会构成一条从蓄电池电源输出点 A33，经过控制司机室继电器(22-K53)的常开触点 23-24，紧急停车继电器(22-K08)的常开触点 23-24，落弓按钮(21-S03)的常开触点 13-14，落弓继电器保护空气开关(21-F08)，直到落弓继电器(21-K12)线圈的供电回路。于是落弓继电器(21-K12)线圈得电，其常闭触点 21-22 和 31-32 失电断开，于是升弓继电器(21-K10)线圈和受电弓工作控制阀(21-Y01)线圈的供电线路被切断，变为失电状态，由受电弓工作控制阀(21-Y01)控制的受电弓气缸向落弓方向运动，直到受电弓完全落下为止。

当司机按下落弓按钮(21-S03)，SIBAS KLIP 分站 1(41-A1.04)从 A3 引脚上将检测到一个高电平，从而可以判断出落弓按钮已被按下。

(2)将本车落弓开关切换到切除状态

这个操作的实现方式十分直接：通过切换本车落弓开关(21-S05)到切除状态，从而使其常闭触点 21-22 和 31-32 处于断开位置，这样便切断了升弓继电器(21-K10)线圈和受电弓工作控制阀(21-Y01)线圈的供电线路。于是这两个线圈失电，由受电弓工作控制阀(21-Y01)控制的受电弓气缸向落弓方向运动，直到受电弓完全落下为止。

(3)紧急停车操作

当按钮(22-S07)或按钮(22-S19)任一被按下，紧急停车继电器(22-K08)失电，则升弓继电器(21-K10)失电，受电弓落弓。

3. 受电弓状态监视

(1)受电弓升弓状态

列车判断所有受电弓升起的条件为：所有 B 车的本车弓落到位的位置传感器

(11-X11-S1)未被压下,处于断开位置。这样 SIBAS KLIP 分站 2(41-A2.02)从A7 引脚上将检测到一个高电平,从而可以判断该受电弓已经处于升起状态。当列车控制系统发现所有受电弓都处于升起状态,就会在 SIBAS KLIP 分站 1(41-A1.10)从 A13 引脚上输出一个高电平,使升弓按钮(21-S04)的内置灯泡发光,表明所有受电弓都已处于升起状态。

(2)受电弓落弓状态

列车判断所有受电弓落下的条件为:

① 控单元列车控制继电器 2(72-K09)的线圈处于得电状态,常开触点 13-14 闭合,常闭触点 61-62 断开。

② 所有 B 车的本车弓落到位的位置传感器(11-X11-S1)被压下,处于闭合位置。

③ 某些 B 车末端继电器 1(72-K04)的线圈得电,其常开触点 83-84 闭合。

④ 某些 C 车末端继电器 1(72-K04)的线圈得电,其常开触点 83-84 闭合。

当某个受电弓落到位以后,本车弓落到位的位置传感器(11-X11-S1)被压下,处于闭合位置,这样本车弓落到位继电器(21-K13)的线圈得电,于是相应的常开触点 13-14 闭合,常闭触点 21-22 断开。当所有受电弓都落到位以后,所有继电器(21-K13)的常开触点 13-14 都闭合,这样就形成了一条经过控制单元的列车控制继电器 2(72-K09)的常开触点 13-14,所有继电器(21-K13)的常开触点 13-14,非受控单元车控制继电器 2(72-K09)的常闭触点 61-62 经过车钩线最终流向受控单元落弓按钮(21-S03)内置灯泡的回路,这样在所有弓都落下时,落弓按钮内置灯泡点亮。

前面提到当某个受电弓落到位时,对应的本车弓落到位继电器(21-K13)将会断开,这样 SIBAS KLIP 分站 2(41-A2.02)从 A7 引脚上将检测到一个低电平,从而可以判断该受电弓已经处于落下状态。

当 B、C 车末端继电器 1(72-K04)的线圈得电,其常开触点 83-84 闭合时,落弓按钮(21-S03)也会点亮。

6.2.3 牵引控制

该电路起始工作电源由蓄电池供电。

1. 列车非紧急工作状态(列车紧急工作旋钮开关22-S05未拨到紧急工作位置)

如果要使列车接通控制继电器(22-K01、22-K51、22-K52、22-K53)的线圈得电,必须满足以下条件:

(1)列车控制的空气开关(22-F01)闭合。

(2)用司机钥匙打开主控制器钥匙开关(22-A01-S01),使其 X2 的常开触点 1-2 闭合。

(3)连挂牵引继电器(22-K41)的线圈未得电,常闭开关21-22处于闭合状态。

(4)控制列车紧急继电器(22-K03)的线圈未得电,常闭开关71-72处于闭合状态。

(5)车辆控制接通继电器(22-K02)的线圈未得电,常闭开关71-72处于闭合状态。

当列车接通控制继电器(22-K01)线圈得电后,其常开触点23-24和13-14闭合,其中常开触点13-14闭合使控制继电器(22-K01)处于导通自保持状态。而常开触点23-24的闭合使车辆控制接通继电器(22-K02)的线圈获得了得电的条件[B车、C车的(22-K02)线圈供电线路中包括车钩]。

当用司机钥匙打开主控制器钥匙开关,SIBAS KLIP分站1(41-A1.03)从A1引脚上将检测到一个高电平,从而可以判断出主控制器钥匙开关已被打开。

当车辆控制接通继电器(22-K02)的线圈得电,IBAS KLIP分站1(41-A1.03)从A3引脚上将检测到一个高电平,从而可以判断出(22-K02)线圈得电,列车处于非紧急工作状态。

2. 列车紧急工作状态(列车紧急工作旋钮开关22-S05拨到紧急工作位置)

处于这个状态时,列车接通控制继电器(22-K01、22-K51、22-K52、22-K53)的线圈得电的条件与前面介绍的一样,只是由于列车紧急工作旋钮开关22-S05拨到紧急工作位置,从而使其常开触点13-14处于闭合状态,而常闭触点21-22处于断开状态,这样车辆控制接通继电器(22-K02)的线圈失去了得电的条件,而列车接通控制继电器(22-K01)常开触点23-24的闭合却使控制列车紧急工作继电器(22-K03)的线圈得电[B车、C车的(22-K03)线圈供电线路中包括车钩]。在A车上,控制列车紧急工作继电器2(22-K04)的线圈将同时得电。

车辆控制接通继电器(22-K02)的线圈不得电,IBAS KLIP分站1(41-A1.03)从A3引脚上将检测到一个低电平,从而可以判断出继电器(22-K02)线圈未电,列车处于紧急工作状态。

3. 列车方向控制

当方式方向手柄(22-A01-S3)处于向前状态或ATP状态时,常开触点11-12处于断开状态,常开触点9-10处于闭合状态,这样向前继电器(22-K11)的线圈得电,向后继电器(22-K12)的线圈失电。

当方式方向手柄(22-A01-S3)处于后退状态时,常开触点11-12处于闭合状态,常开触点9-10处于断开状态,这样向后继电器(22-K12)的线圈得电,向前继电器(22-K11)的线圈失电。

当方式方向手柄(22-A01-S3)处于零位时,常开触点11-12和9-10都处于断开状态,这样向前继电器(22-K11)和向后继电器(22-K12)的线圈都处于失电状态。

方式方向手柄的状态将被 A 车的 SIBAS KLIP 分站 1(41-A1.03)和 B、C 车的牵引控制单元 C087 板卡中检测到,以便进行相应的判断和处理。

向前或 ATO 状态,SIBAS KLIP 分站 1(41-A1.03)的引脚 A7 和牵引控制单元 C087 板卡的引脚 Z10 为高电平;SIBAS KLIP 分站 SKS1(41-A1.03)的引脚 A11 和牵引控制单元 C087 板卡的引脚 Z12 为低电平。

向后状态,SIBAS KLIP 分站 1(41-A1.03)的引脚 A7 和牵引控制单元 C087 板卡的引脚 Z10 为低电平;SIBAS KLIP 子站 1(41-A1.03)的引脚 A11 和牵引控制单元 C087 板卡的引脚 Z12 为高电平。

零位状态,SIBAS KLIP 分站 SKS1(41-A1.03)的引脚 A7 和 A11,牵引控制单元 C087 板卡的引脚 Z10 和 Z12 都为低电平。

4. 基准值转换电路

列车基准值转换器(22-A05)的功能为将 ATC 系统(ATP 模式)或主控制器手柄输出的基准值转换为脉宽调制信号,并将这些信号传送到制动控制单元(BECU)和牵引控制单元(TCU)中,以便控制单元可以根据转换后脉宽调制信号进行必要的牵引和制动控制。

自动驾驶转换继电器Ⅱ(91-K02)决定了基准值转换器(22-A05)从这里输入基准值:

继电器Ⅱ(91-K02)的线圈得电,常闭触点 3-13 断开,常开触点 4-12 闭合,基准值转换器(22-A05)从由 ATC 系统输入基准值。

继电器Ⅱ(91-K02)的线圈失电,常闭触点 3-13 闭合,常开触点 4-12 断开,基准值转换器(22-A05)由主控制器手柄输入基准值。

5. 列车牵引、制动控制电路

(1)禁止牵引继电器(22-K13)线圈得电的条件

① 非车间电源继电器(31-K03)线圈得电,常开触点 13-14 闭合。

② 所有停放制动释放继电器(27-K08)线圈得电,常开触点 13-14 闭合。

③ 主风缸压力可用继电器(27-K09)线圈得电,常开触点 13-14 闭合。

④ 安全疏散门锁好继电器(86-K01)线圈得电,常开触点 13-14 闭合。

当非车间电源供电方式、所有停车制动都处于释放状态、主风缸压力可用和安全疏散门锁好这些条件都满足的情况下,电动列车才允许牵引。

(2)警惕按钮继电器得电条件

警惕按钮继电器的得电情况,假设方式方向手柄处于前进位置,同时警惕按钮(22-A01-S2)被司机按下。

① 在车辆静止的情况下,警惕按钮继电器Ⅰ(22-K09)线圈得电条件为:

a. 方式方向手柄(22-A01-S3)在前进位置,常开触点 17-18 闭合。

b. 警惕按钮(22-A01-S2)被按下,常开触点5-6闭合。

c. 主控制器(22-A01-S4)在零位,常闭触点21-22闭合。

d. 零速继电器1(22-K18)线圈失电,常闭触点81-82闭合。

e. 零速继电器2(22-K19)线圈失电,常闭触点81-82闭合。

② 在车辆处于手动牵引的情况下,警惕按钮继电器Ⅱ(22-K10)线圈得电条件为:

a. 方式方向手柄(22-A01-S3)在前进位置,常开触点17-18闭合。

b. 主控制器(22-A01-S4)在牵引位,常开触点23-24闭合。

c. 警惕按钮继电器Ⅰ(22-K09)线圈得电。

当警惕按钮(22-A01-S2)未被按下,其常开触点5-6断开,警惕按钮继电器Ⅱ(22-K10)将进入延时断开状态,在4 s后,其常开触点将断开,于是紧急制动继电器(22-K25)的线圈失电,这时车辆马上进行紧急制动。

(3)车辆进行手动牵引的条件

① 方式方向手柄(22-A01-S3)在前进位置,常开触点17-18闭合。

② 警惕按钮(22-A01-S2)被按下,常开触点5-6闭合。

③ 主控制器(22-A01-S4)在牵引位,常开触点23-24闭合。

④ 自动驾驶转换继电器Ⅱ(91-K01)的线圈失电,常闭触点51-52闭合。

⑤ 禁止牵引继电器(22-K13)的线圈得电,常开触点13-14闭合。

⑥ 快速制动继电器(22-K26)的线圈得电,常开触点13-14闭合。

⑦ 紧急制动继电器(22-K25)的线圈得电,常开触点23-24闭合。

⑧ 当车辆运行速度>0时,继电器(22-K18,22-K19)的线圈得电,常开触点13-14闭合。

⑨ 当车辆静止时,所有车辆右门关好继电器(81-K09)和所有车辆左门关好继电器(81-K10)的线圈都得电,常开触点33-34闭合。

⑩ 当车门出现故障时,所有车门关好旁路开关(81-S10)处于旁路位置,常开触点53-54闭合。

车辆是否进行手动牵引的状态将输入SIBAS KLIP子站SKS1(41-A1.03)的E113-10(引脚B5)。

(4)车辆进行自动牵引指令(ATO状态)的条件

① 自动驾驶转换继电器Ⅰ(91-K01)线圈得电,常开触点13-14闭合。

② 禁止牵引继电器(22-K13)的线圈得电,常开触点13-14闭合。

③ 快速制动继电器(22-K26)的线圈得电,常开触点13-14闭合。

④ 紧急制动继电器(22-K25)的线圈得电,常开触点23-24闭合。

⑤ 当车辆运行时,零速继电器(22-K18,22-K19)的线圈得电,常开触点13-14闭合。

⑥ 当车辆静止时,所有车辆左门关好继电器(81-K09)和所有车辆右门关好继

电器(81-K10)的线圈都得电,常开触点 33-34 闭合。

⑦ 当车门出现故障时,所有车门关好旁路开关(81-S10)处于旁路位置,常开触点 53-54 闭合。

⑧ 车辆是否进行自动牵引的状态将输入 SIBAS KLIP 子站 SKS1(41-A1.03)的 E113-10(引脚 A5)。

(5)车辆进行全常用制动指令(低电平)的条件(任意一个)

① 主控制器手柄(22-A01-S4)处于制动和快速制动位置。

② 所有车辆右门关好继电器(81-K09)的线圈失电,常开触点 43-44 断开。

③ 所有车辆左门关好继电器(81-K10)的线圈失电,常开触点 43-44 断开。

④ 禁止牵引继电器(22-K13)的线圈得电,常开触点 23-24 闭合。

⑤ 快速制动继电器(22-K26)的线圈得电,常开触点 23-24 闭合。

⑥ 紧急制动继电器(22-K25)的线圈得电,常开触点 33-34 闭合。

在 ATO 模式下 ATP(91-A01)监视全常用制动指令,并将指令发送到 BECU(28-A01)和 SIBAS KLIP 子站 1(41-A1.03)的 E113-11(引脚 B7)。

当 ATP 出现故障之后,ATP 可以被一个旋转开关所切除。这样继电器 ATP 切除继电器(91-K05)的线圈将会得电,其常开触点 53-54 闭合,这样全常用制动指令绕过 ATP 直接发送给 BECU 和 SIBAS KLIP 子站 SKS1(41-A1.03)的 E113-11(引脚 B7)。

(6)车辆进行紧急制动指令(低电平)的条件(任意一个)

① 当牵引时,用方式方向手柄(22-A01-S03)改变车辆的牵引方向。

② 紧急停车继电器(22-K08)线圈失电,常开触点 43-44 断开。

③ 安全疏散门继电器(86-K01)线圈失电,常开触点 43-44 断开。

④ 警惕按钮继电器Ⅱ(22-K10)线圈失电,常开触点 25-28 断开。

⑤ 紧急制动继电器(22-K25)的线圈失电,常开触点 13-14 断开。

在 ATO 模式下 ATP(91-A01)监视紧急制动指令,并将指令发送到 BECU(28-A01)和 SIBAS KLIP 子站 SKS1(41-A1.03)的 E113-13(引脚 B13)。

当 ATP 出现故障之后,ATP 可以被一个旋转开关所切除。这样继电器 ATP 切除继电器(91-K05)的线圈将会得电,其常开触点 43-44 闭合,这样紧急制动指令绕过 ATP 直接发送给制动控制阀(28-A02)和 SIBAS KLIP 子站 SKS1(41-A1.03)的 E113-13(引脚 B13)。

(7)车辆进行快速制动指令(低电平)的条件

① 主控制器手柄(22-A01-S4)处于快速制动位置,常闭触点 29-30 断开。

② 其常开触点 13-14 的分断禁止牵引指令传递,而其常开触点 33-34 的闭合则将发出制动指令。

③ 在 ATO 模式下，ATP(91-A01)监视快速制动指令，并将指令发送到 BECU(28-A01)和 SIBAS KLIP 子站 1(41-A1.03)的 E113-12(引脚 B11)。

④ 当 ATP 出现故障之后，ATP 可以被一个旋转开关所切除。这样 ATP 切除继电器(91-K05)的线圈将会得电，其常开触点 43-44 闭合，这样全常用制动指令绕过 ATP 直接发送给 BECU 和 SIBAS KLIP 子站 1(41-A1.03)的 E113-12(引脚 B11)。

(8)车辆后退运行的条件

方式方向手柄处于后退位置。(22-A01-S3、4-X2、13/14 闭合)。后退指令将在所有动车上被执行。

(9)连挂牵引/零位/紧急牵引旋钮开关

连挂牵引/零位/紧急牵引旋钮开关(22-S08)处于连挂牵引位置，车辆将旁路被牵引车辆的控制同时增大牵引力。

连挂牵引/零位/紧急牵引旋钮开关处于零位时，车辆处于正常操作状态。

连挂牵引/零位/紧急牵引旋钮开关处于紧急牵引时，车辆将进入紧急牵引状态，旁路 CCU 同时对车辆的操作将被限制。

6. 限制线路电流，连挂牵引，慢行(清洗/旋轮)牵引

当把限制线路电流旋钮开关(22-S04)转到限流位置，SIBAS KLIP 子站 1(41-A1.03)的引脚 B3 将检测到一个高电平，从而可以判断出限制线路电流按钮处于限流位置。

当按下慢行(清洗/旋轮)牵引按钮(22-S13)，SIBAS KLIP 子站 1(41-A1.03)的引脚 A15 将检测到一个高电平，从而可以判断出慢行(清洗/旋轮)牵引按钮已被按下。

当把连挂牵引旋钮开关(22-S08)转到连挂位置，SIBAS KLIP 子站 1(41-A1.03)的引脚 A17 将检测到一个高电平，从而可以判断出连挂牵引旋钮开关处于连挂位置。

当列车连挂到位，列车连挂好指示灯(73-S01)得电发光；同时列车不连挂继电器(22-K41)线圈得电，它的常闭开关 21-22 断开，于是车载 ATC 设备可以判断出列车现在已经完成连挂。

7. 零速检测和紧急停车检测

当车辆处于静止状态时，B 车和 C 车牵引控制单元 C103 模块的引脚 B16 输出低电平，这样零速继电器(22-K18、22-K19)的线圈失电；而当车辆运动时，B 车和 C 车牵引控制单元 C103 模块输出高电平，这样零速继电器(22-K18、22-K19)的线圈得电，需要说明的是，目前设置速度<3 km/h 可认定为 0。

当任意一个紧急停车蘑菇按钮(22-S07 或 22-S19)被按下，就将使紧急停车继电器(22-K08)的线圈得电，同时 SIBAS KLIP 子站 1(41-A1.03)的引脚 B17 也将检测到一个高电平，从而可以判断出紧急停车蘑菇按钮已被按下。

6.2.4 TCU 控制

门控单元和 TCU 是由蓄电池直接供电的。而 TCU 工作的条件是车辆控制接通继电器(22-K02)的线圈得电,其常闭触点 4-12 闭合。

电机速度传感器(23-B01 到 23-B04)的输入端是接在 TCU 的 G071 模块上的。

制动电阻箱(11-R01)的冷却风量是由一个压力开关来监测,这个压力开关的输出值直接输入到 TCU 的 C087 模块的 Z32 引脚上。而制动电阻箱的温度是由一个热敏电阻来测定的,热敏电阻的两端直接接到 TCU 的 C071 模块上。

6.2.5 摩擦制动

1. 列车停放制动

(1)要进行列车停放制动施加,必须使停放制动施加脉冲电磁阀(27-A01-Y01)的线圈得电,需满足以下两个条件:

① 列车接通控制继电器(22-K51)的线圈得电,常开触点 5-7 闭合。

② 停放制动施加按钮(27-S01)被按下,使其常开触点 13-14 闭合。

一旦列车停放制动施加操作在控制单元 A 车进行以后,工作电平将通过车钩传遍其余所有车辆,于是所有车辆都将施加停放制动。

(2)要进行列车停放制动缓解,必须使停放制动释放脉冲电磁阀(27-A01-Y02)的线圈得电,需满足以下条件:

① 列车接通控制继电器(22-K51)的线圈得电,常开触点 5-7 闭合。

② 停放制动施加按钮(27-S01)未被按下,常闭触点 21-22 闭合。

③ 停放制动缓解按钮(27-S02)被按下,常开触点 13-14 闭合,常闭触点 21-22 断开。

一旦列车停放制动缓解操作在控制单元 A 车进行以后,工作电平将通过车钩传遍其余所有车辆,于是所有车辆都将缓解停放制动。

2. 主风缸压力、摩擦制动、停放制动监测电路

以 A 车为例,主风缸压力可用信号由主风缸压力传感器(27-A01-B01)检测,如果主风缸压力可用[＞700 kPa(7 bar)],那么这个信号将通过车钩传遍整列车,最终使位于 A 车的主风缸压力可用继电器(27-K09)的线圈得电;相反主风缸压力不可用[＜600 kPa(6 bar)],将输入 BECU。

本车停放制动施加信号由停放制动压力传感器(27-A01-B02)检测,如果本节车的停放制动已被施加,停放制动施加继电器(27-K02)的线圈得电;如果本节车的停放制动已被缓解,停放制动缓解继电器(27-K03)的线圈得电。停放制动施加和主风缸压力可用信号，都被接入 BECU。停放制动缓解信号被接入 SIBAS KLIP 分站的 E111-04 端子。

当转向架 1 的摩擦制动被缓解[压力＜80 kPa(0.8 bar)]，摩擦制动缓解继电器(27-K04)的线圈得电，常开触点 13-14 闭合，如果此时转向架 2 的摩擦制动也被缓解[压力＜80 kPa(0.8 bar)]，那么所有摩擦制动缓解继电器(27-K07)的线圈得电，说明本车所有摩擦制动缓解。转向架 1 的摩擦制动缓解信号同时还输入 SIBAS KLIP 分站的 E111-05 端子，转向架 2 的摩擦制动缓解的信号输入 SIBAS KLIP 分站的E111-06端子。

在本车所有摩擦制动缓解时(27-K04 得电)，如果本车停放制动缓解，使得(27-K03)的常开触点 23-24 闭合，这样本车所有制动缓解继电器(27-K06)的线圈得电，标志本车所有制动缓解。

对于摩擦制动施加信号的判断为：任意一个转向架的摩擦制动被施加[压力＞120 kPa(1.2 bar)]，这样就使得摩擦制动施加继电器(27-K05)的线圈得电。

由于 A、B、C 车的相关内容基本相似，只是 SIBAS KLIP 分站不同，不再赘述。

3. 列车停放制动工作状态指示和旁路电路

如果本节车的停放制动已被施加，停放制动施加继电器(27-K02)的线圈得电；如果本节车的停放制动已被缓解，停放制动缓解继电器(27-K03)的线圈得电。

如果列车上的所有车辆的停放制动都被施加，那么所有制动施加继电器(27-K02)线圈都得电，于是常开触点 33-34 都处于闭合状态，那么非控制单元 A 车的列车接通控制继电器(22-K52)的常闭触点 71-72，控制单元 A 车的列车接通控制继电器(22-K52)的常开触点 33-34，和这些常闭触点，形成了一条列车线供电回路。停放制动施加按钮(27-S01)的内置指示灯点亮，表明所有车辆的停放制动都被施加。

类似地，当一列车上的所有车辆的停放制动都被缓解，那么停车制动缓解按钮(27-S02)的内置指示灯点亮，表明所有车辆的停放制动都被缓解。与此同时，所有停放制动缓解继电器(27-K08)的线圈得电。

如果所有停放制动缓解旁路旋钮开关(27-S03)被拨到旁路位置时，停放制动缓解继电器(27-K08)的线圈将直接由蓄电池供电，而与停放制动缓解继电器(27-K03)线圈是否得电，常开触点 13-14 是否闭合已经没有关系了。

4. 摩擦制动监控电路

(1)为了使所有制动缓解指示灯(27-H01)点亮，必须满足以下条件：

① 列车上所有的摩擦制动缓解继电器(22-K07)的线圈得电，常开触点 23-24 闭合。

② 控制单元 A 车列车控制接通继电器(22-K52)的线圈得电，常开触点 13-14 闭合。

③ 停放制动缓解继电器(27-K08)的线圈得电,常开触点 43-44 闭合。

当然如果在慢行模式下,某些车末端回路继电器(72-K11)的常开触点 23-24 闭合,那么不需要一列车上所有的摩擦制动缓解继电器(22-K07)的常开触点 23-24 都闭合,就可以使制动缓解指示灯(27-H01)点亮。

当然如果把所有制动缓解旁路旋钮开关(27-S04)拨到旁路位置,这样所有制动缓解指示灯(27-H01)将直接由蓄电池供电,其状态与所有的摩擦制动缓解继电器(22-K07)常开触点 23-24 的状态无关。

当制动缓解指示灯(27-H01)得电发光的同时,这个电平通过车钩传递信号,输入到车上所有的 TCU 模块 C079 中。

(2)为了使所有摩擦制动施加指示灯(27-H02)点亮,必须满足以下条件:

列车上全部所有摩擦制动施加继电器(27-K05)的线圈得电,常开触点 33-34 闭合。

控制单元 A 车列车控制接通继电器(22-K52)的线圈得电,常开触点 23-24 闭合。

当然如果在慢行模式下,某些车末端回路继电器(72-K11)的常开触点 13-14 闭合,那么不需要列车上全部所有摩擦制动施加继电器(27-K05)的常开触点 23-24 都闭合,就可以使所有摩擦制动施加指示灯(27-H02)点亮。

6.2.6 制动电子控制单元

制动电子控制单元(28-A01)只有在列车接通控制继电器(22-K03)线圈失电,常闭触点 51-52 闭合;列车控制接通继电器(72-K02)线圈得电,常开触点 53-54 闭合的情况下才会获得工作电源。

制动电子控制单元(28-A01)的指令是通过气动控制单元(28-A02)来具体执行的。

在一节车辆上一共有 4 个轴速度传感器(28-B01 到 28-B04),在每个轴上安装一个。这些速度传感器的输出直接输入到制动电子控制单元,用以判别车辆的速度。

在一节车辆上一共有 4 个排风阀(28-Y03 到 28-Y06),每个轴上安装一个。这些排风阀由制动电子控制单元控制,用以防止轮对的空转及打滑。

6.3 辅 助 回 路

6.3.1 逆变器电路

每节车辆都有一个逆变器,每个逆变器输出 AC 380 V 三相交流电,用以供给那些需要交流电的负载。A车逆变器比B、C车逆变器多了一个蓄电池充电器。

逆变器一共有两种供电方式:受电弓供电和车间电源供电。

当使用受电弓供电方式时,受电弓供辅助电源的熔丝(31-A02-F01)必须完好;受电弓供电接触器(31-A02-K01)的线圈必须得电,常开触点1-2闭合。

当使用车间电源供电方式时,车间电源供辅助电源的熔丝(31-A02-F02)必须完好;车间电源供电接触器(31-A02-K02)的线圈必须得电,常开触点1-2闭合。

6.3.2 辅助照明、空调配电图

只有当A车的逆变器三相输出接触器(31-K02)的线圈得电,常开触点1-2、3-4和5-6闭合,所有车辆的客室照明电路才获得电源。每节A车辅助逆变器负责一半客室照明的供电。

方便插头输出为220 V交流电。

只有当B、C车的逆变器三相输出接触器(31-K02)的线圈得电,常开触点1-2、3-4和5-6闭合,所有车辆的空调电路才获得电源。每节B车,C车各负责本单元车辆的一半空调的供电。

1. A车逆变器启动,故障和交流输出电路

A车逆变器有两种启动方式:正常启动和应急启动。

(1)正常启动需要以下条件:

① 高压DC 1 500 V正常。

② 列车控制接通继电器(72-K02)线圈得电,常开触点13-14闭合。

③ 本车逆变器切除旋钮开关未处于切除位置,常闭触点21-22闭合。

④ 主电池转换开关盒主闸刀(32-A01-Q01-S01)辅助触点13-14闭合。

(2)应急启动需要以下条件:

① 高压DC 1 500 V正常。

② 逆变器紧急启动按钮(31-S02)被按下,常开触点13-14和43-44闭合。

③ 本车逆变器切除旋钮开关未处于切除位置,常闭触点21-22闭合。

④ 主电池转换开关盒主闸刀辅助触点(32-A01-Q01-S01)13-14闭合。

逆变器启动时会产生信号,用以通知CCU逆变器启动信息。当逆变器启动成功,它会从(31-A01)的A4输出一个高电平,使逆变器三相输出接触器(31-K02)的线圈得电,常开触点13-14闭合,这样CCU KLIP子站输入E111-00(A车逆变器允许接通负载)就检测到一个高电平,从而可以判断出逆变器启动成功。如果CCU KLIP子站输入E111-01上为低电平,则说明A车逆变器故障;而如果CCU KLIP子站输入E111-02上为低电平,则说明电池充电/电池负载故障。

2. B、C 车逆变器启动,故障和交流输出电路

由于 B 车和 C 车这部分图纸是类似的,所以这里只以 B 车为例进行介绍。B 车逆变器启动的主要条件如下:

(1)高压 DC 1 500 V 正常。

(2)列车控制接通继电器(72-K02)线圈得电,常开触点 13-14 闭合。

(3)本车逆变器切除旋钮开关未处于切除位置,常闭触点 21-22 闭合。

和 A 车不同,B 车逆变器启动信号的建立还要靠 SIBAS KLIP 分站的输出 A126-04,输出一个高电平起到输出驱动的作用。一旦逆变器启动成功,就会从输出 8 输出一个高电平,用以驱动接触器工作控制辅助继电器(31-K02. 1)的线圈得电,其常开触点 13-14、23-24、33-34 和 43-44 闭合,这样逆变器三相输出接触器(31-K02)的线圈得电,常开触点 13-14 闭合,SIBAS KLIP 子站的输入 E121-00(B 车逆变器允许接通负载)就会检测到一个高电平,从而可以判断出逆变器启动是否成功。如果 CCU KLIP 子站输入 E121-01 上为低电平,则说明 B 车逆变器故障。

3. DC 1 500 V 供电接触器

相对于两种供电方式,两种供电接触器的工作条件分别为:

(1)受电弓供电方式

① 受电弓供电继电器(21-K15)的线圈得电,常开触点 13-14 闭合。

② 升弓继电器(21-K10)线圈电,常开触点 33-34 闭合。

③ 车间电源供电接触器(31-A02-K02)的线圈未得电,常闭触点 21-22 闭合。

从以上条件可以看出,要使列车处于受电弓供电方式,那么当前不能是车间电源供电方式。

(2)车间电源供电方式

① 所有弓落下继电器(21-K14)的线圈得电,常开触点 13-14 闭合。

② 受电弓供电接触器(31-A02-K01)的线圈未得电,常闭触点 21-22 闭合。

从以上条件可以看出,要使列车处于车间电源供电方式,那么当前不能是受电弓供电方式;所有受电弓都已降落到位。

4. 蓄电池和 DC 110 V 配电电路

一旦用户合上主蓄电池主闸刀(32-A01-Q01),主蓄电池就通过主电池正极主熔丝 224A(32-A01-Q01-F03)和电子电源熔丝 63A(32-A01-Q01-F01)向 110 V 电子电源负载供电。

而当列车控制接通继电器(72-K02)的线圈得电,其常开触点 33-34 闭合以后,电池 110 V 直流输出接触器(32-A01-K01)线圈就会得电,常开触点 1-2 和 3-4 就会接通,从而主蓄电池通过电池电源熔丝 125A(32-A01-Q01-F2)向电池电源负载供电。

接触器(32-A01-K01)线圈的得电过程如下:继电器(72-K02)的常开触点33-34闭合→接触器(32-A01-K02)线圈得电→接触器(32-A01-K02)的常开触点21-24闭合→接触器(32-A01-K01.1)线圈得电→接触器(32-A01-K01.1)常开触点13-14、23-24、33-34和43-44闭合→接触器(32-A01-K01)线圈得电(然后主要由接触器(32-A01-K01.R)维持工作电流)。

由于接触器(32-A01-K02)的常开触点21-24闭合,一旦主蓄电池向电池电源负载开始供电,那么SIBAS KLIP分站1的输入E114-08将会检测到一个高电平。

如果电池电压低于84 V,那么接触器(32-A01-K02)线圈不会得电,主蓄电池不会向电池电源负载供电,SIBAS KLIP分站1的输入E114-08将不会检测到一个高电平。

5. 辅助控制

由于B车和C车的制动电阻/牵引箱风扇供电控制电路类似,所以这里以B车为例。

在优先供电电路供电正常情况下,供电转换控制继电器(33-K03)得电,其常开触点13-14闭合,常用触点21-22分断,保证优先供电继电器(33-K02)得电,同时通过继电器(33-K03)的21-22和继电器(33-K02)的21-22触点的分断确保自动转换供电继电器(33-K01)不能得电。此时,由优先供电电路向负载供电。

当向优先供电电路供电的辅助逆变器出现故障不能正常供电时,通风风扇供电转换控制继电器(33-K03)的线圈就会失电,常开触点13-14断开,常闭触点21-22闭合,这样优先供电继电器(33-K02)的线圈失电,常开触点13-14断开,常闭触点21-22闭合;如果此时另一台辅助逆变器工作正常,那么通风风扇自动转换供电继电器(33-K01)的线圈就会得电,常开触点13-14闭合。于是制动电阻风扇优先自动转换供电接触器(33-K05)的线圈和牵引箱通风风扇自动转换供电接触器(33-K04)的线圈得电,常开触点1-2、3-4和5-6闭合,这样制动电阻风扇电机和牵引箱通风风扇电机就自动转换到另一台逆变器的供电线路上,以获得工作电源。同时继电器(33-K01)的常闭触点21-22分断,确保继电器(33-K02)不再得电。

这里的牵引箱通风风扇和制动电阻风扇的转动信号都是由TCU发出的,前者是C095模块发出的,后者是C103模块发出的。

同时TCU的C079模块还检测牵引箱通风风扇和制动电阻风扇的供电情况,一旦发现某台风扇的供电存在问题,它就会发出指令封锁该节车辆的牵引系统,用以保护牵引箱设备和制动电阻,当然此时列车就会限速,并有故障信息提示。

6. 空气压缩机和空气压缩机控制电路

当列车控制接通继电器(72-K02)的线圈得电,常开触点33-34闭合以后。只要主风缸压力小于750 kPa(7.5 bar)时,空气压缩机接触器(34-K01)的线圈就会得电，常开触点 1H-2H 闭合，空气压缩机电机开始工作。与此同时，空气压缩机的配套设施空气干燥器，也得电开始工作。当然，空气压缩机电机的开始工作信息还通过空气压缩机接触器（34-K01）常开触点 3-4 的闭合传给 SIBAS KLIP 分站 3 的输入 E131-02。

一旦主风缸压力大于 900 kPa(9 bar)，空气压缩机接触器（34-K01）的线圈就会失电，常开触点 1H-2H 断开，空气压缩机电机停止工作。

6.4 中央控制单元

6.4.1 中央控制单元介绍

当 B 车或 C 车与 A 车连挂好后与 A 车连挂好继电器（41-A06-K01、K02 和 41-A07-K03、K04）的线圈得电，常闭触点 5-6 和 8-9 断开，常开触点 6-7 和 9-10 闭合。

当继电器（41-A06-K01 和 41-A06-K02）的常开触点 6-7 和 9-10 闭合后，B 车的 CCU（C047 模块），BECU，TCU 的 C039 模块；C 车的 BECU，TCU 的 C039 模块将与 A 车的 BECU 和显示器一起被连接在车辆总线上。

当继电器（41-A07-K03 和 41-A07-K04）的常开触点 6-7 和 9-10 闭合后，B 车的 CCU（C055 模块），AS 模块，DE 模块，DA 模块，SV 模块；C 车的 AS 模块，DE 模块，DA 模块，SV 模块将与 A 车的 AS 模块，DE 模块，DA 模块，RA 模块，SV 模块一起被连接在车辆总线上。其中 AS 模块是 SIBAS KLIP 子站的总线接口模块，SV 模块为电源模块，DE 为数字输入模块，DA 为数字输出模块，RA 为继电器（模拟）输出模块。

在连挂好继电器线圈得电的同时，B 车 SIBAS KLIP 分站 2 的输入E122-01和 B 车 SIBAS KLIP 分站 3 的输入 E132-01 将分别检测到一个高电平。

如果某节车辆未连挂好，和相应的车钩信号线存在问题，这样某些车辆的 CCU，TCU 和 AS 模块将不能连接到车辆总线上。

CCU 电源得电条件为列车控制接通继电器（72-K02）的线圈得电，常开触点 23-24 闭合。

6.4.2 CCU/显示器故障电路

CCU/显示器故障继电器（41-K05）线圈得电（无故障）的条件：

（1）A 车 A119-03 输出高电平。

（2）B 车 A126-03 输出高电平。

(3)C 车 A136-03 输出高电平。

如果 CCU 存在故障，CCU/显示器故障继电器(41-K05)线圈失电，常闭触点 3-13 闭合。CCU 故障红色指示灯亮起，表明 CCU 存在故障。

显示器正常工作的条件为：线路供电正常，列车紧急工作开关(22-S05)没有处于紧急工作位置。

6.4.3　中央控制电视监控器(CCTV)

当列车接通继电器(22-K53)线圈得电，常开触点 83-84 闭合 CCTV 设备才会获得工作电源。

6.4.4　公共广播系统

广播放大器启动的条件是列车控制接通得电，常开触点 3-11 闭合。客室广播/0 位/司机对司机通话的自动复位旋钮开关(45-S01)的常开触点 43-44 闭合进行客室广播，而常开触点 13-14 闭合进行司机对司机通话。

列车自动报站器的所报站的信息编码由 SIABS KLIP 分站输出，输出信号为 A117-00 到 A117-07。

A 车广播放大器的得电为以下任一条件：

(1)挂牵引继电器(22-K41)的线圈得电，常开触点 13-14 闭合。

(2)列车控制接通继电器(22-K03)线圈得电，常开触点 13-14 闭合。

(3)控制列车紧急继电器(22-K03)的线圈得电，常开触点 13-14 闭合。

如果 A 车广播放大器发生故障，它将输出一个信号到 SIBAS KLIP 分站 1 的 E112-07。

B、C 车广播放大器的得电条件与故障情况与 A 车基本相似，这里就不再介绍了。

6.5　照　明　系　统

6.5.1　头/尾灯、运行灯、目的地和车号灯

1. 尾灯/运行灯

尾灯(51-A01-E33/51-A01-E34)和运行灯(51-A01-E37/51-A01-E38)亮的条件为以下任意一个：

(1)列车控制接通继电器(22-K01)线圈失电，常闭触点 71-72 闭合。

(2)向前继电器(22-K11)线圈失电，常闭触点 5、9 闭合。

从这些条件中可以看出:非受控单元 A 车的(22-K01)的线圈失电,于是该 A 车的尾灯亮;如果某节 A 车的方向和列车的前进方向相反,那么这节 A 车的向前继电器(22-K11)线圈失电,于是尾灯亮。

2. 头灯

头灯(51-A01-E31/51-A01-E32)发光的条件为以下任意一个:

(1)列车控制接通继电器(22-K01)线圈得电,常开触点 83-84 闭合。

(2)向前继电器(22-K11)线圈得电,常开触点 4-12 闭合。

从这些条件中可以看出:受控单元 A 车的(22-K01)的线圈得电,于是该 A 车的头灯亮。如果某节 A 车的方向和列车的前进方向相同,那么这节 A 车的向前继电器(22-K11)线圈得电,于是头灯亮。

头灯的近光和远光选择由头灯亮/暗控制旋钮(51-S01)。

3. 目的地灯

目的地灯(51-A01-E39)发光的条件是列车控制继电器(22-K02)的线圈得电,常开触点 83-84 闭合。

4. 车辆两侧指示灯

A 车和 B 车,C 车的车辆两侧指示灯基本相似,只是 A 车比 B 车,C 车的车辆两侧各多了一个 ATC 切除指示灯(51-H01-5)。因此这里就只介绍 A 车两侧指示灯。

当所有左门关好继电器(84-K18)的线圈失电,常开触点 31-32 闭合,于是左侧墙门未关好指示灯(51-H01-1)发光。

当所有右门关好继电器(84-K17)的线圈失电,常开触点 31-32 闭合,于是右侧墙门未关好指示灯(51-H02-1)发光。

当所有制动缓解继电器(27-K06)的线圈得电,常开触点 13-14 和 23-24 闭合,于是左侧墙所有制动缓解指示灯(51-H01-2)和右侧墙所有制动缓解指示灯(51-H02-2)发光。

当所有停车制动施加继电器(27-K02)的线圈得电,常开触点 13-14 和 23-24 闭合,于是左侧墙停车制动施加指示灯(51-H01-3)和右侧墙停车制动施加指示灯(51-H02-3)发光。

当所有摩擦制动施加继电器(27-K05)的线圈得电,常开触点 13-14 和 23-24 闭合,于是左侧墙摩擦制动施加指示灯(51-H01-4)和右侧墙摩擦制动施加指示灯(51-H02-4 发光。

当 ATC 切除继电器(91-K05)的线圈得电,常开触点 33-34 和 83-84 闭合,于是左侧墙 ATC 切除指示灯(51-H01-5)和右侧墙 ATC 切除指示灯(51-H02-5)发光。

6.5.2　客室应急照明

1. 客室应急照明的接通

司机把客室照明接通/0位/客室照明断开自动复位旋钮开关(52-S01,以下简称客室照明开关),转到接通位置。由于此时紧急照明断开继电器(52-K02)线圈失电,常闭触点21-22闭合,所以A车和B、C车紧急照明接通继电器(52-K01)的线圈得电→继电器(52-K01)的常开触点33-34闭合→A车的继电器(52-K01)进入自保持状态,而B、C车52-K01的线圈也由经过继电器(52-K01)的常开触点33-34的电路供电。于是继电器(52-K01)的常开触点13-14和43-44闭合,这样所有紧急照明的灯管被接通了。

2. 客室应急照明的断开

司机把客室照明开关(52-S01),转到断开位置→紧急照明断开继电器(52-K02)线圈得电,常闭触点21-22断开→A车紧急照明接通继电器(52-K01)的线圈失电→继电器(52-K01)的常开触点33-34断开→A车的继电器(52-K01)失去线圈得电条件,同样由继电器(52-K01)的常开触点33-34供电的B、C车继电器(52-K01)也失去线圈得电条件。于是继电器(52-K01)的常开触点13-14和43-44断开,这样所有紧急照明的灯管被断开了。

6.5.3　客室照明

1. 客室照明的接通

司机把客室照明开关(52-S01),转到接通位置,A车SIBAS KLIP分站1的照明接通信号E114-04为高电平,CCU系统判断出司机希望接通客室照明,于是通过SIBAS KLIP分站1的客室照明接通/断开A118-03,SIBAS KLIP分站2的客室照明接通/断开A125-03和SIBAS KLIP分站3的客室照明接通/断开A135-03分别向A车、B车和C车的客室照明1组接触器(52-K03)和客室照明2组接触器(52-K04)的线圈输出高电平,使这些线圈得电,于是常开触点1-2、3-4和5-6闭合,所有客室照明的灯管被接通。

2. 客室照明的断开

司机把客室照明开关(52-S01),转到断开位置,A车SIBAS KLIP分站1的照明接通信号E114-05为高电平,CCU系统判断出司机希望断开客室照明。于是通过SIBAS KLIP分站1的客室照明接通/断开A118-03,SIBAS KLIP分站2的客室照明接通/断开A125-03和SIBAS KLIP分站3的客室照明接通/断开A135-03分别向A车、B车和C车的客室照明1组接触器(52-K03)和客室照明2组接触器(52-K04)的线圈输出低电平,使这些线圈失电,于是常开触点1-2、3-4和5-6断开,所有客室照明的电源被断开了。

3. 司机室照明

当司机室照明旋钮开关转到接通位置，A 车司机室照明 52-E41 接通发光；当司机室照明旋钮开关转到断开位置，A 车司机室照明 52-E41 熄灭。

6.6 空调控制

列车所有空调系统的控制均由 CCU 通过总线 KLIP 分站控制。

6.6.1 A 车空调控制

SIABS KLIP 分站 1 输入 E112-01 监测 A 车空调接通按钮(61-S03)是否被按下。

SIABS KLIP 分站 1 输出 A110-00 输出高电平将使按钮(61-S03)的内置指示灯变亮。

SIABS KLIP 分站 1 输入 E112-02 监测列车所有空调接通按钮(61-S01)是否被按下。

SIABS KLIP 分站 1 输出 A110-01 输出高电平将使按钮(61-S01)的内置指示灯变亮。

SIABS KLIP 分站 1 输入 E112-03 监测列车所有空调断开按钮(61-S02)是否被按下。

SIABS KLIP 分站 1 输出 A110-02 输出高电平将使按钮(61-S02)的内置指示灯变亮。

SIABS KLIP 分站 1 输出 A118-04 列车接通 A 车空调的信息。

SIABS KLIP 分站 1 输出 A118-05 输出 B 车逆变器是否允许负载信息。

SIABS KLIP 分站 1 输出 A118-06 输出 C 车逆变器是否允许负载信息。

SIABS KLIP 分站 1 输出 A118-07 输出同步时钟。

SIABS KLIP 分站 1 输入 E112-05 监测 A 车空调单元 1 是否存在故障。

SIABS KLIP 分站 1 输入 E112-06 监测 A 车空调单元 2 是否存在故障。

6.6.2 B 车空调控制

SIABS KLIP 分站 2 输出 A125-04 列车接通 B 车空调的信息。

SIABS KLIP 分站 2 输出 A125-05 输出 B 车逆变器是否允许负载信息。

SIABS KLIP 分站 2 输出 A125-06 输出 C 车逆变器是否允许负载信息。

SIABS KLIP 分站 2 输出 A125-07 输出同步时钟。

SIABS KLIP 分站 2 输入 E122-05 监测 B 车空调单元 1 是否存在故障。

SIABS KLIP 分站 2 输入 E122-06 监测 B 车空调单元 2 是否存在故障。

6.6.3 C车空调控制

SIABS KLIP 分站 3 输出 A135-04 列车接通 C 车空调的信息。

SIABS KLIP 分站 3 输出 A135-05 输出 B 车逆变器是否允许负载信息。

SIABS KLIP 分站 3 输出 A135-06 输出 C 车逆变器是否允许负载信息。

SIABS KLIP 分站 3 输出 A135-07 输出同步时钟。

SIABS KLIP 分站 3 输入 E132-05 监测 C 车空调单元 1 是否存在故障。

SIABS KLIP 分站 3 输入 E132-06 监测 C 车空调单元 2 是否存在故障。

6.6.4 温度控制

空调控制器要进行温度调节，一定要从外界输入温度和用户设定进行比较。温度控制开关(61-S04)，客室温度传感器(61-B01，61-B02)，风道温度传感器(63-A02-B01，63-A03-B01)和外界空气温度传感器(63-A02-B02，63-A03-B02)，都直接接在空调控制器上，作为空调控制器的模拟数据采集器。

6.6.5 空调冷凝器风扇

为了使冷凝器风扇 1 电机温度传感器(63-A02-M2)工作，空调控制器使(62-K21)的线圈得电，这样(62-K21)的常开触点 1-2、3-4 和 5-6 闭合。电机温度传感器(63-A02-M2)就被接通电源，开始工作了。(62-K21)的常开触点 13-14 用以向空调控制器提供(62-K21)是否工作的反馈信息。如果电机温度传感器(63-A02-M2)过载，电机的温度就会急剧上升，当其到达一定温度时，相应的电机温度传感器(63-A02-M2)就会断开，切断电机的供电回路，从而保护电机。

6.6.6 空调压缩机

正常工作状态下，两个压力保护开关(63-A02-F1 和 63-A02-F1.1)闭合，这样接通保护继电器(63-K11)的线圈得电，于是保护接触器(63-K11)的常开触点 33-34 和 43-44 闭合，由于此时保护单元处于正常工作状态，所以保护接触器(63-K15)的线圈得电，其常开触点 1-2、3-4 和 5-6 闭合，压缩机电机(63-A02-M1)的电源被接通，开始工作。

当压力大于 2 090 kPa(20.9 bar)时，压力保护开关(63-A02-F1.1)会断开电路；而当压力小于 80 kPa(0.8 bar)时压力保护开关(63-A02-F1)会断开电路。这样保护接触器(63-K11)的线圈就会失电，于是保护接触器(63-K15)的线圈失电，保护接触器(63-K15)的常开触点 1-2、3-4 和 5-6 断开,压缩机电机保护接触器(63-A02-M1)的电源被断开,停止工作。

当压缩机电机过载或电机电源缺相,压缩机电机保护单元 INT69 就会使电机温度传感器(63-K15)的线圈失电,于是保护接触器(63-K15)的常开触点 1-2、3-4 和 5-6 断开,压缩机电机温度传感器(63-A02-M1)的电源被断开,停止工作。

(63-A02-K01)的作用是对电机绕组的接法进行转换:Y 形到三角形。

6.6.7 空调压缩机的控制和监测

上面提到的(63-K11 和 63-K15)的常闭触点作为工作状态信号接入到空调控制器上。

同时风扇压力传感器(63-A02-F2)和控制高压压力传感器(63-A02-F2)也被作为工作状态信号接入到空调控制器上。

6.6.8 通风风扇

通风风扇由两种工作状态:正常工作状态和紧急工作状态。

在正常工作状态下空调控制器使(64-K09)的线圈得电,(64-K03,63-A02-K15)的线圈失电。这样(64-K09)的常开触点 1-2、3-4 和 5-6 闭合,而(64-K03)的常开触点 1-2、3-4 和 5-6 与(63-A02-K15)的常开触点 13-14、23-24 和 33-34 都断开,这样通风风扇的电机就能够直接从逆变器输出端得到工作电源。

当通风风扇的电机电源的逆变器不能正常工作时,必须进行紧急通风,这样通风风扇进入紧急工作状态。于是空调控制器使(64-K09)的线圈失电,(64-K03,63-A02-K15)的线圈得电。这样(64-K09)的常开触点 1-2、3-4 和 5-6 断开,而(64-K03)的常开触点 1-2、3-4 和 5-6 与(63-A02-K15)的常开触点 13-14、23-24 和 33-34 都闭合,这样通风风扇的电机的工作电源是由蓄电池供给,然后再经过逆变器将直流电转变为交流电,供通风风扇的电机使用。

(63-A02-K14)是用来将通风风扇的电机的绕组形式转变为三角形接法。

6.6.9 空调通风电磁阀/监控电路

空调控制器将从通过新风压力开关监测是否新风流量在设定范围内,并以此相应调节新风电磁阀,以便使新风流量在设定范围内。

6.6.10 司机室通风/加热、挡风玻璃除霜器

司机室通风加热一共有四个状态:断开、自动、最大加热和通风。

把工作状态控制旋钮开关(65-A01-S01)拨到自动位置,通风风扇电机和加热

器(65-A01-E01)同时工作。此时司机室的温度调节将由可调温度传感器(65-A01-F01)来自动调节,(65-A01-F01)具有温度调节按钮,可以通过它来设定所需要的温度(0～50 ℃)。如果司机室温度小于设定温度,那么(65-A01-F01)就会闭合,导致 65-A01-K01 线圈得电,常开触点 1-2、3-4 和 5-6 闭合,加热器(65-A01-E01)得到工作电源,开始工作。一旦司机室温度大于设定温度,那么(65-A01-F01)就会断开,导致 65-A01-K01 线圈失电,常开触点 1-2、3-4 和 5-6 断开,加热器(65-A01-E01)失去工作电源,停止工作。

把工作状态控制旋钮开关(65-A01-S01)拨到最大加热位置,通风风扇电机和加热器(65-A01-E01)同时工作。此时司机室的温度不能自动调节,如果司机室温度小于温度传感器(65-A01-F02 和 65-A01-F03)的最高温度(60 ℃),那么(65-A01-F02 和 65-A01-F03)就会闭合,导致(65-A01-K01)线圈得电,常开触点 1-2、3-4 和 5-6 闭合,加热器(65-A01-E01)得到工作电源,开始工作。一旦司机室温度大于温度传感器(65-A01-F02 和 65-A01-F03)的最高温度,那么(65-A01-F02 和 65-A01-F03)就会断开,导致(65-A01-K01)线圈失电,常开触点 1-2、3-4 和 5-6 断开,加热器(65-A01-E01)失去工作电源,停止工作。

把工作状态控制旋钮开关(65-A01-S01)拨到通风位置,只有通风风扇电机工作,加热器(65-A01-E01)不工作。

把工作状态控制旋钮开关(65-A01-S01)拨到断开位置,通风风扇电机和加热器(65-A01-E01)都不工作。

如果要进行挡风玻璃除霜操作,只要按下挡风玻璃除霜加热按钮(73-S03),这样风挡玻璃除霜加热接触器(73-K01)线圈得电,常开触点 1-2 闭合,除霜加热器(65-E01 和 65-E02)得电开始工作。

6.7 车钩监控

6.7.1 A 车车钩监控回路

(1)列车控制继电器(72-K01 和 72-K09)线圈的得电条件:

① 将列车控制接通关断按钮(72-S01)转向接通位置,常开触点 13-14 闭合。

② 列车接通继电器(72-K02)的线圈未得电,常闭触点 61-62 闭合。

(2)车钩联好继电器(73-K03)线圈得电条件:

① 列车控制继电器(72-K01)线圈得电,常开触点 23-24 闭合。

② A 车半自动车钩机械头连挂好/解钩行程开关(71-Y04-S01)的常开触点 13-14 闭合。

③ A 车半自动车钩电气头向前连挂好状态/向后解钩状态行程开关(71-Y04-S03)的常闭触点 21-22 断开。

④ A 车半自动车钩保证安全行程开关(71-Y04-S04)的常闭触点 21-22 闭合。

由此可见只有在列车控制接通关断按钮接通并且 A 车半自动车钩连挂好以后,继电器(73-K03)的线圈才会得电。

车钩连挂好继电器(73-K03)线圈得电的信息将被 SIBAS KLIP 分站 1 的输入 E112-00 所监测。

(3)列车控制继电器(72-K02)线圈的得电条件:

① 受控 A 车上的,列车控制继电器(72-K01)的线圈得电,常开触点 33-34 闭合。

② 所有车辆上的车钩连挂好继电器(73-K03)的线圈得电,常开触点 3-11 闭合。

③ 非受控 A 车上的,列车控制继电器(72-K01)的线圈失电,常开触点 71-72 闭合。

继电器(72-K02)的线圈还可以通过将车钩监控旁路按钮(72-S02)转到切除位置的方式得电。同时车钩监控旁路指示灯因按钮(72-S02)的 13-14 闭合而发光。车钩监控被旁路的信号输入 SIBAS KLIP 分站 1 E115-04。

6.7.2 B车和C车车钩监控回路

车钩联好继电器(73-K03)线圈得电条件:

(1)列车控制继电器(72-K01)线圈得电,常开触点 23-24 闭合;

(2)B 车半自动车钩机械头连挂好/解钩行程开关(71-Y05-S01)的常开触点 13-14 闭合;

(3)B 车半自动车钩电气头向前连挂好状态/向后解钩状态行程开关(71-Y05-S03)的常闭触点 21-22 闭合;

(4)B 车半自动车钩保证安全行程开关(71-Y05-S04)的常闭触点 21-22 闭合。

由此可见只有在列车控制接通关断按钮接通并且 A 车半自动车钩连挂好以后,继电器(73-K03)的线圈才会得电。

车钩联好继电器(73-K03)线圈得电信息将被 SIBAS KLIP 分站 2 的输入 E122-00 所监测。

6.7.3 列车末端继电器(72-K04,72-K11)线圈得电的条件

(1)车钩连挂好继电器(73-K03)线圈未得电,常闭触点 6-10 闭合。

(2)B 车半自动车钩电气头向前连挂好状态/向后解钩状态行程开关(71-Y05-

S03)的常闭触点 13-14 闭合。

(3)端按钮(72-S02)被按下,常闭触点 13-14 闭合。这样列车末端继电器(72-K04)将处于自保状态,(72-S02)的内置指示灯也因此亮起。

列车末端继电器线圈得电将被 SIBAS KLIP 分站 2 的输入 E122-02 所监测。

由于 C 车和 B 车这部分图纸基本相似,所以 C 车就不再介绍了。

6.7.4　自动解钩、气喇叭、阅读照明和直流高压电压表

按下自动解钩按钮(73-S01),自动解钩电磁阀(73-Y01)的线圈得电。

按下气喇叭按钮(73-S02),气喇叭电磁阀(73-Y02)的线圈得电,气喇叭发出声音。

将挡风玻璃除霜加热旋钮开关(73-S03)拨到加热位置,除霜加热接触器(73-K01)的线圈得电,常开触点 1-2 闭合,接通挡风除霜加热器的电源,开始除霜。

打开阅读灯开关,阅读灯(73-E01)的逆变器(73-U02)被启动,这样阅读灯获得工作电源。

线路电压传感器把网压的数据转换为电流信号,网压表接收这个电流信号,并将以电压值的形式显示出来。

6.7.5　指示灯测试和 DC 110 V 工作计时表、里程表

按下指示灯测试按钮(73-S05),SIBAS KLIP 子站 1 输入端 E114-06 监测到一个高电平,于是 CCU 系统从 SIBAS KLIP 子站 1 输出端 A119-04,从 SIBAS KLIP 子站 2 输出端 A126-05 和从 SIBAS KLIP 子站 3 输出端 A136-05 输出高电平,驱动所有列车上的指示灯测试继电器(73-K02)的线圈,使其常开触点闭合,这样所有指示灯就获得了工作电源,点亮。

BECU 发出脉冲使里程表(73-P03)改变当前的里程数。

6.8　车门控制

6.8.1　车门开关门,解锁,旁路电路

1. 车门控制回路工作的前提条件有:

(1)主控制器钥匙接通继电器(81-K23)线圈得电,常开触点 13-14 闭合;

(2)车辆速度>0 继电器线圈(22-K18,22-K19)的线圈失电,常闭触点 71-72 闭合。

对于第一个条件,只要司机用司机钥匙打开主控制器时,就可满足。对于第二

个条件，只要列车处于静止状态，就告满足。所以，一般来说只有列车静止时，车门控制回路才能得电工作。

2. 车门的控制

对于车门来说有两种工作情况：ATP 开门旁路切除和 ATP 开门旁路未切除，下面我们就分别介绍这两种情况下车门开关门和解锁电路的工作情况。

(1)ATP 开门旁路未切除（正常工作状态）

以开左侧门为例，在此工作状态下，列车门钩的解锁和复位指令由 ATP 发出。当列车进站以后，车载 ATP 系统收到车站 ATP 装置的门钩解锁指令，使继电器(81-K02)的线圈得电并马上驱动车上所有的车左门解锁继电器(81-K04)线圈得电，使门钩解锁，为开门创造条件。

当车门解锁后，司机按下开列车左门按钮(81-S12 或 81-S02)，这样 SIBAS KLIP 分站 1 的 E114-10 监测到一个高电平，判断出司机希望执行开列车左门操作。

当列车停靠一个站台规定时间后，车载 ATP 系统收到车站 ATP 装置的门钩复位指令。马上使车上所有的车左门解锁继电器(81-K04)线圈失电，使门钩复位，为关门后锁门创造条件。

当门钩复位后，司机按下关列车左门按钮(81-S14 或 81-S04)，这样 SIBAS KLIP 分站 1 的 E114-12 监测到一个低电平，判断出司机希望执行关列车左门操作。

(2)ATP 开门旁路切除

当司机将 ATP 开门旁路旋钮开关(81-S9)拨向切除位置以后，旁路状态指示灯(81-H04)得电发光，同时 ATP 装置和切除相关的输入变为低电平，而 SIBAS KLIP 分站 1 的 E115-05 监测到一个高电平，判断出司机已经将 ATP 开门旁路。

当列车进站时，由于按钮(81-S09)的常闭触点 11-12、51-52、41-42 和 21-22 断开，而常开触点 13-14、53-54、43-44 和 23-24 闭合这样 ATP 设备不能使车左门解锁继电器(81-K04)线圈得电。只有当司机按下开列车左门按钮(81-S12 或 81-S02)后，继电器(81-K02)线圈得电，然后车上所有的车左门解锁继电器(81-K04)线圈才能得电，使门钩解锁，为开门创造条件。此时 IBAS KLIP 分站 1 的 E114-10 监测到一个高电平，判断出司机希望执行开列车左门操作。

由于 ATP 车门系统已被旁路，所以关门前的门钩复位动作操作也不受 ATP 控制，而是在关门按钮按下后，才使车上所有的车左门解锁继电器(81-K04)线圈失电，使门钩复位，为关门后锁门创造条件。与此同时，SIBAS KLIP 分站 1 的 E114-12 监测到一个低电平，判断出司机希望执行关列车左门操作。

6.8.2　开门过程

当司机按下开门按钮,CCU 系统从 SIBAS KLIP 分站监测到开门信号后,就用 KLIP 分站的输出信号向开相应的车门继电器[如开左门就是(81-K14),右门则是(81-K13)]的线圈发出驱动信号,使其得电,这样其常开触点 3-11 闭合,常闭触点 4-14 断开。于是开门电磁阀 Y1 得电,关门电磁阀 Y2 失电。由于早先的解钩继电器线圈得电已经导致了解钩电磁阀 Y3 的动作,使门钩解锁。所以开门电磁阀 Y1 得电,关门电磁阀 Y2 失电马上导致门控气缸向开门方向运动,车门随即打开。

6.8.3　使用主控制器钥匙开门

当司机用主控制器钥匙任意从客室内外打开 17/19 门时,按钮(81-S07 或 81-S05)的 1-2 触点闭合,此时开乘务门继电器(81-K19)的线圈就会得电,于是常开触点 23-24 和 33-34 闭合,常闭触点 51-52 断开,这样开门电磁阀 Y1 和解钩电磁阀 Y3 得电,关门电磁阀 Y2 失电,从而导致门控气缸向开门方向运动,车门随即打开。

6.8.4　车门切除

当任意一扇车门发生故障后,司机用方孔钥匙将车门切除。当车门被切除后,车门切除行程开关 S3 的常闭触点 1-2 断开,常开触点 3-4 闭合。常闭触点 1-2 断开将导致车门解锁继电器(85-K32、85-K34、85-K36、85-K38 或 85-K40)线圈失电,于是车门解锁继电器的常开触点 13-14 和 23-24 断开,从而切断了开门电磁阀和解锁电磁阀的供电线路,这样车门就被锁死,不能被打开了。

在车门被锁死的同时,由于 S3 的常开触点 3-4 闭合,于是车门锁定继电器(85-K42、85-K44、85-K46、85-K48 或 85-K50)的线圈得电,其常开触点 43-44 闭合,这样门关好行程开关 S2 和门锁好行程开关 S1 被旁路,不起作用,具体过程将在 6.8.7 节说明。

在车门被切除后。车门切除指示灯红灯(83-H22、83-H24、83-H26、83-H28 或 83-H30)因为锁定继电器的常闭触点 13-14 闭合而得电发光。

当司机用方孔钥匙取消该车门的切除状态以后,车门切除行程开关 S3 的常闭触点 1-2 闭合,常开触点 3-4 断开。这样门解锁继电器(85-K32、85-K34、85-K36、85-K38 或 85-K40)的线圈失电,而车门锁定继电器(85-K42、85-K44、85-K46、85-K48 或 85-K50)的线圈得电,常开触点 13-14 和 23-24 得电,从而使开门电磁阀和解锁电磁阀重新获得了开门的可能。而车门锁定继电器将会失电,取消了锁死状态，这样对车门门关好行程开关 S2 和门锁好行程开关 S1 的旁路就被取消了。

在车门被切除后，车门切除指示灯（83-H22、83-H24、83-H26、83-H28 或 83-H30）因为锁定继电器的常闭触点 13-14 断开而熄灭。

当然，一节车上的一侧门全部车门切除信号都被 CCU 系统通过 SIBAS KLIP 分站采集和监测。

6.8.5 关门过程

当司机按下关门按钮，列车 CCU 系统就会监测到司机希望执行关车左门操作，先通过 SIBAS KLIP 分站向关门报警器发出报警信号。接着 SIBAS KLIP 分站驱动关车左门延时继电器(81-K14)的线圈得电使其常闭触点 13-14 到 53-54 闭合，从而能够通过车门关好锁好指示灯观察车门关闭情况。最后 SIBAS KLIP 分站切断对开车左门继电器(81-K14)线圈的供电，继电器(81-K14)的线圈失电，常闭触点 21-22 闭合，常开触点 13-14 断开，这样关门电磁阀线圈得电，开门电磁阀线圈失电，于是门控气缸向关门方向运动。当车门运动到锁定位置时，由于此前车钩已经恢复，所以车门将被门钩锁定，关门过程完成。

6.8.6 安全门状态监测电路

当司机打开安全疏散门后，门上所有行程开关(S1，S2，S3)都被打开，于是安全疏散门锁好监控继电器(86-K01)的线圈失电，其常闭触点 21-22 闭合，安全疏散门解锁指示灯亮起，提示司机安全门已经解锁。当然此时车辆不能执行牵引指令。

当司机关闭安全疏散门到位后，门上所有行程开关(S1，S2，S3)全都闭合，于是安全疏散门锁好监控继电器(86-K01)的线圈得电，其常闭触点 21-22 断开，安全疏散门解锁指示灯熄灭，提示司机安全门已经锁好。

如果安全疏散门某个行程开关(S1，S2，S3)出现故障，不能正确指示安全疏散门是否已经锁好，司机只要将安全疏散门解锁旁路旋钮(86-S04)拨到旁路位置，其常开触点 13-14 闭合，这样继电器(86-K01)的线圈将会得电，安全疏散门解锁监控功能就被旁路了。

6.8.7 关门状态监测

当某一扇车门关闭到位，相应的门关好行程开关 S2 才会闭合；同样只有某一扇车门被门钩锁好以后，相应的门锁好行程开关 S1 才会闭合。只有当一节车上的一侧门全都关好锁好以后，相应的门关好锁好继电器[对于左侧门来说是(84-K18)]线圈才会得电，常开触点 13-14 闭合。这样只有当和列车左侧门相关的所有门关好锁好继电器的线圈得电，常开触点 13-14 闭合以后，列车左侧所有门关好锁好继电器(81-K10)的线圈才会得电,左侧关门按钮(81-S14 或 81-S04)内置指示灯才会亮起,表明关门操作已经完成。

如果某扇门出现故障,相应的门关好行程开关 S2 和门锁好行程开关 S1 不能闭合,从而导致列车左侧所有门关好锁好继电器的线圈不能得电,影响正常运营(如果车门未关好车辆不能进行牵引操作)。为了解决这个问题,在相应的门关好行程开关 S2 和门锁好行程开关 S1 的两端被并联了一个车门锁定继电器的常开触点 43-44,一旦车门被切除,相应的门控切除继电器的线圈就会得电,那么常开触点 43-44 闭合,该扇门的门关好行程开关 S2 和门锁好行程开关 S1 就被旁路了。

当然,一节车上的一侧门全部关好锁好的信号都被 CCU 系统通过 SIBAS KLIP 分站采集和监测。

6.9 ATP 系统

6.9.1 ATP 启动与切除

当某节 A 车的主控制器被打开→继电器(22-K01)的常开触点 43,33 闭合→继电器(91-K03)的线圈得电→常开触点 13-14 闭合,如果此时方式方向手柄处于 ATP 位置→继电器(91-K01)线圈得电→继电器(91-K01)常开触点 43-44 闭合→继电器(91-K02)线圈得电→ATP 系统得到启动信息→列车转入 ATP 驾驶状态。

当司机用 ATP 切除旋钮(91-S01)切除 ATP→继电器(91-K05 和 91-K07)的线圈得电→常闭触点 84,A4 断开→ATP 系统监测这一状态,判断出 ATP 已被切除。此时 ATP 切除指示灯亮起。

ATP 系统的故障和 ATP 系统被切除的信息由 SIBAS KLIP 分站 1 接受并判断。E115-00 为 ATC/ATP 故障 1, E115-01 为 ATC/ATP 故障 2, E115-02 为 ATC/ATP 故障 3,E115-03 为 ATC/ATP 切除。

8 节、6 节编组继电器(91-K04)的线圈由 SIBAS KLIP 分站 1 的 A119-05 控制,最终通过继电器(91-K04)的常开触点 3-11 和 4-14 把信息传入 ATP。

只要列车被接通控制,ATP 系统就获得了工作电源。

6.9.2 ATP 输入信号

如车辆前进后退信息,门关好锁好信息,非摩擦制动故障信息以及列车编组信息都被输入 ATP,由其进行判断处理(车辆处于 ATP 模式下)。

第 7 章　新技术和新工艺的应用

7.1　列车全自动驾驶技术

全自动驾驶技术已经成为城市轨道交通的研究重点，其发展在城市轨道交通领域上具有非常重要的影响。

7.1.1　全自动驾驶技术的兴起和意义

1. 城市轨道交通自动驾驶技术的兴起

20 世纪 80 年代，国际上的城市轨道交通全自动驾驶技术兴起。1981 年 2 月，日本开始建立了其第一条城市轨道交通线路——AGT 线神户港岛线。这是日本第一条以市区为起点通过当时较为先进的技术来进行自动导向运输的线路。这条线路的开通，使得日本部分城市发展步入了新的时期，对其整体的城市规划建设起到了非常重要的作用。这一条线路实行了橡胶轮、侧轨导向，在传统线路建设的基础之上进行了改良和创新，从而实现了城市轨道交通的全面自动化。除此之外，神户港岛线对于世界领域的城市轨道交通全自动驾驶技术项目来说，也具备非常重要的现实作用，也是全世界上第一个全自动化的城市轨道交通线路。

2. 全自动驾驶技术的意义

全自动驾驶的意义是指列车驾控员执行的工作完全交由自动化的、高度集中控制的列车运行系统完成。全自动驾驶系统通常具备列车自动唤醒、起动和休眠、自动出入停车场、自动清洗、自动行驶、自动启停车、自动开关门等功能，并具有常规运行、降级运行和灾害工况等多种运行模式。根据国际电工标准 *railway applications-Urban guided transport management and command/control systems-Part 1:System principles and fundamental concepts*（IEC 62290-1），将轨道交通自动化分为从 GoA0 到 GoA4 共 5 个等级。其中 GoA3、GoA4 可以称为全自动驾驶，如图 7-1 所示。城市轨道交通全自动驾驶系统利用现代通信、自动控制、计算机技术，全面提升轨道交通的可靠性、安全性、可用性、可维护性，提高运行效率及整体自动化水平，实现城市轨道交通的最佳运行，代表未来轨道交通技术的发展方向。

车辆基于运营场景要求，以更安全、更可靠、更高效、更智慧化为设计导向，自

列车运行基本功能		GoA0	GoA1	GoA2	GoA3	GoA4
确保列车运行安全	确误进路安全	X	√	√	√	√
	确保列车运行间隔安全	X	√	√	√	√
	确保列车速度安全	X	√	√	√	√
列车的驾驶	控制加速和制动	X	X	√	√	√
轨道的监督	避免与障碍物碰撞	X	X	X	√	√
	避免与人碰撞	X	X	X	√	√
乘降作业的监督	控制车门	X	X	X	X/√	√
	避免列车和列车间隙对人造成伤害 避免列车和站台间隙对人造成伤害	X	X	X	X/√	√
	确保列车启动运行的安全	X	X	X	X/√	√
列车的运营	列车投入或退出运营	X	X	X	X	√
	监督列车状态	X	X	X	X	√
确保紧急情况的检测和管理	执行列车诊断，检测火灾/烟雾，检测脱轨，处理紧急状况	X	X	X	X	√/OCC
×表示由线路工作人员负责；√表示由系统实现。						

运营工作人员+系统功能+管理规则 → 系统功能+管理规则

图 7-1　全自动驾驶车辆定义

主研发国内首个全自动驾驶控制技术平台，包括全自动驾驶地铁列车智慧化控制技术方案、车一地通信与远程控制技术方案、车辆高安全和高冗余的电路与自复位技术方案、车辆网络通信和设备状态监测与故障预警技术方案、车辆安全设计与配套认证体系以及面向全自动驾驶的车辆高舒适性设计等。

(1)提高系统安全性等级

研发基于振动分析的脱轨检测系统、双断多冗余控制电路等新技术，保障列车行车安全，提高系统安全性。

加强车辆安全技术与认证体系，构建了涵盖设计、生产、试验、运营全过程的安全认证体系，车辆部分系统安全完整性等级达到最高的 SIL4 要求，并全面提升安全性等级，通过了权威机构的独立安全评估(ISA)。

完成了国内首次轨道车辆防火保护最高等级 HL3 开展的防火认证，为车辆无人干预条件下的安全性提供了可靠的安全保障。

(2)提高系统可靠性能力

整车应采用冗余的网络架构，关键信号的输入输出具备冗余性，应实现单个信号丢失不影响列车正常运营，网络控制主机热备，可自动完成主、从无感切换，为列车提供高可靠、高安全的网络控制。

整车应具备高安全冗余电路与自复位技术，车辆牵引、紧急制动和车门控制等核心电路采用双断多冗余控制电路，达到最高级别 SIL4 安全等级的同时提高系统的可靠性；结合控制电路和电气设备自复位与远程复位技术，赋予列车故障自愈能力。

(3)提升系统智慧化程度

按照时刻表应自动实现上电唤醒、自检、根据工况控制照明和空调、自动升弓、出库、区间运行、进站、报站、停车、开关门、出站、回库、降弓、休眠等控制功能，赋予车辆全自动运行的能力。

基于车一地通信技术，运用远程视频对讲、远程人工广播、支持远程确认的自动常用制动与停放制动旁路等远程控制技术，高度满足运营多样化需求。

自动调速刮雨器、故障列车自动扣车、关键硬线电路综合在线自检等自动化控制技术，提高列车智慧化程度。

(4)提升舒适性及运营服务水平

客室照明色温、照度自适应调节，空调温度自适应调节等智慧控制技术，提升乘客的乘坐环境；通过车辆与其他专业的联动控制，自动播报各种应急广播等，为乘客创造综合舒适度高的乘车环境。

(5)提升智能运维水平

在线感知技术、主动诊断预警技术，弓网关系、走行部、车门、制动、空调等状态监测系统，构建全寿命周期健康管理系统，实现设备状态实时监测及状态预警，为车辆状态修提供实时数据支撑，提高检修效率及维护水平，降低运营维护成本。

7.1.2 国内轨道交通列车全自动驾驶技术的进展

近年来，国内全自动驾驶技术全面发展。截至 2023 年底，我国共有 21 个城市开通全自动运行城市轨道交通线路 40 条，已形成了 1 051.81 km 的全自动运行线路规模。2023 年新增全自动运行线路 14 条，新增线路长度 252.17 km，国内城市轨道交通已正式迈入全自动驾驶的崭新里程。回顾城市轨道交通的发展历史，可追溯四代。第一代为全进口的引进车辆，第二代开始发展国产化，第三代提倡绿色地铁，而目前正式踏入以全自动驾驶为代表的第四代智慧地铁时代。在这短短的数十年里城市轨道交通不断地革新突破，给整个城市轨道交通行业的更新迭代输出宝贵的经验。

7.2 车辆智能运维系统

7.2.1 车辆智能运维系统的应用

随着社会经济的发展，城市规模不断扩大，城市轨道交通已逐渐成为城市公共交通的主要方面。截至2023年末，我国累计59个城市建成投入运营的城市轨道交通线路338条，运营里程达到11 224.54 km。以上海地铁为例，截至2023年底，上海轨道交通开通运营线路20条，全网运营线路总长831 km，车站508座，位居全国第一，全年客流超220 000万人次，轨道交通已经成为市民出行最为主要的方式。

城市轨道交通在网络化快速发展的同时，也带来大客流常态化、安全风险复杂化、资源配置不均衡等一系列新课题。北京、上海、广州等率先进入网络化运营阶段的大城市已经感受到持续拓展的网络所带来的运营压力和维护压力。但由于轨道交通设施设备体量和类型大幅增加，设施设备运行环境的复杂多样，外部影响因素增多，设施设备故障的诊断难度增加，对装备系统的状态掌控能力提出了更高要求。

传统的轨道交通车辆运维模式以计划修和故障修为主，无法满足大规模网络化运营后的车辆运维需求，包括三个方面：

(1)单一规程触发的维护模式导致车辆维修存在滞后性。

(2)列车数据采集不全面、不完整、不可用，导致运维人员无法全面掌握列车状态，难以保证应急响应的速度和针对性，应急处置的开展相对被动。

(3)各运维平台的相对独立，导致运维作业操作繁琐，效率降低。

这三大问题都将导致车辆运维人员需求激增，各类生产资源协调难度加大，车辆运维成本持续增加，可持续发展的问题亟待解决。

7.2.2　车辆智能运维系统的功能

为了应对超大网络规模下的上海地铁维护保障任务的快速增长，上海地铁借助科技之力，打造智能化运维。依托一系列智能化技术的采用，形成更为合理的经验型计划修模式；依托智能运维在线感知能力，形成感知型状态修模式；依托精准维修理念和大数据分析，形成专家型故障修模式，如图7-2所示。

建立以多维在线监测系统及其专家系统为支撑的列车维修新模式；包括车载监测(车地无线传输技术)、轨旁检测(机器视觉、红外线、激光传感等技术)、车辆维护管理技术(采用了物联网技术、RFID、机器视觉技术)。

建立以多维在线监测系统与专家系统为支撑的列车维修新模式，包括车载监测(车地无线传输技术)、轨旁检测(采用机器视觉、红外线、激光传感等技术)、车辆维护管理(采用物联网技术、RFID、机器视觉技术)等。

上海地铁全网络已全面试点应用智能运维系统，设备检测准确率达90%以上，减少人工作业强度，提升设备可靠性。

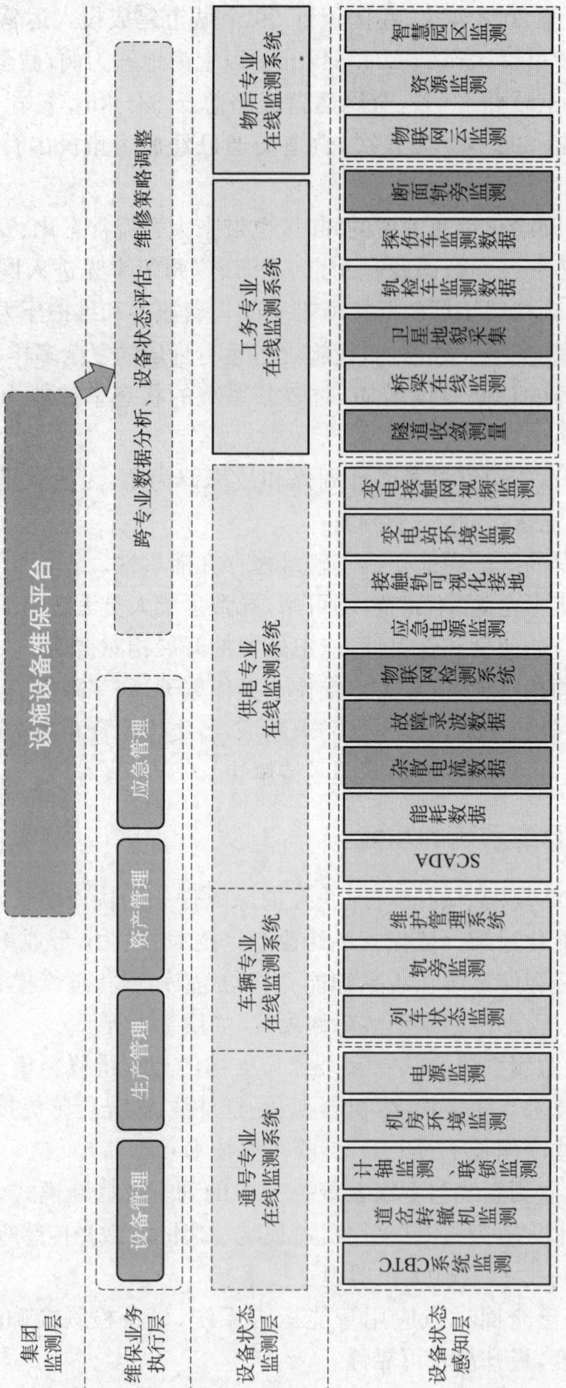

图 7-2 设施设备维保平台

1. 建立车联网(IOR)系统

IOR系统是车辆智能运维系统RISE最重要的数据基础。IOR系统通过在全路网列车上加装车地无线传输模块,实时或非实时将全路网列车运行数据,通过无线传输的方式,发送到地面监控系统服务器集群,实现列车全系统数据监测,覆盖车辆运行安全相关、车辆运行质量相关、车辆运行状态相关、车辆维修维护决策相关数据,涵盖车辆各子系统。车联网IOR系统在地面搭建列车综合监控分析平台,用于车辆综合状态的远程实时监控及故障预警的实时提醒。IOR系统将收集到的全列车数据接入地面专家系统,供专家系统进行深层次的分类统计分析,帮助检修维护人员根据故障列车、列车故障系统发生频次制订重点检修维护保养计划,提高列车检修效率。

2. 建立轨旁车辆综合检测(SMIT)系统

SMIT系统,使原有的人工检查数据更加立体化,其数据是车辆智能运维系统数据体系中重要的组成部分。

SMIT系统提供软件接口,每次列车过车检测完成后,各检测子系统将数据包发给SMIT系统,SMIT系统收到数据包后,发送给检测子反馈结果。SMIT系统中可配置数据包解析协议,检测子系统发送的数据包被轨旁系统接收后,轨旁系统根据配置好的解析协议解析并存储这些数据。由于图片等数据量较大,考虑到受网络情况,数据传输链路可能存在不稳定性,系统支持数据不完整情况下重新上传,提高传输的可靠性。

3. 建立车辆维修管理系统

车辆维修管理系统完成了车辆智能运维信息系统数据收集中的最后一环,即人工检查环节电子化。

移动点巡检、鹰眼、机电设备远程监控、工器具管理等的车辆维护信息数据通过使用4G、Wi-Fi进行传输。其将原有的纸质表单数据电子化,与IOR数据及SMIT数据一起,更全面地反映列车状态及维修情况,更好地完成故障诊断及维修策略优化。

4. 搭建专家系统

通过专家系统,及时发现列车潜在故障信息,迅速定位和诊断,同时系统进行可维修性及可用性分析处理。通过对列车详细故障统计分析功能以及对列车状态数据进行深度挖掘,实现对列车部件全寿命周期管理和生命周期预测。通过科技改变现有检修模式,保障列车安全有效运行。

专家系统利用施工管理、人员管理等既有平台提供的检修数据,融合IOR系统、SMIT系统等设备状态、数据趋势、统计寿命等数据,对列车核心关键部件进行故障诊断、状态综合分析、故障隐患挖掘、故障预测,提高故障维修建议的采纳率、简化故障排查流程、优化应急处置管理。与物料管理既有平台进行对接，实现物料的库存优化与预警，利用企业资源管理系统 EAM 提供的设备关键序列号实现列车核心部件的跟踪，为地铁的安全运营提供保障，逐步实现列车“状态修”的总体目标，实现列车全寿命周期的智能化运维管理。

7.2.3 功能实现方式

1. 硬件搭建

车辆智能运维系统旨在通过先进的信息化技术手段，并辅以运维管理手段的创新，初步实现城市轨道交通车辆运维由传统的计划修、故障修向状态修的转变。车辆智能运维系统主要由 9 个子系统组成，分别为列车实时运行信息采集子系统、轨旁受流器检测子系统、列车轮对尺寸检测子系统、列车轮对踏面检测子系统、轨旁车顶车侧检测子系统、轨旁走行部检测子系统、列车关键设备温度检测子系统、列车轮轨振动检测子系统、列车检修点巡检子系统。

(1)列车实时运行信息采集子系统

列车实时运行信息采集子系统是指将城市轨道交通车辆整车、车辆各子系统以及车辆关键部件通过安装传感器进行智能化升级，将车辆状态数据化，通过 4G、Wi-Fi 等各种无线网络连接车辆与地面平台。

列车实时运行信息采集子系统通过在车辆安装无线传输设备，对列车运行的状态数据与故障数进行采集与封装；在内网、专网或互联网环境下，采用适当的信息安全保障机制与数据传输协议进行数据传输。

列车实时运行信息采集子系统是车辆智能运维系统的重要组成部分，也是车辆智能运维系统最主要的数据来源。

(2)轨旁受流器检测子系统

轨旁受流器检测子系统采用高速图像采集及识别技术，通过检测设备，在线检测碳滑块厚度、部件缺失、受流器形位异常等受流器工作状态，具有高速图像采集、分析，数据判断管理等功能。根据监测记录图像和数据，为维修处理提供直观的信息和可靠的判断依据。

(3)列车轮对尺寸检测子系统

利用光截图像测量技术，激光线光源沿一定角度投射到车轮踏面，形成包含车轮外形尺寸信息的光截曲线，高分辨率面阵 CCD 摄像机拍摄车轮外形光截曲线，经图像采集、处理获得车轮外形轮廓及关键外形几何尺寸。

(4)列车轮对踏面检测子系统

轮对踏面与钢轨长期滚动摩擦，踏面光滑。采集圆柱形的踏面时，不同位置的踏面距离面阵相机的距离不等，且补光光源透射到踏面表面反射角度不同，造成踏面成像中间区域出现亮斑。

该系统通过机器视觉技术，自动识别有无踏面缺陷亮斑及缺陷大小，可实现对轮对踏面的自动检测。

(5)轨旁车顶车侧检测子系统

采用光学图像检测技术自动采集车顶、车侧可视部件的高清图像，通过图像模式识别分析，实现对车顶、车侧关键部件缺失、变形等异常情况自动检测，进行报警提示。

(6)轨旁走行部检测子系统

在轨旁走行部底部位置安装图像检测设备，采用光学图像检测技术自动采集走行部可视部件的高清图像，通过图像模式识别分析，实现对走行部关键部件缺失、变形等异常情况自动检测，进行报警提示。

(7)列车关键设备温度检测子系统

车辆在运行过程中采集走行部关键设备温度，本系统通过车轮传感器触发，当地铁列车到达时，使用非接触式红外图像采集模块探测车下关键设备温度，以图像方式显示设备红外热图，配合软件处理分析定位车下设备的准确位置。

(8)列车轮轨振动检测子系统

该系统通过在列车轴箱位置安装的振动传感器，检测列车运行过程中所产生的振动数据，并通过符号回归方法以及自编码器和其他降维方法，提炼列车轮轨振动关系。

(9)列车检修点巡检子系统

列车检修点巡检子系统的实质是通过信息化手段，将车辆运维人员在作业中的全过程记录下，以更为全面地获取维护维修状态信息，并将这些信息格式化、电子化，取代传统的方式。

2. 软件搭建

列车实时运行信息采集子系统对列车状态数据进行管理，并将其传输到地面。列车状态数据传输到地面的实现方式有三种：车地无线传输、自动传输、手动下载。列车实时运行信息采集系统主要由实时车地无线传输模块和离线自动传输模块构成。整体结构如图7-3所示。

此外该系统还对传输到地面的列车状态数据进行基础的应用和处理，将不同型号的列车数据进行格式化处理。该子系统针对列车运行时的实时性，可以进行实时数据的回放，监控、报警和实时状态的预警，大数据分析，为云平台提供运营实时数据来源。

(1)车实时运行信息采集子系统的车载系统部分

车载系统主要由实时车地无线传输模块采集数据种类主要包括硬线采集信号

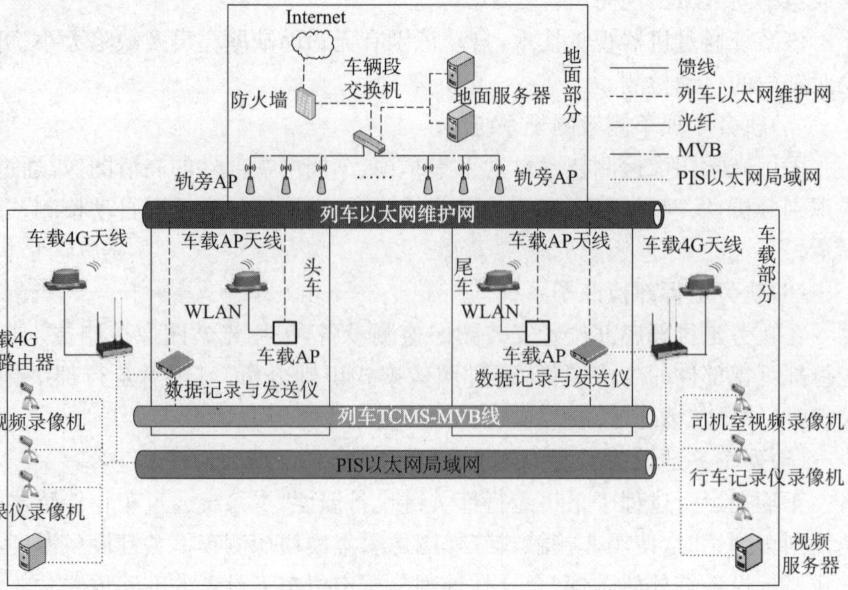

图 7-3　系统架构图

数据、MVB 通信传输数据、传感器在线监测数据三大部分。监测信号总计约 4 000 个信息点，覆盖了列车本身及各子系统所有的关键信号数据。

① 硬线采集信号数据

主要包括旁路开关等需要司机操作的开关按钮状态，重要列车线的状态，重要继电器接触器的状态及各系统电源空开的状态。覆盖信号量约为 800 个信号采集点。

a. 司机正常操作的主要开关和按钮状态：包括司机室激活、升弓命令、降弓命令、回送命令、客室门及逃生门开关模式、客室门及逃生客室门开关命令、客室空调开关命令、DC/DC 启动、向前向后模式、快速制动、司机控制手柄级位、空气压缩机启动、快速制动、洗车命令、停放制动施加缓解命令、门操作模式、客室空调开关命令、车钩连挂、列车连挂等司机正常操作开关和按钮状态。

b. 司机排故操作的开关和按钮状态：包括司机室旁路、强迫供风、蓄电池紧急牵引命令、ATC 切除命令、常用制动强迫缓解命令、转向架隔离、应急升弓泵、紧急制动复位、紧急牵引、门复位、蘑菇按钮动作命令、车门旁路、紧急制动旁路、客室门及逃生门复位命令、常用制动缓解旁路等司机排故操作开关和按钮状态。

c. 重要列车线的状态：包括列车牵引制动状态信号（紧急制动、惰行、牵引、蓄电池紧急牵引、制动、快速制动信号）、车上各转向架隔离状态、客室门打开关闭状态、停放制动施加缓解状态、列车向前向后状态、HSCB 闭合状态、列车运行模式状态信号(ATO 模式、ATP 模式、洗车模式、人工驾驶状态)、列车零速状态信号、转向架常用制动施加缓解隔离状态、前后升降弓状态信号、总风低压状态信号等。

d. 重要继电器、接触器的状态:包括警惕继电器状态、紧急制动继电器状态、KAUX 接触器状态、零速继电器状态等继电器及接触器等信号状态。

e. 各系统电源空开的状态:包括中继器电源空开状态、牵引主控制单元电源空开状态、制动主控制单元电源空开状态、网络控制单元电源空开状态等电源空开信号状态。

② MVB 通信传输数据

MVB 通信传输的数据主要包括列车各子系统的状态、故障等信息。覆盖信号量约为 3 000 个信号采集点。

其中列车状态数据传输内容覆盖了列车本身基本运行状态信息及列车所有关键子系统所有主要运行状态监测点。

基本运行状态信息主要包括列车号、列车运行模式、列车运行站点位置、客流量、牵引或制动指令模式、列车行驶速度、牵引制动级位、网压、网流、主风缸压力、运行时间等信息。

列车各子系统详细状态信息主要包含牵引系统、制动系统、辅助系统、车门系统、空调系统、轴温检测系统、PIS 系统以及其他模块状态信息,如子系统通信状态、报警状态、旁路状态、紧急制动状态等模块信息。

a. 牵引系统状态信息:主要包含受电弓(或受流靴)升降状态、HSCB 状态、IES 箱车间电源盖状态、VVVF-IES 箱车间电源状态、牵引状态、VVVF-IES 状态、各车牵引电制动力等信息。

b. 制动系统:主要包含常用制动状态、停放制动状态、空气压缩机状态、各车机械制动力、各车厢车辆载荷等信息。

c. 辅助系统:主要包含辅助逆变器状态、KAUX1/KAUX2 状态、CVS-IES 状态、CVS-IES 箱车间电源状态、熔断器状态、AC 输出电压、蓄电池充电机输出电压、蓄电池充电机输出电流等信息。

d. 车门系统:主要包含所有车客室门、司机室门、逃生门状态等信息。

e. 空调系统:主要包含包括所有车空调机组状态、客室温度、新风温度、回风温度、送风温度、新风阀开度、控制模式等信息。

f. 轴温检测系统:主要包括轴箱温升状态。

g. PIS 系统:主要包括各车厢紧急报警单元报警状态。

h. 其他模块:包括可监控 TCMS 各子系统通信正常与否状态、列车整车各旁路开关状态、紧急制动输出状态等信息。

传输列车故障信号数据包括列车控制系统根据预设逻辑判断出的故障信息、子系统 MVB 传输的故障信息，涵盖列车本身及各子系统严重、中级、轻微三个等级所有可监测的故障信息。

③ 传感器在线监测数据

对车辆的关键部件将加装传感器进行状态监测，如转向架轴箱温度、振动传感器、齿轮箱复合传感器、电机复合传感器、构架振动传感器、车体振动传感器、车门电机电路电流传感器，覆盖约为 200 个列车传感器信号采集点。

(2)列车实时运行信息采集子系统的在线数据传输部分

① 列车状态数据传输

列车状态数据传输内容覆盖了列车本身及列车关键子系统所有主要运行状态监测点。列车运行状态数据采用定时实时上传机制。ERM 系统将已定义好需要上传的运行状态数据按照一定的时间间隔进行打包并上传至地面数据服务器。数据传输频率能够达到毫秒级。考虑到受无线信号覆盖情况，无线传输链路可能存在不稳定性，系统支持丢包数据重发以及链路中断定时重连机制，保证无线传输链路稳定以及上传运行数据不丢失。

② 列车故障数据传输

列车故障数据包括列车控制系统根据预设逻辑判断出的故障信息、子系统 MVB 传输的故障信息。ERM 实时监测所有记录的故障发生与解除状态，当某故障发生或者解除时触发及时上传该故障信息（包括故障 ID、故障系统、故障车辆等信息），同时应将该故障发生时刻的关键环境信息（包括故障发生时间、当前车速、当前站点、网压、网流等信息）上传至地面数据服务器，以方便检修维护人员能够及时获取当前列车运行故障状态，采取有效的应对策略。考虑到受无线信号覆盖情况，无线传输链路可能存在不稳定性，系统支持丢包数据重发机制，保证无上传故障数据不丢失。

③ 列车视频监测数据传输

地面监控分析终端通过远程主动调用请求的方式获取列车摄像头视频码流数据，实现列车某摄像头的远程实时视频监控功能。地面检修维护人员可以及时调取车载 CCTV 系统对客室的监控视频，及时了解列车运行环境，采取更加有效应对措施。

当采用 4G 无线传输方式时，通过 4G 通道传输视频数据需要使用 VPN 虚拟专用网络技术，保证车地设备同属于同一虚拟局域网中。VPN 技术也称作虚拟专用网络技术，是指在公网上建立的专用网络技术。之所以称为虚拟网，是因为整个 VPN 网络的任意两个节点之间连接并没有传统专网的点到点的物理链路，此技术需要架构在公用网络运营服务商所搭建的专用网络平台，在其逻辑链路上实现专用逻辑点对点数据传输。同时车载无线路由器支持 NAT + Port Forwarding 功能,保证地面服务器寻址车载 NVR 服务器或者网络摄像机的地址唯一性。

(3)列车实时运行信息采集子系统的离线数据传输部分

① 离线数据传输内容

车辆上安装的振动监测系统、轴温监测系统,具备无线传输功能,其在车辆段设有服务器,当车辆回库之后,能自动将记录的数据传输到服务器中。

列车全列车配置一台车载 AP 网关以及相匹配的车载 AP 天线,列车回库后,列车数据记录仪借用地面布设的 WLAN 局域网通道将每天记录的非实时运行数据下传到地面服务器。

② 离线数据传输速率

车地无线双向实时传输系统作为传输网络的延伸,提供地面与列车之间的通信,车地无线双向传输基于 IEEE 802.11n 无线传输标准协议技术实现。车地无线通信能够保证列车在高速行驶的情况下,能够满足列车实时数据传输要求,通过 MIMO 方式,可以实现最大理论速率 300 Mbit/s 的通信带宽,采用 MIMO 技术的情况下,实测带宽能够达到 15 Mbit/s 左右。

③ 离线数据传输方式

地面通过布设 AP 形成地面局域网,车载 AP 与地面 WLAN 网络连接,为库内数据上传提供传输通道。

车载 AP 与地面 WLAN 的连接,由车载 AP、地面 AP,提供安全加密及安全认证策略,其中车载 AP 设备支持 OPEN/WEP/WPA/WPA2 加密模式,地面 AP 设备基于 MAC/IP/ 协议端口过滤的防火墙技术,64 位和 128 位的 WEP 加密技术,确保 WLAN 用户的数据得到最高效保护。

(4)列车实时运行信息采集子系统的地面网关部分

地面网关部分包括地面轨旁 AP 网关、交换机、服务器、防火墙等功能单元构成,负责接收通过车地无线传输方式与自动传输方式发送的车辆状态数据。

车辆段内通过布设地面无线 AP 网关,形成地面局域网覆盖,无线 AP 之间通过单模光纤连接,接入千兆交换机,形成星形拓扑,保证单台设备故障的情况下,不影响网络中其他设备的通信,并且保证数据正常转发,地面局域网通过防火墙与外网隔离并提供外网访问接口。

同时车库内无线局域网建设将采用 IEEE 802.11n 无线传输标准协议,802.11n 可以将 WLAN 的传输速率由 802.11a 及 802.11g 提供的 54 Mbit/s,提高到 300 Mbit/s。这主要得益于将 MIMO(多入多出)与 OFDM(正交频分复用)技术相结合而应用的 MIMO OFDM 技术,提高了无线传输质量,也使传输速率得到极大提升。

地面控制中心放置地面数据集中服务器集群，接列车多类型运行状态数据。服务器端对数据进行接收、存储、解析处理之后，把数据实时推送到用户交互端。用户可以通过浏览器进行远程访问，实现对列车运行状态实时监控及数据统计分析、数据挖掘等功能。

地面服务器集群基于大数据存储分析引擎平台实现，主要功能包括：大批量数据存储功能、数据实时提取功能、分段数据检索功能、数据聚合功能、系统监控功能。系统支持水平扩展，满足未来线路列车数不断增加的需求。

(5)列车实时运行信息采集子系统的应用

① 列车运行状态实时监控

系统实时监控入网列车基本运行状态、各系统状态以及主要部件的状态，监控状态页面显示与线路列车驾驶室显示屏显示保持一致，这为地面专家指导司机处理应急问题提供了支持，从而达到降低不必要的故障引起列车清客等运营故障。

② 列车运营全网监控

系统能够实时动态监控网络内各列车运行状态及所处的位置等信息，支持运营调度、列车救援等，便于地面运营中心依据列车全网运行图，形成更加灵活的运营调度机制。

③ 列车故障实时报警及状态预警

对列车发生的实时故障以及基于运营经验设置的预警条件产生的异常状态实时报警，根据报警的相关变量进行快速分析，定位故障原因，提供预定义的故障处置指导。同时系统能够结合运营经验、易产生故障的工况，在大数据积累的过程中，可灵活根据运营情况、设置模式条件及报警内容实现对列车预警信息的灵活性配置功能。当配置完成后，提前预判故障的发生，并发出提示，提醒地面监控人员重点关注，减少列车故障发生。

④ 列车视频远程实时监控

当列车发生故障时，地面监控人员能够根据需要实时调取相应摄像头视频流信息，实现对列车有效监控，指导司机完成相应的应急故障处置。及时准确向报警列车提供应急处理建议，降低运营损失。

⑤ 车辆运行状态信息分析

根据收集的列车运行数据进行数据分析，对部件的健康状况进行评估，分析列车历史参数的发展趋势。例如通过里程、能耗与运行状态的分析，实现对线路列车能耗的管理，挖掘低耗节能策略。通过对车载客流量的分析，调整发车密度，合理组织运营。通过对故障的统计和分析，可以支持列车日常检修作业，对列车进行具体针对性的检修维护，并可以达到提前准备检修工具以及检修物料的程度，提高了检修效率。

⑥ 深度数据挖掘，形成专家系统

系统基于大量历史数据的深度挖掘，达到列车故障的预测，相关故障处置准确的智能指导，检修相关工单、物料及人员的自动安排，实现专家系统对未保存的故障进行自动学习，不断自动完善专家系统。根据系统建议达到优化完善整个地铁网络运维管理规程策略的目的。

7.3　RAMS可靠性分析

可靠性、安全性等是保证车辆稳定运行的重要指标，直接关系车辆运营服务质量和运营维修成本。

7.3.1　RAMS简介

RAMS为轨道交通主管部门及其支承工业提供了一个流程，它使相应方法的实施达到对可靠性、可用性、可维修性和安全性(RAMS)的管理。RAMS是可靠性(Reliability)、可用性(Availability)、可维修性(Maintainability)和安全性(Safety)英文单词的首字母的缩写。

RAMS是IRIS国际铁路行业标准之一，但它可以单独作为一项工程来实施，RAMS是贯穿产品整个生命周期，从对产品的可行性分析研究到产品报废的整个生命周期过程中，需要建立可靠性、可用性、可维修性和安全性的RAMS论证过程，通过RAMS论证建立RAMS要求，并将RAMS参数综合到RAMS要求形成过程中。

RAMS是系统的长期工作特性，在系统的整个生命周期内，它可通过应用已建立的工程概念、方法、工具和技术而实现。系统的RAMS可以用于系统或子系统或组成系统的部件有关的定性和定量指标表示，保证达到规定的功能并且可用和安全。

轨道交通RAMS表明系统能保证在指定的时间内安全地达到轨道运输规定水平的置信度。轨道交通RAMS对交付给用户的运行质量有明显的影响；运行质量还受有关功能和性能参数的其他特性影响，例如运行频率、运行规律和费用结构。

(1)可靠性：在规定的条件和规定的时间内，完成规定功能的能力。

(2)可用性：在任意随机时刻需要和开始执行任务时，处于可工作或可使用状态的程度。

(3)可维修性：在规定条件下和规定时间内，按规定的程序和方法进行维修时，保持或恢复到规定状态的能力。

(4)安全性:具有的不导致人员伤亡、系统损坏、财产损失、不危害员工健康与环境的能力。

7.3.2 轨道交通 RAMS 的要素

1. 各要素相互关系

安全性和可用性相互关联,对安全性要求和可用性要求之间的冲突如果管理不当,会妨碍获得可信的系统。轨道交通 RAMS 各要素(可靠性、可用性、可维修性和安全性)的相互关系如图 7-4 所示。

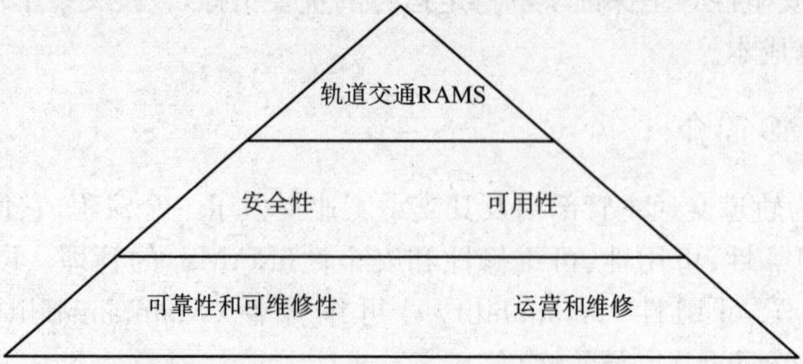

图 7-4 轨道交通 RAMS 各要素间的相互关系

满足了可靠性和可维修性所有要求,并控制正在进行的、长期的维修、运营活动及系统环境才能达到运行期间的安全性和可用性目标。安全防护,作为表示轨道交通系统对抗故意破坏与不合理的人员行为的防御能力,是 RAMS 的更深层次上的要素。

2. 各要素技术概念基础

(1)可靠性包括:

① 规定应用及环境下所有可能的系统失效模式。

② 每个失效发生的概率,或者每个失效出现的概率。

③ 失效对系统功能的影响。

(2)可维修性包含:

① 执行计划维修的时间。

② 故障检测、识别及定位的时间。

③ 失效系统的修复时间(计划之外的维修)。

(3)运营和维修包括:

① 系统生命周期内全部可能的工作模式和必要的维修。

② 人为因素问题。

(4)安全性的技术概念以下述内容为基础：

① 在所有运行、维护和环境模式下系统中所有可能的危害。

② 每个危害的特征，以危害后果的严重性表示。

③ 安全性、安全相关的失效包括：

a. 导致危害的全部系统失效模式(安全相关的失效模式)。

b. 每个安全相关系统失效模式发生的概率。

c. 在应用中，可能导致事故的事件(即导致事故的危害)的顺序和/或并发率、失效、工作状态、环境条件等。

④ 应用中，每个事件、失效、工作状态和环境条件等出现的概率。

(5)系统的安全相关部件的可维修性包括：

① 与安全相关失效模式或危害有关的系统中子系统或其部件维修的方便性。

② 系统安全有关部件在维修工作期间内发生错误的概率。

③ 系统恢复到安全状态的时间。

(6)系统操作与系统安全相关部件的维修包括：

① 人为因素对系统安全相关部分的有效维修及系统安全运营的影响。

② 用于系统安全有关部分的有效维修和系统安全运营的工具、设备和工序。

③ 有效地控制、处理危害并减轻危害后果的措施。

3. 系统失效概念

系统运行于应用与环境的范围之内，失效将对系统的性能产生某些影响。所有失效都对系统可靠性产生负面影响，在特定应用中，仅当某些特性失效才对安全性有负面影响。此外，外界环境也影响系统功能，进而影响轨道交通的安全性。系统内部失效的影响如图 7-5 所示。

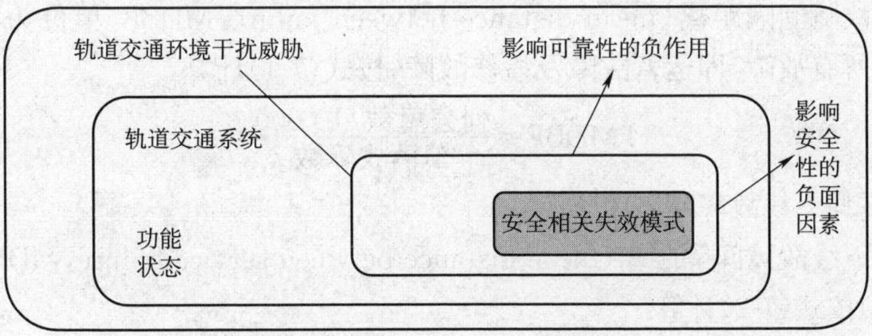

图 7-5　系统内部失效的影响

只有考虑了系统中 RAMS 各要素的相互作用和关系，并获得了系统优化的 RAMS 组合，才能实现一个可靠的轨道交通系统。

7.3.3 可靠性相关指标

可靠性相关指标主要涉及列车公里数以及列车故障数，以及造成各类运营影响的故障次数。可靠性计算一般以列车车队作为基础单位，最小统计周期为月（根据数据情况可以做进一步计算）。可靠性统计是以固定来源的故障数据作为统计数据源，数据录入过程中一般仅以故障维修的结果对故障数据进行分类汇总。

1. 基础统计数据

基础统计数据包括不限于：

(1)公里数：以列车列公里数（列公里数）作为计算量，计算投运车队的总里程数（该线路所有当月运营列车的总里程数）。

(2)列车数：以目前线路配属的当月具备上线条件的车队列车数。

(3)完好车辆数：每天无故障上线运营的列车数量（月度计算累计值）。

(4)可投运数：每天具备最低上线要求的列车数量（完好列车数＋符合最低放行标准的列车数）。

(5)有效配属数：各线路配属的能够调配上线运营的列车。

(6)车辆故障数：以当月发生的所有故障，包括正线和库内故障以及检修时发现的所有相关故障。

2. 相关计算指标

一般可靠性相关指标计算以月作为最小计算时间，计算指标包括当月值（当月运营里程数/当月故障数），连续值（连续 N 个月里程数/连续 N 个月故障总数）。

相关计算指标包括不限于：

(1)平均故障间隔距离

平均故障间隔距离（mean distance between failure，MDBF，单位为万公里），指标包含所有故障，即运营故障及检修故障，按式(7-1)计算。

$$\mathrm{MDBF}=\frac{\text{列公里数}/10\ 000}{\text{车辆故障数}} \tag{7-1}$$

(2)平均下线故障间隔距离

平均下线故障间隔距离（mean distance between service failure，MDBSF，单位为万公里）按式(7-2)计算。

$$\mathrm{MDBSF}=\frac{\text{列公里数}/10\ 000}{\text{下线故障数}} \tag{7-2}$$

(3)平均运营故障间隔距离

平均运营故障间隔距离［mean distance between service failure(reported) MDBSF(R)，单位为万公里］，按式(7-3)计算。

$$\text{MDBSF(R)}=\frac{\text{列公里数}/10\ 000}{\text{运营故障数}} \tag{7-3}$$

(4)百万公里平均有责救援次数

百万公里平均有责救援次数(rescue per million kilometer,RPMK,单位为次),按式(7-4)计算。

$$\text{RPMK}=\frac{\text{救援数}}{\text{列公里数}}\times 10^6 \tag{7-4}$$

(5)百万公里平均有责清客次数

百万公里平均有责清客次数(evacuation per million kilometer,EPMK,单位为次),按式(7-5)计算。

$$\text{EPMK}=\frac{\text{清客数}}{\text{列公里数}}\times 10^6 \tag{7-5}$$

3. 应用示例

(1)示例1

某月某车队行驶a列公里,总共发生了B次故障,其中b次为有责车辆故障。该车队在过去N个月中平均可靠性指标为n万列公里,请分析该月该车队的情况。

通过相关数据可知,该月该车队的可靠性指标值为$(\frac{a/1\ 000}{b})$。

若$n>(\frac{a/1\ 000}{b})$,则说明该月该车队的可靠性水平低于该车队过去N个月的平均水平,需结合实际情况进行分析与记录。

若$n<(\frac{a/1\ 000}{b})$,则说明该月该车队的可靠性水平比该车队过去N个月的平均水平更好,结合近期项点及时总结。

若$n\approx(\frac{a/1\ 000}{b})$,则说明该月该车队的可靠性水平与该车队过去$N$个月的平均水平基本持平。

(2)示例2

某车队某年1至12月分别行驶了$a_1,a_2,\cdots,a_{12}$列公里,每月分别发生有责运营故障数为$b_1,b_2,\cdots,b_{12}$个。请问:该年该车队平均行驶多少万公里会发生一次有责运营故障?请用相关指标说明。

“平均行驶多少万公里会发生一次有责运营故障”,即平均运营故障间隔距离[MDBSF(R)]。可按式(7-3)计算,得

$$\text{MDBSF(R)}=\frac{\sum_{i=1}^{12}a_i/10\ 000}{\sum_{i=1}^{12}b_i}$$

参 考 文 献

[1] 何宗华,汪松滋,何其光. 城市轨道交通车辆运行与维修[M]. 北京:中国建筑工业出版社,2007.

[2] 上海申通地铁集团有限公司轨道交通培训中心. 城市轨道交通概论[M]. 2版. 北京:中国铁道出版社有限公司,2021.

[3] 中国城市轨道交通协会. 城市轨道交通2023年度统计和分析报告[R]. 2024.

[4] 城市公共交通分类标准:CJJ/T 114—2007[S].